数字经济蓝皮书
BLUE BOOK OF DIGITAL ECONOMY

全球数字经济竞争力发展报告（2021）

ANNUAL REPORT ON THE DEVELOPMENT OF GLOBAL DIGITAL ECONOMY COMPETITIVENESS (2021)

主　编 / 王　振　惠志斌
副主编 / 徐丽梅　赵付春　王滢波

社会科学文献出版社
SOCIAL SCIENCES ACADEMIC PRESS (CHINA)

图书在版编目（CIP）数据

全球数字经济竞争力发展报告. 2021 / 王振，惠志斌主编. --北京：社会科学文献出版社，2022.1
（数字经济蓝皮书）
ISBN 978-7-5201-9352-8

Ⅰ.①全… Ⅱ.①王… ②惠… Ⅲ.①信息经济-经济发展-研究报告-2021 Ⅳ.①F491

中国版本图书馆 CIP 数据核字（2021）第 227965 号

数字经济蓝皮书
全球数字经济竞争力发展报告（2021）

主　　编／王　振　惠志斌
副 主 编／徐丽梅　赵付春　王滢波

出 版 人／王利民
责任编辑／张　媛
责任印制／王京美

出　　版／社会科学文献出版社·皮书出版分社（010）59367127
　　　　地址：北京市北三环中路甲 29 号院华龙大厦　邮编：100029
　　　　网址：www.ssap.com.cn
发　　行／社会科学文献出版社（010）59367028
印　　装／天津千鹤文化传播有限公司

规　　格／开 本：787mm×1092mm　1/16
　　　　印 张：24.25　字 数：371 千字
版　　次／2022 年 1 月第 1 版　2022 年 1 月第 1 次印刷
书　　号／ISBN 978-7-5201-9352-8
定　　价／128.00 元

读者服务电话：4008918866

《全球数字经济竞争力发展报告（2021）》

编 委 会

主要编撰者简介

王　振　1998年毕业于日本京都大学农学部农林经济学系，获博士学位。2001年，上海社会科学院应用经济学博士后流动站出站。现任上海社会科学院副院长，研究员，博士生导师，信息研究所所长，丝路信息网总负责人，长江经济网总负责人，主要从事长三角及长江经济带区域经济发展、数字经济发展、人才战略与政策、中小企业问题研究，任“长三角经济蓝皮书”“长江经济带蓝皮书”主编。上海市政协委员、市政协社会与法制委员会副主任、上海市城市规划学会副会长、上海市人才研究会副会长。获得全国留学回国人员成就奖、上海市领军人才、享受国务院政府特殊津贴等荣誉。

惠志斌　研究员，管理学博士，现任上海社会科学院互联网研究中心主任，信息研究所信息安全研究室主任。美国南加州大学马歇尔商学院访问学者，主要研究领域为网络安全和数字经济的政策和产业研究。

徐丽梅　管理学博士，上海社会科学院应用经济研究所副研究员，区域经济学硕士生导师。美国南加州大学马歇尔商学院访问学者。主要研究方向为数字经济、区域经济。已出版专著2部，并在《图书情报工作》《情报科学》《情报理论与实践》《科技管理研究》等核心期刊上发表学术论文30余篇。

赵付春 管理学博士，上海社会科学院信息研究所副研究员，硕士生导师。南加州大学马歇尔商学院访问学者。主要研究方向为信息管理、科创政策、智慧城市。在《科学学研究》《研究与发展管理》《科学学与科学技术管理》等核心期刊发表论文40余篇。主持国家哲学社会科学基金一般项目、上海市级课题、上海社会科学院国家高端智库课题；承接多项上海市级、区级委办局委托课题。个人专著《企业双元性创新能力的多层次构建》获2014年上海市第十一届哲学社会科学优秀成果著作二等奖。

王滢波 上海社会科学院信息研究所助理研究员，主要研究方向为数字经济和宏观经济，主要作品包括《全球数字经济概述》《美国数字经济》《全球网络安全企业竞争力评价》等。

摘　要

数字经济已经成为全球经济发展的重要驱动力量，是目前全球各国重点关注和发展的核心领域，全球各国在数字经济领域的竞争日趋激烈。为推动中国数字经济发展，上海社会科学院信息研究所联合相关外部研究力量，建立了全球数字经济国家竞争力评价模型、全球数字经济城市竞争力评价模型以及全球数字经济企业竞争力评价模型，从多个维度对全球主要国家、城市和企业在数字经济领域的竞争力进行定量评估与特征分析。

作为聚焦全球数字经济发展的首部蓝皮书，《全球数字经济竞争力发展报告（2021）》以2020年全球数字经济相关的国家、城市和企业数据为基础，全面测评全球数字经济国家层面、城市层面和企业层面的竞争力水平与结构特征，勾勒全球数字经济的发展全景图。

本报告共分为五个部分：总报告、国别篇、城市篇和产业篇。

当前全球数字经济发展格局当中，美国处于绝对优势地位，这一主要特征在短期内不会改变。中国在数字产业竞争力方面反超美国成为全球第一，但是中国在数字治理等领域存在竞争力短板。从区域特征来看，东亚和西欧国家数字经济竞争力较强，非洲、拉丁美洲和中东欧国家数字经济竞争力较弱，东南亚国家数字经济呈快速发展态势，且其内部国家数字经济竞争力差距较大。本报告还对数字经济各分项指标得分和排名等进行了深入分析。

数字经济城市竞争力层面，北美城市综合实力位居前列，欧洲城市自北向南，实力依次递减。传统工业城市存在转型的需要，例如德国的城市；日本、四小龙城市发展已经与欧美并肩。其他新兴国家的城市目前尚待发展，在世界重要城市之中仍然处于追赶和落后的位置，仍需进一步努力。新加坡、首尔和纽约分别在经济与基础设施、人才和创新方面占据优势，东西方城市呈现“双峰并峙”的态势。具体来说，欧美国家城市发展基础良好，综合实力较强，亚洲城市发展较为不平衡，少数头部城市在数字经济竞争力上表现突出，另一些城市则各项指标明显处于落后位置。

数字经济企业竞争力层面，从综合竞争力来看，微软公司、苹果公司和亚马逊位列前三；从规模竞争力来看，微软公司、亚马逊和苹果公司同样位列前三；从效率竞争力来看，VeriSign、SK 电讯和苹果公司位列前三；从创新竞争力来看，三星公司、Fackbook 和 Alphabet 位列前三；从成长竞争力来看，DoorDash、费哲金融服务公司和 Coursera 位列前三。美国、日本和中国继续成为 2020 年世界数字企业竞争力的前三强。美国的数字企业无论是在规模、效率，还是创新性以及成长性方面，在世界上都独占鳌头。日本和中国仅次于美国，也有着数量众多的优秀数字企业。

关键词： 数字经济　竞争力　数字企业　人工智能

目 录

Ⅰ 总报告

Ⅱ 国别篇

Ⅲ 城市篇

Ⅳ 产业篇

皮书数据库阅读使用指南

总报告

General Reports

B.1 全球数字经济国家竞争力发展报告（2021）

张伯超　王　振*

摘　要：在新冠肺炎疫情肆虐全球的大背景下，数字经济将成为各国实现经济复苏、推动转型发展的关键抓手，数字经济领域的全球竞争力格局也面临着深刻变化。当前全球数字经济发展格局当中，美国处于绝对优势地位，这一主要特征在短期内不会改变。中国在数字产业竞争力方面反超美国成为全球第一，但是中国在数字治理等领域存在竞争力短板。从区域特征来看，东亚和西欧国家数字经济竞争力较强，非洲、拉丁美洲和中东欧国家数字经济竞争力较弱，东南亚国家数字经济呈快速发展态势，且其内部国家数字经济竞争力差距较大。本报告还对数字经济各分项指标得分和排名等进行了深

* 张伯超，上海社会科学院经济研究所助理研究员；王振，上海社会科学院副院长，信息研究所所长，研究员。

入分析。

关键词： 数字经济 数字产业 数字创新 数字治理 国家竞争力

一 引言

2020年，突如其来的新冠肺炎疫情，在严重拖累经济全球化进程的同时，也对世界经济贸易格局造成全方位影响，经济发展面临更加严峻的挑战。受新冠肺炎疫情影响，2020年3月开始，意大利、西班牙、法国、英国等全球大多数国家先后宣布“封城”；12月，以色列、法国、英国等国家又实行了一年内的第二次、第三次“封城”，这些“封城”举措导致社交隔离，城市经济发展受到严峻考验。为了应对城市发展中的各种风险和冲击，通过数字经济、数字社会和智慧城市建设的数字化转型来提升城市韧性，成为城市发展的重要战略选择。与此同时，新冠肺炎疫情的全球蔓延，在一定程度上改变了人们的生活、工作、休闲娱乐、交往等方式。人与人“面对面”的场景和机会被最大限度地减少，互联网等数字技术扮演着越来越重要的角色。户外出行日益依赖实时健康信息登记，中国推出了能够整合个人防疫信息的“健康码”，美国加州、新加坡、墨西哥等地也开发了具有疫情信息追踪功能的应用软件。线上购物方式日益受到消费者青睐，美国“黑色星期五”线上交易额达到90亿美元，同比增长22%，创历史新高。创作类娱乐休闲社交软件的迅速发展在一定程度上缓解了人们在疫情防控期间的身心压力。除此之外，在新冠肺炎疫情较为严重的时期，全球许多国家的中小学和大学几乎都开展了“停课不停学”的线上教育活动，全面进行线上教育和文化消费的压力测试，展示了文化传播的新维度、新可能，拓展了城市公共文化场域从实体空间到线下线上相结合的建设新思维。在此背景下，电子商务、在线教育、远程医疗、远程办公等新模式、新业态快速发展，传统产业加快数字化转型步伐，数字经济成为疫情之下支撑经济发展的重要力量。各国发展重心，逐步从关注土地、人力、机器的数量和质量转移至数字技术、数字化发展水平，从物理空间加速向数字空间转移，并将很快呈现以数字空间为主导的格局，数字经济将成为各国实现经济复苏、推动转型发展的关键抓手。

综上所述，新冠肺炎疫情肆虐全球的2020年，全球数字经济按下快进键，数字经济在全球的发展格局发生了巨大变化，基于上述背景，本报告根据全新可得的数据指标，构建起全球数字经济国家竞争力指标体系，运用最新数据对全球50个主要国家的数字经济竞争力进行定量评估和特征分析。

二　全球数字经济国家竞争力评价结果与分析

自2017年起，本研究团队便构建起以数字产业、数字创新、数字设施和数字治理为主要框架的全球数字经济国家竞争力评价指标体系。本报告将在该框架基础上，结合底层数据的可得性和及时性，进一步加以更新和完善。

由于数字产业竞争力底层地表数据来源稳定，数据更新及时，因此，本报告将该部分指标保留，数字设施竞争力、数字治理竞争力和数字创新竞争力下设的二级指标和三级指标主要参考腾讯研究院出版《国家数字竞争力指数研究报告》中的指标体系构建思路，具体指标体系参见表1，指标体系各类指标数据来源参见表2。经过本次调整完善，全球数字经济国家竞争力评价指标体系在保留基本框架的基础上，数据更新更加及时，数据来源则更加权威和稳定。

表1　全球数字经济国家竞争力评价指标体系

最终指标	一级指标	得分权重	二级指标	三级指标
数字经济竞争力	数字设施竞争力	25%	网络设施	人均国际互联网带宽
				平均每个用户所享受的带宽
				世界经济论坛的网络就绪指数
			通信设施	—
			终端设备	—

续表

最终指标	一级指标	得分权重	二级指标	三级指标
数字经济竞争力	数字产业竞争力	25%	经济产出	数字产业总量
				数字产业增速
			国际贸易	数字(跨境)贸易总量
	数字创新竞争力	25%	创新产出	专利、期刊、商标数量
				技术出口金额
			人才投入	智能化、网络化领域的人才储备
			研发投入	研发投入占 GDP 的比重
	数字治理竞争力	25%	安全保障	网络安全
				安全设施
				技术支持
			服务管理	公共服务
				服务快捷
				办事简便
			市场环境	政策环境
				法律环境
				竞争环境
				市场弹性

表 2　全球数字经济国家竞争力指标体系数据来源情况

最终指标	一级指标	二级指标	三级指标	数据来源
数字经济竞争力	数字设施竞争力	网络设施	人均国际互联网带宽	腾讯研究院:《国家数字竞争力指数研究报告》
			平均每个用户所享受的带宽	世界银行(WB)数据库
			世界经济论坛的网络就绪指数	WEF:网络就绪指数(NRI)
		通信设施	—	腾讯研究院:《国家数字竞争力指数研究报告》
		终端设备	—	腾讯研究院:《国家数字竞争力指数研究报告》
	数字产业竞争力	经济产出	数字产业总量	www. statista. com
			数字产业增速	www. statista. com
		国际贸易	数字(跨境)贸易总量	世界银行(WB)数据库
	数字创新竞争力	创新产出	专利、期刊、商标数量	腾讯研究院:《国家数字竞争力指数研究报告》
			技术出口金额	腾讯研究院:《国家数字竞争力指数研究报告》

续表

最终指标	一级指标	二级指标	三级指标	数据来源
数字经济竞争力	数字创新竞争力	人才投入	智能化、网络化领域的人才储备	腾讯研究院:《国家数字竞争力指数研究报告》
		研发投入	研发投入占 GDP 的比重	腾讯研究院:《国家数字竞争力指数研究报告》
	数字治理竞争力	安全保障	网络安全	国际电信联盟全球网络安全指数
			安全设施	世界银行数据库
			技术支持	腾讯研究院:《国家数字竞争力指数研究报告》
		服务管理	公共服务	联合国:电子政务指数
			服务快捷	联合国:电子政务指数
			办事简便	联合国:电子政务指数
		市场环境	政策环境	腾讯研究院:《国家数字竞争力指数研究报告》
			法律环境	腾讯研究院:《国家数字竞争力指数研究报告》
			竞争环境	腾讯研究院:《国家数字竞争力指数研究报告》
			市场弹性	腾讯研究院:《国家数字竞争力指数研究报告》

三　全球数字经济国家竞争力评价结果与分析

根据本报告所构建的数字经济国家竞争力评价指标体系，基于最新指标数据，课题组定量评估了全球主要的 50 个国家的数字经济竞争力水平。最终评价结果如表 3 所示。

表 3　2021 年全球数字经济国家竞争力排名

单位：分

排序	国家	数字产业竞争力	数字设施竞争力	数字创新竞争力	数字治理竞争力	总得分
1	美国	40.15	88.37	88.00	90.18	76.67
2	中国	62.72	69.78	80.56	76.61	72.42
3	德国	19.53	82.74	83.29	79.84	66.35
4	英国	15.31	84.57	78.13	80.45	64.61
5	爱尔兰	34.90	68.81	74.72	79.33	64.44
6	新加坡	12.21	76.50	81.01	87.05	64.19
7	日本	7.67	85.36	85.27	76.29	63.65
8	韩国	6.87	77.54	89.39	80.29	63.52
9	法国	10.95	81.40	78.08	82.84	63.32
10	瑞典	12.14	73.26	73.49	87.01	61.47
11	澳大利亚	5.19	69.69	75.67	85.67	59.05
12	以色列	17.47	68.88	73.59	73.04	58.25
13	挪威	4.24	69.49	71.39	86.65	57.94
14	加拿大	6.30	73.51	72.16	78.48	57.61
15	荷兰	8.65	71.32	65.15	82.58	56.93
16	芬兰	7.77	68.30	65.38	85.48	56.73
17	瑞士	6.56	70.57	62.86	85.51	56.38
18	丹麦	5.26	69.45	67.38	83.05	56.29
19	奥地利	4.45	68.90	73.74	76.76	55.96
20	西班牙	9.78	75.44	61.86	75.69	55.69
21	比利时	6.67	69.50	66.10	78.60	55.22
22	马来西亚	15.04	55.91	66.66	81.22	54.71
23	俄罗斯	5.90	73.29	57.80	81.15	54.54
24	捷克	6.04	67.10	62.99	76.95	53.27
25	爱沙尼亚	2.32	67.70	61.11	81.40	53.13
26	意大利	8.65	72.88	58.93	67.47	51.98
27	立陶宛	2.06	63.82	57.39	82.09	51.34
28	罗马尼亚	12.73	62.73	51.66	76.11	50.81
29	保加利亚	13.25	57.11	62.13	70.40	50.72
30	匈牙利	9.61	65.35	57.04	70.56	50.64
31	波兰	8.15	65.67	54.65	72.34	50.20
32	巴西	6.83	59.93	70.02	61.47	49.56
33	土耳其	20.63	46.72	57.57	72.73	49.41

续表

排序	国家	数字产业竞争力	数字设施竞争力	数字创新竞争力	数字治理竞争力	总得分
34	斯洛伐克	3.41	65.45	67.71	60.49	49.27
35	葡萄牙	3.31	69.59	56.82	67.02	49.19
36	印度	39.18	41.51	46.72	67.47	48.72
37	拉脱维亚	6.17	59.55	43.69	79.20	47.15
38	沙特阿拉伯	4.56	57.85	49.66	73.33	46.35
39	泰国	12.92	42.10	52.55	76.48	46.01
40	斯洛文尼亚	3.99	64.75	58.29	54.41	45.36
41	格鲁吉亚	14.45	57.11	43.69	65.18	45.11
42	克罗地亚	9.10	55.13	57.87	56.66	44.69
43	塞尔维亚	3.26	57.71	57.39	60.02	44.60
44	菲律宾	16.97	40.32	57.26	62.63	44.30
45	越南	10.08	56.80	54.38	52.76	43.51
46	墨西哥	6.06	55.27	47.40	63.36	43.02
47	阿根廷	14.34	51.68	47.26	56.62	42.47
48	南非	6.13	43.78	48.78	65.15	40.96
49	印度尼西亚	17.07	37.69	36.96	68.45	40.04
50	哥伦比亚	8.20	45.63	42.07	59.63	38.88

表3数据显示，美国位居全球数字经济国家竞争力排名第一，这也是美国连续五年排在榜单首位，其在数字经济领域的优势地位仍然在延续。从其四个分项指标得分情况来看，2021年美国数字产业竞争力得分较其他三个分项指标得分偏低，且该项指标也低于位居第二的中国。美国数字创新竞争力、数字设施竞争力和数字治理竞争力得分均名列前茅，三个分项指标得分相对更加均衡，这是美国多年居全球数字经济国家竞争力榜单首位的重要原因。

根据2021年最新数据和本次调整完善后的指标体系测算结果，中国位居全球数字经济国家竞争力榜单第二，仅次于美国，且从其与美国之间的分数差距来看，中美之间数字经济国家竞争力综合得分差距已经缩小至4.25分，这也是近年来中美之间的最小分数差距，表明中美数字经济之间的竞争力差距逐渐缩小。其中，中国在数字产业竞争力这一分项指标上得分居50

个国家的首位，且领先美国 22.57 分，美国数字产业竞争力得分偏低的原因主要在于其数字产业规模增速的放缓。

德国、英国和爱尔兰这三个西欧国家居榜单第三到第五位，英国由 2020 年的第五位上升至第四位。新加坡在 2020 年短暂上升至榜单第二位之后，本年度下滑至榜单第六位，新加坡狭小的国土面积，导致其数字经济产业腹地严重受限，因此其数字产业竞争力得分相对较低，但是凭借良好的数字治理环境和完善的数字基础设施，新加坡的数字经济竞争力仍然位居榜单前列。

日本和韩国位居榜单的第七名和第八名，成为除中国和新加坡之外进入榜单前十位的另外两个亚洲国家。从其分项指标得分情况来看，日本和韩国同样在数字产业方面得分较低，其余三个分项指标得分较高。从其总得分情况来看，除美国和中国得分高于 70 分，居第 3 ~ 10 位的国家全部低于 70 分，且彼此之间总分差距并不大，这也凸显出当前全球各国在数字经济领域存在激烈的竞争，未来数字经济的全球竞争格局将更加多元多变。

从榜单后十名情况来看，居第 41 ~ 50 位的国家当中，东南亚、非洲、中东欧和拉丁美洲国家居多，这也表明上述地区数字经济发展较为落后。此外，亚洲的菲律宾、越南和印度尼西亚，这三个国家位于东南亚地区，与同样位于东南亚，且位居榜单第六的新加坡形成鲜明对比，表明同一区域内的不同国家的数字经济发展水平也存在较大差异。非洲的南非连续第二年跌落至榜单后十名，最终位居第 48，较上年榜单排名下降 7 位。此外，对比本年度榜单后十名与 2020 年榜单后十名，可以发现，位于数字经济竞争力榜单后十名的国家名单基本没有发生较大的改变，榜单后十位的内部相对排名也仅发生轻微变动。这也说明在数字经济领域如若在前期发展较为滞后，存在后发优势可能性的同时，也存在“低端锁定”的风险。

一国数字经济竞争力的总体水平是由数字产业竞争力、数字治理竞争力、数字创新竞争力与数字设施竞争力这四个分项指标的得分决定的，因此有必要对各个国家的数字经济竞争力内部结构进行深入分析。本报告列举了榜单前十位国家的数字经济竞争力内部结构，图 1 数据资料显示，美国在三项竞争力指标得分方面表现十分均衡，其数字经济表现出相对均衡发展态势，除数字产业竞争力较低外，其余各项竞争力指标上基本都领先于其他国家，处于绝对优势地位。中国在数字产业竞争力方面居所有国家第一位，且其数字创新、数字治理和数字设施竞争力得分较往年有所提升，四项指标的均衡发展状况有大幅度改善，这也是中国能够与美国逐年缩小数字经济竞争力差距的重要原因。榜单前十位的其余国家，除爱尔兰之外，其他七个国家的分项指标结构特征与美国相似，即数字产业竞争力得分相对其他三个分项指标得分更低，数字治理、数字创新和数字设施竞争力得分较高且更为均衡。综上所述，在全球数字经济竞争力榜单前十位国家当中，几乎所有国家都存在自身的优势指标和短板指标，这也凸显了一个重要的事实，即各个国

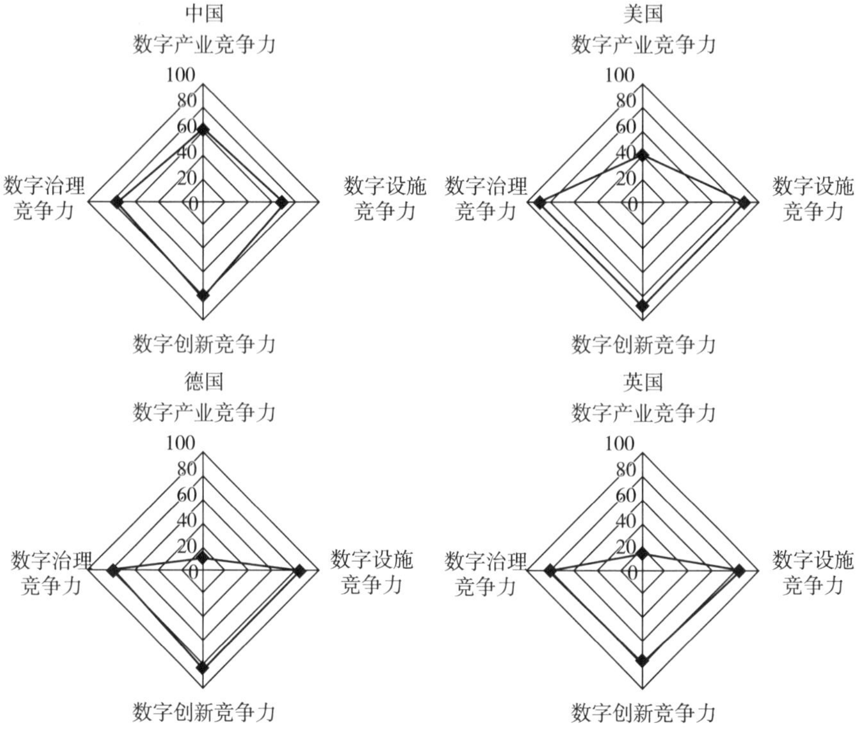

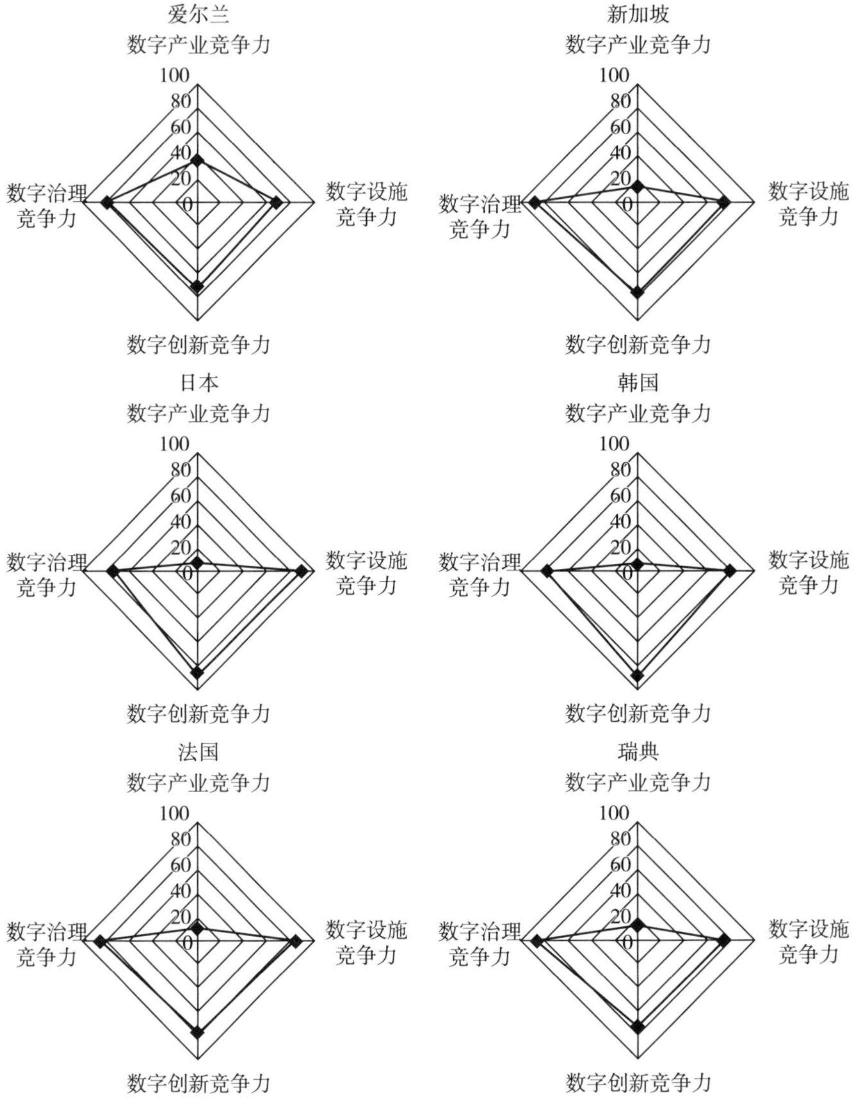

单位：分

图 1　数字经济国家竞争力前十名竞争力内部结构

家在数字经济领域往往不可能做到面面俱到，各国在数字经济领域互补性很强，数字经济领域的全球合作是全球数字经济进一步发展的必由之路。

四　全球数字经济国家竞争力分项指标评估结果与分析

（一）数字产业竞争力总排名分析

表 4 给出了 2021 年全球数字产业竞争力的定量评估结果和排名情况，其二级指标包括经济产出、国际贸易。

表 4　全球数字产业竞争力的定量评估结果与排名情况

单位：分

排序	国家	经济产出	国际贸易	数字产业竞争力
1	中国	100.00	34.02	62.72
2	美国	48.32	53.29	40.15
3	印度	4.98	87.00	39.18
4	爱尔兰	0.31	100.00	34.90
5	土耳其	1.07	0.31	20.63
6	德国	7.18	47.20	19.53
7	以色列	0.40	25.22	17.47
8	印度尼西亚	2.62	1.18	17.07
9	菲律宾	0.44	7.19	16.97
10	英国	9.08	33.42	15.31
11	马来西亚	0.40	3.28	15.04
12	格鲁吉亚	0.00	0.01	14.45
13	阿根廷	0.59	2.37	14.34
14	保加利亚	0.05	1.36	13.25
15	泰国	0.68	0.47	12.92
16	罗马尼亚	0.21	5.54	12.73
17	新加坡	0.35	14.20	12.21
18	瑞典	1.07	17.93	12.14
19	法国	4.46	23.14	10.95
20	越南	0.50	0.67	10.08
21	西班牙	1.90	15.86	9.78
22	匈牙利	0.13	2.69	9.61
23	克罗地亚	0.05	0.87	9.10

续表

排序	国家	经济产出	国际贸易	数字产业竞争力
24	荷兰	1.59	20.77	8.65
25	意大利	1.99	11.45	8.65
26	哥伦比亚	0.50	0.33	8.20
27	波兰	0.99	7.98	8.15
28	芬兰	0.46	9.84	7.77
29	日本	9.50	6.28	7.67
30	韩国	6.09	5.34	6.87
31	巴西	2.28	2.66	6.83
32	比利时	0.55	15.88	6.67
33	瑞士	0.95	16.85	6.56
34	加拿大	3.00	9.82	6.30
35	拉脱维亚	0.01	0.79	6.17
36	南非	0.42	0.74	6.13
37	墨西哥	1.75	0.00	6.06
38	捷克	0.34	4.75	6.04
39	俄罗斯	2.26	5.78	5.90
40	丹麦	0.47	5.63	5.26
41	澳大利亚	2.38	3.46	5.19
42	沙特阿拉伯	0.62	0.33	4.56
43	奥地利	0.59	8.19	4.45
44	挪威	0.57	2.81	4.24
45	斯洛文尼亚	0.03	0.68	3.99
46	斯洛伐克	0.09	1.86	3.41
47	葡萄牙	0.27	1.95	3.31
48	塞尔维亚	0.03	1.19	3.26
49	爱沙尼亚	0.01	0.81	2.32
50	立陶宛	0.05	0.60	2.06

数字产业竞争力排名第一位的是中国，中国的经济产出得分居所有国家第一位，国际贸易得分相对较低。居第二位的是美国，美国经济产出得分相

对中国存在较大差距，国际贸易指标得分高于中国，其中其数字产业增速得分在所有 50 个国家中排名倒数第一，这也是美国在数字产业竞争力排名中落后于中国排名第二的重要原因。印度位居数字产业竞争力排名第三，从指标来看，印度的经济产出得分较低，但是其国际贸易得分位居榜单所有国家前列，其中数字产业增速也处于中游水平。自中美贸易摩擦以来，印度在数字贸易领域成为间接受益者，得益于自身软件产业的良好基础，近年来印度在 ICT 产品出口方面表现十分出色。

位于榜单后十位的国家分别为澳大利亚、沙特阿拉伯、奥地利、挪威、斯洛文尼亚、斯洛伐克、葡萄牙、塞尔维亚、爱沙尼亚、立陶宛。其中，澳大利亚和沙特阿拉伯近年来在数字产业竞争力方面下滑较为严重，直接跌入后十位。榜单后十位当中，中东欧国家数量较多，且该状况已经延续多年，表明中东欧国家数字经济产业竞争力仍然处于较为落后的状态，且该状态在未来短时间内很难改变。

（二）数字设施竞争力总排名分析

表 5 给出了 2021 年全球数字设施竞争力的定量评估结果和排名情况。由表 5 可见，美国以 88.37 分位居数字设施竞争力榜首，紧随其后的是日本，其以 85.36 分位居第二；英国、德国和法国这三个老牌欧洲国家居榜单第三到第五位，其得分仍然在 80 分以上，与美日之间差距并不大。韩国和新加坡这两个亚洲国家居榜单第六位和第七位。中国居榜单第十五位。需要说明的是，本次数字设施排名所选用的细分指标体系主要来自腾讯研究院出版的《国家数字竞争力指数研究报告》，该报告主要从网络设施、通信设施和终端设备三个方面来考察各国的数字设施竞争力水平。

从榜单后十位来看，主要国家为墨西哥、克罗地亚、阿根廷、土耳其、哥伦比亚、南非、泰国、印度、菲律宾、印度尼西亚，其中大部分为东南亚国家和拉丁美洲国家，凸显出该地区国家的数字设施需要进一步提升完善。

表 5　全球数字设施竞争力的定量评估结果与排名情况

单位：分

排序	国家	数字设施竞争力	排序	国家	数字设施竞争力
1	美国	88. 37	26	捷克	67. 10
2	日本	85. 36	27	波兰	65. 67
3	英国	84. 57	28	斯洛伐克	65. 45
4	德国	82. 74	29	匈牙利	65. 35
5	法国	81. 40	30	斯洛文尼亚	64. 75
6	韩国	77. 54	31	立陶宛	63. 82
7	新加坡	76. 50	32	罗马尼亚	62. 73
8	西班牙	75. 44	33	巴西	59. 93
9	加拿大	73. 51	34	拉脱维亚	59. 55
10	俄罗斯	73. 29	35	沙特阿拉伯	57. 85
11	瑞典	73. 26	36	塞尔维亚	57. 71
12	意大利	72. 88	37	保加利亚	57. 11
13	荷兰	71. 32	38	格鲁吉亚	57. 11
14	瑞士	70. 57	39	越南	56. 80
15	中国	69. 78	40	马来西亚	55. 91
16	澳大利亚	69. 69	41	墨西哥	55. 27
17	葡萄牙	69. 59	42	克罗地亚	55. 13
18	比利时	69. 50	43	阿根廷	51. 68
19	挪威	69. 49	44	土耳其	46. 72
20	丹麦	69. 45	45	哥伦比亚	45. 63
21	奥地利	68. 90	46	南非	43. 78
22	以色列	68. 88	47	泰国	42. 10
23	爱尔兰	68. 81	48	印度	41. 51
24	芬兰	68. 30	49	菲律宾	40. 32
25	爱沙尼亚	67. 70	50	印度尼西亚	37. 69

（三）数字创新竞争力总排名分析

数字经济领域的创新已经成为全球经济增长的重要驱动力量，数字经济领域的一系列技术创新、模式创新，进一步深化数字经济与传统实体经济之间的创新性融合，进而对整体经济结构和产出效率产生积极影响。本报告借鉴腾讯研究院发布的《国家数字竞争力指数研究报告》，从创新产出、人才投入和研发投入三个二级指标维度对各个国家的数字创新竞争力进行定量评估。

由表 6 可见，韩国位居数字创新竞争力榜单第一，得分为 89.39 分，美国紧随其后位居第二，分数为 88.00 分，与韩国保持微弱差距，日本、德国和新加坡居第 3～5 位，中国以 80.56 分居第六位。上述六个国家得分全部在 80 分之上。随后，英国、法国、澳大利亚和爱尔兰居第 7～10 位。从榜单后十名情况来看，罗马尼亚、沙特阿拉伯、南非、墨西哥、阿根廷、印度、拉脱维亚、格鲁吉亚、哥伦比亚、印度尼西亚分列榜单第 41～50 位，这十个国家大多是中东欧、拉丁美洲、南亚和东南亚国家。

表 6　全球数字创新竞争力的定量评估结果与排名情况

单位：分

排序	国家	数字创新竞争力	排序	国家	数字创新竞争力
1	韩国	89.39	18	丹麦	67.38
2	美国	88.00	19	马来西亚	66.66
3	日本	85.27	20	比利时	66.10
4	德国	83.29	21	芬兰	65.38
5	新加坡	81.01	22	荷兰	65.15
6	中国	80.56	23	捷克	62.99
7	英国	78.13	24	瑞士	62.86
8	法国	78.08	25	保加利亚	62.13
9	澳大利亚	75.67	26	西班牙	61.86
10	爱尔兰	74.72	27	爱沙尼亚	61.11
11	奥地利	73.74	28	意大利	58.93
12	以色列	73.59	29	斯洛文尼亚	58.29
13	瑞典	73.49	30	克罗地亚	57.87
14	加拿大	72.16	31	俄罗斯	57.80
15	挪威	71.39	32	土耳其	57.57
16	巴西	70.02	33	立陶宛	57.39
17	斯洛伐克	67.71	34	塞尔维亚	57.39

续表

排序	国家	数字创新竞争力	排序	国家	数字创新竞争力
35	菲律宾	57.26	43	南非	48.78
36	匈牙利	57.04	44	墨西哥	47.40
37	葡萄牙	56.82	45	阿根廷	47.26
38	波兰	54.65	46	印度	46.72
39	越南	54.38	47	拉脱维亚	43.69
40	泰国	52.55	48	格鲁吉亚	43.69
41	罗马尼亚	51.66	49	哥伦比亚	42.07
42	沙特阿拉伯	49.66	50	印度尼西亚	36.96

（四）数字治理竞争力总排名分析

习近平总书记在网络安全和信息化工作座谈会上指出，“要树立正确的网络安全观，加快构建关键信息基础设施安全保障体系，全天候全方位感知网络安全态势，增强网络安全防御能力和威慑能力”。数字化是一个复杂的发展模式，海量主体参与，线上线下融合，跨行业、跨地域，带来机遇的同时也带来了挑战。其中最为关键的挑战便是数字安全问题，个人信息的窃取、网络金融犯罪等现象都在威胁着一国数字竞争力的持续发展。没有数字安全就没有国家安全，就没有经济社会稳定运行，广大人民群众利益也难以得到保障。因此，本研究将安全保障作为评定数字治理竞争力的分项指标，并用网络安全、安全设施和技术支持三个三级指标来全面、准确地评定。数字技术全面向社会生活渗透，数字经济的发展对公共服务的内容、范围、提供模式、管理方式等都提出了新要求。本研究继续将服务管理纳入数字治理竞争力指标当中，主要分为政府管理和企业管理两个方面，由公共服务、服务快捷、办事简便三个三级指标共同衡量。数字化发展离不开市场的土壤，一国市场环境的稳定情况、政策宽松度与灵活性都决定了一个国家的数字发展前景。本报告从政策环境、法律环境、竞争环境和市场弹性四个方面对市场环境进行评估。

全球数字治理竞争力的定量评估结果和排名情况参见表7，美国的数字治理竞争力得分超过 90 分，为 90.18 分，展现出高超的数字治理能力，其三个分项指标当中，服务管理竞争力得分较低，低于 80 分，其余两个分项指标得分均超过 90 分。新加坡紧随其后位居第二。瑞典和挪威这两个北欧国家分列第三、第四位，澳大利亚位居第五，从得分来看，上述国家与美国之间分数差距并非很大。中国数字治理竞争力在所有 50 个国家中居中游水平，以 76.61 分居榜单第 24 位。从榜单后十名情况来看，主要国家为墨西哥、菲律宾、巴西、斯洛伐克、塞尔维亚、哥伦比亚、克罗地亚、阿根廷、斯洛文尼亚、越南。其中仍然以东南亚国家、拉丁美洲国家和中东欧国家为主。

表 7　全球数字治理竞争力的定量评估结果与排名情况

单位：分

排序	国家	安全保障	服务管理	市场环境	数字治理竞争力
1	美国	96.68	79.76	94.10	90.18
2	新加坡	94.67	89.60	76.89	87.05
3	瑞典	87.21	87.84	85.98	87.01
4	挪威	87.91	86.42	85.62	86.65
5	澳大利亚	87.26	84.35	85.40	85.67
6	瑞士	89.14	82.29	85.10	85.51
7	芬兰	88.32	80.96	87.15	85.48
8	丹麦	85.92	84.25	78.99	83.05
9	法国	92.74	81.77	74.02	82.84
10	荷兰	94.49	81.16	72.09	82.58
11	立陶宛	76.09	85.14	85.05	82.09
12	爱沙尼亚	82.52	83.11	78.56	81.40
13	马来西亚	84.14	75.48	84.03	81.22
14	俄罗斯	87.83	87.46	68.16	81.15
15	英国	91.24	88.30	61.81	80.45
16	韩国	75.41	91.48	73.97	80.29
17	德国	85.99	75.80	77.73	79.84
18	爱尔兰	80.19	78.35	79.45	79.33
19	拉脱维亚	81.83	82.79	72.99	79.20
20	比利时	81.53	76.62	77.66	78.60

续表

排序	国家	安全保障	服务管理	市场环境	数字治理竞争力
21	加拿大	94.08	63.29	78.08	78.48
22	捷克	81.72	71.35	77.79	76.95
23	奥地利	79.09	73.41	77.78	76.76
24	中国	79.61	72.06	78.16	76.61
25	泰国	67.93	84.80	76.72	76.48
26	日本	88.45	78.93	61.50	76.29
27	罗马尼亚	83.68	63.92	80.72	76.11
28	西班牙	75.51	74.85	76.70	75.69
29	沙特阿拉伯	62.63	69.71	87.64	73.33
30	以色列	81.18	65.46	72.48	73.04
31	土耳其	77.61	75.49	65.09	72.73
32	波兰	80.72	71.68	64.62	72.34
33	匈牙利	73.32	72.94	65.41	70.56
34	保加利亚	82.61	67.02	61.56	70.40
35	印度尼西亚	64.66	62.55	78.13	68.45
36	印度	72.45	48.61	81.36	67.47
37	意大利	83.17	67.01	52.23	67.47
38	葡萄牙	76.03	68.89	56.15	67.02
39	格鲁吉亚	74.79	63.92	56.82	65.18
40	南非	72.08	67.00	56.37	65.15
41	墨西哥	62.89	68.84	58.35	63.36
42	菲律宾	57.14	55.87	74.89	62.63
43	巴西	67.46	54.97	61.98	61.47
44	斯洛伐克	63.74	66.34	51.38	60.49
45	塞尔维亚	65.23	63.45	51.38	60.02
46	哥伦比亚	61.21	60.85	56.82	59.63
47	克罗地亚	74.79	63.45	31.73	56.66
48	阿根廷	60.36	48.94	60.56	56.62
49	斯洛文尼亚	65.23	69.37	28.63	54.41
50	越南	33.60	64.84	59.84	52.76

从榜单排名前十位国家的内部指标得分结构来看，美国在服务管理竞争力方面得分相对较低，新加坡则在市场环境竞争力方面得分相对较低，瑞典、挪威、澳大利亚和瑞士四国的三个分项指标得分较为均衡。丹麦、法国和荷兰的市场环境竞争力得分相对较低（见图 2）。总体而言，上述国家三个分项指标得分尽管稍有差别，但是仍然处于总体均衡状态，这也是上述国家数字治理竞争力排名前列的重要原因。

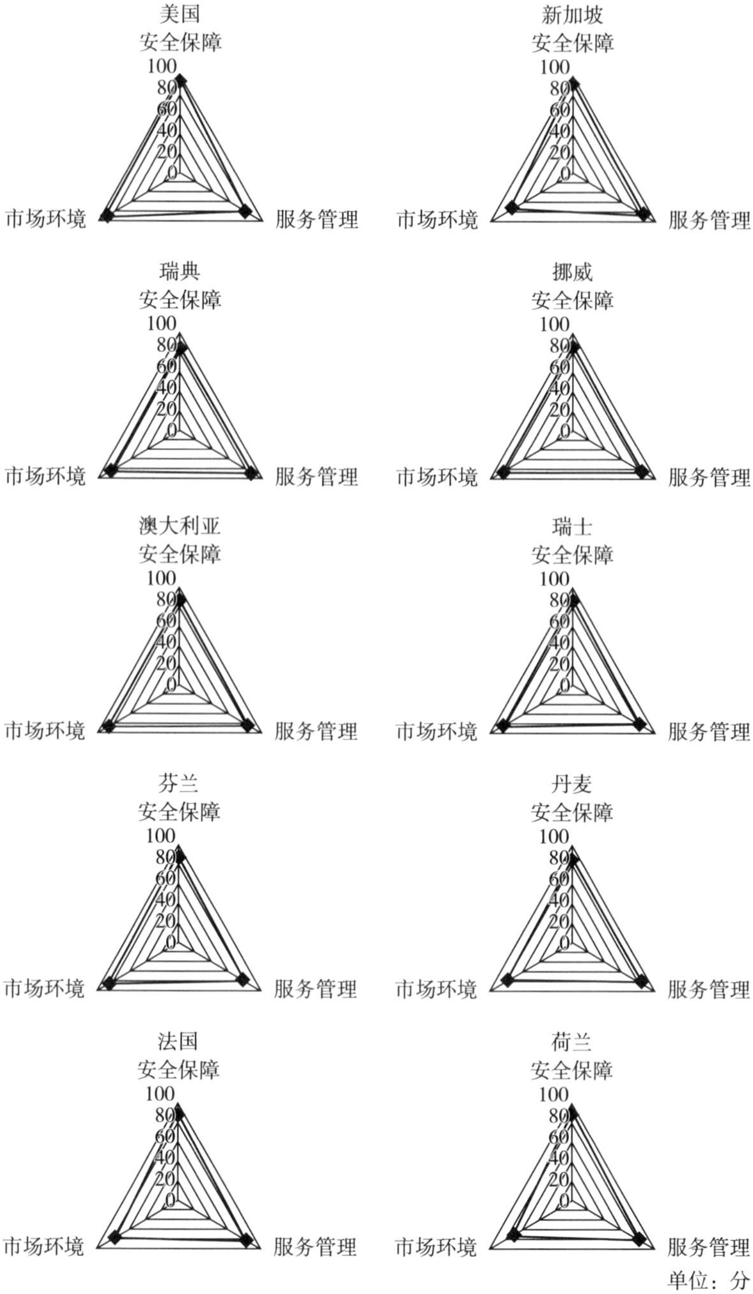

图 2　数字治理竞争力前 10 名竞争力内部结构

B.2

全球数字经济城市竞争力发展报告（2021）

赵付春*

摘　要： 基于城市数字经济竞争力的框架和数据，本研究分析了全球30个重要城市数字经济竞争力情况。具体分析：①各大城市数字经济竞争力总体得分、排名及其变动情况；②城市数字经济竞争力与GDP、人均GDP的关系，并分组比较重点城市的得分情况；③各城市分指标的排名情况呈现何种特征和变化；④城市数字投入产出比较和数字生产率分析。最后提出建设和完善数字基础设施、培育数字人才、推动数字创新等政策建议。

关键词： 数字经济　城市竞争力　数字创新　数字人才

一　引言

在疫情大流行的冲击下，全球经济遭遇重挫。根据世界银行的统计数据，2020年，除了中国外，全球主要经济体GDP都出现不同程度的负增长。[①] 世界贸易组织（WTO）预测，世界贸易在2020年下降了13%～32%，

---

* 赵付春，上海社会科学院信息研究所副研究员，主要研究方向为信息管理、科创政策、智慧城市。

① 世界银行公开数据，https：//data. worldbank. org/indicator/NY. GDP. MKTP. KD. ZG。

几乎所有经济体的贸易额都出现两位数的下降。2020 年世界商品出口额下降了 8%，服务贸易收缩了 21%，而 2021 年第二季度受到了疫情大流行的最严重影响。截至 2020 年年中，全球贸易开始复苏，但不同地区和部门之间存在重大差异。①

在此背景下，各国的城市和企业越来越意识到数字经济的作用，纷纷向数字化转型，数字经济迎来了前所未有的发展机遇。从城市层面看，数字经济在防疫中的作用体现得更加明显。可以说，正是数字经济发展及其治理水平的差异造成了这次防疫中不同的表现。竞争力本身是一个相对的概念，是与其他城市对比出来的。所谓“城市数字经济竞争力”是指城市在数字经济的基础、应用和产出等方面的综合绩效，对外表现出强大的竞争力。

对于城市管理者而言，面对这样一场艰巨的抗疫挑战，需要解决的问题有很多。但是有一点是共同的，那就是如何最大限度地动员手中可获得的公共资源，包括医疗、交通、能源、科技等，促进政府各个部门之间、政府与民间组织之间的协同，同时关注弱势群体，避免事态恶化。在此基础上，尽快恢复经济社会的正常运行，并规划后疫情时代的发展。

数字经济可以使城市变得更具韧性。这种韧性反映在城市面对外来灾害冲击之时，能够以一种更加快速、更具承受力的方式应对，并能够迅速恢复。而城市要具备韧性，离不开数字技术的支持。数字技术对城市韧性的支持体现在以下三点。

一是数字技术最基础的功能是促进信息沟通。这有利于政府和民众及时获得与防疫有关的信息和知识，能促进政府不同部门之间、政府与民间的沟通和协作，从而可以让更多人参与其中，在危机之中迅速作出反应。比如在疫情初发之时，很多医疗物资出现供应困难，原有的公共医疗资源也供不应求。这时就需要民间组织和企业迅速行动起来，与政府部门一起，帮助民众

① World Trade Organization, World Trade Statistical Review 2021.

自救。而面对这种前所未有的大疫情，民众容易产生恐慌心理，很容易相信流言。这时候需要医疗权威部门和专家发布权威可信的信息，帮助民众了解疾病和防疫的基本知识，而移动互联网以其方便、快捷的性能可以让亿万人及时了解这些知识。

二是数字技术可助力对患病者及其所接触的人群进行精准定位，从而可以在疫情发生之后，迅速追踪和截断其传播路径，更有效地将其控制在特定范围之内。新冠病毒具有强大的传染性，存在无症状感染者、潜伏期长等特点，让常规的追踪办法无能为力。数字技术能够通过对病人行踪的追溯，克服传统方法的不足。

三是数字技术可以帮助城市经济、公共服务更快地恢复运行。疫情之中，人们不能随意走动，因此各类可以通过远程和视频来解决问题的方案应运而生，视频教育、视频婚礼、远程医疗、送菜上门、网上行政办公等蓬勃发展，避免人们的基本生活受到过大的冲击。

由此可见，在这样一个充满不确定性的社会中，探讨城市数字经济竞争力具有非常强的实践意义。世界各大城市在数字经济基础设施、人才和创新方面各有何种表现？哪些城市数字产业发展更具效率和潜力？尤其对于北京、上海这样的城市而言，如何进一步推动数字科技研发的进步，实现超越？本研究尝试在 2020 年全球城市数字经济竞争力排名的基础上，结合这三个重要问题，对原有评估体系作更加细致的划分。在此基础上，对各大城市分项排名、数字投入产出进行分析，以便综合考察全球城市在数字生产率方面的不同表现。

二　关于各类智库的城市数字经济排名

目前，对城市数字经济发展有较多的研究成果，以下对此作一些简要的回顾。

中央广播电视总台上海总站和中国信息通信研究院政策与经济研究所发布的《中国区域与城市数字经济发展报告（2020 年）》综合考虑投入与产

出、技术与应用、发展与政策、经济与社会等多方面因素，从数字创新要素、数字基础设施、核心数字产业、数字融合应用、数字经济需求、数字政策环境六个方面选取相关指标。借助这一指标体系，对国内城市进行排名，结果发现北、上、深、广排名前四。①

英国研究机构 NESTA 编制了欧洲数字城市指数（EDCi），主要分析 60 个欧洲城市对数字创业的支持程度。该指数由创业准备度和扩展准备度两大部分组成，区分为十个“主题”，包括城市资金可获得性、商业环境、数字基础设施、创业文化、知识溢出、生活方式、市场、创业辅导咨询、非数字基础设施、技能等。2016 年排名结果显示，伦敦、斯德哥尔摩和阿姆斯特丹在创业准备度方面排名前三，伦敦、斯德哥尔摩和巴黎在扩展准备度方面排名前三。②

咨询机构 Bloom 将数字城市定义为在数字世界中能引发全球公民（游客、投资者和普通公民）对其感兴趣的城市。由此，他们利用专门的软件统计人们利用搜索引擎对旅游、投资和人才的背景下有关城市的信息搜索频次，从而衡量城市是否具有品牌吸引力。利用这种尽量客观的“搜索”行为数据，编制了数字城市指数。Bloom 对全球城市分欧洲、亚洲等采取分别排名的方式。其全球排名结果显示，新加坡、迪拜、香港、纽约、伦敦等在投资、人才维度上排名领先（两个维度上五座城市排位略有差别）。迪拜、伦敦、巴黎、洛杉矶、阿姆斯特丹在旅游维度排名前五。③

与城市数字经济的测量比较相近的概念是智慧城市排名。这方面，上海社会科学院与复旦大学研究团队构建了智慧城市的“5+1”评估模型，对全球 20 个“智慧之都”进行持续跟踪，其中包括 5 个定量指标，即智慧基础设施、智慧经济、智慧服务、智慧治理、智慧创新，以及 1 个定性指标

① 《中国区域与城市数字经济发展报告（2020 年）》，https://sh.cctv.com/2020/12/26/ARTIUH3Xl71ijllAulJp5Qvy201226.shtml，2021 年 8 月 11 日。

② NESTA 排名及方法说明，https://www.digitalcityindex.eu/，2021 年 8 月 11 日。

③ https://www.digitalcityindex.com/city-index-results-dimension.

“智慧声誉”。2020年排名结果显示，伦敦、纽约、新加坡排名前三，我国的上海和北京紧随其后。[①]

国内外各类智慧城市评估报告包括各大城市在数字经济发展方面的指标，为本研究提供丰富了的城市数据。但是智慧城市与数字经济关注点不同，数字经济更加偏重于经济和技术领域，而智慧城市既包括经济和技术，还包括社会治理、文化等方面，涉及面更广。

三 城市数字经济竞争力评价方法

（一）城市数字经济竞争力评价指标体系

本次竞争力评价指标体系秉承2020年的思路，以维持基本的延续性。二级指标仍然采用经济与基础设施竞争力、数字人才竞争力和数字创新竞争力三项，其权重保持不变。

但是在三级指标上，本研究作了局部的修订，目的是进一步丰富这一指标体系，以更全面地反映城市数字经济发展情况。具体调整办法如下：一是增加和调整了三项指标；二是相应地调整指标权重。

在指标选择方面，作了两个方面的修正：一是“经济与基础设施竞争力”指标下增加“数据开放度”，以反映各城市政府对公共数据资源的开放态度。众所周知，数字经济发展的重要基础是数据资源，而公共数据资源是一个巨大的、有待开发的公共资源，其开放度可以有力地促进数字经济的发展。

二是“数字创新竞争力”指标上，保留原有“城市研发强度”指标，剔除“城市研发投入产出效率”，原因后文另作分析；增加“专利申请数量”和“典型数字应用深度”两项指标，前者反映城市创新的关

① 《上海社科院 & 复旦大学：全球智慧之都报告2020》，https：//finance. sina. com. cn/tech/2021 -03 -02/doc - ikftpnnz0485896. shtml，2021年8月11日。

键产出能力，后者反映城市关键领域（涵盖医疗、教育、就业、交通四个方面）对数字技术的创新应用情况，也是一种数字经济的重要产出形式。

在权重上，由于各级指标下的分指标均为三个，所以统一使用各1/3的平均分配方式（见表1）。

表1　全球城市数字经济竞争力评估体系

二级指标	权重	指标意义	三级指标	权重	数据来源
经济与基础设施竞争力（M1）	1/3	软硬件发展基础	城市经济活跃度	1/3	世界城市综合实力排名
			ICT 普及度	1/3	全球人才竞争力指数报告
			数据开放度	1/3	全球数字开放报告
数字人才竞争力（M2）	1/3	人力资源基础	主要大学指数	1/3	QS 排名
			高等教育入学率	1/3	世界银行
			人口高等教育比例	1/3	OECD 教育概览 2020
数字创新竞争力（M3）	1/3	数字应用和产出	城市研发强度	1/3	世界城市综合实力排名
			专利申请数量	1/3	世界城市综合实力排名
			典型数字应用深度	1/3	智慧城市报告

此外，在统一量纲方面，也适当进行调整。将三级指标原始数据折算成百分制，具体折算百分制的方法是：

$$F_{i,j} = \frac{X_{i,j}}{X_{max,j}} \times 100 \quad (i = 1,2,3,\cdots,30; j = 1,2,3)$$

式中，i表示城市，j表示特定指标，$X_{i,j}$表示城市i的j指标的实际数值，$X_{max,j}$表示j指标上所有城市数值中的最大值。通过这一转换，表现最优的城市得分为100分，其他城市以其为标杆，分别得到100分以内的分值。

进一步可以得到三个二级指标的加权分值（λ为权重）：

$$M_{i,j} = \frac{1}{3}\sum_{j=1}^{3}\lambda_{i,j}F_{i,j} \quad (j = 1,2,3)$$

城市数字经济竞争力加权得分（μ 为权重）：

$$D_i = \frac{1}{3}\sum_{k=1}^{3}\mu_{i,k}M_{i,k} \quad (k = 1,2,3)$$

部分城市存在个别数据欠缺的情况，利用其余可获得指标的数据进行加权平均计算。

（二）城市数字经济竞争力评价指标与目标城市的处理和筛选

为了兼顾不同洲的城市分布，增加全球城市的代表性，对原有城市作适当调整。总体是减少欧美等发达国家的城市，同时增加亚太地区新兴国家的城市，总数量保持30个不变，但更好地体现出世界城市发展格局的新变化。具体变动如表2所示。

表2　数字经济竞争力城市入选名单

单位：个

区域	城市	2020年	2021年	备注
欧洲	伦敦、巴黎、斯德哥尔摩、哥本哈根、阿姆斯特丹、柏林、马德里、维也纳、法兰克福、米兰、莫斯科	13	11	减少日内瓦、巴塞罗那、布鲁塞尔，增加莫斯科
北美洲	纽约、波士顿、旧金山、洛杉矶、芝加哥、墨西哥城、多伦多	8	7	减少华盛顿
亚洲	新加坡、东京、北京、上海、首尔、迪拜、雅加达、香港、孟买	6	9	减少大阪，增加香港、迪拜、孟买、雅加达
南美洲	圣保罗	1	1	不变
非洲	约翰内斯堡	1	1	不变
大洋洲	悉尼	1	1	不变
合计		30	30	

四　全球主要城市数字经济竞争力排名分析

（一）全球主要城市数字经济竞争力总体排名结果分析

表3显示入选城市数字经济竞争力的整体排名情况。纽约、伦敦、新加

坡和东京处于领先的位置。其中纽约以最高得分 77.1 分（2020 年为 74.9 分）卫冕。其他三座城市均前进一名，主要原因是原第二名波士顿下跌到第六名。前十名中还有首尔、旧金山、洛杉矶、香港和悉尼五座城市，其中香港是 2021 年新列入的城市。可以看出，美国城市在前十位中占了四席，整体竞争力超强，而中国仅有香港入围。排名最后的几座城市均分布在亚非拉等发展中国家，表明数字经济竞争力与实体经济之间存在一定的关联性。

表 3　全球主要城市数字经济竞争力总体排名情况

单位：分

排名	城市	经济与基础设施竞争力	数字人才竞争力	数字创新竞争力	总得分	上年排名	国家
1	纽约	77.8	69.3	84.1	77.1	1	美国
2	伦敦	68.8	75.4	77.2	73.8	3	英国
3	新加坡	90.5	60.9	66.7	72.7	4	新加坡
4	东京	64.5	69.8	78.6	70.9	5	日本
5	首尔	60.6	81.3	69.1	70.3	17	韩国
6	波士顿	68.9	66.7	70.6	68.8	2	美国
7	旧金山	74.3	62.9	66.4	67.9	6	美国
8	洛杉矶	65.0	65.4	72.9	67.8	7	美国
9	香港	73.1	64.4	62.9	66.8	无	中国
10	悉尼	60.0	80.2	53.5	64.6	15	澳大利亚
11	芝加哥	64.9	65.4	56.7	62.3	11	美国
12	北京	57.7	50.3	74.7	60.9	8	中国
13	巴黎	60.6	57.1	63.9	60.5	10	法国
14	上海	53.8	46.4	69.4	56.5	12	中国
15	多伦多	62.2	56.0	51.1	56.5	16	加拿大
16	斯德哥尔摩	67.1	46.7	52.8	55.5	13	瑞典
17	哥本哈根	68.8	48.7	45.8	54.4	14	丹麦
18	马德里	58.8	55.3	48.2	54.1	24	西班牙
19	阿姆斯特丹	60.7	50.8	49.5	53.7	19	荷兰
20	维也纳	63.7	50.2	46.9	53.6	25	奥地利
21	莫斯科	45.6	63.8	50.1	53.2	无	俄罗斯
22	柏林	54.4	43.5	50.4	49.4	21	德国

续表

排名	城市	经济与基础设施竞争力	数字人才竞争力	数字创新竞争力	总得分	上年排名	国家
23	米兰	47.5	36.7	45.2	43.1	27	意大利
24	法兰克福	50.6	37.1	41.5	43.0	26	德国
25	迪拜	53.6	17.8	44.6	38.7	无	阿联酋
26	圣保罗	42.3	30.0	36.5	36.2	28	巴西
27	墨西哥城	44.6	24.9	34.9	34.8	29	墨西哥
28	孟买	42.2	14.5	46.1	34.3	无	印度
29	雅加达	42.2	19.5	32.8	31.5	无	印度尼西亚
30	约翰内斯堡	36.7	11.0	31.3	26.3	30	南非

中国两个龙头城市北京和上海，分别名列第 12 位和第 14 位，相比于 2020 年排名有所下滑。这一排名显然与中国的整体数字经济实力相比并不相符。从城市和指标考察，其主要原因有三：一是在数字基础设施全球连接度方面的得分较低；二是高等教育人口占比偏低，这拉低了其整体分数；三是加入实力较强的香港。

新增加的五座城市中，香港在经济与基础设施竞争力方面表现不俗，总体排名第 9 位。莫斯科排名第 21 位，位列柏林、米兰等欧洲发达国家城市之前，其在数字人才方面具有比较优势。另外三座城市迪拜、孟买和雅加达数字经济发展相对滞后。非洲的约翰内斯堡处于垫底的位置，但分数比 2020 年有所增加（2020 年为 9.91 分），主要应该是评分规则有所变动的原因。

（二）全球主要城市数字经济竞争力排名变动情况分析

相比于 2020 年，2021 年增加了部分指标，并调整了城市名单，多数城市的排名发生了变动。由于替换了 5 座城市，因此排名变动在 5 名以内的，均可视为正常的波动。按此标准，仅有少数两年均在其中的城市，其排名发生较大幅度的变化，值得关注。

一是名次大幅提升的城市首尔。韩国在5G、芯片领域的发展举世瞩目，不论是世界知识产权组织还是OECD的统计数据，在数字经济领域，韩国均处于世界前列。因此调整后计算的得分更能反映其实际地位。

二是马德里，作为西班牙首都和最重要的大都会，其经济地位在欧洲大陆仅次于巴黎和米兰，近年来在数字化转型方面进行了大量投资，表现可圈可点，已经成为整个南欧的重要数字中心城市。根据欧盟数字经济和社会指数报告，西班牙在数字公共服务方面排名全欧第二位，在数字连接度方面表现上乘，但是在人力技能方面仍然有所不足。排名变动情况如表4所示。

表4　城市数字经济竞争力排名变动情况

单位：个

变动类型	城市(变动)	数量
排名上升	伦敦(1)、新加坡(1)、东京(1)、首尔(12)、悉尼(5)、多伦多(1)、马德里(6)、维也纳(5)、米兰(4)、法兰克福(2)、圣保罗(2)、墨西哥城(2)	12
排名下降	波士顿(-4)、旧金山(-1)、洛杉矶(-1)、北京(-4)、巴黎(-3)、上海(-2)、斯德哥尔摩(-3)、哥本哈根(-3)、柏林(-1)	9
排名不变	纽约、芝加哥、阿姆斯特丹、约翰内斯堡	4

资料来源：作者整理。

（三）城市数字经济竞争力与GDP相关指标的关联分析

城市原有经济规模和发展程度与竞争力之间呈现何种关联性？那些传统世界级城市是否在数字经济上表现同样卓越？这是我们在分析城市数字经济发展水平时常常面临的问题。考察30座城市数字经济竞争力得分与其GDP、人口和人均GDP之间的相关性①，结果如表5所示。

① GDP数据取自网站 http：//citymayors.com/statistics/richest - cities - 2020.html，是对城市2020年GDP的一个估计值。其中法兰克福和迪拜数据欠缺，通过网络数据合理估算。

表 5　城市数字经济竞争力得分与 GDP、人口和人均 GDP 之间的相关性（N = 30）

指标	竞争力	人口	GDP
人口	－0. 073		
GDP	0. 492 **	0. 472 **	
人均 GDP	0. 410 *	－0. 371 *	0. 208

注：** 表示在 0. 01 水平（双侧）上显著相关；* 表示在 0. 05 水平（双侧）上显著相关。

由表 5 可知，城市数字经济竞争力得分与 GDP、人均 GDP 之间均存在显著的正向关联，而与人口无关。其中与 GDP 的关系更为紧密，相关系数为 0. 492（$p < 0.01$）。以竞争力得分为被解释变量，以 GDP 为解释变量，线性拟合曲线为：

$$y = 0.0181x + 48.036 \quad (R^2 = 0.242)$$

以 GDP 为横轴，以竞争力得分为纵轴，不同城市的分布如图 1 所示。纽约和东京在两方面均表现突出，属于全球数字经济方面的超级强市。拟合直线以上的各大城市的表现优于同一 GDP 能级的城市，反之亦然。

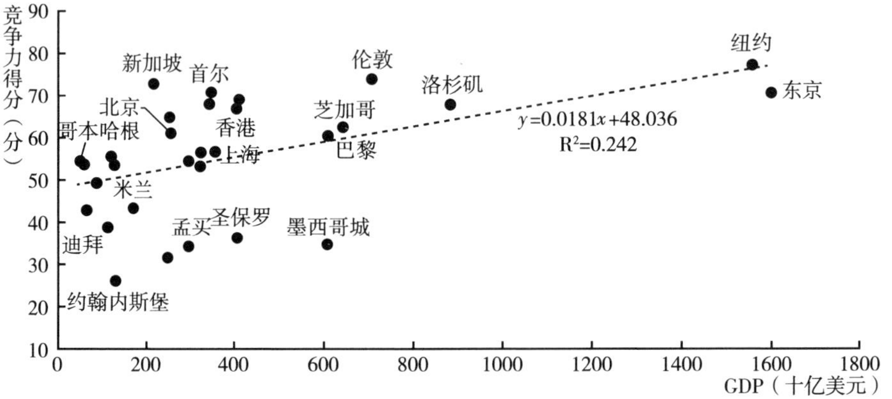

图 1　主要城市 GDP 与竞争力的关联

由图 1 可以得出一个初步的结论是：数字技术的出现极大地改变了世界城市的竞争格局。除了少数城市仍然维持其优势地位，很多传统工业城市，乃至传统信息业发达的城市在新一轮竞争中渐呈颓势。典型的有欧洲的名城，如柏林、巴黎等，它们在数字经济环境下的表现不及首尔、新加坡，很多指标甚至比不上北京、上海这样的新兴城市。很显然，数字经济正在重新塑造世界城市的格局。

五 全球主要城市数字经济竞争力结构及效率分析

（一）全球主要城市数字经济竞争力分项指标分析

基于上述评分结果，求得主要城市数字经济竞争力得分平均值 μ 为 55.3 分，标准方差 σ 为 14.0。以正负一个标准方差为界，可以将城市区分为三组：得分高于 69.3 分（$\mu+\sigma$）为高分组，共有 5 座城市；介于 41.3 分（$\mu-\sigma$）与 69.3 分（$\mu+\sigma$）之间为中间组，共有 19 座城市，位于 41.3 分以下为低分组，有 6 座城市。此三组城市分项指标的平均得分及总平均得分的关系如图 2 所示。

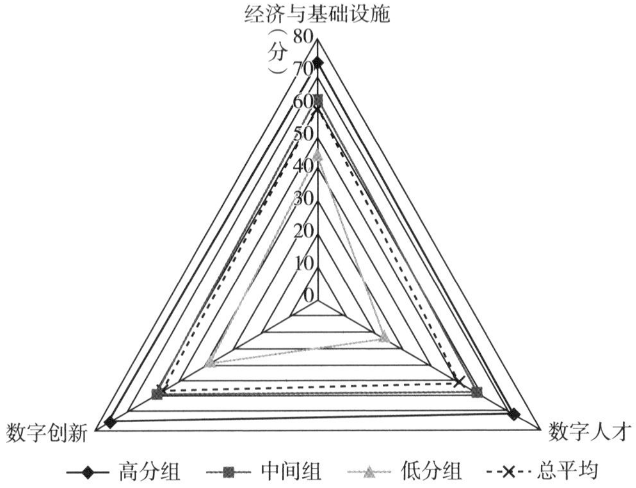

图 2　三组城市分项指标平均得分及总平均得分

由图 2 可以直观地看出，三组城市在经济与基础设施竞争力维度得分相对较为接近，而在数字人才竞争力方面差距较大，尤其是低分组的分数远低于前两组。从数字创新竞争力得分来看其最为贴切地反映出三组城市之间的差别。总平均得分处于比中间组得分略低的位置，其中数字人才方面的差距略大一些，这成为拉开城市在数字经济竞争力方面差距最关键的指标。

以下从30个城市中选择10个较具代表性的城市，将其与本组和所有城市的平均值进行比较分析。

先来看排前五名的第一组城市，其是世界城市在数字经济方面的领先组（见图3）。将其与本组各项指标的平均值进行对照，可以发现在经济与基础设施方面，新加坡和纽约表现较为突出，尤其是新加坡。在数字人才方面，首尔和伦敦表现更优。在数字创新方面，纽约和东京则保持领先地位。纽约、伦敦和东京三项指标的表现相对较为均衡，而新加坡和首尔只在一项指标上表现突出，另外两项与本组平均分存在一定的差距，发展相对不太均衡。

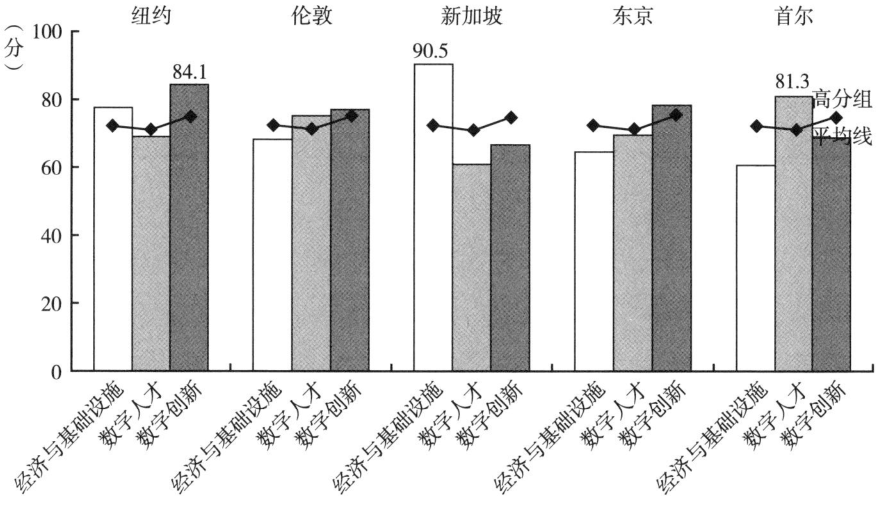

图3　前五名城市分项指标得分与本组平均分对照

再来看第二组五个城市，我们选择北京（第12名）、巴黎（第13名）、上海（第14名）、莫斯科（第21名）、孟买（第28名）作为重点关注对象，将它们的分值与30个城市的平均分进行比较。

由图4可以看出，巴黎在经济与基础设施方面保持了平均水平，其他四个城市均低于平均水平。在数字人才方面，莫斯科、巴黎高于平均水平，其他三个城市低于平均水平。在数字创新方面，北京、上海和巴黎相对占优。上海在两项指标上低于城市平均得分，未来需要有针对性地作出努力。而孟买在三项指标方面均低于平均水平，在数字经济发展上存在较大的差距。

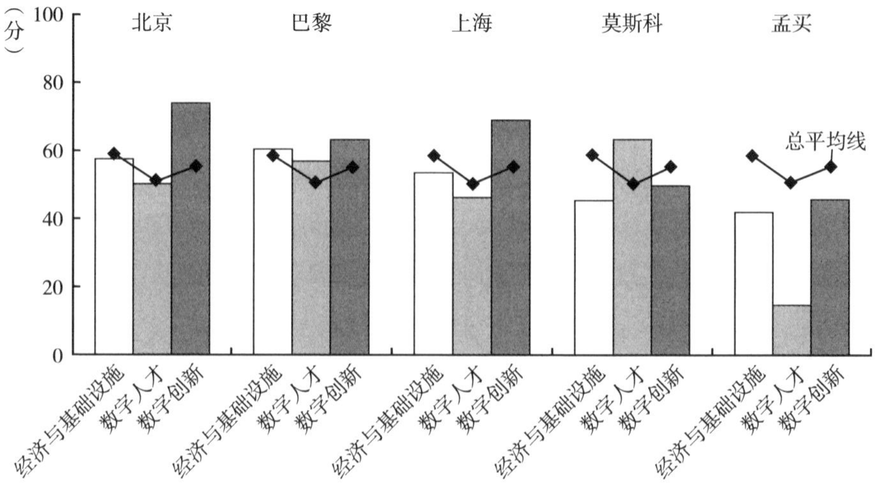

图 4 选定的五座城市分项指标得分与总平均分对照

（二）全球主要城市数字经济竞争力分项指标与经济指标相关性分析

针对三个分项指标，本研究首先考察它们与城市 GDP、人均 GDP 和人口等不同变量之间的关联性。

由表 6 可知，经济与基础设施仅与人均 GDP 显著相关；数字人才仅与 GDP 显著相关；数字创新与 GDP、人均 GDP 均显著相关。三者均与人口数量无关。可知基础设施的投入主要取决于人均 GDP，这一体现经济实力但与城市规模不直接相关的指标。而数字人才则与 GDP 这一体现城市规模的指标相关，表明城市规模越大，对于数字人才具有越高的吸引力。数字创新与人均 GDP 和 GDP 均显著相关，主要是由于创新既需要大量投入，也需要人群之间的密切互动，因此它更偏好于规模。

表 6　城市数字经济竞争力分项指标与经济指标相关性

指标	经济与基础设施	数字人才	数字创新	人口	GDP	人均 GDP
经济与基础设施	1					
数字人才	0.706**	1				
数字创新	0.698**	0.760**	1			
人口	-0.299	-0.104	0.180	1		
GDP	0.288	0.414*	0.619**	0.472**	1	
人均 GDP	0.401*	0.350	0.374*	-0.371*	0.208	1

注：* $p<0.05$，** $p<0.01$。

1. 经济与基础设施竞争力

经济与基础设施竞争力包含三个分指标，即城市经济活跃度、ICT 普及度和数据开放度。结果显示，新加坡总体表现较为突出，领先于第二名纽约 10 分以上。中国香港排名第四，但北京和上海两大城市均低于平均水平，其主要失分点是互联网的全球连接速度。这表明中国大陆城市在数字基础设施建设方面与世界先进城市还存在较大的差距。

美国和加拿大在经济活跃度与基础设施方面总体实力表现突出，美国城市在前十名中占有五席，多伦多排第 13 位。从欧洲城市看，西欧和北欧（英、法、瑞、丹）城市的表现略优于中欧和南欧（德、意、西）城市。在亚洲城市中，东京、首尔高于平均水平，但迪拜、雅加达、孟买等城市明显低于平均水平（见图 5）。

2. 数字人才竞争力

数字人才是数字经济发展的关键要素。数字人才是城市适应数字经济发展并不断创新的主体，体现在主要大学指数、高等教育入学率、人口高等教育比例三个方面。

从排名结果看，首尔在数字人才竞争力上独占鳌头，排名第一，其胜在人口高等教育比例上。悉尼的高等教育入学率排名第一，总分与首尔较为接近，排名第二。伦敦的主要大学指数则更胜一筹，在 30 个城市中排名第一，总分排名第三。

在数字人才指标上，除了美国几座城市普遍排名中上，值得注意的是莫斯科表现较佳，排名第十，这得益于其人口的高素质。

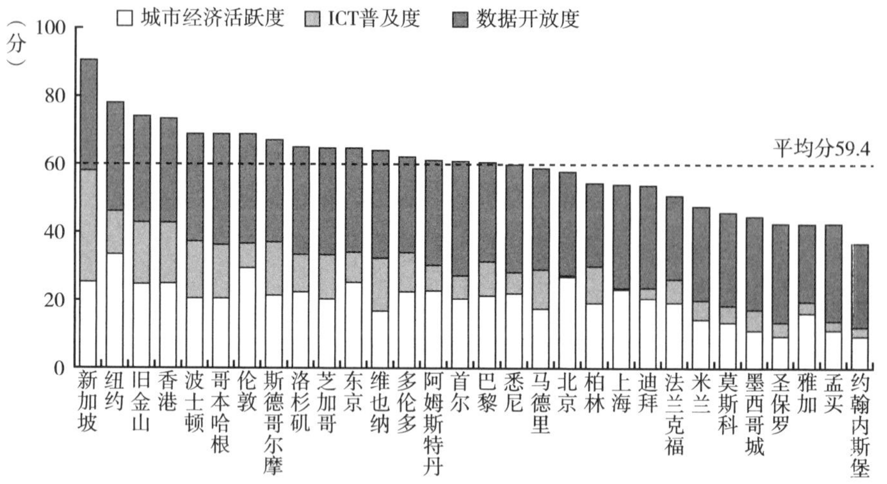

图5　全球城市经济与基础设施竞争力指标得分情况

注：图中将三项分指标除以3，体现其在此项指标上的贡献。

北京和上海在这三项分指标上均表现平平，既没有突出的优势，也没有明显的短板（见图6）。基于最新一次人口普查，北京和上海市民接受高等教育的比例得到了明显的提升，但是由于低学历人群基数太高，改善状态仍不算明显。

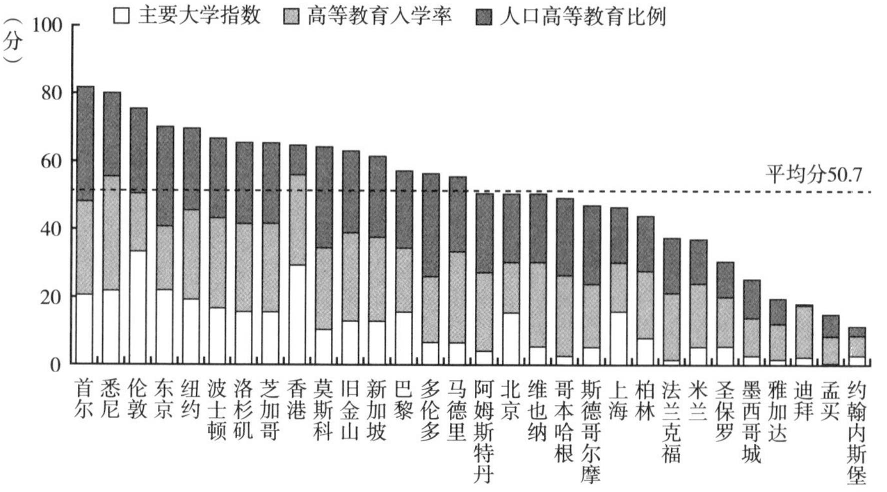

图6　全球城市数字人力竞争力指标得分情况

注：图中将三项分指标除以3，体现其在此项指标上的贡献。

3. 数字创新竞争力

如果说前两项分指标偏重于数字方面的投入，数字创新更偏重于数字方面的应用。它包括城市研发强度、专利申请数量和典型数字应用深度（医疗、交通、教育、就业等）。

此项指标上，纽约以 84.1 分排名第一，排在东京和伦敦之前。北京和上海在这一单项上表现不俗，分别排名第四位和第七位。尤其是在典型数字应用深度方面，上海表现最佳，表明这座新兴城市在数字化应用和智慧城市建设方面取得了突飞猛进的发展，该市近年来推出了多个与数字化应用相关的规划，如智慧城市建设、人工智能、大数据建设三年行动计划等，以及“一网通办”“一网统管”等强大的数字化基础设施，有效地推动了民生方面的数字化应用。在城市研发强度指标上，2020 年上海总研发投入已经达到 GDP 的 4.1%（2019 年为 4.0%），创历史新高，但相比于很多发达国家城市，这一强度仍然不占优势。

欧洲城市在这项指标上分布比较分散，没有明确的区域规律。除了伦敦和巴黎排名靠前，其他城市表现平平，尤其是作为老牌发达国家的德国未能在数字创新方面获得突破（见图 7）。

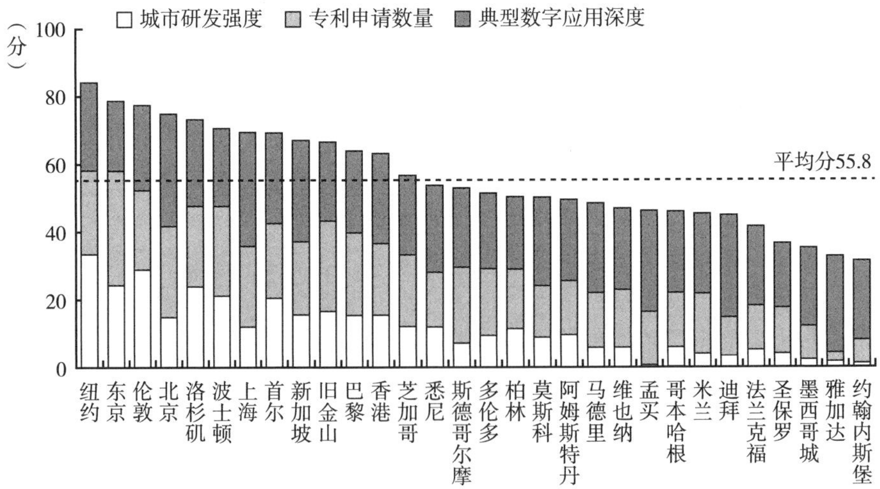

图 7　全球城市数字创新竞争力指标得分情况

注：图中将三项分指标除以 3，体现其在此项指标上的贡献。

（三）城市数字投入与产出的情况比较

随着数字经济时代的到来，数字生产率将成为未来城市竞争的关键。为此，本研究拟将前两项指标的平均值作为投入，而将数字创新作为产出，对现有城市作进一步分析，考察哪些城市的生产率较高，而哪些城市较低。

总体而言，数字投入和数字产出存在统计上的显著正向相关性，其相关系数达到0.7935。线性拟合函数为：

$$y = 0.7909x + 12.267 \quad (R^2 = 0.6297)$$

如图8所示，基于投入和产出的组合，可以将30座城市分为四大类：右上角为投入和产出均高的城市，有11座；右下角为投入高、产出低的城市，有6座；左上角为投入低、产出高的城市，仅有2座；左下角为投入和产出均低的城市，也有11座。

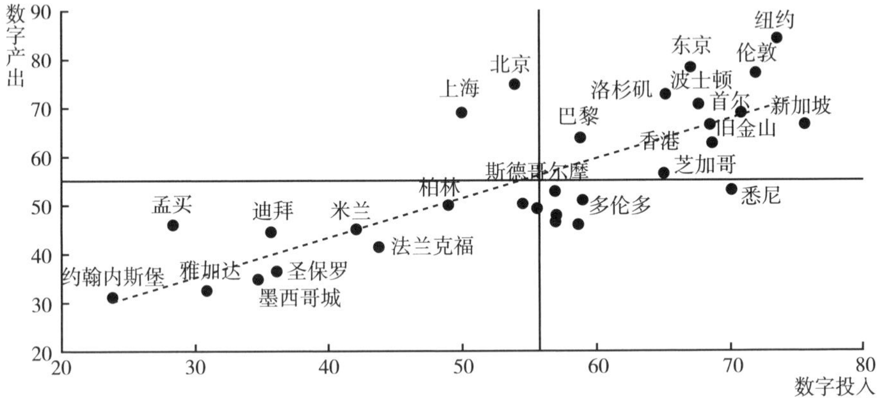

图8　各城市数字投入－产出相关度

北京和上海处于比较理想的左上角，即投入低、产出高，表明中国两大城市的数字生产效率较高。与之相对的右下角城市，如多伦多、悉尼等，产出与投入不相匹配，生产效率较低。

基于投入产出的概念，本研究进一步运用以下公式计算出各城市的数字生产率：

$$城市数字生产率 P_i = \frac{数字产出 O_i}{数字投入 I_i} (i 为城市)$$

其中数字产出用数字创新指标数据代替，数字投入用经济与基础设施、数字人才的平均值代替。P_i越大，表明投入产出效果越好。

计算结果如图 9 所示。以数值 1 为边界，可以看出一个特别有意思的现象，即出现“两头高，中间低”的现象，总体排名靠前和相对落后的城市，如孟买、约翰内斯堡、迪拜等，在生产率的表现上相对突出，而排名中间（从第 13 名到第 26 名）的城市普遍生产率不高。其原因可能是，数字化水平较高的城市，在数字化创新应用方面较为广泛，从而更加了解数字投入的领域和范围，产生更高的数字产出；数字化水平不高的城市，只需给予少量的投入，数字产出边际效应相对较高。反而是处于中间位置的城市，其开展数字化转型时，一方面不具有技术优势，另一方面历史包袱较重，在数字化转型中遇到较大的困难。

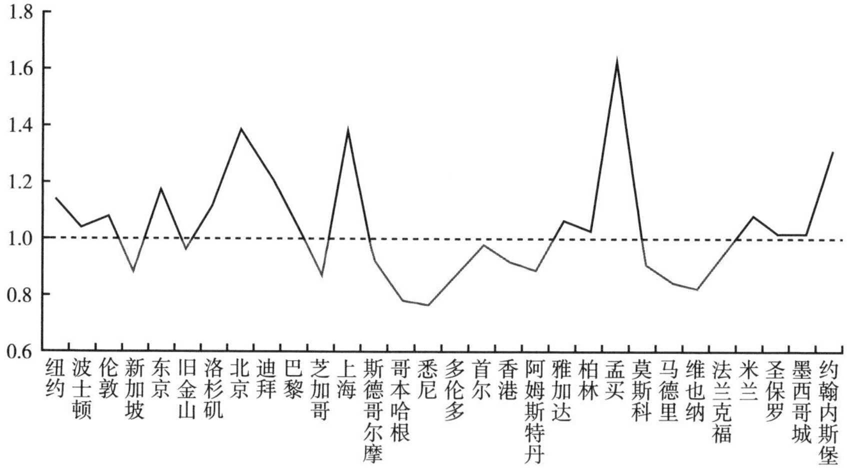

图 9　各城市数字生产率对比

上海和北京处于生产率排名靠前的方阵，充分表明两大城市具有巨大的数字经济发展潜力，未来将享受数字化红利。

值得注意的是，东京、纽约、洛杉矶和巴黎等城市呈现投入和产出均较高，同时生产率较高的现象，表明这几座城市在全球城市数字经济方面的显赫地位，可以预期，未来其数字经济发展仍将保持领先地位。

相反，一些城市虽然目前创新产出尚可，但其数字生产率表现一般，例如悉尼、新加坡和香港。因此它们的数字经济发展潜力有限，未来存在一定的隐忧，需要更加重视数字投入的领域和效率。

六　主要结论

通过对原有城市数字经济竞争力的框架作适当的修正，本研究分析了全球 30 个重要城市数字经济竞争力情况。具体包括：①各大城市数字经济竞争力总体得分、排名及其变动情况；②城市数字经济竞争力与 GDP、人均 GDP 的关系，并分组比较重点城市的得分情况；③各城市分指标的排名情况呈现何种特征和变化；④城市数字投入产出比较和数字生产率分析。

基于上述分析，本研究得出以下主要结论。

第一，城市数字经济竞争力总体上与城市经济实力和规模具有相关性。北美城市综合实力位居前列，欧洲城市自北向南实力递减。传统工业城市存在转型的需要，例如德国的城市；日本、四小龙城市发展已经与欧美并肩。其他新兴国家的城市目前尚待发展，在世界重要城市之中仍然处于追赶和落后的位置，仍需进一步努力。

第二，通过对城市数字经济竞争力与 GDP 等经济指标进行关联分析，发现数字经济正在颠覆传统的世界城市发展格局。除了纽约和伦敦这样的头部城市仍然保持其竞争力外，其他欧洲传统强国的城市都不可避免地衰落了。相反一些新兴国家的城市，如北京、上海、莫斯科等各有优势，发展潜力较大。

第三，从分项指标情况看，新加坡、首尔和纽约在经济与基础设施、数字人才和数字创新方面各占优势，东西方城市呈现“双峰并峙”的态势。具体来说，欧美国家城市由于发展基础良好，综合实力较强，亚洲城市发展较为不平衡，少数头部城市在数字经济竞争力上表现突出，另一些则各项指标明显处于落后位置。

第四，数字投入产出方面，全球城市呈现“两头较为突出，中间深陷”的情况。即竞争力排名靠前和靠后的城市数字生产率较高，排名中间的城市数字生产率较低。

第五，在全球城市中，北京和上海处于一种特别的位置。一方面，中国数字经济发展水平排名第二位，但是这两座城市似乎并未达到这种高度。另一方面，两座城市的数字生产率排名非常靠前，表明中国正在享受数字化所带来的红利，其未来发展潜力无限。

对于国内城市数字经济发展，基于本研究的分析，提出以下政策建议。

首先，数字基础设施的建设和完善。尽管中国政府近年来在5G、云计算、物联网等各项基础设施方面进行了大量的投入，但是互联网全球化的特性决定了其价值发挥需要更加开放的连接，这已经构成一个国家数字创新创业最基础的条件。如果这一瓶颈无法突破，未来数字经济将受到严重的制约。

其次，数字人才的培育是关键。数字技能已经成为国际劳工组织、联合国教科文组织积极倡导的新世纪人类必备的技能，人类与机器之间的共存是21世纪的大趋势。培育数字人才，不仅需要加强技术技能培训，这些可以通过学校教育和在职培训实现，同时还要重视数字伦理，培育一套新的适用于数字经济时代的行为规范。

最后，数字创新是驱动数字经济发展的关键，创新需要良好的营商环境和制度，其中包括产权的保护，既需要市场机制发挥作用，也需要政府大量的科研投入。同时市民对于创新的态度也非常重要，这需要全社会形成一种拥抱多元化的氛围，减少各类歧视，推动社会治理进入一个更高的层面。

B.3
全球数字经济企业竞争力发展报告（2021）

徐丽梅 *

摘　要：2020年尽管经历了新冠肺炎疫情的冲击，但是全球数字企业仍然得到突飞猛进的发展，涌现出众多竞争力良好的企业。本研究继续关注全球数字经济企业的发展，延续上年的研究方法，对2020年全球数字企业的竞争力进行了新的评价和排名。结果显示，从综合竞争力来看，微软公司、苹果公司和亚马逊位列前三；从规模竞争力来看，微软公司、亚马逊和苹果公司同样位列前三；从效率竞争力来看，VeriSign、SK 电讯和苹果公司位列前三；从创新竞争力来看，三星公司、脸书和 Alphabet 位列前三；从成长竞争力来看，DoorDash、费哲金融服务公司和 Coursera 位列前三。美国、日本和中国继续成为2020年世界数字企业竞争力的前三强。美国的数字企业无论是规模、效率，还是创新性以及成长性，在世界上都独占鳌头。日本和中国仅次于美国，也有着数量众多的优秀数字企业。

关键词：数字企业　企业竞争力　企业创新能力

* 徐丽梅，上海社会科学院应用经济研究所副研究员，主要研究方向为区域经济、数字经济。

尽管2020年世界经历了新冠肺炎疫情的冲击，但是数字经济在全球经济中仍是一枝独秀。在过去的一年里，世界数字经济企业继续发展和壮大，涌现出无论是规模、效率，还是创新性、成长性都非常突出的优秀企业。

本课题组继续关注全球数字经济企业的发展，延续往年对数字经济企业竞争力研究和排名的方法，对2020年以来全球数字经济企业进行了新的评价和排名。评价方法和指标体系沿袭了上年的基本做法，以求客观地展示全球数字经济企业的发展状况，并且使得前后年份的比较与研究具有连续性。

一　全球数字经济企业竞争力评价方法

（一）数字经济企业的定义

数字经济企业简称“数字企业”，关于“数字企业”的定义，我们继续沿用本报告上年的界定：该企业处于与数字技术高度融合的行业，是能够把数字技术与企业生产经营融合在一起、创造竞争力的企业，它们构成当代数字经济发展的基础或主战场，能够反映出全球或一国的数字经济发展水平。数字企业遍布国民经济多个行业，不同的机构或组织有着不同的界定。我们对数字企业的确定以全球上市公司数据库（BVD-OSIRIS）的全球行业分类标准（GICS）为主，并结合了《福布斯》和《财富》两个500强榜单，最后归纳为以下几个行业：①软件与服务；②技术硬件与设备；③半导体产品与设备；④消费电子产品；⑤互联网与直销零售；⑥电信业务；⑦公用事业（电力等）；⑧电气设备与机械制造。这些行业集中了大部分的数字企业，很典型地反映了数字技术的进步和数字产业的升级。

（二）企业竞争力的含义

根据哈佛大学教授、战略管理专家迈克尔·波特的“钻石五力模型”[①]，企业竞争力可以定义为“能让企业超越竞争对手、带来竞争优势的能力”。企业竞争力是企业生产和发展的长期决定因素，很大程度上决定了一个企业的经营实力和经营成败。我们对全球数字经济企业竞争力的评价，依旧基于这个概念和含义。

企业竞争力可以利用数量化的方法进行评价，即用数字来反映一个企业竞争力的水平。我们对全球数字经济企业竞争力的评价，是在前人关于企业竞争力理论研究的基础上，通过构建一个指标体系来反映，这个指标体系沿袭了上年的做法，包括四个方面的内容，总共 15 项指标，如表 1 所示。

表 1　全球数字经济企业竞争力评价指标体系

一级指标	权重	二级指标	三级指标
规模竞争力	25%	市场规模	市值
		企业规模	主营业务收入
			净利润
			员工数量
效率竞争力	25%	企业效率	总资产回报率
			净资产回报率
		人员效率	销售利润率
			劳动生产率
创新竞争力	25%	创新规模	研发投入总量
			专利总量
		创新强度	研发投入强度
			研发费用增长率
成长竞争力	25%	营收增长	营业收入增长率
		资产增长	总资产增长率
		销售增长	销售增长率

① 企业相对于业内竞争对手、供应商、用户、替代品、潜在进入者五方面的优势地位和讨价还价能力。

（三）数字企业竞争力评价指标和评价方法

根据“数字企业”的定义和特征，考虑到企业“竞争力”的内涵和本质，本研究从四个方面（即四个一级指标）构建了全球数字企业竞争力评价指标体系：一是规模竞争力，主要从企业规模大小的角度来衡量一个企业的竞争能力，通过两个二级指标——“市场规模”和“企业规模”来体现。二是效率竞争力，反映企业的运营效果，主要通过“企业效率”和“人员效率”两个二级指标来衡量。三是创新竞争力，以“创新规模”和“创新强度”两个二级指标来反映。四是成长竞争力，主要从时间维度来考察一个企业成长与发展的趋势。

本研究主要采用综合指数评价和专家咨询相结合的方法。在权重设置上，我们采取了专家咨询法。专家们的一致意见是从“规模竞争力”“效率竞争力”“创新竞争力”“成长竞争力”四个方面平均分配权重，即各占25%。每个二级指标内的权重分配，除了规模竞争力的两个二级指标（市场规模占40%，企业规模占60%）之外，其他指标基本按照平均的原则确定。考虑到100强都是非常优秀的企业以及作为竞争力数据的可比较性，我们将指数调整为60~100分的区间。

数字企业的样本库主要是基于《财富》500强、《福布斯》全球上市公司2000强以及欧盟工业研发投资2500强。企业的具体指标数据主要来源于全球上市公司数据库（BVD-OSIRIS）；非上市公司的数据则来源于其公司年度报告以及网站公开资料。

二　全球数字企业综合竞争力100强排名及分析

1. 综合竞争力排名

按照前述方法，我们得到2020年全球数字企业综合竞争力排名100强，如表2所示。

表 2　2020 年全球数字企业综合竞争力 100 强

单位：分

排名	公司名称	地区	行业	综合竞争力得分	规模竞争力得分	效率竞争力得分	创新竞争力得分	成长竞争力得分
1	微软	美国	软件与服务	78.05	90.21	82.08	74.84	65.08
2	苹果公司	美国	技术硬件与设备	77.49	86.99	85.32	74.02	63.63
3	亚马逊	美国	互联网与直销零售	76.85	87.33	77.00	76.79	66.29
4	脸书	美国	电信业务	75.13	71.25	84.02	78.52	66.72
5	Alphabet	美国	电信业务	74.91	74.46	82.21	77.25	65.71
6	华为公司	中国	技术硬件与设备	73.72	74.60	77.77	74.89	67.60
7	三星公司	韩国	技术硬件与设备	73.62	73.94	78.44	78.79	63.29
8	英特尔	美国	半导体产品与设备	71.83	69.08	80.91	73.12	64.20
9	AT&T	美国	电信业务	71.52	72.38	78.10	71.13	64.48
10	阿里巴巴集团	中国	互联网与直销零售	71.41	72.39	80.07	66.52	66.67
11	威讯通讯	美国	电信业务	71.20	70.42	80.15	70.01	64.21
12	费哲金融服务公司	美国	软件与服务	71.15	62.63	76.18	63.93	81.88
13	拼多多	中国	互联网与直销零售	70.88	60.99	74.31	73.29	74.93
14	NETFLIX	美国	电信业务	70.85	63.48	83.87	69.37	66.67
15	台积电	中国台湾	半导体产品与设备	70.26	67.03	81.20	68.20	64.61
16	康卡斯特	美国	电信业务	70.16	69.07	78.35	68.03	65.19
17	博通	美国	半导体产品与设备	70.15	63.40	79.53	72.37	65.30
18	高通公司	美国	半导体产品与设备	70.01	63.33	83.16	70.63	62.94
19	CDW 公司	美国	技术硬件与设备	69.89	61.75	83.54	69.26	65.02
20	ZOOM 公司	美国	软件与服务	69.86	61.05	75.91	66.38	76.12
21	腾讯	中国	电信业务	69.85	70.10	80.63	62.72	65.97
22	任天堂公司	日本	电信业务	69.84	62.14	84.77	67.34	65.14
23	TWDC	美国	电信业务	69.80	68.61	77.76	65.59	67.25
24	SQUARE 公司	美国	软件与服务	69.75	61.37	80.24	69.39	67.99
25	MATCH GROUP	美国	电信业务	69.72	61.09	80.63	65.42	71.76
26	英伟达	美国	半导体产品与设备	69.70	63.44	80.86	70.44	64.06
27	ARISTA NETWORKS	美国	技术硬件与设备	69.65	61.27	82.62	69.11	65.60
28	思科系统	美国	技术硬件与设备	69.47	66.45	80.37	67.54	63.50
29	DOORDASH	美国	互联网与直销零售	69.37	61.72	66.39	66.81	82.57
30	VERISIGN	美国	软件与服务	69.32	61.29	87.39	64.61	63.98
31	INTUIT	美国	软件与服务	69.24	62.23	82.32	67.06	65.36

续表

排名	公司名称	地区	行业	综合竞争力得分	规模竞争力得分	效率竞争力得分	创新竞争力得分	成长竞争力得分
32	贝宝控股	美国	软件与服务	69.22	63.42	78.95	69.06	65.46
33	鸿海精密	中国台湾	技术硬件与设备	69.21	72.82	76.18	63.65	64.17
34	ADOBE	美国	软件与服务	69.06	63.60	79.90	66.78	65.95
35	甲骨文	美国	软件与服务	69.04	66.21	79.94	66.04	63.99
36	索尼	日本	消费电子产品	69.00	65.15	78.00	68.90	63.96
37	COURSERA	美国	软件与服务	68.98	60.98	71.07	63.84	80.02
38	SPOTIFY TECHNOLOGY	卢森堡	电信业务	68.93	61.44	79.77	68.26	66.25
39	SK 电讯	韩国	电信业务	68.88	61.60	85.42	64.39	64.12
40	德州仪器	美国	半导体产品与设备	68.74	63.56	82.65	65.37	63.38
41	BOOKING HOLDINGS	美国	互联网与直销零售	68.72	63.10	83.09	64.61	64.10
42	LAM RESEARCH	美国	半导体产品与设备	68.70	62.07	81.53	66.50	64.69
43	软银公司	日本	电信业务	68.63	63.51	81.00	62.08	67.92
44	小米	中国	技术硬件与设备	68.60	62.21	81.14	65.45	65.61
45	埃森哲公司	爱尔兰	软件与服务	68.54	68.30	78.46	62.69	64.69
46	SALESFORCE. COM	美国	软件与服务	68.50	63.83	76.15	66.25	67.77
47	思爱普	德国	软件与服务	68.45	65.02	77.58	66.24	64.96
48	NETAPP	美国	技术硬件与设备	68.42	61.33	84.48	65.11	62.75
49	中联重科	中国	电气设备与机械制造	68.38	61.35	77.10	67.66	67.43
50	富达民国民信息公司	美国	电信业务	68.38	62.75	75.52	64.34	70.92
51	NTT	日本	电信业务	68.38	63.73	82.82	63.41	63.57
52	DISCOVERY	美国	电信业务	68.33	61.52	80.80	66.57	64.44
53	NAVER 公司	韩国	电信业务	68.29	61.42	81.40	67.84	62.49
54	霍尼韦尔	美国	电气设备与机械制造	68.27	64.99	78.78	66.25	63.05
55	KDDI	日本	电信业务	68.26	63.81	82.12	62.10	65.03
56	AMD 半导体公司	美国	半导体产品与设备	68.24	61.85	77.67	68.51	64.91
57	ASML 控股	荷兰	半导体产品与设备	68.23	63.36	79.09	65.88	64.57
58	京东	中国	互联网与直销零售	68.21	66.50	76.67	63.57	66.11
59	VMWARE	美国	软件与服务	68.19	62.29	77.38	66.55	66.54
60	美光科技	美国	半导体产品与设备	68.17	63.06	80.17	67.00	62.47
61	UIPATH	美国	软件与服务	68.17	61.30	70.95	66.69	73.75
62	推特	美国	电信业务	68.17	61.50	77.95	67.72	65.50
63	LARGAN PRECISION COMPANY	中国台湾	技术硬件与设备	68.17	61.40	81.77	63.34	66.15

续表

排名	公司名称	地区	行业	综合竞争力得分	规模竞争力得分	效率竞争力得分	创新竞争力得分	成长竞争力得分
64	应用材料	美国	半导体产品与设备	68.10	62.36	80.40	66.48	63.16
65	舜宇光学科技	中国	技术硬件与设备	68.05	61.51	78.20	64.63	67.85
66	LG 电子	韩国	消费电子产品	68.01	64.75	75.44	68.10	63.75
67	日本电信电话公司	日本	电信业务	68.00	68.19	77.39	62.22	64.22
68	东京电子	日本	半导体产品与设备	67.95	61.82	80.67	66.07	63.26
69	SERVICENOW	美国	软件与服务	67.90	61.82	75.97	66.24	67.56
70	戴尔	美国	技术硬件与设备	67.86	65.09	76.49	65.64	64.20
71	联发科	中国台湾	半导体产品与设备	67.82	61.62	77.53	67.44	64.70
72	艾默生电气	美国	电气设备与机械制造	67.82	62.85	78.11	65.96	64.37
73	松下	日本	消费电子产品	67.77	65.18	76.37	65.82	63.69
74	WORLDPAY	美国	软件与服务	67.76	61.20	82.39	62.09	65.37
75	ENEL	意大利	公用事业	67.72	64.89	79.61	62.09	64.27
76	特许通讯公司	美国	电信业务	67.61	64.28	76.77	65.05	64.34
77	ROBLOX	美国	软件与服务	67.60	61.55	72.67	67.14	69.04
78	CHECK POINT SOFTWARE TECHNOLOGIES	以色列	软件与服务	67.60	61.29	80.78	64.11	64.23
79	NEXON	日本	电信业务	67.59	61.27	80.63	64.29	64.16
80	KEYENCE	日本	技术硬件与设备	67.57	62.20	81.32	62.89	63.87
81	惠普	美国	技术硬件与设备	67.56	63.42	79.17	63.73	63.91
82	IBERDROLA	西班牙	公用事业	67.52	63.42	79.87	62.57	64.21
83	高知特	美国	软件与服务	67.52	64.40	77.59	63.78	64.30
84	动视暴雪	美国	电信业务	67.51	61.88	79.40	65.63	63.15
85	佳能	日本	技术硬件与设备	67.50	63.85	76.01	66.80	63.34
86	红帽公司	美国	软件与服务	67.48	61.44	77.73	64.80	65.97
87	日立	日本	技术硬件与设备	67.48	65.81	75.85	64.65	63.60
88	DISH 网络公司	美国	电信业务	67.48	61.61	78.95	65.67	63.67
89	DAST	法国	软件与服务	67.47	61.81	77.39	64.27	66.43
90	EBAY	美国	互联网与直销零售	67.47	61.78	79.80	64.78	63.50
91	网易	中国	电信业务	67.44	62.40	79.35	64.54	63.47
92	韩国电力公司	韩国	公用事业	67.44	62.29	81.38	62.51	63.57
93	三菱电机	日本	电气设备与机械制造	67.43	63.66	76.69	65.31	64.07
94	海康威视	中国	技术硬件与设备	67.41	62.12	78.93	63.31	65.30
95	SPLUNK	美国	软件与服务	67.39	61.29	74.25	67.32	66.71

续表

排名	公司名称	地区	行业	综合竞争力得分	规模竞争力得分	效率竞争力得分	创新竞争力得分	成长竞争力得分
96	WORKDAY	美国	软件与服务	67.37	61.44	73.80	67.67	66.59
97	德国电信	德国	电信业务	67.37	66.30	77.21	61.38	64.59
98	沙特电信公司	沙特阿拉伯	电信业务	67.37	62.39	79.85	62.77	64.46
99	INFOSYS	印度	软件与服务	67.36	63.94	79.05	62.43	64.00
100	AMADEUS IT	西班牙	软件与服务	67.35	61.79	79.15	63.72	64.77

在这100强企业中，排名第一的是微软。2020年，微软的营业收入为1430.15亿美元，比2019年增长14%。受疫情影响，云计算服务需求直线上升，微软在2020年扩大云业务投资，其智能云业务收入增速超过20%。

排第二名的仍然是苹果公司，这与它在2019年的排名相同。苹果作为全球最大的上市企业，市值一度突破2万亿美元。2020年苹果在硬件领域继续突飞猛进：iPad全系迎来更新；iPhone SE重启、iPhone 12步入5G时代；MacBook则开启了ARM桌面处理器的新纪元。苹果公司正以前所未有的速度，不断超越自己和超越同行。

排第三名的是亚马逊。2020年受疫情的影响，网上购物需求猛增，亚马逊在整个2020年营业收入达到3860.64亿美元，同比增长38%。截至2020年底，亚马逊在全球一共运营了18个站点，遍布五个大洲，亚马逊的市场规模仍在不断扩大中。

排第四名的是脸书，即Facebook。2020年，脸书的总收入同比增长22%，达到860亿美元。在脸书的收入中，大部分为广告空间的销售，其广告收入在2020年达到842亿美元，比上年增长21%，增长显著。

Alphabet排在100强的第五位。Alphabet是谷歌重组后的“伞形公司”的名字，“谷歌”则是其下属全资子公司。Alphabet在2020年营业收入为1825.27亿美元，较上年增长12.78%，净利润为402.69亿美元，较上年增长 17.26%。另外，2020 年 Alphabet 云计算业务的营业收入达 130 亿美元，比 2019 年增长了近 50%。

排第六位到第十位的分别是中国的华为公司、韩国的三星公司、美国的英特尔和 AT&T 以及中国的阿里巴巴集团。华为公司虽然在这两年处于不利境遇，但是它的销售收入和净利润在过去的 2020 年都有增长。三星公司、英特尔、AT&T 以及阿里巴巴集团一直都是世界领先企业，保持了较大规模的增长和稳定的增长速度。

2. 排名变动情况

相比于 2019 年，全球数字企业综合竞争力 100 强有了较大变化。2020 年，有 35 家企业排名上升，有 43 家企业排名下降，还有 3 家企业排名不变，另有 19 家企业新晋 100 强，如表 3 所示。

表 3　全球数字企业百强变动情况

排名变动分类	公司名称
排名上升(35)	NTT;索尼;任天堂公司;NEXON;松下;NAVER 公司;LG 电子;小米;SPOTIFY TECHNOLOGY;ASML 控股;台积电;联发科;AT&T;AMD 半导体公司;阿里巴巴集团;ARISTA NETWORKS;博通;CDW 公司;特许通讯公司;康卡斯特;戴尔;DISCOVERY;艾默生电气;脸书;LAM RESEARCH;微软;美光科技;NETFLIX;英伟达;贝宝控股;SQUARE 公司;推特;VERISIGN;威讯通讯;华为公司
排名下降(43)	海康威视;德国电信;思爱普;AMADEUS IT;DAST;埃森哲公司;CHECK POINT SOFTWARE TECHNOLOGIES;ZOOM 公司;INFOSYS;ENEL;KEYENCE;佳能;KDDI;东京电子;软银公司;日本电信电话公司;日立;三菱电机;三星公司;腾讯;沙特电信公司;鸿海精密;LARGAN PRECISION COMPANY;ADOBE;Alphabet;亚马逊;BOOKING HOLDINGS;思科系统;高知特;TWDC;富达民国民信息公司;费哲金融服务公司;霍尼韦尔;INTUIT;MATCH GROUP;NETAPP;甲骨文;高通公司;SALESFORCE. COM;SERVICENOW;德州仪器;VMWARE;EBAY
排名不变(3)	苹果公司;应用材料;英特尔
新晋 100 强(19)	中联重科;IBERDROLA;韩国电力公司;SK 电讯;京东;舜宇光学科技;动视暴雪;COURSERA;DISH 网络公司;DOORDASH;惠普;拼多多;红帽公司;ROBLOX;SPLUNK;UIPATH;WORKDAY;WORLDPAY;网易

从表 3 中我们可以看到，排名上升的企业有 NTT、索尼、任天堂公司等；排名下降的企业有海康威视、德国电信、思爱普等；排名不变的企业有苹果公司、应用材料、英特尔；另有多家企业进入新的百强名单中，例如中联重科、COURSERA、ROBLOX、UIPATH 等。

3. 地域分布

2020 年全球数字企业综合竞争力 100 强分布在 15 个国家或地区，各个国家或地区所包含的企业数量如表 4 所示。

表 4　2020 年全球数字企业综合 100 强的地域分布

单位：家

地区	企业数量	地区	企业数量
美国	56	意大利	1
日本	13	以色列	1
中国	10	沙特阿拉伯	1
韩国	5	卢森堡	1
中国台湾	4	荷兰	1
西班牙	2	法国	1
德国	2	爱尔兰	1
印度	1		

从表 4 中我们可以看到，2020 年数字企业综合竞争力百强中，美国的企业数量最多，达到 56 家，比 2019 年增加了 9 家；其次是日本，有 13 家企业，比 2019 年少了 3 家；中国有 10 家企业，比 2019 年多了 1 家；韩国有 5 家，中国台湾地区有 4 家，这 5 个地区囊括了全球 100 强的 88%。另外，西班牙、德国各有 2 家；其他国家分别有 1 家。从数字企业综合竞争力百强的地域分布可以看出，美国的数字企业竞争力占绝对优势，远远超过第二名的日本和第三名的中国。

4. 行业分布

2020 年全球数字企业综合竞争力百强主要分布在八个行业当中，从图 1 中我们可以看出，电信业务、软件与服务两个行业的企业数量最多，都在 20 家以上。其次是技术硬件与设备行业，有 17 家企业，半导体产品与设备行业有 13 家企业；另外四个行业的企业数量较少，包括互联网与直销零售、电气设备与机械制造、公用事业、消费电子产品，分别只有 7 家、4 家、3 家、3 家。

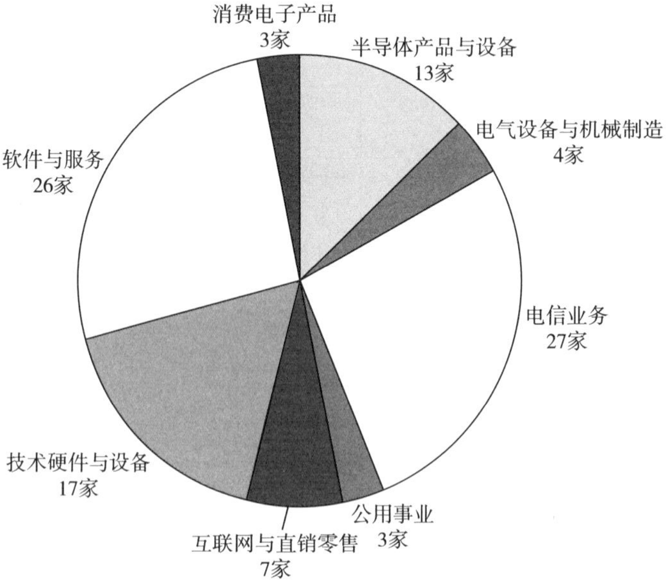

图 1　2020 年全球数字企业综合竞争力百强的行业分布

三　全球数字企业分项竞争力排名及分析

（一）规模竞争力排名

1. 排名情况

规模竞争力代表了企业的规模效应，它通过市值规模和企业规模两个方面得以反映，前者主要是指企业的股票市值[①]；后者则是通过主营业务收

① 百强数字企业的排名中也有非上市公司。考虑到 95% 以上的公司都是上市公司，所以这里我们保留了“市值”这一指标，非上市公司的“市值”是通过与同类公司对比，然后通过市盈率等指标测算出来的。

入、净利润和员工数量三个指标来反映。表 5 是 2020 年全球数字企业规模竞争力 100 强。

表 5　2020 年全球数字企业规模竞争力排名

单位：分

排名	公司名称	地区	行业	规模竞争力得分	市值规模得分	企业规模得分
1	微软	美国	软件与服务	90.21	99.99	80.42
2	亚马逊	美国	互联网与直销零售	87.33	83.74	90.92
3	苹果公司	美国	技术硬件与设备	86.99	86.23	87.76
4	华为公司	中国	技术硬件与设备	74.60	75.55	73.65
5	Alphabet	美国	电信业务	74.46	70.40	78.52
6	三星公司	韩国	技术硬件与设备	73.94	67.45	80.44
7	鸿海精密	中国台湾	技术硬件与设备	72.82	61.08	84.57
8	阿里巴巴集团	中国	互联网与直销零售	72.39	73.52	71.26
9	AT&T	美国	电信业务	72.38	67.39	77.37
10	脸书	美国	电信业务	71.25	72.80	69.71
11	威讯通讯	美国	电信业务	70.42	66.58	74.27
12	腾讯	中国	电信业务	70.10	71.94	68.25
13	英特尔	美国	半导体产品与设备	69.08	66.74	71.41
14	康卡斯特	美国	电信业务	69.07	65.29	72.85
15	TWDC	美国	电信业务	68.61	66.08	71.14
16	埃森哲公司	爱尔兰	软件与服务	68.30	63.44	73.16
17	日本电信电话公司	日本	电信业务	68.19	62.39	73.99
18	台积电	中国台湾	半导体产品与设备	67.03	67.38	66.67
19	京东	中国	互联网与直销零售	66.50	63.07	69.94
20	思科系统	美国	技术硬件与设备	66.45	65.15	67.75
21	德国电信	德国	电信业务	66.30	62.02	70.58
22	甲骨文	美国	软件与服务	66.21	64.39	68.02
23	日立	日本	技术硬件与设备	65.81	60.72	70.90
24	松下	日本	消费电子产品	65.18	60.48	69.88
25	索尼	日本	消费电子产品	65.15	61.93	68.38
26	戴尔	美国	技术硬件与设备	65.09	60.29	69.89
27	思爱普	德国	软件与服务	65.02	64.30	65.74
28	霍尼韦尔	美国	电气设备与机械制造	64.99	63.27	66.72

续表

排名	公司名称	地区	行业	规模竞争力得分	市值规模得分	企业规模得分
29	中国电信	中国	电信业务	64.93	60.14	69.71
30	ENEL	意大利	公用事业	64.89	62.09	67.70
31	美洲电信	墨西哥	电信业务	64.79	60.93	68.66
32	LG 电子	韩国	消费电子产品	64.75	60.26	69.24
33	中国联通香港公司	中国香港	电信业务	64.48	60.74	68.23
34	高知特	美国	软件与服务	64.40	60.87	67.93
35	特许通讯公司	美国	电信业务	64.28	62.63	65.92
36	橙子电信	法国	电信业务	64.14	61.01	67.26
37	三星 SDS	韩国	软件与服务	64.07	60.33	67.81
38	施耐德电气	法国	电气设备与机械制造	63.96	61.55	66.37
39	INFOSYS	印度	软件与服务	63.94	60.93	66.96
40	佳能	日本	技术硬件与设备	63.85	60.94	66.76
41	SALESFORCE. COM	美国	软件与服务	63.83	64.19	63.47
42	KDDI	日本	电信业务	63.81	61.79	65.83
43	西班牙电信	西班牙	电信业务	63.80	60.94	66.67
44	NTT	日本	电信业务	63.73	61.91	65.55
45	软银集团	日本	电信业务	63.68	61.88	65.48
46	三菱电机	日本	电气设备与机械制造	63.66	60.68	66.65
47	和硕公司	中国台湾	技术硬件与设备	63.63	60.15	67.12
48	ADOBE	美国	软件与服务	63.60	63.88	63.33
49	德州仪器	美国	半导体产品与设备	63.56	63.10	64.02
50	软银公司	日本	电信业务	63.51	61.56	65.46
51	Capgemini SE	法国	软件与服务	63.50	60.53	66.47
52	NETFLIX	美国	电信业务	63.48	63.67	63.29
53	英伟达	美国	半导体产品与设备	63.44	63.75	63.13
54	IBERDROLA	西班牙	公用事业	63.42	61.70	65.14
55	惠普	美国	技术硬件与设备	63.42	60.66	66.17
56	贝宝控股	美国	软件与服务	63.42	63.29	63.55
57	法国威立雅	法国	公用事业	63.40	60.39	66.42
58	博通	美国	半导体产品与设备	63.40	63.04	63.75
59	沃达丰集团	英国	电信业务	63.36	60.96	65.76
60	ASML 控股	荷兰	半导体产品与设备	63.36	63.26	63.45
61	高通公司	美国	半导体产品与设备	63.33	62.40	64.26

续表

排名	公司名称	地区	行业	规模竞争力得分	市值规模得分	企业规模得分
62	捷普	美国	技术硬件与设备	63.28	60.11	66.45
63	富士通	日本	软件与服务	63.22	60.48	65.97
64	BOOKING HOLDINGS	美国	互联网与直销零售	63.10	62.22	63.97
65	美光科技	美国	半导体产品与设备	63.06	61.29	64.84
66	联想控股	中国	技术硬件与设备	63.04	60.07	66.02
67	英国电信	英国	电信业务	62.87	60.37	65.38
68	WIPRO 公司	印度	软件与服务	62.87	60.38	65.36
69	艾默生电气	美国	电气设备与机械制造	62.85	61.06	64.64
70	广达电脑	中国台湾	技术硬件与设备	62.82	60.21	65.43
71	ADP	美国	软件与服务	62.82	61.65	63.99
72	联想集团	中国香港	技术硬件与设备	62.79	60.16	65.41
73	特斯拉	美国	技术硬件与设备	62.78	61.95	63.60
74	NEC	日本	软件与服务	62.76	60.24	65.28
75	HCL 技术	印度	软件与服务	62.75	60.40	65.10
76	富达民国民信息公司	美国	电信业务	62.75	62.21	63.29
77	东芝	日本	电气设备与机械制造	62.73	60.25	65.20
78	爱立信	瑞典	技术硬件与设备	62.70	60.69	64.70
79	东京电力公司	日本	公用事业	62.69	60.14	65.25
80	NIDEC	日本	电气设备与机械制造	62.68	60.79	64.57
81	海力士	韩国	半导体产品与设备	62.68	61.53	63.82
82	ATOS	法国	软件与服务	62.66	60.23	65.08
83	诺基亚	芬兰	技术硬件与设备	62.63	60.54	64.73
84	费哲金融服务公司	美国	软件与服务	62.63	62.03	63.22
85	RECRUIT 控股	日本	软件与服务	62.58	61.13	64.03
86	加拿大贝尔公司	加拿大	电信业务	62.55	61.07	64.04
87	惠普	美国	技术硬件与设备	62.50	60.55	64.44
88	富士胶片	日本	技术硬件与设备	62.48	60.66	64.30
89	MURAT 制造	日本	技术硬件与设备	62.48	60.88	64.08
90	TE CONNECTIVITY	瑞士	技术硬件与设备	62.47	60.81	64.14
91	纬创集团	中国台湾	技术硬件与设备	62.46	60.06	64.86
92	纳斯帕斯	南非	互联网与直销零售	62.45	61.82	63.07
93	网易	中国	电信业务	62.40	61.61	63.19
94	沙特电信公司	沙特阿拉伯	电信业务	62.39	61.40	63.38

续表

排名	公司名称	地区	行业	规模竞争力得分	市值规模得分	企业规模得分
95	应用材料	美国	半导体产品与设备	62. 36	61. 29	63. 43
96	VIVENDI	法国	电信业务	62. 33	60. 89	63. 77
97	百度	中国	电信业务	62. 31	61. 38	63. 23
98	VMWARE	美国	软件与服务	62. 29	60. 42	64. 16
99	TDK	日本	技术硬件与设备	62. 29	60. 25	64. 32
100	韩国电力公司	韩国	公用事业	62. 29	60. 39	64. 18

从表 5 中我们看到，在 2020 年规模竞争力的排名中，微软排在第一位。微软有着强大的规模，在普华永道公司发布的 2020 年全球市值百强企业排名中，微软公司排名第二。2020 年微软的主营业务收入超过了 400 亿美元。

亚马逊排在第二位，它在 2019 年同样排在规模竞争力百强的第二位。2020 年，亚马逊网络服务收入达到 453. 7 亿美元，较上年同期增长近 30% 。在普华永道公司发布的 2020 年全球市值百强企业排名中，它在微软和苹果公司之后，排在第四位。

排在第三位的是苹果公司，苹果公司有着巨大的市值规模，其市值一度突破 2 万亿美元，相当于 2. 4 个阿里巴巴。2020 年苹果公司的营业收入规模达 2745 亿美元，净利润超过 570 亿美元。

在规模竞争力百强中，华为公司排第四位，Alphabet 排第五位，三星公司、鸿海精密、阿里巴巴集团、AT&T 和脸书分别排第 6 ~ 10 位。这些企业有着较大的市值规模、业务收入规模和员工规模等，使得它们在规模竞争力中表现突出。

我们分别以市值规模得分和企业规模得分为横坐标与纵坐标作图，如图 2 所示，从中可以看到，百强企业中有 3 家企业的规模效应较为突出，这三家企业分别是微软、亚马逊和苹果公司，它们位于坐标系的右方；另外还有很多企业集中在坐标系的左下方区域，而且在这里企业重叠，数量较多，可见很多数字企业之间的规模竞争力差距并不是很大，但与顶尖企业的差距却非常大。

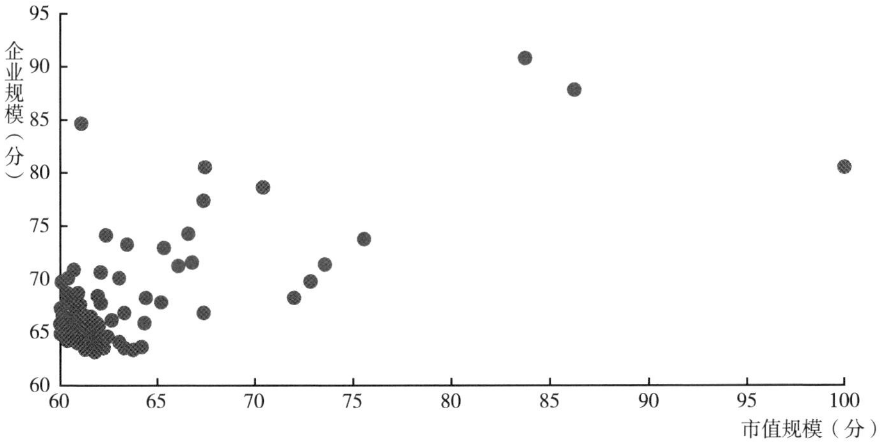

图 2　2020 年全球数字企业百强的规模分布

2. 地域分布

2020 年数字企业规模竞争力 100 强主要分布在 21 个国家或地区，其中美国占了大多数，有 36 家企业；其次是日本，有 19 家企业；中国有 8 家企业，法国有 6 家企业；然后是中国台湾地区和韩国，分别有 5 家企业；其余地区的企业数量较少，都在 5 家以下企业。在企业的规模竞争力分布上，美国、日本、中国占了前三强，这三个国家包含了规模竞争力百强企业中的 60% 以上。

表 6　2020 年全球数字企业规模竞争力百强的地域分布

单位：家

地区	企业数量	地区	企业数量
美国	36	意大利	1
日本	19	沙特阿拉伯	1
中国	8	瑞士	1
法国	6	瑞典	1
中国台湾	5	南非	1
韩国	5	墨西哥	1
印度	3	加拿大	1
英国	2	荷兰	1
中国香港	2	芬兰	1
西班牙	2	爱尔兰	1
德国	2		

3. 行业分布

从 2020 年全球数字企业规模竞争力 100 强的行业分布看，电信业务占据了优势地位，总共有 28 家企业；其次是技术硬件与设备行业，有 23 家；软件与服务行业有 20 家；半导体产品与设备行业有 10 家；另外，电气设备与机械制造、互联网与直销零售、公用事业、消费电子产品行业的企业较少，分别只有 6 家、5 家、5 家、3 家（见图 3）。

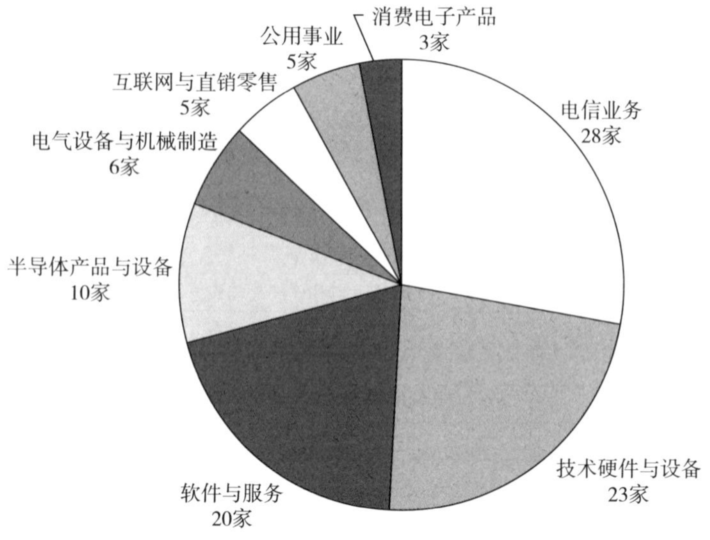

图 3　2020 年全球数字企业规模竞争力百强的行业分布

（二）效率竞争力排名

1. 排名情况

效率竞争力体现的是数字企业的经营效率（企业效率）和员工的劳动生产率（人员效率）两个方面。它主要通过总资产回报率、净资产回报率、销售利润率、劳动生产率四个指标来体现。表 7 是 2020 年全球数字企业效率竞争力的百强排名。

表7　2020年全球数字企业效率竞争力排名

单位：分

排名	公司名称	地区	行业	效率竞争力得分	企业效率得分	人员效率得分
1	VERISIGN	美国	软件与服务	87.39	89.07	85.72
2	SK电讯	韩国	电信业务	85.42	80.65	90.19
3	苹果公司	美国	技术硬件与设备	85.32	86.04	84.59
4	任天堂公司	日本	电信业务	84.77	84.39	85.15
5	NETAPP	美国	技术硬件与设备	84.48	94.42	74.55
6	脸书	美国	电信业务	84.02	84.41	83.63
7	NETFLIX	美国	电信业务	83.87	82.02	85.71
8	CDW公司	美国	技术硬件与设备	83.54	85.36	81.72
9	高通公司	美国	半导体产品与设备	83.16	89.13	77.19
10	BOOKING HOLDINGS	美国	互联网与直销零售	83.09	88.55	77.62
11	NTT	日本	电信业务	82.82	83.25	82.38
12	德州仪器	美国	半导体产品与设备	82.65	88.22	77.08
13	ARISTA NETWORKS	美国	技术硬件与设备	82.62	84.96	80.29
14	WORLDPAY	美国	软件与服务	82.39	85.99	78.78
15	INTUIT	美国	软件与服务	82.32	87.42	77.21
16	Alphabet	美国	电信业务	82.21	83.42	80.99
17	KDDI	日本	电信业务	82.12	82.73	81.51
18	微软	美国	软件与服务	82.08	84.83	79.33
19	LARGAN PRECISION COMPANY	中国台湾	技术硬件与设备	81.77	85.56	77.98
20	纳斯帕斯	南非	互联网与直销零售	81.57	82.30	80.83
21	LAM RESEARCH	美国	半导体产品与设备	81.53	85.00	78.05
22	NAVER公司	韩国	电信业务	81.40	82.95	79.84
23	韩国电力公司	韩国	公用事业	81.38	79.52	83.25
24	KEYENCE	日本	技术硬件与设备	81.32	83.48	79.16
25	台积电	中国台湾	半导体产品与设备	81.20	84.12	78.28
26	小米	中国	技术硬件与设备	81.14	81.75	80.52
27	软银公司	日本	电信业务	81.00	83.08	78.92
28	英特尔	美国	半导体产品与设备	80.91	84.41	77.41
29	英伟达	美国	半导体产品与设备	80.86	84.11	77.61
30	DISCOVERY	美国	电信业务	80.80	82.04	79.56
31	CHECK POINT SOFTWARE TECHNOLOGIES	以色列	软件与服务	80.78	84.10	77.45

续表

排名	公司名称	地区	行业	效率竞争力得分	企业效率得分	人员效率得分
32	东京电子	日本	半导体产品与设备	80.67	84.66	76.68
33	腾讯	中国	电信业务	80.63	82.94	78.33
34	NEXON	日本	电信业务	80.63	83.92	77.34
35	MATCH GROUP	美国	电信业务	80.63	81.70	79.55
36	应用材料	美国	半导体产品与设备	80.40	84.59	76.20
37	思科系统	美国	技术硬件与设备	80.37	84.02	76.72
38	SQUARE 公司	美国	软件与服务	80.24	82.30	78.18
39	美光科技	美国	半导体产品与设备	80.17	83.43	76.91
40	威讯通讯	美国	电信业务	80.15	82.66	77.63
41	阿里巴巴集团	中国	互联网与直销零售	80.07	83.07	77.07
42	甲骨文	美国	软件与服务	79.94	85.11	74.76
43	ADOBE	美国	软件与服务	79.90	83.96	75.83
44	IBERDROLA	西班牙	公用事业	79.87	81.08	78.67
45	FORTUM	芬兰	公用事业	79.86	81.85	77.87
46	沙特电信公司	沙特阿拉伯	电信业务	79.85	82.51	77.19
47	思佳讯	美国	半导体产品与设备	79.83	84.62	75.04
48	EBAY	美国	互联网与直销零售	79.80	83.75	75.85
49	SPOTIFY TECHNOLOGY	卢森堡	电信业务	79.77	79.29	80.24
50	东京电力公司	日本	公用事业	79.71	80.18	79.23
51	ENEL	意大利	公用事业	79.61	80.77	78.45
52	博通	美国	半导体产品与设备	79.53	80.92	78.14
53	动视暴雪	美国	电信业务	79.40	82.00	76.80
54	网易	中国	电信业务	79.35	83.56	75.15
55	TELENOR	挪威	电信业务	79.34	83.04	75.64
56	阿联酋电信	阿联酋	电信业务	79.33	82.29	76.37
57	惠普	美国	技术硬件与设备	79.17	81.77	76.57
58	AMADEUS IT	西班牙	软件与服务	79.15	83.79	74.50
59	ASML 控股	荷兰	半导体产品与设备	79.09	82.79	75.39
60	INFOSYS	印度	软件与服务	79.05	85.69	72.41
61	贝宝控股	美国	软件与服务	78.95	81.69	76.21
62	DISH 网络公司	美国	电信业务	78.95	81.66	76.24
63	海康威视	中国	技术硬件与设备	78.93	84.51	73.34
64	霍尼韦尔	美国	电气设备与机械制造	78.78	83.78	73.78

续表

排名	公司名称	地区	行业	效率竞争力得分	企业效率得分	人员效率得分
65	东京电子设备	日本	技术硬件与设备	78.69	81.19	76.18
66	瑞士电信	瑞士	电信业务	78.50	81.99	75.01
67	埃森哲公司	爱尔兰	软件与服务	78.46	85.42	71.51
68	三星公司	韩国	技术硬件与设备	78.44	82.06	74.83
69	Constellation Software	加拿大	软件与服务	78.40	84.60	72.19
70	唯品会	中国	互联网与直销零售	78.39	82.68	74.10
71	ADP	美国	软件与服务	78.37	83.29	73.44
72	罗杰斯通讯公司	加拿大	电信业务	78.36	82.35	74.36
73	康卡斯特	美国	电信业务	78.35	81.89	74.81
74	ENBW ENERGIE BADEN	德国	公用事业	78.32	80.77	75.86
75	南亚科技	中国台湾	半导体产品与设备	78.27	81.56	74.99
76	ALTICE EUROPE N. V.	荷兰	电信业务	78.21	80.01	76.41
77	舜宇光学科技	中国	技术硬件与设备	78.20	84.01	72.40
78	ANALOG DEVICES	美国	半导体产品与设备	78.14	81.75	74.54
79	TELSTRA	澳大利亚	电信业务	78.14	81.80	74.48
80	艾默生电气	美国	电气设备与机械制造	78.11	83.80	72.43
81	AT&T	美国	电信业务	78.10	80.96	75.23
82	RECRUIT 控股	日本	软件与服务	78.09	82.91	73.26
83	HCL 技术	印度	软件与服务	78.06	84.14	71.97
84	联想集团	中国香港	技术硬件与设备	78.05	81.39	74.71
85	希捷科技	爱尔兰	技术硬件与设备	78.03	84.04	72.02
86	软银集团	日本	电信业务	78.01	79.89	76.13
87	索尼	日本	消费电子产品	78.00	81.19	74.80
88	推特	美国	电信业务	77.95	80.73	75.16
89	AMPHENOL	美国	技术硬件与设备	77.91	83.73	72.10
90	海力士	韩国	半导体产品与设备	77.89	80.88	74.89
91	加拿大贝尔公司	加拿大	电信业务	77.87	82.06	73.68
92	VESTAS WIND SYSTEMS	丹麦	电气设备与机械制造	77.83	82.07	73.59
93	华为公司	中国	技术硬件与设备	77.77	80.83	74.72
94	WIPRO 公司	印度	软件与服务	77.76	83.61	71.90
95	TWDC	美国	电信业务	77.76	81.89	73.62
96	美洲电信	墨西哥	电信业务	77.74	83.19	72.29
97	分众传媒	中国	电信业务	77.74	82.98	72.50

续表

排名	公司名称	地区	行业	效率竞争力得分	企业效率得分	人员效率得分
98	红帽公司	美国	软件与服务	77.73	82.70	72.76
99	AMD 半导体公司	美国	半导体产品与设备	77.67	81.61	73.73
100	SKY	英国	电信业务	77.60	81.49	73.71

在效率竞争力百强排名中，排在第一名的是 VERISIGN，即威瑞信公司，它是一家提供智能信息基础设施服务的上市公司，其 SSL 证书被全球 500 强中 93% 的企业选用，VERISIGN 是全球最大的数字证书颁发机构，它在 2020 年的总资产回报率超过 40%。

排在第二名的是 SK 电讯，它是韩国最大的电信公司，从事无线通信服务，并继续开拓和实施最先进的无线技术，其 5G 漫游业务在 2020 年扩大至全球 20 余个国家，它在 2020 年的净利润率超过 11%。

苹果公司是效率竞争力的第三名。近几年它以出色的硬件更新赢得了市场。它在 2020 年的总资产回报率达到 20% 左右，净资产回报率则超过 70%。

在效率竞争力评价中，任天堂公司排名第四，NETAPP 排名第五，脸书、NETFLIX、CDW 公司、高通公司、BOOKING HOLDINGS 分别排在第 6～10 名，这些企业在 2020 年都有突出的企业效率或人员效率，使它们占据了效率竞争力的十强位置。

从效率竞争力 100 强的坐标分布来看，如图 4 所示，在横坐标上，企业效率指标只有 1 家企业超过 90 分，即 VERISIGN 公司；从纵坐标来看，人员效率指标只有 1 家企业超过 90 分，即 SK 电讯。除了一小部分企业散落在群体四周，大多数企业都分布在（80～85 分，70～80 分）这一区域，显示出这部分企业之间的效率竞争力差距并不是很大。

2. 地域分布

2020 年全球数字企业效率竞争力百强分布在 25 个地区。企业数量最多的是美国，有 44 家；其次是日本，有 12 家；排名第三的是中国，有 9 家；另

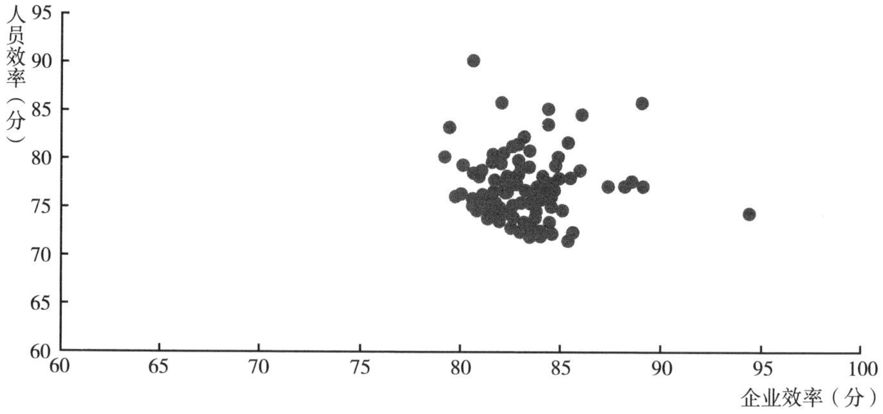

图 4　2020 年全球数字企业百强的效率分布

外，韩国有 5 家，印度、中国台湾地区和加拿大分别有 3 家，其他国家就只有 2 家或 1 家。如表 8 所示，超过 60% 的企业分布在美国、日本和中国。

表 8　2020 年全球数字企业效率竞争力百强的地域分布

单位：家

地区	企业数量	地区	企业数量
美国	44	中国香港	1
日本	12	沙特阿拉伯	1
中国	9	瑞士	1
韩国	5	挪威	1
印度	3	南非	1
中国台湾	3	墨西哥	1
加拿大	3	卢森堡	1
西班牙	2	芬兰	1
荷兰	2	德国	1
爱尔兰	2	丹麦	1
英国	1	澳大利亚	1
意大利	1	阿联酋	1
以色列	1		

3. 行业分布

从 2020 年全球数字企业效率竞争力百强的行业分布来看，电信业务的企业数量最多，有 34 家；其次是软件与服务行业，有 18 家；然后是技术硬件与设备行业，有 17 家；半导体产品与设备行业有 16 家。企业数量较少的行业是公用事业、互联网与直销零售、电气设备与机械制造以及消费电子产品行业，分别只有 6 家、5 家、3 家和 1 家企业（见图 5）。

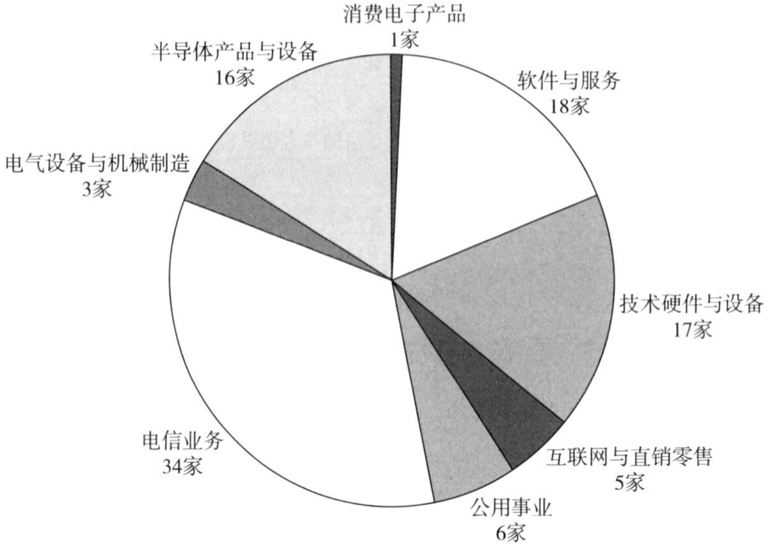

图 5　2020 年全球数字企业效率竞争力百强的行业分布

（三）创新竞争力排名

1. 排名情况

创新竞争力反映了数字企业的创新能力，本报告通过“创新规模”和“创新强度”两个二级指标来体现。表 9 是 2020 年全球数字企业创新竞争力百强。

表 9　2020 年全球数字企业创新竞争力百强排名

单位：分

排名	公司名称	地区	行业	创新竞争力得分	创新规模得分	创新强度得分
1	三星公司	韩国	技术硬件与设备	78.79	89.57	68.00
2	脸书	美国	电信业务	78.52	70.75	86.28
3	Alphabet	美国	电信业务	77.25	74.48	80.03
4	亚马逊	美国	互联网与直销零售	76.79	84.84	68.75
5	华为公司	中国	技术硬件与设备	74.89	77.80	71.98
6	微软	美国	软件与服务	74.84	76.79	72.90
7	苹果公司	美国	技术硬件与设备	74.02	75.16	72.89
8	拼多多	中国	互联网与直销零售	73.29	60.31	86.27
9	英特尔	美国	半导体产品与设备	73.12	74.21	72.03
10	博通	美国	半导体产品与设备	72.37	62.63	82.11
11	鼎龙文化	中国	电信业务	71.28	60.04	82.52
12	AT&T	美国	电信业务	71.13	72.86	69.40
13	高通公司	美国	半导体产品与设备	70.63	67.73	73.52
14	英伟达	美国	半导体产品与设备	70.44	61.90	78.98
15	威讯通讯	美国	电信业务	70.01	68.23	71.78
16	SQUARE 公司	美国	软件与服务	69.39	60.77	78.00
17	NETFLIX	美国	电信业务	69.37	60.97	77.77
18	CDW 公司	美国	技术硬件与设备	69.26	61.01	77.50
19	ARISTA NETWORKS	美国	技术硬件与设备	69.11	60.47	77.75
20	贝宝控股	美国	软件与服务	69.06	61.79	76.34
21	索尼	日本	消费电子产品	68.90	68.97	68.83
22	AMD 半导体公司	美国	半导体产品与设备	68.51	63.38	73.64
23	SPOTIFY TECHNOLOGY	卢森堡	电信业务	68.26	60.52	75.99
24	台积电	中国台湾	半导体产品与设备	68.20	67.57	68.83
25	LG 电子	韩国	消费电子产品	68.10	71.56	64.63
26	康卡斯特	美国	电信业务	68.03	66.64	69.42
27	NAVER 公司	韩国	电信业务	67.84	60.40	75.28
28	推特	美国	电信业务	67.72	60.56	74.88
29	WORKDAY	美国	软件与服务	67.67	60.96	74.38
30	中联重科	中国	电气设备与机械制造	67.66	60.12	75.20
31	思科系统	美国	技术硬件与设备	67.54	65.75	69.33

续表

排名	公司名称	地区	行业	创新竞争力得分	创新规模得分	创新强度得分
32	联发科	中国台湾	半导体产品与设备	67.44	61.85	73.03
33	任天堂公司	日本	电信业务	67.34	60.74	73.94
34	SPLUNK	美国	软件与服务	67.32	60.77	73.87
35	ROBLOX	美国	软件与服务	67.14	60.08	74.19
36	INTUIT	美国	软件与服务	67.06	61.04	73.08
37	海力士	韩国	半导体产品与设备	67.05	63.65	70.46
38	美光科技	美国	半导体产品与设备	67.00	64.56	69.43
39	DOORDASH	美国	互联网与直销零售	66.81	60.07	73.55
40	佳能	日本	技术硬件与设备	66.80	68.75	64.85
41	ADOBE	美国	软件与服务	66.78	62.10	71.47
42	UIPATH	美国	软件与服务	66.69	60.08	73.30
43	DISCOVERY	美国	电信业务	66.57	60.80	72.33
44	VMWARE	美国	软件与服务	66.55	62.52	70.58
45	阿里巴巴集团	中国	互联网与直销零售	66.52	64.89	68.16
46	LAM RESEARCH	美国	半导体产品与设备	66.50	61.19	71.81
47	应用材料	美国	半导体产品与设备	66.48	62.54	70.42
48	ZOOM 公司	美国	软件与服务	66.38	60.04	72.71
49	SALESFORCE. COM	美国	软件与服务	66.25	61.54	70.96
50	霍尼韦尔	美国	电气设备与机械制造	66.25	63.73	68.77
51	思爱普	德国	软件与服务	66.24	64.10	68.39
52	SERVICENOW	美国	软件与服务	66.24	60.83	71.64
53	派拓网络	美国	软件与服务	66.08	60.63	71.52
54	东京电子	日本	半导体产品与设备	66.07	62.20	69.94
55	甲骨文	美国	软件与服务	66.04	64.92	67.16
56	百度	中国	电信业务	65.98	62.28	69.67
57	艾默生电气	美国	电气设备与机械制造	65.96	61.30	70.62
58	京东方	中国	技术硬件与设备	65.92	65.02	66.81
59	爱立信	瑞典	技术硬件与设备	65.91	65.16	66.66
60	ASML 控股	荷兰	半导体产品与设备	65.88	61.60	70.17
61	松下	日本	消费电子产品	65.82	66.43	65.20
62	惠普	美国	技术硬件与设备	65.74	64.66	66.82
63	DISH 网络公司	美国	电信业务	65.67	60.82	70.52
64	戴尔	美国	技术硬件与设备	65.64	64.60	66.69

续表

排名	公司名称	地区	行业	创新竞争力得分	创新规模得分	创新强度得分
65	动视暴雪	美国	电信业务	65.63	60.56	70.70
66	TWDC	美国	电信业务	65.59	63.87	67.32
67	诺基亚	芬兰	技术硬件与设备	65.49	63.92	67.06
68	小米	中国	技术硬件与设备	65.45	61.16	69.74
69	MATCH GROUP	美国	电信业务	65.42	60.12	70.72
70	新思科技	美国	软件与服务	65.39	60.92	69.87
71	德州仪器	美国	半导体产品与设备	65.37	63.23	67.51
72	三菱电机	日本	电气设备与机械制造	65.31	65.66	64.95
73	东芝	日本	电气设备与机械制造	65.19	65.67	64.71
74	NETAPP	美国	技术硬件与设备	65.11	60.74	69.49
75	特许通讯公司	美国	电信业务	65.05	62.68	67.41
76	ANALOG DEVICES	美国	半导体产品与设备	64.84	61.18	68.50
77	红帽公司	美国	软件与服务	64.80	60.89	68.71
78	EBAY	美国	互联网与直销零售	64.78	61.03	68.53
79	西部数据	美国	技术硬件与设备	64.66	62.58	66.73
80	日立	日本	技术硬件与设备	64.65	65.04	64.26
81	舜宇光学科技	中国	技术硬件与设备	64.63	60.19	69.08
82	BOOKING HOLDINGS	美国	互联网与直销零售	64.61	60.84	68.39
83	VERISIGN	美国	软件与服务	64.61	60.13	69.09
84	网易	中国	电信业务	64.54	60.71	68.36
85	SK 电讯	韩国	电信业务	64.39	60.28	68.49
86	富达民国民信息公司	美国	电信业务	64.34	60.58	68.09
87	恩智浦半导体	荷兰	半导体产品与设备	64.32	60.74	67.90
88	NEXON	日本	电信业务	64.29	60.08	68.50
89	清华紫光	中国	技术硬件与设备	64.27	60.20	68.34
90	DAST	法国	软件与服务	64.27	60.59	67.95
91	富士胶片	日本	技术硬件与设备	64.27	62.88	65.66
92	美国微芯	美国	半导体产品与设备	64.23	60.68	67.78
93	英飞凌科技	德国	半导体产品与设备	64.17	62.13	66.21
94	中兴	中国	技术硬件与设备	64.14	61.59	66.69
95	思佳讯	美国	半导体产品与设备	64.11	60.65	67.58
96	CHECK POINT SOFTWARE TECHNOLOGIES	以色列	软件与服务	64.11	60.14	68.08

续表

排名	公司名称	地区	行业	创新竞争力得分	创新规模得分	创新强度得分
97	京瓷	日本	技术硬件与设备	64.09	62.36	65.82
98	夏普	日本	消费电子产品	63.97	63.00	64.94
99	费哲金融服务公司	美国	软件与服务	63.93	60.58	67.29
100	STMICROELECTRONICS	荷兰	半导体产品与设备	63.89	61.93	65.86

排在2020年全球数字企业创新竞争力百强首位的是韩国的三星公司，这家公司连续三年居创新竞争力的首位。三星公司的发明专利非常多，2020年达到9605项，远远超过2019年的6900项。2020年它在研发上的投入超过118亿美元。可见，三星公司的创新竞争力名列首位也是名副其实。

排在第二位的是脸书，对于现实技术的关注导致其专利数量大增，2019年它的发明专利有989项，但在2020年其专利数量超过1500项，这也导致它的创新竞争力不断提升，从2019年的第4名跃升至2020年的第2名。

排名第三的是Alphabet，作为谷歌的母公司，它的创新能力一直不弱，其旗下自动驾驶汽车企业Waymo在2020年10月宣布，正式推出纯无人自动驾驶汽车，可见Alphabet在2020年同样表现出较高的创新竞争力。

排在创新竞争力第四位的是亚马逊，第五位的是华为公司。第六位到第十位分别是微软、苹果公司、拼多多、英特尔和博通。这些企业都是各自行业的龙头，每年对科研都有较大投入，产生了数以千计的专利发明，在创新方面一直保持着较高的水平。

从2020年数字企业创新竞争力百强的坐标分布来看，如图6所示，有较多企业的创新规模比较突出，它们分布在横坐标70~90分的区域内，表明这些企业研发投入较多、专利发明丰富，这些企业包括三星公司、脸书、Alphabet、亚马逊、华为公司等。从纵坐标来看，只有很少的企业超过80分，如脸书、Alphabet和亚马逊都超过了80分，表明这些企业人均投入较多和创新成果较为丰富。大多数企业都分布在（60～65分，65～75分）的区域内，反映出大多数企业的创新能力并没有太大差距。

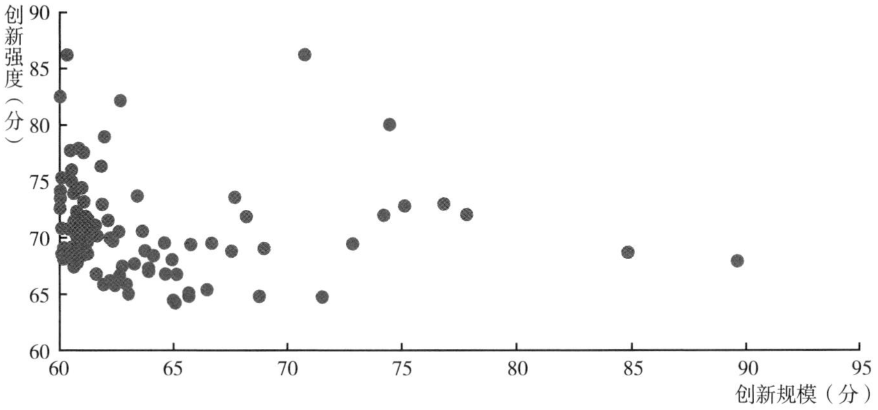

图6　2020年全球数字企业百强的创新能力分布

2. 地域分布

2020年全球数字企业创新竞争力百强主要分布在12个国家或地区。美国有着最大数量的企业，包括59家，超过了百强的一半，反映出美国企业强大的创新能力；其次是中国和日本，各有12家企业；排名第四的是韩国，有5家企业；其他地区都在5家企业以下。综合来看，超过80%的企业分布在美国、中国和日本三个国家（见表10）。

表10　2020年全球数字企业创新竞争力百强的地域分布

单位：家

地区	企业数量	地区	企业数量
美国	59	德国	2
中国	12	以色列	1
日本	12	瑞典	1
韩国	5	卢森堡	1
荷兰	3	芬兰	1
中国台湾	2	法国	1

3. 行业分布

从 2020 年全球数字企业创新竞争力的行业分布看，电信业务、软件与服务两个行业的企业最多，各有 22 家；其次是技术硬件与设备行业的企业，有 21 家；半导体产品与设备行业有 20 家；另外几个行业，包括互联网与直销零售、消费电子产品、电气设备与机械制造行业的企业较少，分别只有 6 家、4 家或 5 家企业。公用事业企业则没有进入 100 强，可见数字技术的创新主要还是集中在电信业务、软件服务、技术硬件、半导体等领域（见图 7）。

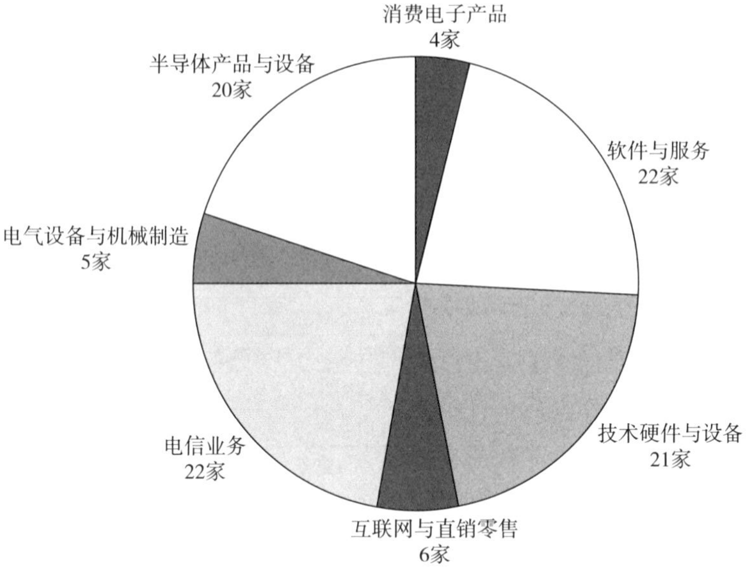

图 7　2020 年全球数字企业创新竞争力百强的行业分布

（四）成长竞争力排名

1. 排名情况

所谓成长竞争力主要是从时间维度来考察企业的发展潜力，这里我们选择了企业在 2019 年度和 2020 年度的财务数据，评估相关指标的增长情况。表 11 是 2020 年全球数字企业成长竞争力的百强排名。

表 11　2020 年全球数字企业成长竞争力百强排名

单位：分

排名	公司名称	地区	行业	成长竞争力得分	营收成长得分	资产成长得分	销售成长得分
1	DoorDash	美国	互联网与直销零售	82.57	74.67	72.51	99.99
2	费哲金融服务公司	美国	软件与服务	81.88	66.89	99.98	78.83
3	Coursera	美国	软件与服务	80.02	99.98	60.37	79.70
4	ZOOM 公司	美国	软件与服务	76.12	67.70	79.48	81.04
5	拼多多	中国	互联网与直销零售	74.93	69.93	67.41	87.09
6	UIPATH	美国	软件与服务	73.75	69.99	63.59	87.27
7	MATCH GROUP	美国	电信业务	71.76	63.50	82.24	69.60
8	富达民国民信息公司	美国	电信业务	70.92	63.74	78.77	70.27
9	ROBLOX	美国	软件与服务	69.04	65.78	65.35	75.80
10	SQUARE 公司	美国	软件与服务	67.99	64.96	65.25	73.59
11	软银公司	日本	电信业务	67.92	64.35	67.42	71.87
12	舜宇光学科技	中国	技术硬件与设备	67.85	64.93	64.81	73.63
13	SALESFORCE. COM	美国	软件与服务	67.77	64.11	67.82	71.26
14	华为公司	中国	技术硬件与设备	67.60	62.38	73.26	67.18
15	SERVICENOW	美国	软件与服务	67.56	64.34	66.30	71.90
16	中联重科	中国	电气设备与机械制造	67.43	65.06	62.59	74.42
17	TWDC	美国	电信业务	67.25	63.41	68.92	69.36
18	脸书	美国	电信业务	66.72	63.98	65.15	70.92
19	SPLUNK	美国	软件与服务	66.71	64.23	64.13	71.61
20	阿里巴巴集团	中国	互联网与直销零售	66.67	64.07	64.64	71.17
21	NETFLIX	美国	电信业务	66.67	64.04	64.76	71.08
22	WORKDAY	美国	软件与服务	66.59	64.10	64.29	71.23
23	VMWARE	美国	软件与服务	66.54	63.13	67.82	68.60
24	DAST	法国	软件与服务	66.43	63.18	67.28	68.75
25	亚马逊	美国	互联网与直销零售	66.29	63.61	65.24	69.91
26	SPOTIFY TECHNOLOGY	卢森堡	电信业务	66.25	63.96	63.81	70.85
27	派拓网络	美国	软件与服务	66.25	64.04	63.49	71.07
28	福禄克公司	美国	电气设备与机械制造	66.19	63.59	65.03	69.85
29	LARGAN PRECISION COMPANY	中国台湾	技术硬件与设备	66.15	63.83	63.97	70.51
30	京东	中国	互联网与直销零售	66.11	63.78	64.19	70.24

续表

排名	公司名称	地区	行业	成长竞争力得分	营收成长得分	资产成长得分	销售成长得分
31	腾讯	中国	电信业务	65.97	63.58	64.66	69.56
32	红帽公司	美国	软件与服务	65.97	63.65	64.12	70.01
33	鼎龙文化	中国	电信业务	65.96	64.72	60.00	72.94
34	ZALANDO	德国	互联网与直销零售	65.96	63.46	64.80	69.51
35	ADOBE	美国	软件与服务	65.95	63.81	63.48	70.44
36	乐天株式会社	日本	互联网与直销零售	65.76	63.40	64.50	69.27
37	ALPHABET	美国	电信业务	65.71	63.48	63.98	69.55
38	VESTAS WIND SYSTEMS	丹麦	电气设备与机械制造	65.65	63.44	63.96	69.44
39	小米	中国	技术硬件与设备	65.61	63.31	64.33	69.08
40	ARISTA NETWORKS	美国	技术硬件与设备	65.60	63.10	65.07	68.53
41	推特	美国	电信业务	65.50	63.20	64.39	68.80
42	贝宝控股	美国	软件与服务	65.46	63.28	63.98	69.02
43	京东方	中国	技术硬件与设备	65.44	63.43	63.43	69.35
44	Constellation Software	加拿大	软件与服务	65.39	63.22	64.00	68.86
45	WORLDPAY	美国	软件与服务	65.37	63.13	64.26	68.60
46	INTUIT	美国	软件与服务	65.36	63.14	64.22	68.62
47	特斯拉	美国	技术硬件与设备	65.36	63.25	63.78	68.93
48	博通	美国	半导体产品与设备	65.30	62.88	65.00	67.93
49	海康威视	中国	技术硬件与设备	65.30	63.14	63.85	68.80
50	康卡斯特	美国	电信业务	65.19	63.30	63.10	69.06
51	捷普	美国	技术硬件与设备	65.19	63.25	63.29	68.92
52	任天堂公司	日本	电信业务	65.14	63.05	63.87	68.39
53	HCL 技术	印度	软件与服务	65.12	62.82	64.70	67.75
54	清华紫光	中国	技术硬件与设备	65.09	62.91	63.48	68.78
55	微软	美国	软件与服务	65.08	63.20	63.13	68.79
56	KDDI	日本	电信业务	65.03	62.71	64.92	67.41
57	CDW 公司	美国	技术硬件与设备	65.02	63.04	63.54	68.36
58	VIVENDI	法国	电信业务	65.00	63.10	63.27	68.51
59	泰勒斯公司	加拿大	电信业务	64.97	62.87	64.07	67.88
60	思爱普	德国	软件与服务	64.96	62.95	63.74	68.10
61	AMD 半导体公司	美国	半导体产品与设备	64.91	62.62	64.85	67.20
62	AMADEUS IT	西班牙	软件与服务	64.77	63.02	62.85	68.31
63	NEC	日本	软件与服务	64.75	62.91	63.31	67.93

续表

排名	公司名称	地区	行业	成长竞争力得分	营收成长得分	资产成长得分	销售成长得分
64	LEIDOS HOLDINGS	美国	软件与服务	64.75	62.91	63.24	68.00
65	RECRUIT 控股	日本	软件与服务	64.74	62.75	63.86	67.53
66	唯品会	中国	互联网与直销零售	64.73	62.85	63.40	67.85
67	罗杰斯通讯公司	加拿大	电信业务	64.71	62.64	64.14	67.26
68	联发科	中国台湾	半导体产品与设备	64.70	62.72	63.83	67.47
69	LAM RESEARCH	美国	半导体产品与设备	64.69	62.62	64.16	67.22
70	埃森哲公司	爱尔兰	软件与服务	64.69	62.61	64.19	67.19
71	加拿大贝尔公司	加拿大	电信业务	64.65	62.78	63.44	67.65
72	联想控股	中国	技术硬件与设备	64.62	62.76	63.42	67.60
73	新思科技	美国	软件与服务	64.61	62.84	63.07	67.81
74	台积电	中国台湾	半导体产品与设备	64.61	62.73	63.48	67.52
75	德国电信	德国	电信业务	64.59	62.63	63.77	67.28
76	ASML 控股	荷兰	半导体产品与设备	64.57	62.74	63.36	67.53
77	NIDEC	日本	电气设备与机械制造	64.50	62.57	63.76	67.08
78	Capgemini SE	法国	软件与服务	64.48	62.68	63.30	67.38
79	TENAGA NASIONAL BERHAD	马来西亚	公用事业	64.48	62.52	63.93	66.92
80	AT&T	美国	电信业务	64.48	62.75	63.04	67.56
81	沙特电信公司	沙特阿拉伯	电信业务	64.46	62.66	63.33	67.31
82	DISCOVERY	美国	电信业务	64.44	62.72	63.04	67.47
83	中兴	中国	技术硬件与设备	64.38	62.59	63.26	67.22
84	中国铁塔	中国	电信业务	64.38	62.64	63.13	67.27
85	TELENOR	挪威	电信业务	64.37	62.25	64.63	66.19
86	艾默生电气	美国	电气设备与机械制造	64.37	62.71	62.84	67.46
87	三星 SDS	韩国	软件与服务	64.36	62.57	63.36	67.07
88	东芝 TEC	日本	技术硬件与设备	64.35	62.59	63.25	67.13
89	特许通讯公司	美国	电信业务	64.34	62.67	62.90	67.35
90	施耐德电气	法国	电气设备与机械制造	64.31	62.59	63.09	67.14
91	高知特	美国	软件与服务	64.30	62.62	62.95	67.22
92	美洲电信	墨西哥	电信业务	64.29	62.46	63.56	66.77
93	SKY	英国	电信业务	64.27	62.61	62.93	67.19
94	ENEL	意大利	公用事业	64.27	62.63	62.91	67.18
95	和硕公司	中国台湾	技术硬件与设备	64.24	62.63	62.79	67.22

续表

排名	公司名称	地区	行业	成长竞争力得分	营收成长得分	资产成长得分	销售成长得分
96	CHECK POINT SOFTWARE TECHNOLOGIES	以色列	软件与服务	64. 23	62. 62	62. 74	67. 22
97	京瓷	日本	技术硬件与设备	64. 22	62. 41	63. 55	66. 64
98	日本电信电话公司	日本	电信业务	64. 22	62. 51	63. 15	66. 92
99	IBERDROLA	西班牙	公用事业	64. 21	62. 49	63. 20	66. 87
100	爱立信	瑞典	技术硬件与设备	64. 21	62. 62	62. 75	67. 18

排第一位的 DoorDash，是 2020 年上市的企业，是美国最大的外卖送餐平台。2020 年疫情期间，外卖服务行业获得空前发展，使得 DoorDash 成为一家成长性非常突出的企业。

排第二位的费哲金融服务公司，既是一家专为金融机构提供资讯管理解决方案的公司，也是美国金融服务业最大的信息技术提供商，2020 年其营业收入同比增速超过 70%，有着显著的高成长性。

排第三位的 Coursera，是一家在线教育公司，成立于 2012 年。在过去的两年中，该企业平台新增超过 1. 2 万个新的学位教育课程，2020 年的注册用户总数提升了 65%，是一家成长性很好的企业。

排第四位的是 ZOOM 公司，排第五位的是拼多多，排第六位到第十位的分别是 UIPATH、MATCH GROUP、富达民国民信息公司、ROBLOX、SQUARE 公司。这些企业中有很多是新发展起来的企业，虽然规模也许还有限，但是它们的成长速度无一例外都是非常突出的。

2. 地域分布

2020 年全球数字企业成长竞争力百强主要分布在 22 个国家或地区。其中美国最多，有 43 家企业；其次是中国，有 16 家企业，日本有 10 家企业，中国台湾地区有 4 家企业，加拿大、法国也各有 4 家企业。其余国家分别只有 3 家、2 家或 1 家企业。可见除了美国之外，中国和日本的数字企业成长潜力不容小觑（见表 12）。

表 12　2020 年全球数字企业成长竞争力百强的地域分布

单位：家

地区	企业数量	地区	企业数量
美国	43	以色列	1
中国	16	沙特阿拉伯	1
日本	10	瑞典	1
中国台湾	4	挪威	1
加拿大	4	墨西哥	1
法国	4	马来西亚	1
德国	3	卢森堡	1
西班牙	2	荷兰	1
英国	1	韩国	1
印度	1	丹麦	1
意大利	1	爱尔兰	1

3. 行业分布

从 2020 年全球数字企业成长竞争力百强的行业分布看，企业数量最多的是软件与服务行业，有 32 家企业；其次是电信业务，有 28 家企业；技术硬件与设备行业有 17 家企业；互联网与直销零售行业有 8 家企业；半导体产品与设备和电气设备与机械制造行业各有 6 家企业；公用事业有 3 家企业。可见成长性最好的还是软件与服务行业（见图 8）。

（五）分项竞争力比较

通过前面的分析我们知道，在世界数字企业当中，美国、中国和日本的数字企业发展突出，涌现出很多全球 100 强；中国台湾地区和韩国、印度的数字企业也不甘落后，很多企业在百强榜上崭露头角。由于篇幅所限，这里我们只选择了美国、日本、中国、中国台湾、韩国和印度六个地区，对各分项竞争力下数字企业的数量进行比较，这种比较基于 2020 年的 100 强榜单。

从图 9 中可以看出，跟 2019 年的情况类似，美国数字企业四个方面的分项竞争力，在所有国家中都拔得头筹，尤其是创新竞争力最为突出。日本

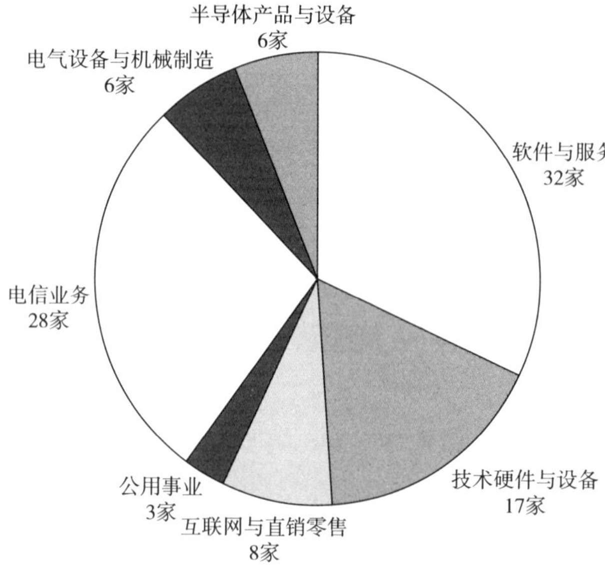

图 8　2020 年全球数字企业成长竞争力百强的行业分布

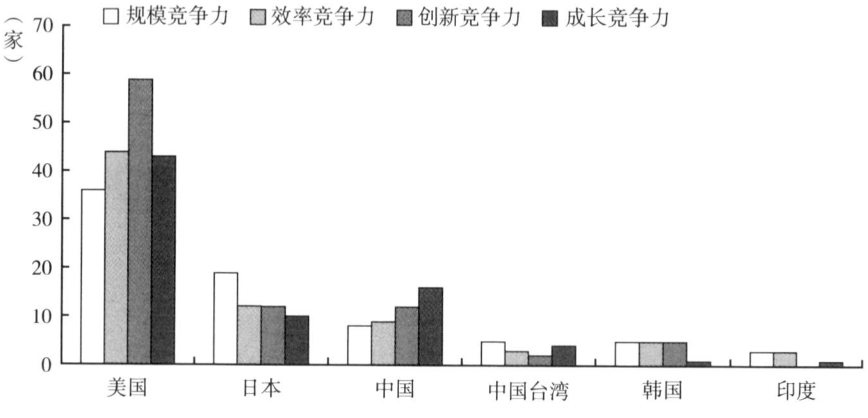

图 9　2020 年全球主要地区数字企业分项竞争力比较

和中国的数字企业平分秋色，日本的规模竞争力和效率竞争力好于中国，但是创新竞争力和成长竞争力并不比中国强。中国数字企业的成长竞争力明显较高，显示出数字经济方兴未艾的局面。中国台湾地区数字企业的规模竞争力比较突出，韩国数字企业的规模竞争力、效率竞争力和创新竞争力都还不错，相比之下，其成长竞争力较弱。印度数字企业的各项竞争力比起其他几个国家或地区都稍弱一些。

从数字企业的行业分布看，与 2019 年的情况类似，电信业务、技术硬件与设备、软件与服务三个行业的数字企业分布较多，其中电信业务的效率竞争力较强，技术硬件与设备行业的规模竞争力与创新竞争力较强，而软件与服务行业的成长竞争力较强。其他如半导体产品与设备行业的企业数量与前几个行业相比较少，但其创新竞争力较强。另外四个行业的数字企业分布较少，这里我们不做具体分析。

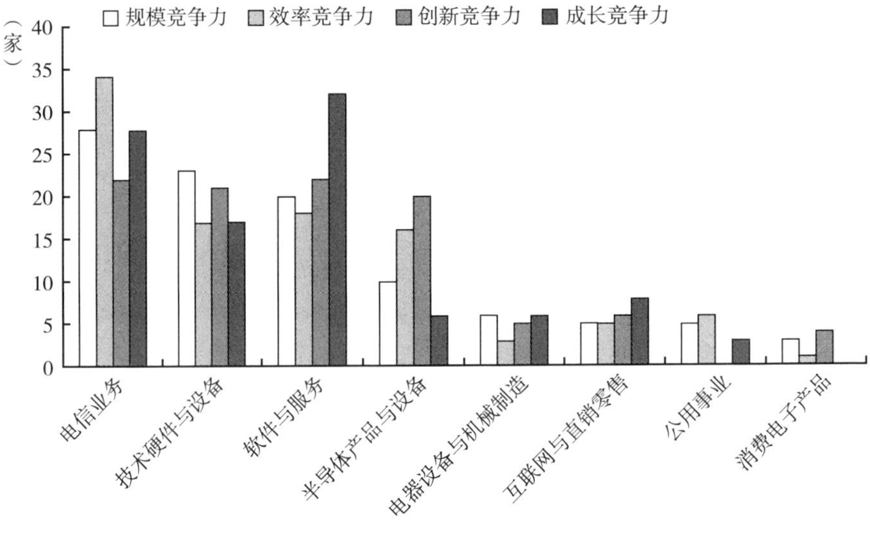

图 10　2020 年数字企业行业分布比较

四　结论

2020 年，世界经历了新冠肺炎疫情的冲击，很多行业止步不前，但是数字经济凭借其“隔离性”“便利性”等特征，在 2020 年获得了较快的发展，尤其是网上购物、在线教育、点餐平台等企业进一步扩大了发展规模、提高了发展速度。数字企业在经济转型发展和人们克服疫情困难的过程中起着非常重要的作用。本报告延续上年的研究，对世界各国或地区的数字企业2020年的竞争力水平进行了评价和排名。通过前述研究与分析，我们可以得出一些结论。

一是美国、日本和中国继续成为2020年世界数字企业竞争力的前三强，包括综合竞争力和各分项竞争力。美国的数字企业竞争力在世界上独占鳌头，无论是规模、效率，还是创新性以及成长性方面，美国的数字企业都是当之无愧的“老大”。一些企业例如苹果公司、亚马逊、Alphabet、微软、脸书等表现出非常强大的竞争力，一些新的企业，诸如DoorDash、Coursera、UIPATH和ROBLOX等则表现出较高的成长性。这些企业在世界经济发展中占有非常重要的地位，在一定程度上引领着世界数字经济的发展方向。

二是日本和中国也有着数量较多的优秀数字企业。日本企业的规模竞争力和效率竞争力较为突出，日立、松下、索尼等都是老牌的数字经济企业，不仅规模较大，而且企业在效率和创新方面同样表现突出。中国数字企业的创新竞争力和成长竞争力较为突出，尤其企业的成长性，相比于世界数字企业也表现不俗，例如拼多多、京东、腾讯、美团等，都是成长很快的企业。

三是中国台湾地区、韩国、印度、加拿大、德国、法国等，紧随世界数字经济发展趋势，涌现出一些或规模庞大或运营效率较高或科研实力较强或成长性良好的数字企业，如三星公司、鸿海精密、台积电、德国电信、橙子电信等，它们都是世界数字经济的突出部分，在世界数字经济中的地位举足轻重。

最后仍然要说明的是，由于排名依据的是我们设计的指标体系，而指标体系设计时的考虑不同，就有可能带来不一样的排名。今后随着工作的深入开展，我们也将进一步调整和完善指标体系以及评价方法，使得对全球数字企业的排名做到尽可能科学和客观，以更好地反映世界数字企业与数字经济的发展趋势。

国别篇

Regional Reports

B.4 美国数字经济发展报告（2021）

王滢波*

摘　要：　美国数字经济的增速连续多年保持高位，是美国整体经济增速的三倍以上，占美国经济的比重不断提高，是美国经济增长的核心驱动力。美国的数字经济在全球独占鳌头，拥有完整的产业链，国际化程度最高，但是美国数字经济的分化也日益严重，强者恒强的现象日益明显，导致贫富差距加大，内部矛盾加剧，同时也面临着来自中国的激烈竞争。

关键词：　数字经济　马太效应　美国

一　美国数字经济概况

据BEA最新估计，2019年美国数字经济占国内生产总值（GDP）

---

* 王滢波，上海社会科学院信息研究所助理研究员。

（214332 亿美元）的 9.6%（20516 亿美元）。与美国传统行业或部门相比，数字经济的排名略低于制造业，制造业占当前美国国内生产总值（GDP）的 10.9%（23458 亿美元），金融和保险业占当前美国国内生产总值（GDP）的 7.8%（16658 亿美元）（见图 1）。[①]

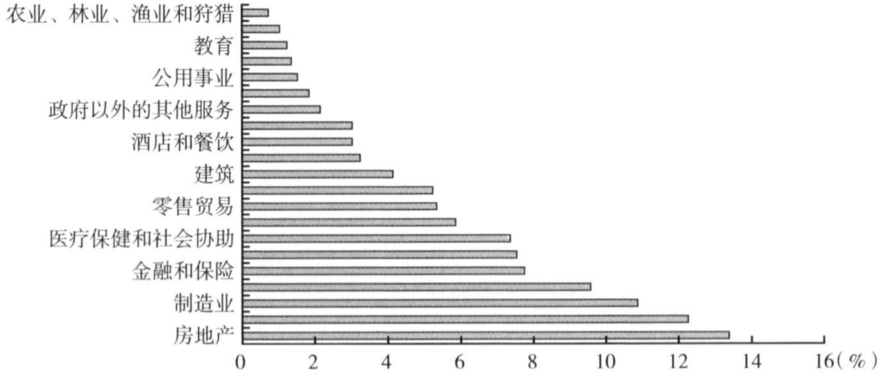

图 1　2019 年美国各产业占比

资料来源：美国商务部经济分析局。

2005～2019 年，美国数字经济在其经济总量中的份额不断扩大。2005 年，数字经济占经济总量的 7.8%（以当前美元计为 10158 亿美元）。2005～2019 年，美国数字经济的实际增加值（经通胀调整后对美国 GDP 的贡献）年均增长 6.5%，而经济总量的增长率为 1.8%。这一趋势在 2019 年继续，数字经济的实际增加值增长了 5.2%，而整体经济的增长率为 2.2%（见图 2）。

2019 年，美国的数字经济为美国提供了 770 万个全职和兼职工作岗位，占美国经济总就业岗位（1.552 亿个工作岗位）的 5.0%。按行业划分，数字经济岗位最多的是计算机系统设计及相关服务（210 万个）、批发贸易（180 万个）、广播和电信（74.3 万个）、计算机和电子零件制造（68.3 万个）。

① New Digital Economy Estimates，https：//www. bea. gov/system/files/2020 – 08/New – Digital – Economy – Estimates – August – 2020. pdf.

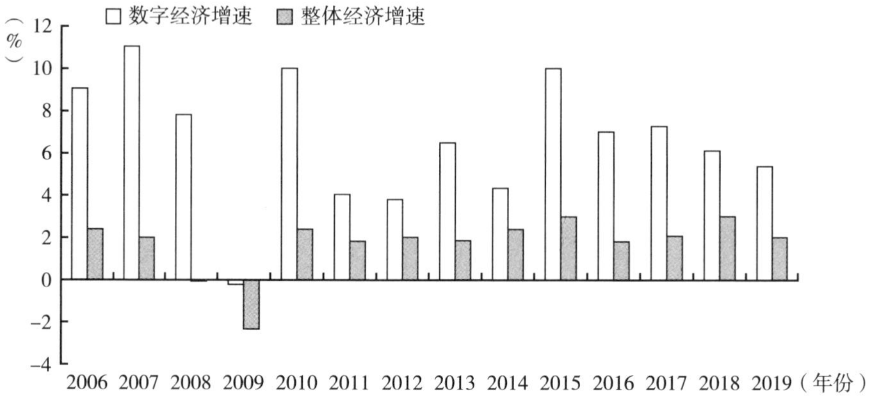

图 2　2006～2019 年美国数字经济年度增速与整体经济增速对比

2019 年，美国数字经济职位的平均年薪为 131609 美元，而整体经济为 73665 美元（见图 3）。2007～2019 年，数字经济工作者的平均薪酬增长速度（平均年增长率为 3.1%）略快于美国全体工作者的平均薪酬增长速度（2.7%）。

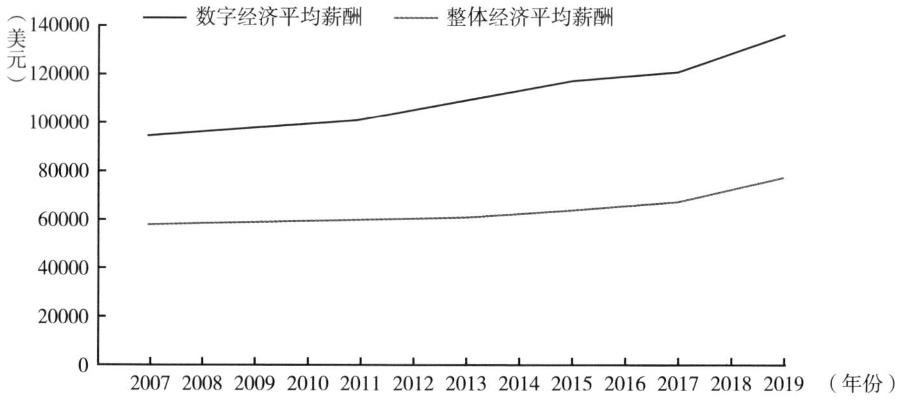

图 3　2007～2019 年美国数字经济平均薪酬和整体经济平均薪酬对比

为估算数字经济数据，BEA 在其供应－使用框架内确定了与测量数字经济相关的特定项目或商品和服务类别。一些项目被全部纳入，一些项目则部分纳入，以反映其中被视为“数字”经济的部分产品和服务。例如，“手表”类别包括数字和非数字项目，因此理想情况下 BEA 的估算数据应仅包括数字手表的价值；目前，该项目不包括在 BEA 的估算中。BEA 使用供应－使用框架来确定生产相关数字经济产品和服务的行业，以及这些行业的估计产出、增值、就业、薪酬和其他变量。

二　美国的数字经济构成

美国商务部认为，数字经济由基础设施、电子商务和收费数字服务组成，具体情况如下所述。

1. 基础设施

基础设施是支持计算机网络和数字经济存在及使用的基本物质与组织安排，主要包括信息和通信技术（ICT）相关的商品及服务。表 1 描述了数字经济基础设施的构成，并指出 BEA 在当前数字经济估算中的覆盖范围。BEA 目前不计算数字经济设施的价值，但未来可能会纳入。

表 1　数字经济基础设施

基础设施分类	分类描述	纳入 BEA 估算的情况
硬件	构成计算机系统的制造物理元件，包括但不限于显示器、硬盘驱动器和半导体，还包括通信产品和视听设备产品	几乎全部包括
软件	个人计算机和商业服务器等设备使用的程序和其他操作信息，包括商业软件和公司内部开发的供自己使用的软件	几乎全部包括
设施	数字经济生产者创造数字经济商品或提供数字经济服务的建筑设施。建筑类别包括为数字产品提供支持服务的建筑物，包括数据中心、半导体制造厂、安装光缆、交换机、中继器等	尚未包括在内；正在进行的工作的一部分

2. 电子商务

电子商务是指在计算机网络上通过专门设计的程序远程销售商品和服务（见表 2）。通过电子商务购买的产品也被称为“数字订购”。电子商务产出是指通过互联网或电子数据交换等其他电子市场销售的数字商品和服务的零售或批发贸易利润。该数据等于网上销售的总收入减去销售商品的成本。BEA 使用了 2005 ~2019 年人口普查年度零售业调查（ARTS）和年度批发业调查（AWTS）的数据，估算了所有零售和批发机构的电子商务总产出。每种零售或批发渠道的在线销售额占总销售额的比例部分包括从事电子商务的机构的利润。

表 2　电子商务

电子商务构成	分类描述	纳入 BEA 估算的情况
企业对企业(B2B)电子商务	使用互联网或其他电子手段在企业之间购买商品和服务。制造商、批发商和其他行业都从事企业间及企业内电子商务,以生产供最终消费的商品和服务	商品几乎全部包括在内;服务正在努力纳入
企业对消费者(B2C)电子商务	企业利用互联网或其他电子手段向消费者销售商品和服务,或进行零售电子商务	商品几乎全部包括在内;服务正在努力纳入

3. 收费数字服务

收费数字服务指的是向消费者收取费用的计算和通信相关服务。此外，该类别还包括数字经济支持服务，如计算机维修服务和数字咨询服务。但仍然存在一些数据缺口，例如，估数不包括在线学习服务等数字经济类别。

表 3 描述了 BEA 如何估算收费数字服务。对于此次更新，BEA 引入了两个新的收费服务类别：“电信服务”与“互联网和数据服务”，此前被归类为“所有其他收费数字服务”类别。

表 3　估算收费数字服务

收费数字服务构成	分类描述	纳入 BEA 估算的情况
云服务	基于一组计算资源的计算服务,这些资源可以按需访问,并且管理工作量很低,包括远程和分布式托管、存储、计算和安全服务	几乎全部包括
电信服务	与电话、有线和卫星电视以及无线电广播有关的服务,不包括互联网	几乎全部包括

续表

收费数字服务构成	分类描述	纳入 BEA 估算的情况
互联网和数据服务	互联网接入以及主机托管、搜索、检索、流媒体内容和信息有关的服务	部分包含；正在进行的工作的一部分
数字中介服务	通过数字平台向交易双方提供信息并成功匹配以获得相关费用的服务。这些平台的产出通常包括为其提供中介服务的生产者和/或消费者支付的费用	未单独标识；正在进行的工作的一部分
所有其他收费数字服务	所有其他购买的数字服务（不包括云服务、电信服务、互联网和数据服务以及数字中介服务）	包括在内，但将会继续扩大覆盖范围

一如预期，随着时间的推移，硬件和电信服务的份额有所下降，因为这些产品的价格随着技术变革而下降，而依赖于新技术的其他数字经济类别则在增长。2005 年，电信服务在数字经济中的占比接近 1/3，到 2019 年，这一比例稳步下降至 20.2%。软件、电子商务、互联网和数据服务的比例则不断上升。2019 年，软件占比为 23.0%，而 2005 年则为 17.7%。

三　美国数字经济竞争力分析

根据课题组的研究，美国仍然位居全球数字经济国家竞争力排名第一，这也是美国连续五年排在榜单首位，其在数字经济领域的优势地位仍然在延续。

1. 美国的数字经济产业规模全球最高

对于数字经济的规模统计，存在不同的口径，但无论哪种口径，美国的数字经济规模都是当之无愧的全球第一。以最为直观的资本市场数据为例，当前全球市值最高的 20 家数字经济企业如表 4 和图 4 所示。

表 4　全球市值最高的 20 家数字经济企业

单位：万亿美元，亿美元

排名	名称	市值	主营业务	所属国家/地区	最新财年收入
1	苹果	2.45	智能手机	美国	2745
2	微软	2.25	操作系统和云服务	美国	1681
3	谷歌	1.91	在线搜索	美国	1825

续表

排名	名称	市值	主营业务	所属国家/地区	最新财年收入
4	亚马逊	1.75	电子商务和云服务	美国	3860
5	脸书	1.06	社交	美国	860
6	特斯拉	0.746	智能电动汽车	美国	315
7	台积电	0.634	芯片制造	中国台湾	423
8	英伟达	0.556	GPU	美国	167
9	腾讯	0.556	社交和游戏	中国	741
10	阿里巴巴	0.435	电子商务和云服务	中国	1065
11	阿斯麦	0.364	光刻机	荷兰	140
12	Paypal	0.332	在线支付	美国	215
13	Adobe	0.307	办公软件	美国	129
14	Netflix	0.256	在线视频	美国	250
15	Salesforce	0.249	CRM 软件	美国	213
16	思科	0.244	通信设备	美国	498
17	甲骨文	0.237	信息技术和软件	美国	405
18	Verizon	0.225	综合电信服务	美国	1283
19	英特尔	0.221	芯片设计和制造	美国	779
20	博通	0.206	芯片产品与设备	美国	239

注：数据截至2021年9月14日。
资料来源：美国证券交易委员会，www. sec. gov。

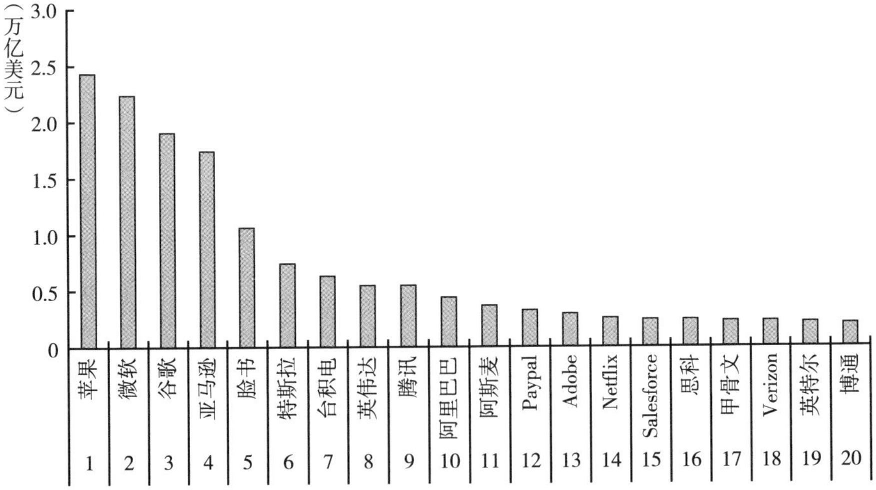

图4　全球市值最高的20家数字经济企业

注：数据截至2021年9月14日。
资料来源：美国证券交易委员会，www. sec. gov。

由此我们可以看出，美国在数字经济领域的绝对统治地位。全球市值最高的20家数字经济企业中，美国占据了16家，前6家企业清一色都是美国企业，其市值总和达到10.17万亿美元，接近中国证券市场87.9万亿人民币的总和，超过了东京证交所的总市值。美国数字经济的规模和统治力由此可见一斑。更重要的是，美国数字经济企业的市值规模和其他国家的差距不仅没有缩小，而且呈现持续扩大的趋势，腾讯和阿里巴巴的市值曾经超过脸书，高居全球市值排行榜的第四位和第五位，如今已经下落至第九名和第十名，与榜首的差距越拉越大。

2. 美国的数字经济产业链最为完整

与其他国家最大的不同之处在于，美国在数字经济产业链的每个环节几乎都拥有世界级的公司，例如智能终端领域的苹果、软件和云服务领域的微软、电子商务和云服务领域的亚马逊、网络搜索领域的谷歌、在线社交领域的脸书、智能电动汽车领域的特斯拉、芯片设计领域的英特尔、人工智能芯片领域的英伟达、在线视频领域的Netflix、办公软件领域的Adobe、在线支付领域的Paypal、CRM软件领域的Salesforce、数据库管理领域的甲骨文、通信芯片领域的高通、视频会议领域的Zoom Video通讯、虚拟化基础设施领域的VMware、共享出行领域的Uber、DRAM领域的美光科技、Eda领域的新思科技、可编程平台领域的赛灵思。这些公司都是其所在领域毫无疑问的龙头企业。相反，其他国家多是在少数环节存在比较性优势，例如中国台湾的芯片设计和制造，代表性公司包括台积电和联发科；荷兰以阿斯麦为代表的光刻机行业；德国以企业管理软件的SAP SE为代表；中国以阿里巴巴、腾讯、美团、字节跳动为代表的消费互联网行业以及以华为为代表的通信行业；印度以Infosys为代表的软件外包行业。表5列出了数字经济各细分行业的全球龙头企业。

表5　数字经济各细分行业龙头企业一览

单位：亿美元

细分行业	龙头企业	市值	所属国家/地区
智能终端	苹果	24600	美国
软件和云服务	微软	22900	美国

续表

细分行业	龙头企业	市值	所属国家/地区
电子商务和云服务	亚马逊	17600	美国
网络搜索	谷歌	19400	美国
在线社交	脸书	10500	美国
芯片代工	台积电	6301	中国台湾
智能电动汽车	特斯拉	7571	美国
芯片设计	英特尔	2236	美国
人工智能芯片	英伟达	5585	美国
在线视频	Netflix	2579	美国
综合电信业务	Verizon	2259	美国
办公软件	Adobe	3149	美国
在线支付	Paypal	3318	美国
通信设备	华为	未上市	中国
CRM 软件	Salesforce	2507	美国
数据库管理	甲骨文	2402	美国
ERP	SAP SE	1701	德国
光刻机	阿斯麦	3644	荷兰
通信芯片	高通	1559	美国
视频会议	Zoom Video 通讯	829	美国
虚拟化基础设施	VMware	594	美国
共享出行	Uber	725	美国
DRAM	美光科技	831	美国
软件外包	Infosys	991	印度
Eda	新思科技	512	美国
可编程平台	赛灵思	390	美国
短视频	Tiktok	未上市	中国

注：数据截至 2021 年 9 月。
资料来源：美国证券交易委员会，www. sec. gov。

3. 美国的数字经济呈现强者恒强的马太效应

美国数字经济呈现强者恒强的马太效应，头部企业的涨幅远超同期的标指和纳指。我们从中选出了21家数字经济龙头企业进行跟踪，从2020年7月到2021年9月的平均涨幅高达56%（见表6），而同期的纳指从11392涨到15043，涨幅只有32%，同期的道琼斯指数则从27308上涨到34584，涨幅为26.6%，中国互联网指数则从65跌到如今的49，跌幅为24.6%。就股市市值而言，中美两国的差距不断加大。腾讯和阿里巴巴的市值排名从2020年的第四位和第五位迅速滑落，目前总市值排名已经跌出十名开外。台积电成为亚洲市值最高的股票。

表6 美国数字经济龙头企业过去一年的涨幅统计

单位：亿美元

细分行业	龙头企业	市值（2020年7月）	市值（2020年9月）	年度涨幅	所属国家
智能终端	苹果	16200	24600	0.51851852	美国
软件和云服务	微软	15800	22900	0.44936709	美国
电子商务和云服务	亚马逊	15000	17600	0.17333333	美国
网络搜索	谷歌	10200	19400	0.90196078	美国
在线社交	脸书	6862	10500	0.53016613	美国
智能电动汽车	特斯拉	2577	7571	1.9379123	美国
芯片设计	英特尔	2468	2236	-0.0940032	美国
人工智能芯片	英伟达	2428	5585	1.30024712	美国
在线视频	Netflix	2168	2579	0.18957565	美国
综合电信业务	Verizon	2160	2259	0.04583333	美国
办公软件	Adobe	2155	3149	0.4612529	美国
在线支付	Paypal	2081	3318	0.59442576	美国
CRM软件	Salesforce	1769	2507	0.41718485	美国
数据库管理	甲骨文	1727	2402	0.39085119	美国
通信芯片	高通	1036	1559	0.50482625	美国
视频会议	Zoom Video通讯	740	829	0.12027027	美国
虚拟化基础设施	VMware	609	594	-0.0246305	美国
共享出行	Uber	569	725	0.2741652	美国
DRAM	美光科技	545	831	0.52477064	美国
Eda	新思科技	300	512	0.70666667	美国
可编程平台	赛灵思	241	390	0.61825726	美国
均值				0.56	

注：数据截至2021年9月。

资料来源：美国证券交易委员会，www.sec.gov。

四　美国数字经济展望

美国的数字经济呈现蓬勃活力，无论是就产业规模、产业链完整度还是技术先进性而言，都高居榜首。中国作为后起之秀，近年来与美国的差距不断缩小，尤其是在消费互联网领域的创新方面颇有赶超之势，这也间接促使美国采取一些非市场化手段加以应对，例如对华为等一系列中国企业进行制裁。但在可见的未来，美国数字经济的领先优势还很难被撼动。在产业规模、产业链完整度、国际化程度、技术储备等各个领域，美国的优势仍然非常明显。同时，美国的数字经济发展导致了强者恒强的马太效应，资源和财富加速集中，使得美国的贫富差距不断扩大，这是一个不容忽视的问题。

B.5
中国数字经济发展报告（2021）

胡　雯*

摘　要：　2020年中国数字经济总体增速有所放缓，占GDP比重进一步提升，数字化转型进入关键阶段，直播电商规模迅速扩大，伴随边界拓展和模式创新，四大核心区域数字经济强劲，二三线城市数字经济崛起。创新成果方面，创新投入和PCT专利申请量持续增长，头部企业仍有创新潜力。同时，《数据安全法》的颁布有效地推进了中国数字经济治理。受到新冠肺炎疫情和中美科技竞争紧张态势不减的影响，中国数字经济未来发展仍然面临诸多不确定因素，新兴业态将为数字经济发展提供新契机，有效的政策制定和实施将有助于降低转型风险。

关键词：　数字经济　数字基础设施　数字创新　数字治理

一　概况

在全球新冠肺炎疫情二次暴发、中美科技竞争态势紧张、国内数字化转型进入关键阶段的大背景下，2020年度中国数字经济在保持增长的情况下，为带动宏观经济复苏做出了重要贡献，同时未来发展仍面临诸多挑战。国际

* 胡雯，上海社会科学院信息研究所助理研究员，研究方向为科技发展与管理、国际人力资本流动。

货币基金组织在《世界经济展望》中预测，全球经济在2021年将有望大致恢复到2019年的水平。2020年是“十三五”规划的收官之年，在国际经济颓势和疫情影响长期化的作用下，数字经济发展越发成为中国经济社会的核心议题。因此，如何持续推进产业、生活、治理领域的数字化转型，促进数字经济加快与实体经济深度融合，为技术封锁下的宏观经济高质量发展提供支撑，是当前中国数字经济发展的关键问题。

首先，具有更强传染性和致死率的新冠病毒变异株不断出现，使全球疫情防控雪上加霜，防范疫情已经成为一项常态化工作，疫情影响呈现长期化趋势。欧美疫情二次暴发后，欧洲各国普遍采取了更加严格的管控措施，但仍无法从根本上遏制病毒的传播，同时美国的情况也没有明显好转，拜登政府上台后虽然实行了多项防控举措，但收效甚微，疫情控制前景仍有待观望。尽管全球已有超过十种新冠疫苗上市（见表1），但受限于疫苗产量和普及程度，大部分国家距离群体免疫仍有较大差距。疫情影响的长期化一方面对宏观经济发展造成了相当大的压力；另一方面公众、企业和政府行为模式的变化和固化也为数字经济发展带来新的契机。

表1　全球已上市的新冠疫苗主要类型

生产厂商	所在国	疫苗类型	生产厂商	所在国	疫苗类型
国药集团北京生物	中国	灭活疫苗	Bharat Biotech	印度	灭活疫苗
国药集团武汉生物	中国	灭活疫苗	Medicago	加拿大	病毒载体疫苗
北京科兴中维	中国	灭活疫苗	矢量中心	俄罗斯	病毒载体疫苗
康希诺生物	中国	病毒载体疫苗	加玛丽亚流行病学和微生物学研究所	俄罗斯	病毒载体疫苗
牛津大学/阿斯利康	英国	病毒载体疫苗	CureVac	德国	mRNA 载体疫苗
Moderna NIH/NIAID	美国	mRNA 载体疫苗	Janssen Pharmaceutical	比利时	病毒载体疫苗
辉瑞	美国	mRNA 载体疫苗	Novvavax	美国	蛋白亚单位疫苗

资料来源：根据公开资料整理。

其次，拜登政府上台后，延续了特朗普政府一贯的对华强硬战略主张，并在策略上实施有选择的、精准的技术打压。在科技人才方面，拜登政府撤销了特朗普政府的部分移民政策，同时通过免除 STEM 领域博士毕业生签证上限、增加高技能签证数量等措施，加大对 STEM 人才的引进力度，但对中国理工科留学生的签证数量进行了限制，进一步加剧了中美科技人才竞争局面。在技术出口管制方面，为了在先进技术产业领域向中国继续施压，在芯片、EUV 光刻机等关键技术产品上仍然采取强硬的封锁手段，并有可能在未来持续对人工智能、5G、量子通信、航空航天等领域进一步实行多边出口管制。自 2019 年以来，中美科技竞争越发剑拔弩张，拜登政府的上台并未让此趋势有所缓解，尤其是在数字经济领域，在底层核心技术、“新基建”，甚至软件方面，中国仍有诸多短板，实现科技自立自强是一项重要的长期任务。

最后，伴随国内“新基建”战略的加速推进，中国数字经济发展的基础设施条件更加完善，虚拟经济与实体经济进一步深度融合，使经济、生活、治理领域纷纷进入数字化转型阶段。新形势下，互联网和移动互联网的普及使数据成为重要的创新资源，海量数据的分析和使用成为决策的重要依据，同时人工智能技术逐渐成熟并开始在消费级市场应用，使中国数字化转型进入 3.0 阶段，即人工智能技术的普及阶段，这将是我国数字经济高质量发展新阶段的关键词之一。

如前所述，中国数字经济发展仍然面临多重不确定性，新冠肺炎疫情带来诸多变革性影响，拜登政府上台后中美全面竞争态势没有得到缓解并有可能愈演愈烈，同时国内数字经济内部结构、实体经济与虚拟经济的关系正在经历深度变革，并进入全面数字化转型阶段，在宏观经济总体压力较大的情况下，中国数字经济发展的内外部挑战都难以忽视。本报告将从以下四个方面对本年度中国数字经济发展情况进行总结，即数字基础设施、数字产业、数字创新、数字治理。

二 中国数字基础设施发展

以 5G 为代表的新型基础设施建设加速发展，正式开启了中国数字基础设施的全面提速阶段。根据工信部的统计，2020 年全国新建 5G 基站超过 60 万个，累计已全部开通的基站数量达到 71.8 万个。在疫情的长期影响下，5G 的快速发展正在切实推动移动通信技术与传统产业进行深度融合。

在国家"新基建"战略的引导下，各地方政府也对本地"新基建"项目进行了重点部署，上海、深圳、北京等数字经济领先城市的"新基建"项目数量占比普遍在 35% 以上，如表 2 所示，足见其对数字经济基础设施建设领域的重视程度。

表 2　主要城市"新基建"重点项目投资情况

城市	总投资额(亿元)	项目数量(个)	新基建项目数量(个)	占比(%)
上海	20000	212	83	39.2
深圳	25849	563	216	38.4
北京	13000	300	120	40.0
成都	33303	1000	356	35.6
杭州	16456	374	136	36.4
广州	28355	675	249	36.9
无锡	1166	185	63	34.1
南京	14007	368	124	33.7
重庆	38500	1185	450	38.0
苏州	13100	360	113	31.4

资料来源：新华三集团、中国信通院，《中国城市数字经济指数蓝皮书 2021》。

在云计算领域，云计算行业市场规模继续保持稳定增长态势，预计 2020 年市场规模达到 1782 亿元，其中公有云市场规模达到 991 亿元，私有云市场规模达到 791 亿元，如图 1 所示。总体来说，国内云计算市场规模相较发达国家而言，仍有较大的增长空间和发展潜力。同时，从云计算行业的竞争格局来看，头部厂商（阿里云、腾讯云、华为云等）所占市场份额接近 6 成，其中阿里云市场份额最高，达到 30% 左右。

在移动互联网领域，受到疫情长期影响，个人宅家生活模式得到进一步固化，企业和政府线上活动也基本实现常态化，使移动互联网应用端需求爆发式增长，移动终端的线上消费活动愈加活跃，同时短视频、直播、

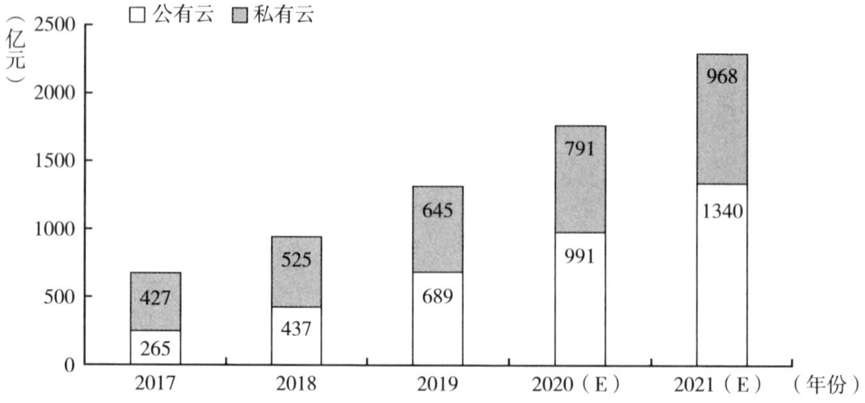

图1　中国云计算市场规模

资料来源：亿欧智库，《2020中国云计算行业研究报告》。

在线教育、在线办公等应用场景大大增加了移动端流量接入规模，促使2020年移动互联网实现明显增长。根据工信部发布的统计公报，2020年移动互联网接入流量达到1656亿GB，较上一年激增35.7%，同时全年移动互联网月度户均流量达到10.35GB，较上一年也有32%的巨大涨幅，如图2所示。

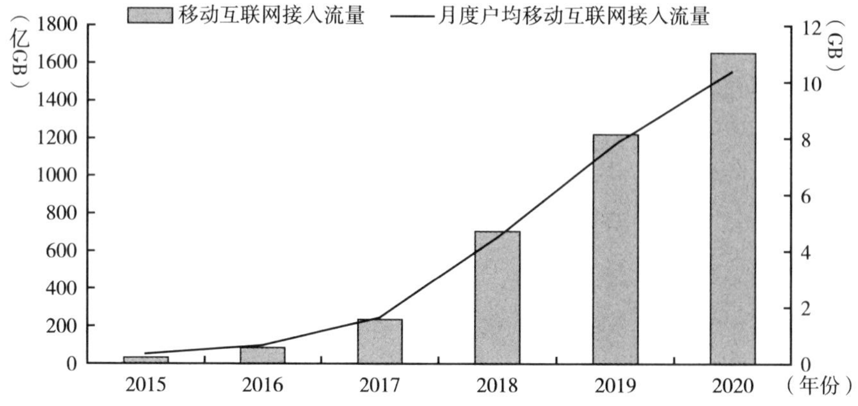

图2　近五年移动互联网流量情况

资料来源：工信部，《2020年通信业统计公报》。

伴随5G技术的日益成熟和基础设施的日渐完善，5G移动终端在本年度也实现较快增长。根据中国信通院的统计，截至2020年底，我国共有217款5G手机获得了进网许可，且在国内市场上的占有率不断提升。2020年11月5G手机累计出货2.81亿部，占当月出货量的68.1%（见图3），为未来消费级应用市场发展提供了坚实基础。

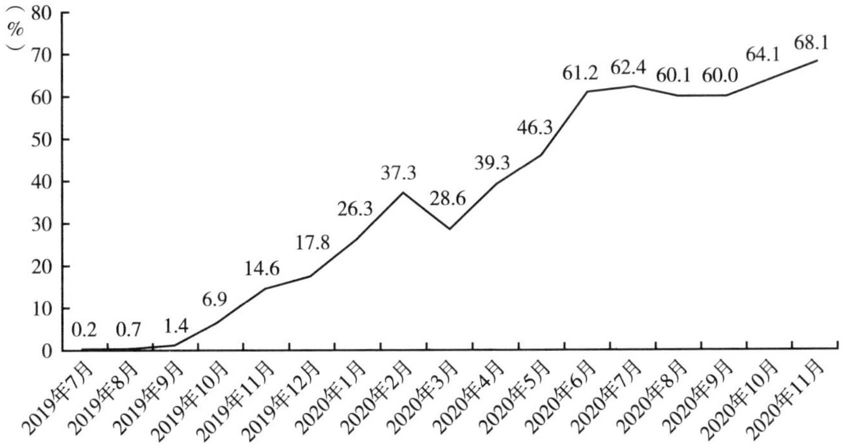

图3　中国5G手机出货量占比

资料来源：中国信通院，《中国5G发展和经济社会影响白皮书2020》。

在移动物联网领域，2020年工信部印发了《关于深入推进移动物联网全面发展的通知》，指出要积极推进5G网络建设，围绕产业数字化、治理智能化和生活智慧化实现创新发展。2020年中国移动物联网连接数量已经达到11.36亿户，较2019年增长10.29%，增速有所放缓，如图4所示。从工信部最新发布的政策内容来看，人工智能技术势必为移动物联网发展带来重大进步，这将是未来一个阶段内的新契机。一是企业物联网设备的普及将加速产业数字化转型进程，人工智能技术的应用有助于帮助企业应对海量数据的收集、清洗和分析难题；二是政府数字化转型迫在眉睫，如何在确保安全的前提下使用智能化技术提质增效是当前技术治理领域的热点议题；三是愈加普及的智能消费设备正在改变个人的生活模式，伴随人工智能技术的完善和成熟，消费级市场将迎来强劲增长。

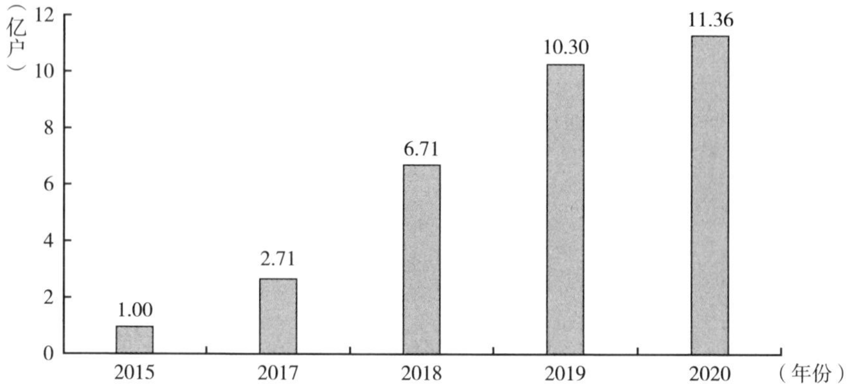

图 4　中国移动物联网连接数量

资料来源：工信部，《2020 年通信业统计公报》。

三　中国数字产业发展

2020 年度中国数字产业总体规模的增速有所放缓，总量约为 39. 2 万亿元，占 GDP 比重约为 38. 6%，数字经济正在向高质量发展方向转变。智能制造方面，产值规模持续增长，汽车制造业智能制造成熟度较高。电子商务方面，交易额增速持续放缓，疫情长期影响下的直播经济呈现多渠道爆发式增长。数字支付方面，交易规模仍保持增长态势，数字人民币的推出为数字经济发展提供了重要载体。从空间分布情况来看，四大核心区域继续引领全国数字经济发展，二三线城市开始逐步发力。

（一）产业规模

从 2020 年的情况来看，根据中国信通院的测算结果，中国数字经济总量约为 39. 2 万亿元，较 2019 年增长 9. 19%，增速有所放缓，占 GDP 比重约为 38. 6%，同比提高 2. 4 个百分点（见图 5），在国民经济中的重要性进一步凸显。

2020 年中国数字经济总体规模的增长速度较 2019 年进一步放缓，但仍

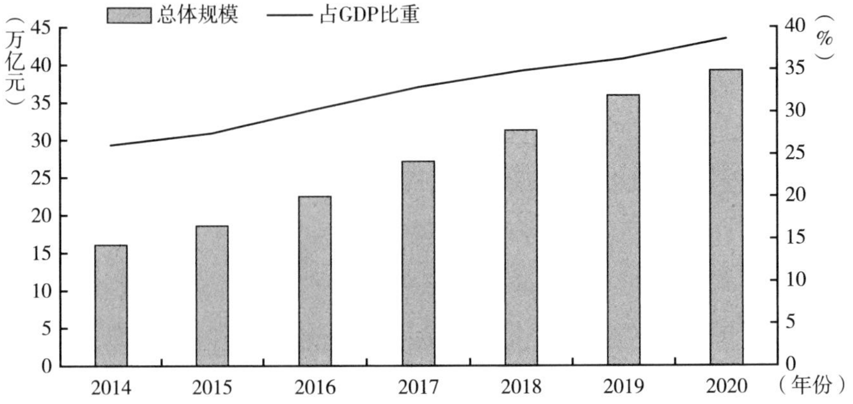

图5　中国数字经济总体规模

资料来源：中国信通院，《中国数字经济白皮书2021》。

然高于GDP的总体增速，增长趋势稳健。在疫情的长期影响下，宏观经济下行趋势令人担忧，数字经济的增长态势对有效稳定宏观经济发挥了作用，也为政府疫情防控和公民居家生活提供了体系支撑。此外，伴随中国进入全面数字化转型的新阶段，数字经济有望为经济高质量发展注入更多活力。从数字经济对三次产业的渗透情况来看，根据中国信通院的统计结果，2020年第一、第二、第三的数字经济行业增加值比重分别为8.9%、21%、40.7%，较2019年均有所增长，表明中国产业数字化转型进程正在稳步地向更深层次演进。

从智能制造产业的情况来看，2019年中国智能制造业的产值规模达到21082亿元，预计2020年将突破25000亿元大关，如图6所示。根据前瞻产业研究院的分析结果，汽车制造业的智能制造成熟度较高，并有75%的汽车企业已经在智能制造领域进行部署。汽车智能制造的蓬勃发展一方面得到行业自动化程度较高、供应链协同水平较高等特点的有效加持；另一方面也得益于国家政策扶持，尤其是在新能源汽车、自动驾驶等领域的大量投入，大大地降低了企业在智能化投入中的风险。同时，装备制造业的智能制造水平仍有较大的上升空间。2020年上半年在新冠肺炎疫情影响下，装备制造业整体营收有所下降，对产业发展形成不利影响。此外，我国智能装备制造的核心技术积累和自主研发实力仍缺乏国际竞争力，与德国、日本、美国等发达国家相比仍有较大差距，在未来国际科技竞争局势恶化的背景下，产业发展面临诸多挑战，需要在政策上予以重点关注。

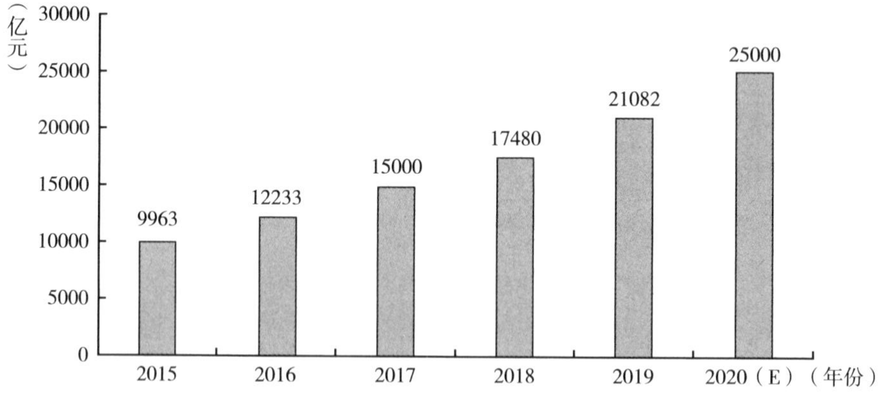

图 6　中国智能制造业产值规模

资料来源：前沿产业研究院，https：//www. qianzhan. com/analyst/detail/220/210301 - 8f13906f. html。

从电子商务产业的情况来看，2020 年中国电子商务交易总额达到 37. 21 万亿元，增速进一步放缓，较 2019 年仅增长 4. 5%，如图 7 所示，表明电子商务交易的市场规模进入平稳发展周期。在疫情的长期影响下，个人、企业和政府的部分线下行动逐渐转移至线上，并在长周期中固定为新的行为模式，为电子商务领域发展提供了新的应用场景。

特别地，2020 年成为直播经济发展历程中具有里程碑意义的一年，直播电商规模迅速扩大，并且伴随着边界的拓展和模式的创新，为疫情背景下的电子商务发展注入了新的活力。根据虎嗅和微盟研究院联合发布的数据，预计 2020 年中国直播电商的市场规模达到 9610 亿元，较 2019 年暴增 121. 53%，如图 8 所示。一方面，专业带货主播成为一个新兴职业，带动上下游产业链向更为成熟的方向发展，线上产品通过直播方式进行营销已经成为常态，并借由疫情长期影响进一步得到稳固。另一方面，内容营销不断向内容创作者和私域流量拥有者拓展，使直播带货不再仅限于专业主播，一些

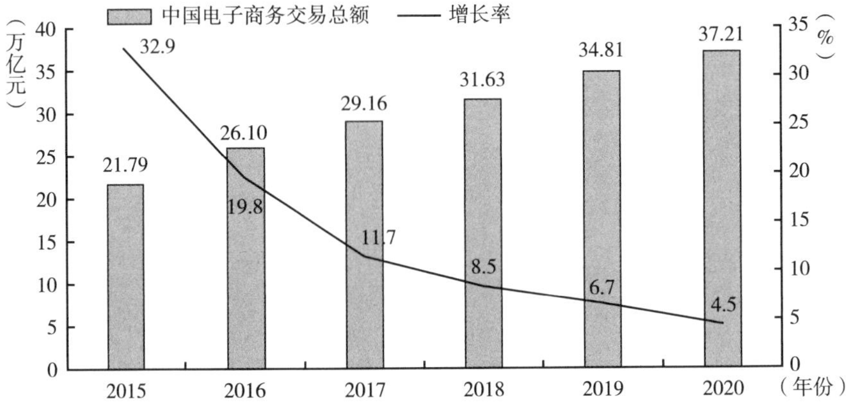

图 7　中国电子商务交易总额及其增长率

资料来源：商务部电子商务司，《中国电子商务报告 2020》。

头部内容创作者、明星、顶流主播等流量拥有者均加入了直播竞争，使直播电商在全渠道全面爆发。从合作模式来看，根据虎嗅和微盟研究院的调研结果，品牌对直播的需求呈现加速增长态势，57.4% 的商家选择寻找具有专业背景的第三方直播服务机构进行合作，另外 42.6% 的商家则选择自己组建直播团队。

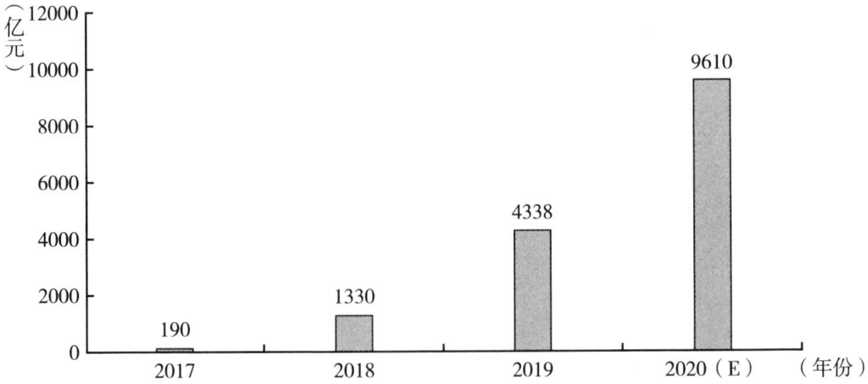

图 8　中国直播电商市场规模

资料来源：虎嗅、微盟研究院，《2020 直播电商研究报告》。

从数字支付的发展情况来看，伴随国内数字化水平的不断提高和移动技术的高度普及，数字支付行业持续增长，尤其是2020年央行扩大了数字人民币的试点范围，为数字支付发展注入了新动力。2020年10月，继深圳、苏州、雄安新区、成都之后，上海、海南、长沙等6个城市也加入了数字人民币试点测试，拉开了积极推进数字人民币发展的序幕。数字人民币的推出，为我国数字经济发展提供了重要载体，有助于推动虚拟经济与实体经济加速融合，促进生产要素有效配置，赋能数字经济大循环，为整体经济发展降低成本、提升效率。根据艾瑞咨询和中商产业研究院的统计，预计2020年中国数字支付交易规模将突破225万亿元，如图9所示。

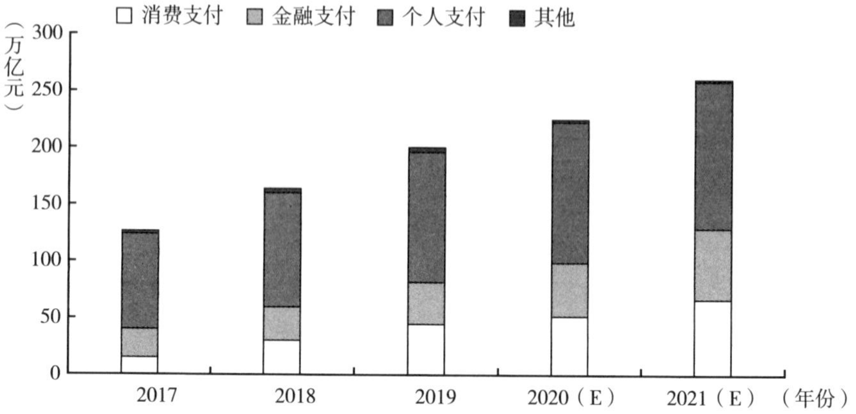

图9　中国数字支付交易规模情况

资料来源：艾瑞咨询、中商产业研究院，https://baijiahao.baidu.com/s?id=1682614204898567930&wfr=spider&for=pc。

（二）空间分布

2020年各省数字经济保持良好增长态势，新一线城市和二线城市发展速度加快。根据新华三集团和中国信通院发布的《中国城市数字经济指数蓝皮书2021》，2020年数字经济发展排名前十的城市如图10所示，其中上海、深圳、北京、成都、杭州排名前五，与2019年的排名持平，南京和苏州的排名进入前十，分列第八和第十，宁波和武汉的排名有所下降。

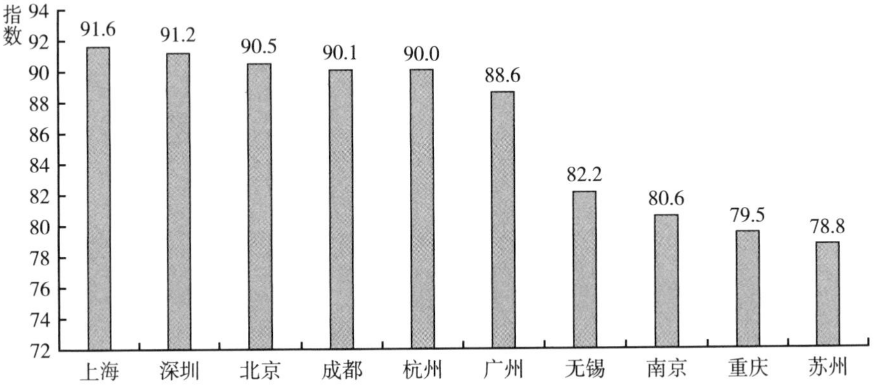

图 10　中国城市数字经济指数排名前十

资料来源：新华三集团、中国信通院，《中国城市数字经济指数蓝皮书 2021》。

从中国数字经济的区域发展趋势来看，京津冀、长三角、粤港澳大湾区、成渝地区四个区域的数字经济得到了进一步的融合集聚，并持续保持全国领先地位。同时，也能够观察到部分二线、三线城市的数字经济发展有长足的进步，例如山东半岛城市群、以郑州为核心的中原地区城市群、武汉城市圈等，表明中国数字经济发展在空间上呈现四大区域引领发展、多个城市群快速崛起的发展态势，数字经济已经成为国内各大区域发展的重要方向。此外，地方政府发展数字经济的定位和模式也更加清晰，基于自身资源禀赋、产业基础和区位条件，各地近年来探索出了适应自身发展需求的特色道路，例如上海提出数字化转型战略，全面推进经济数字化、生活数字化、治理数字化综合协调发展；深圳则根据数字产业发展优势重点打造数字经济发展高地，促进技术创新赋能高质量发展；杭州则依托电子商务头部企业的现有基础，引领服务业转型并打造云计算产业新优势。

四　中国数字创新发展

在创新成果方面，创新投入和 PCT 专利申请量都有所增长。在人才发展方面，二三线城市对数字经济人才的需求开始逐步显现，核心人才主要集中在北京、上海、深圳，人才缺口仍在不断扩大，高稀缺人才岗位包括云计算研发、算法开发等，同时人才薪酬水平依旧保持增长。

（一）创新成果

2020 年中国数字经济领域企业的研发创新仍然活跃。在创新投入方面，头部企业数字研发投入有所增长。根据欧盟发布的《2020 年欧盟工业研发投资记分牌》，中国数字经济领域研发投入排名前十的企业依次是：华为、阿里巴巴、腾讯、鸿海精密、台积电、百度、联发科、中兴通讯、携程、网易，如表 3 所示。其中，华为、阿里巴巴、腾讯已连续两年蝉联榜单前三名，华为在全球的排名由第五位跃升至第三位，表明中国头部企业在研发创新方面仍有巨大潜力，尤其是在全球科技竞争格局发生剧烈变化的背景下，预计近年来数字经济头部企业的研发投入将进一步增加。

表 3　2020 年中国数字经济领域研发投入排名前十的企业

单位：亿元

排名	企业名称	研发投入	排名	企业名称	研发投入
1	华为	1326.99	6	百度	185.58
2	阿里巴巴	435.78	7	联发科	147.91
3	腾讯	307.39	8	中兴通讯	131.72
4	鸿海精密	214.92	9	携程	107.93
5	台积电	214.62	10	网易	88.40

资料来源：欧盟，《2020 年欧盟工业研发投资记分牌》。

在 PCT 专利申请量方面，根据世界知识产权组织（WIPO）的最新统计，2020 年中国 PCT 专利申请量继续蝉联世界第一，达到 68720 件，同比增长 16.1%。从企业 PCT 专利的申请情况来看，全球排名前十的企业中有 3 家来自中国，分别是华为、京东方和 OPPO，其中华为 2020 年 PCT 专利申请量为 5464 件，位列全球第一，京东方和 OPPO 的申请量为 1892 件和 1801 件，与前五名企业仍有较大差距，如表 4 所示。

表 4　2020 年 PCT 专利申请量排名全球前十的企业

单位：件

排名	企业名称	所在国	申请量
1	华为	中国	5464
2	三星电子	韩国	3093
3	三菱电机	日本	2810
4	LG 电子	韩国	2759
5	高通	美国	2173
6	爱立信	瑞典	1989
7	京东方	中国	1892
8	OPPO	中国	1801
9	索尼	日本	1793
10	松下	日本	1611

资料来源：世界知识产权组织（WIPO）。

（二）人才发展

具备数字技能的人才是中国数字经济高质量发展的核心要素。在数字化转型全面推进的大背景下，国内数字人才需求急剧增加，仍存在巨大供需缺口。根据开课吧和脉脉数据研究院联合发布的《中国数字化人才现状与展望 2020》，不同类型的数字化人才在地域分布上都有聚集趋势，主要集中在北京、上海和深圳，三个城市所拥有的数字化人才数量占比接近五成，如表 5 所示。这一方面反映了国内城市数字经济的发展水平；另一方面也体现了数字人才在区域间分布的不均衡性。可以预见，伴随数字化转型进程的深入，三四线城市对数字人才的需求将显著增加，未来这些城市如何在人才竞争力相对有限的情况下，吸引数字人才推动转型进程是值得探讨的重要议题。

表 5　中国数字化人才的区域分布

单位：%

数字化管理人才		数字化应用人才		数字化专业人才	
北京	25	北京	31	北京	23
上海	11	上海	11	上海	9

续表

数字化管理人才		数字化应用人才		数字化专业人才	
深圳	11	深圳	6	深圳	8
广州	5	杭州	6	杭州	5
杭州	4	广州	4	广州	4
成都	3	成都	3	成都	3
南京	2	南京	2	南京	3
苏州	2	武汉	2	西安	2
武汉	2	重庆	2	武汉	2
西安	2	天津	2	苏州	2

资料来源：开课吧、脉脉数据研究院，《中国数字化人才现状与展望2020》。

从岗位需求情况来看，数字经济人才在市场上具有较高的需求供给比。根据脉脉数据研究院的统计结果，2020年在数字经济领域稀缺度较高的岗位主要是云计算研发、算法、数值策划、游戏开发、音视频开发、图形开发，同时受到疫情的长期影响，直播、在线教育的相关岗位也出现了明显的人才缺口，如表6所示。同时，数字经济领域的薪酬水平仍旧保持增长势头。架构师、算法、数据安全、风控开发、游戏制作、云计算研发、音视频开发、数据分析、数据开发、游戏特效美术等岗位的薪酬较高，尤其是数字娱乐产业的蓬勃发展正在塑造越来越多的“隐形富豪”。

表6　2020年高稀缺人才岗位

岗位	需求供给比	岗位	需求供给比
课外辅导教师	2.0	医药科研/研发	1.5
云计算研发	1.8	播音/主持/主播	1.5
保险经纪人	1.8	游戏开发	1.4
算法	1.8	音视频开发	1.4
数值策划	1.7	图形开发	1.3

资料来源：脉脉数据研究院，http://www.xinhuanet.com/video/sjxw/2020-12/22/c_1210941290.htm。

五　中国数字治理发展

（一）数字规范

伴随数据成为继土地、资本、劳动力、技术之后的“第五要素”，中国一方面加快了数字资源的开发利用进程，例如2020年12月国家知识产权局发布《知识产权基础数据利用指引》，旨在积极推动提升社会公众、创新创业主体的数据利用水平，增强公共机构的数字服务能力。另一方面为了保障数据开发和交易安全，在地方政府纷纷制定数据共享开放条例、数据交易管理办法等规范的基础上，《数据安全法》正式颁布并于2021年9月1日正式实施，标志着中国数据治理全面进入法制化阶段。《数据安全法》的出台是对长期以来我国数据保护监管制度和法律条款缺失的重要回应。欧盟早在2019年就实施了《通用数据保护条例》，对欧盟内部的数据使用规范进行了严格规定，我国在这一领域的行动显然有所滞后。此外，中国数字治理在个人隐私保护领域仍有漫漫征程。2020年不断发酵的“杭州女子取快递被造谣事件”使个人隐私保护及其相关法律议题成为社会关注的焦点，该案最终入选最高检年度十大法律监督案例，被告人最终以诽谤罪定罪。该案暴露出公民个体在维护个人隐私安全过程中所遭遇的种种困难，值得法律界深思。据悉，个人信息保护法草案已经在审议中，这将为中国个人隐私保护提供法律保障。

同时，中国数字政府治理效能近年来得到了持续提升，国家电子政务统筹协调机制的建立进一步推动了数字政府建设，在线政务服务得到不断优化。截至2020年底，全国一体化政务服务平台在31个省区市和46个国务院部门完成了联通接入。在此基础上，政务数据共享得到逐步加快，能够基本满足个人、企业对身份验证、纳税信息、房产登记、学位证书等覆盖生活和工作领域的基本数据查询需求。此外，全国一体化在线监管体系已经初步建成，“互联网+监管”和“互联网+督查”均取得了初步成效。

（二）数字战略

2020 年中国数字经济战略持续推进，国家层面的各项战略性政策在地方政府层面得到充分扩散，形成以国家数字经济战略为引领、各地数字经济政策为支撑的初步体系，在此基础上本年度数字经济战略还呈现若干新特点。一是数字化转型成为国家数字经济发展中的关键词。事实上，数字化转型的概念早已出现，但其内涵却在不断发展之中。根据王怀民院士于 2021 年 4 月在北京发表的主旨演讲，可以将数字化转型划分为三个阶段，数字化 1.0 阶段推动了计算机的普及；伴随个人计算机“天花板”的到来，数字化 2.0 阶段在互联网技术的加持下促进了网络的全面普及，互联网和移动互联网获得普遍应用后，数据规模不断扩大，成为重要的创新资源；伴随数据海洋“天花板”的到来，机器学习技术使数字化进入 3.0 阶段，即人工智能技术的普及阶段。因此，当前我国提出的数字化转型战略，实际上有别于早前提出的信息化战略，突出了数据作为重要创新资源的收集、共享、使用、交易和创新，同时强调了人工智能技术的应用，这是新形势下我国数字经济高质量发展的关键词之一。2021 年 1 月，上海发布了《关于全面推进上海城市数字化转型的意见》，成为国内首个提出特大型城市数字化转型战略的城市，为国内全面推进数字化转型进程提供了借鉴。二是地方政府数字经济政策呈现横向联动特点。例如长三角地区在实践一体化发展战略的过程中，核心城市通过数字化技术实现了更有效的沟通互联，其中长三角 G60 科创走廊、腾讯长三角人工智能超算中心等是典型代表。此外，江苏和宁夏通过制定《2020 年江苏宁夏数字经济合作重点工作》积极贯彻落实区域协同发展战略，为创新要素自由流动、供给需求充分对接、平台化交流协作提供了有力支撑。

六　未来展望

综合本年度中国数字经济的整体趋势和外部环境，预计未来数字经济发展将有以下几个方面的趋势。

1. 拜登政府对华强硬态度不减将对数字经济资源获取造成持续冲击

自中美贸易摩擦开端以来，中美竞争不断向科技领域蔓延，美国采取了包括但不仅限于出口管制、人才限制、高额税费的手段，试图遏制高端技术向中国扩散，并限制中国发展。在2020年《美国对中国战略方针》中，美方进一步明确未来将在超音速、量子计算、人工智能、生物技术和其他新兴和基础领域对中国采取限制出口措施，实行“全政府”对华战略。拜登政府上台后，延续了特朗普政府的强硬风格，致力于增强美国对STEM人才的吸引力，同时采取选择性、精准性的对抗策略，试图在关键核心领域实施技术垄断。近年来，美国以保护国家安全的名义，拒绝了大量电气工程、人工智能、机械、化学与材料科学专业的中国学生签证，预计这一情况在拜登政府时期也将延续。从国内数字经济发展的总体情况来看，数字人才匮乏将成为瓶颈问题。一方面，美国对高端人才的吸引力有所增强，国际科技人才竞争日趋激烈，我国海外人才引进政策面临严峻挑战；另一方面，国内数字人才培养体系尚不成熟，研究型人才数字技能的教学课程体系建设仍在起步阶段，应用型人才数字技能的社会化培养缺乏专业机构和标准支撑。

2. 疫情长期影响将使新兴业态迎来稳定发展期

疫情在全球范围内的二次暴发，使宏观经济下行压力继续增大。在应对疫情的过程中，线上购物、在线教育、在线办公、直播经济等新兴业态获得了快速发展，伴随疫情影响的长期化，个人、企业、政府的线上行为模式得到进一步固化，为新兴业态稳步发展创造了良好环境。尤其是在直播经济领域，头部的专业带货主播带领上下游产业链向更为成熟的方向发展，直播营销方式也借由疫情长期影响进一步稳固，同时直播营销模式不断更新，内容营销向内容创作者和私域流量拥有者拓展，直播电商在全渠道全面爆发。2020年国家多个部门发布了多项有利于新兴业态发展的规划指导和具体意见，为新业态发展指明了方向、提供了保障。同时，也应该注意新业态发展过程中出现的新问题，例如新职业新岗位的就业保障跟进问题、平台竞争中的资源垄断问题、新兴技术治理中简单“一刀切”的惯性问题等，需要企业和政府部门突破传统的管理思维，保持开放态度，迎接新一轮科技革命和产业变革带来的挑战。

3. 数字化转型助力打造数字经济新优势

在全面数字化转型的浪潮中，企业和政府部门都在探索如何更好地实施数字化转型，大数据、云计算、人工智能等先进技术的应用为数字化转型进程带来了新的可能，在重新定义业务目标、重塑业务流程的基础上，将对组织架构、组织文化等产生深远影响，而这不仅限于将业务从线下转移到线上，其所带来的效率提升和生产关系的革命将为数字经济发展提供新优势。此次数字化转型一方面推动了新一代信息技术的快速发展，相关领域的创新研发活动也得以蓬勃演进，前端研发机构和具备科研实力的企业将迎来发展机遇；另一方面数字化转型是以应用场景为基础的，因而应用端企业和消费级市场也拥有良好的发展前景。数字化转型在技术供给端和需求端的推拉作用，将为中国数字经济发展提供新动能，在转型的关键阶段，有必要对转型政策的制定进行研究，并对政策实施的时机做出准确判断，以降低转型过程中的不确定性风险。

参考文献

新华三集团、中国信通院：《中国城市数字经济指数蓝皮书 2021》。

亿欧智库：《2020 中国云计算行业研究报告》。

工业和信息化部：《2020 年通信业统计公报》，http：//www. gov. cn/xinwen/2021 - 01/26/content_ 5582523. htm。

中国信通院：《中国 5G 发展和经济社会影响白皮书 2020》。

中国信通院：《中国数字经济白皮书 2021》。

前沿产业研究院：《2020 年中国智能制造行业发展现状与细分市场分析》，https：// www. qianzhan. com/analyst/detail/220/210301 - 8f13906f. html。

商务部电子商务司：《中国电子商务报告 2020》。

虎嗅、微盟研究院：《2020 直播电商研究报告》。

艾瑞咨询、中商产业研究院：《2020 年中国数字支付行业发展现状分析》，https：//

baijiahao. baidu. com/s? id = 1682614204898567930&wfr = spider&for = pc。

European Union. The 2020 EU Industrial R&D Investment Scoreboard, 2020.

开课吧、脉脉数据研究院:《中国数字化人才现状与展望 2020》。

脉脉数据研究院:《数看 2020 人才吸引力报告》, http: //www. xinhuanet. com/video/sjxw/2020 – 12/22/c_ 1210941290. htm。

B.6

印度数字经济发展报告（2021）

陈一末 *

摘　要：　政务和产业数字化一直是印度政府施政的重点，近年来发展十分迅速。到2021年，由阿德哈尔身份编号、PMJDY 普惠金融计划和手机普及“三位一体”组成的果酱计划（JAM）已经有了显著成效，金融包容性和数字包容性明显扩大。再加上新冠肺炎疫情和全国封锁给人们的生活和工作方式带来的影响，金融科技、电子商务、信息技术等产业加速发展，人工智能等前沿科技的应用日益普遍。与中国、美国等领先国家相比，印度在数字经济领域的基础设施和产业发展较为落后，但其在人工智能、加密技术等新兴技术领域的创新能力和政府支持力度都处于世界前列，国际贸易表现也十分优异。数字基础设施继续完善、数字设备转向本土制造、农村的数字消费潜能进一步释放、前沿科技引领数字经济发展是印度数字经济未来发展的四大趋势。本报告结合印度电信部、相关产业协会和世界银行的数据资料及行业报告，对印度数字经济的发展历程、主要行业的发展概况和未来的趋势进行了归纳和分析。并根据本书前文的全球数字经济竞争力排名，围绕印度数字经济竞争力的四个指标结果进行阐述。

关键词：　印度　数字经济　数字产业

---

* 陈一末，上海社会科学院信息研究所数据中心编译。

印度的数字经济处于全球中下游，但是其成长速度是全球最快的之一。其发展以“电子政务”计划为基础，以 2015 年莫迪政府启动的“数字印度”计划为推手，形成了网络基础设施有序推进、初创企业欣欣向荣的局面，吸引了包括中国腾讯在内的全球资本的目光。

一　印度数字经济发展概况

截至 2020 年底，印度总人口约 13.7 亿①，其中约 2/3 是农村人口。从 GDP 来看，印度是世界第六大经济体②，也是世界上增长最快的主要经济体（见图 1）。2021 财年的实际国内生产总值为 1.82 万亿美元。服务业是印度第一大产业，占 2020～2021 财年总增加值（GVA）的近 54%，随后是工业（25.92%）和农业（20.19%）。③

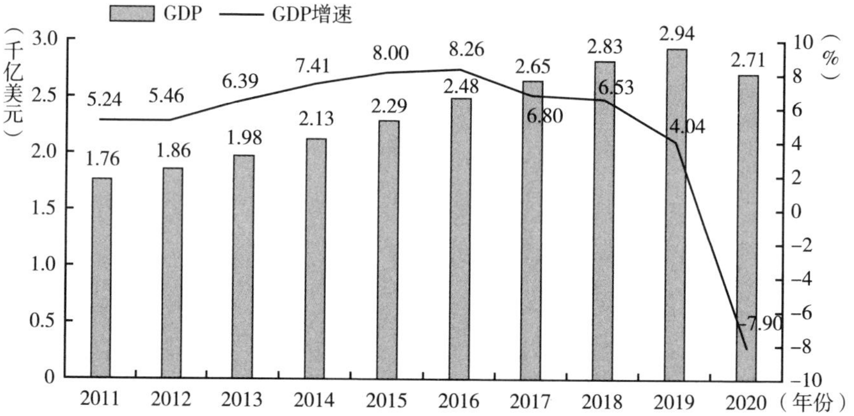

图 1　2011～2020 年印度 GDP 与增速

资料来源：世界银行。

① Unique Identification Authority of India, “State/UT Wise Aadhaar Saturation (Overall)”, https://uidai.gov.in/images/state-wise-aadhaar-saturation.pdf, Aug 23, 2021.

② World Bank, GDP Ranking, https://datacatalog.worldbank.org/dataset/gdp-ranking, Aug 25, 2021.

③ Jagran Josh, “GDP of India: Sector Wise Contribution in Gross Domestic Product in 2020-21”, https://www.jagranjosh.com/general-knowledge/gdp-of-india-sector-wise-contribution-1630060794-1, Sep 4, 2021.

根据中国信通院发布的《全球数字经济白皮书——疫情冲击下的复苏新曙光》，印度的数字经济规模在测算的47个国家中排名第8位，达到5419亿美元（见图2），占GDP的比重不到30%。在政府的推动下，印度的大部分企业都已经实现数字化转型，其产业数字化占比超过70%。

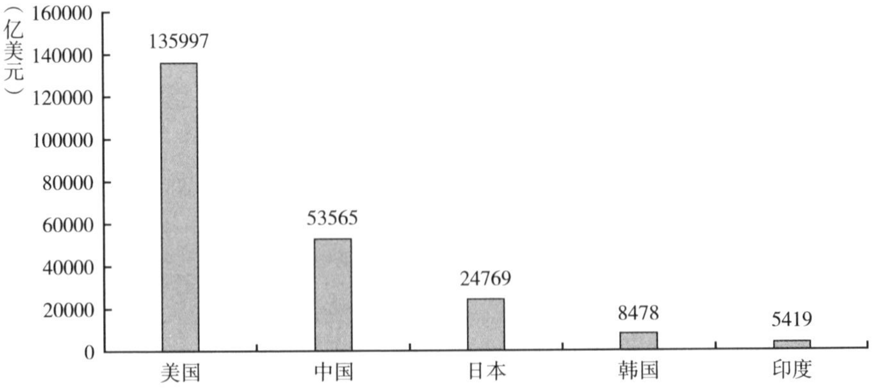

图2　2020年印度与其他国家数字经济规模比较

资料来源：中国信通院，《全球数字经济白皮书——疫情冲击下的复苏新曙光》。

近年来，在印度"数字经济"计划、电子政务计划、印度制造4.0等国家战略的推动下，印度的数字包容性、金融包容性，以及金融科技业和电子制造业都取得了显著的进步，相关行业的初创企业如雨后春笋般涌出，IT业更是成为全球投资的热土。在新冠肺炎疫情和多次全国大封锁的影响下，远程办公和数字支付日益普及，这进一步推动了印度数字经济的发展。根据胡润全球独角兽榜，印度是世界第四大独角兽基地。截至2021年8月10日，已有63家估值超过10亿美元的科技初创企业[①]，涉及金融科技、保险科技、社交媒体、财富管理、消息平台、社交商务、物流科技、健康科技、基础设施、电子商务、软件即服务（SaaS）等众多领域。

① Inc42. com，"Here are the 24 Indian Startups that Entered the Unicorn Club in 2021"，https：//inc42. com/buzz/indian－startups－that－entered－the－unicorn－club－in－2021－in－india/，Sep 16，2021.

印度数字经济的腾飞始于2006年启动的电子政务计划（the National e-Governance Plan），该计划旨在改善并简化公共服务的提供和获取。该计划一直延续至今，并不断扩大深化，为未来数字技术与经济社会的融合打下坚实的基础。

2006年，政府推出了一项重要举措，即唯一身份识别项目（UID），为每个国民颁发12位的UID编号（亦称阿德哈尔，Aadhaar），该编号与生物特征和人口信息相关联，是印度数字堆栈的底层基础。阿德哈尔编号、PMJDY普惠金融计划和手机形成“三位一体”的果酱计划（JAM），让政府得以将补贴直接发放至公民的银行账户。截至2021年6月21日，99%的18岁及以上人口都已注册阿德哈尔编号。[①] 在阿德哈尔的基础上，政府开始了电子政务与电子交易的全方位部署。有许多政府在线服务都与阿德哈尔编号相关联，例如客户身份电子审查（eKYC）、国家认证服务（e-Pramaan）、电子签名（e-Sign）、安全文档钱包服务（DigiLocker）等。

2016年，印度国家支付委员会（NPCI）推出了统一支付界面（UPI），进一步加速了印度数字交易的发展。UPI将多个银行账户整合到一个移动应用程序中，用户可以通过该应用随时随地向他人转账/索取付款。如今亚马逊支付、谷歌支付等第三方应用都已支持UPI付款方式。截至2021年7月，已有235家银行采用UPI，月交易量已达32.5亿笔。[②]

2016年，印度政府宣布废钞令政策，全国86%的流通货币不再具有合法的流通性。此举在短期内加速了数字交易的推广，电子钱包、银行等金融服务的使用显著增加。

2017年7月，为扩大正规经济、简化税收结构、提高营商便利性，政府推出了商品与服务税（GST）改革，此举对推动数字交易有着长期深远的影

① Livemint. com, “Big Boost for UIDAI. Today 99% of Indian Adult Population Holds Aadhaar Card”, https://www. livemint. com/news/india/big－boost－for－uidai－today－99－of－indian－adult－population－holds－aadhaar－card－11624939991372. html, Aug 23, 2021.

② National Payment Corporation of India, https://www. npci. org. in/what－we－do/upi/product－statistics, Aug 26, 2021.

响。政府为GST提供了相关的信息技术和数字化支持，并为实现电子报税建立了商品和服务税网络（GSTN）、电子发票系统、印度海关电子数据交换系统（ICES）、物流电子账单（e-WayBill）、电子拍卖平台（eAuctionIndia）等，以此将更多经济活动纳入数字系统。在2018年召开的第29次GST委员会会议上，委员会宣布对使用规定的数字方式支付税款进行返点奖励。

同年，电子与信息技术部推出了数字支付（DigiDhan）计划，用于推进包括数字支付在内的数字交易。

2019年后，数字印度进入2.0时代。政府在现有平台的基础上，升级数字服务交付平台，提升国民的数字素养，加强以电子制造和人工智能为主的数字经济发展，进一步建设超级计算、公共Wi-Fi等基础设施，并完善网络安全方面的法案。印度的目标是到2024年实现1万亿美元的数字经济规模。

二 印度数字经济的重点行业

根据印度电子与信息技术部对印度数字经济愿景的描述，印度数字经济共包含九大方面，分别是IT基础设施和软件服务、电子政务、数字化医疗服务与保险、数字化教育平台服务、数字金融、数字化农业服务、印度制造、数字人才培养与就业。本部分将介绍与IT业、数字金融和印度制造相关的重点产业。

（一）电信行业

印度的电信行业包含电信基础设施、电信设备、移动虚拟网络、空白频谱、5G、电话和宽带服务。电信行业占GDP的6.5%，共有400万名从业人员。[①] 印度拥有世界上第二大的电信市场，截至2021年5月，共拥有

① Sector: Telecom, Invest India, https://www.investindia.gov.in/zh-cn/sector/telecom, Aug 25, 2021.

11.99 亿用户[1]，且农村的电信用户密度逐年增长，2021 年 3 月达到 60.3%，这表明农村地区蕴藏巨大的电信潜力。从 FDI 流入来看，电信部门是印度 FDI 流入的第三大部门，占 FDI 流入总额的 7.1%。[2]

1. 发展概况

电信业在过去十年中增长迅速，已成为印度增长最快和就业机会排名前五的行业之一，2021 财年第三季度的总收入达 93.5 亿美元。[3] 印度政府鼓励私有资本进入电信市场，并将对外国直接投资的限制从 74% 提高至 100%，形成了百舸争流、欣欣向荣的局面。根据工业和内部贸易促进部（DPIIT）公布的数据，2000 年 4 月至 2021 年 3 月，流入电信行业的外国直接投资总额为 376.6 亿美元。通过颁布生产相关激励计划（PLI），印度政府鼓励爱立信、诺基亚、三星和华为等全球电信网络制造商在印度本土制造所有设备，其他包括思科、富士康、捷普等在内的全球供应商也计划扩大在印度的全球供应链业务。

2. 互联网覆盖与渗透

从用户的绝对数量上来看，印度是世界第二大互联网市场，同时也是世界增长最快的应用（App）市场和世界最大的数据消费市场之一。印度电信部的数据显示，截至 2021 年 3 月，印度网络订阅数量已达 8.3 亿，超过总人口的近一半，其中城市 5.0 亿，占城市人口的 104.2%（一个人可能有多个上网设备）；农村 3.2 亿，占农村人口的约 36%，[4] 且农村网络用户的数量呈现两位数的飞速增长。2017～2021 财年印度网络用户数量如图 3 所示。

从网络基础设施的覆盖率来看，根据国际电信联盟的数据，2019 年印

---

① ICRA, "Telecom Industry Monthly Update August 2021", https://www.icraresearch.in/Research/ViewResearchReport/3848, Aug 24, 2021.

② Invest India, https://www.investindia.gov.in/sector/telecom, Sep 10, 2021.

③ IBEF.ORG, "Indian Telecommunications Industry Report (June, 2021)", ibef.org/industry/telecommunications.aspx, Aug 24, 2021.

④ 作者根据印度电信部的数据与世界银行的人口数据计算而得。India Department of Telecom, "Monthly Telecom Scenario for May 2021", https://dot.gov.in/sites/default/files/MTS%20MAY%202021.pdf, Aug 24, 2021。

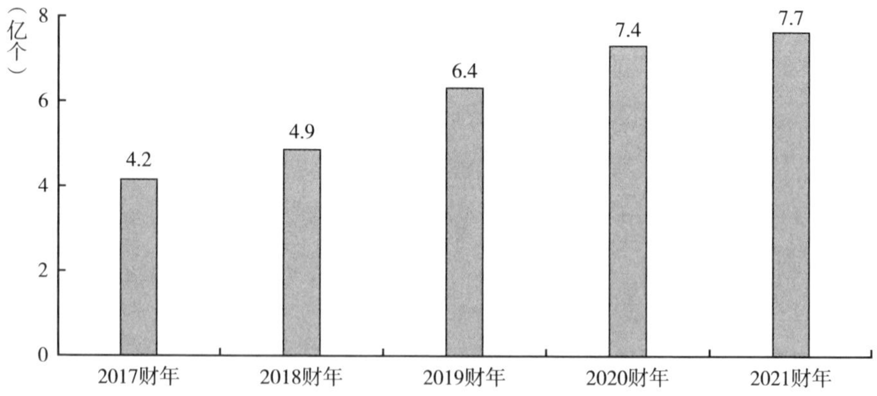

图3　2017～2021财年印度网络用户数量

资料来源：印度电信部。

度的移动蜂窝网络已覆盖99%的人口，3G和4G网络的覆盖率也都达到了98%。从网络使用来看，每100位居民中有84人订阅蜂窝数据，有47人订阅移动宽带，有1人订阅固定宽带。从价格来看，2020年印度固定宽带费用占国民总收入的3.2%，移动数据和语音费用占国民总收入的1.6%。① 印度前五大宽带供应商包揽了全国98.81%的宽带用户，这些供应商分别为信实集团旗下的Jio、巴蒂电信、沃达丰印度公司、BSNL和Atria Convergence（见图4）。

3. 互联网使用与体验

印度电信管理局的数据显示，2020财年无线数据用户平均每月使用11GB无线数据，应用下载量从2017年的120.7亿次增加到2019年的190亿次。2021财年第三季度，印度的无线数据使用总量每季度增长1.82%，达到25227PB。

印度拥有世界上最便宜的移动网络。平均每天2GB的4G流量只需要5美元/月。到2020年，印度超过一半的手机用户已从2G网络升级为4G网

① ITUStatistics, https://www.itu.int/en/ITU-D/Statistics/Dashboards/Pages/Digital-Development.aspx, Sep 10, 2021.

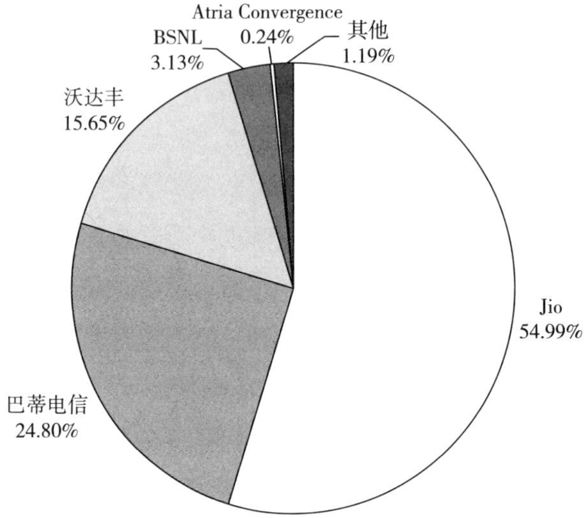

图4　印度电信服务提供商宽带（有线+无线）服务市场占比
（截至2021年4月30日）

资料来源：印度电信管理局。

络。2021财年第三季度，3G和4G数据使用量占无线数据使用总量的比例分别为2.81%和96.48%。[①] 研究报告显示，印度92%的手机用户每天都要上网，平均上网时长为107分钟。中国手机用户上网访问的主要内容是购物和教育咨询，而印度手机用户访问的主要内容是付费下载/流媒体音乐和点播视频，购物只占不到1/4。[②]

在网速方面，根据网络公司Ookla于2021年7月发布的网络测试全球指数（Speedtest Global Index），印度手机下载网速全球排名第122位，为17.77Mbps，远低于全球平均水平55.07Mbps，是南盟国家中的倒数第三名；固定宽带的下载速度全球排名第68位，为60.06 Mbps，同样远低于全球平均水平107.50 Mbps，但在南盟国家中位居第一。

① IBEF，“India Telecom Industry Analysis”，https://www.ibef.org/industry/indian-telecommunications-industry-analysis-presentation，25 Aug，2021.

② IAMAI，“IAMAI-KANTAR ICUBE 2020 Report”.

从网络运营商来看，根据全球宽带测速公司 Speedtest 于 2020 年第四季度进行的调研，在固定宽带供应商中 Jio 拥有最快的平均下载速度，用户评分也最高；在移动网络供应商中，沃达丰创意（Vi）拥有最快的平均移动下载速度，其次是巴蒂电信，然后是 Jio。但这三家供应商的用户好感度皆为负数，原因是网速和稳定性欠佳。

移动网络运营商缺少基站、频带有限、数据容量不足、建筑内网络覆盖不足等因素是网络体验不佳的主要原因。更深层次的原因是印度的电信行业深陷财务困境，缺少必要的投资，基础设施升级也非常缓慢。印度约有 50 万座电信塔，但其中只有 1/4 左右通过光纤连接。① 印度的人均光线覆盖仅为 0. 15 公里，远低于美国的 0. 64 公里。如果需要提升手机的联网速度，则需要加强光纤网络的部署。

4. 5G 战略与部署

虽然印度的 4G 网络仍有很大的提升空间，但印度政府正在紧随全球 5G 潮流，加大对 5G 的投入，其愿景是通过在制造业、教育、医疗保健、农业、金融和社会部门中广泛运用信息技术，带来重大的社会变革。对印度来说，5G 频谱的分配至关重要。

频谱是移动通信业最关键的投入之一，连续频谱的数量决定了运营的效率。印度的频谱通过拍卖分配。Jio 的频段集中在 800 MHz、1800 MHz 和 2300 MHz，而其他运营商的频段较为分散，例如巴蒂持有 355. 45MHz、800 MHz、900 MHz、1800 MHz、2100 MHz 和 2300 MHz 频段。巴蒂、沃达丰旗下的沃达丰创意、Jio、BSNL 在所有服务区都有的频段分别是 862. 7 MHz、931. 7 MHz、602. 5 MHz 和 388. 2 MHz。

截至今日，印度的 5G 仍处于测试阶段，无法商用。2021 年 5 月，印度政府将 700MHz、3. 5GHz 和 26GHz 的 5G 测试频段分配给电信运营商 Jio、巴蒂和沃达丰创意，并批准这些运营商在未来 6 个月内与爱立信、诺基亚和

① "Explained: Why 4G Network is Slow in India", WIONEWS. COM, https: //www. wionews. com/opinions - blogs/explained - why - 4g - network - is - slow - in - india - 286106, Aug 24, 2021.

三星等设备公司合作进行5G实验。巴蒂电信在实验设备中已实现了超过1Gbps的速度。虽然印度没有对中国公司实施官方禁令，但5G实验已排除与中国设备制造商华为和中兴的合作。巴蒂电信预计5G技术将于2022年8月正式启用。5G频段的拍卖会预计将于2022年初举行。

虽然印度的5G实验进行得如火如荼，但面临的挑战也不可小觑。首先，印度的5G频谱定价是世界上最高的之一，3.3～3.6 GHz频带为每兆赫兹70.16美元，是英国的近7倍。[①] 其次，5G所需的大规模网络基础设施仍然不足，必须加快光纤部署，从部署1600万～1800万公里/年增加到至少5000万公里/年。

（二）金融科技

印度是世界上增长最快的新兴金融科技市场。根据安永发布的《2019年全球金融科技采用指数》，印度的消费者金融科技采用率为87%，与中国并列世界第一。[②] 印度的金融科技行业规模达310亿美元，有逾2100家金融科技公司，其中超过67%是在过去5年内成立的。印度有两个金融科技中心，一个位于孟买，另一个位于威扎吉（Vizag）。

1. 发展概况

印度的金融科技生态系统涵盖广泛，包括支付、借贷、财富科技、个人金融管理、保险科技、监管科技等。风险投资、私募股权和机构投资者投入的大量资金推动了该行业的创新。其中金融支付和替代性融资是该领域的主体，在2015年占该领域投资活动的90%以上。如今，投资活动更为均匀地分散到该领域其他板块。2020年，金融科技部门软件即服务（SaaS）和保险科技两大领域分别获得了1.45亿美元和2.15亿美元的投资，较2015年增长了4～5倍。印度有超过50家估值逾1亿美元的金融科技企业，其中有

① STL, “The Reality of 5G in India”, https://www.stl.tech/blog/the-reality-of-5g-in-india/, Aug 26, 2021.

② EY, “EY Global Fintech Adoption Index 2019”, https://www.ey.com/en_gl/banking-capital-markets/what-is-next-for-asia-in-fintech-adoption, Aug 27, 2021.

4 家是财富管理和经纪商，5 家是保险科技公司，8 家是软件即服务公司。

印度金融科技的底层建设始于 2014 年。为扩大金融包容性，印度于 2014 年 8 月启动了 PMJDY 普惠金融计划，旨在让每一位印度公民都有银行账户，直接接收政府发放的补贴。截至 2021 年 8 月 4 日，PMJDY 计划已拥有 4.29 亿个受益人账户，总存款达 14383.5 亿卢比（约合 194.2 亿美元），共向受益人签发 Rupay 借记卡 3117 万张。① Rupay 是由印度国家支付公司于 2014 年推出的本土支付卡，包含多种银行卡，支持印度所有银行和金融机构的电子支付。银行和支付网络运营商已将阿德哈尔验证嵌入商户的微型 ATM 中，在全国范围内提供无网点的银行服务。

根据经济学人智库《2019 年全球金融包容性近距离观察报告》（*The 2019 Global Financial Inclusion Microscope*），印度和其他三个国家的金融包容性条件最为有利。印度在允许非银行机构发行电子货币、金融服务代理的存在、适当的客户尽职调查和有效的消费者保护方面得分名列前茅。②

2. 数字支付模式

2017 年 6 月，电子与信息技术部推出了数字支付（DigiDhan）计划，用于推进包括数字支付在内的数字交易。近年来，数字支付交易一直稳步增长，总交易量从 2016～2017 财年的 100.4 亿卢比增加到 2020～2021 财年的 535.5 亿卢比。2020～2021 财年，通过 BHIM 进行的交易为 223.3 亿卢比，通过借记卡进行的交易为 44.8 亿卢比。③ 截至 2020 年 10 月，5440 万商家

① PMJDY. gov. in, "Progress-Report: Pradhan Mantri Jan-Dhan Yojana Beneficiaries as on 04/08/2021", https://pmjdy. gov. in/account, Aug 16, 2021.

② The Economic Times, "India among Top Nations with Most Conducive Environment for Financial Inclusion: Report", https://economictimes. indiatimes. com/news/economy/finance/india-among-top-nations-with-most-conducive-environment-for-financial-inclusion-report/articleshow/71833927. cms, Sep 10, 2021.

③ KPI Graphs, MEITY Dash Board, Ministry of Electronics and Information Technology, https://meity. dashboard. nic. in/DashboardF. aspx on 2021/8/18. 以上数据皆为当年年度值，非累计值。

可通过多种模式接收数字付款（见表 1）。[①] DigiDhan 的目标是在2020 ~ 2021 财年实现 550 亿卢比的数字交易。

表 1　印度支持的数字支付模式

支付模式	说明
1. 巴拉特支付界面(BHIM)	一款手机 App，通过统一支付界面(UPI)进行快速支付，占数字支付的 30% 以上，已成为首选支付模式。可进行即时银行间转账，或用手机号、IFSC 代码、阿德哈尔编号或虚拟支付地址(VPA)支付/接收账款；支持扫码付款；支持印度境内 8 种地方语言
2. BHIM Aadhaar	一款商家使用的手机 App。商家无须 POS 机即可收款，顾客可通过阿德哈尔录入的指纹付款；公民可在无卡、无网、无手机的情况下进行付款
3. 巴拉特二维码(Bharat QR Code)	付款二维码。支持维萨卡、万事达卡、美国运通卡、RuPay 卡和 BHIM 统一支付界面；能够实现全国范围内数字支付收款基础设施的迅速部署
4. 即时支付服务(IMPS)	一种在网银、手机银行和 ATM 上使用的支付服务。用户可凭借手机号、阿德哈尔编号、银行账户、IFSC 编码随时汇款。使用阿德哈尔编号进行汇款是政府直接电子补贴的重要途径，也是扩大金融包容性的催化剂
5. RuPay	银行卡，含借记卡、信用卡、预付卡。由政府向所有 PMJDY 账户发行 RuPay 借记卡，可用于 POS 机，也可用于在电商网站上支付货款；支持全球多币种
6. 非结构化补充数据业务(USSD)	一种创新支付服务，目前开通了 *99#频道服务。银行客户可在手机上拨打所有电信服务提供商的通用号码 *99#，获得交互式菜单，从而进行交易。该服务支持跨行转账和余额查询等，覆盖大部分银行和所有 GSM 服务提供商，支持 12 种国内语言
7. 全国通用移动卡(NCMC)	政府推出的一项创新产品，以实现"一国一卡"的愿景。该卡片目前已集成公交和零售店的线上/线下支付功能，未来还将支持更多应用程序
8. 国家电子收费系统(NETC)	高速公路收费卡

3. 企业发展态势

虽然印度的金融普惠计划已经推出了 8 年，但开设的银行账户中有一半为非活跃状态，另外仍有约 1.9 亿人没有银行账户。[②] 对于很多印度人来

① Ministry of Economics & Information Technology, "MeitY Annual Report 2020 - 21".

② Illinois News Bureau, "Study Examines India's Policies for Financial Inclusion of the Unbanked", https: //news. illinois. edu/view/6367/808477, Aug 27, 2021.

说，仍是“现金为王”。对印度的金融科技公司来说，这是巨大的机会。这些企业试图在个人和银行、保险、财富管理公司之间架起桥梁，提供金融科技服务。仅 2021 年上半年，印度金融科技领域就吸引了 20 亿美元的投资，这几乎是该行业 2020 年全年的投资总和（见图 5）。

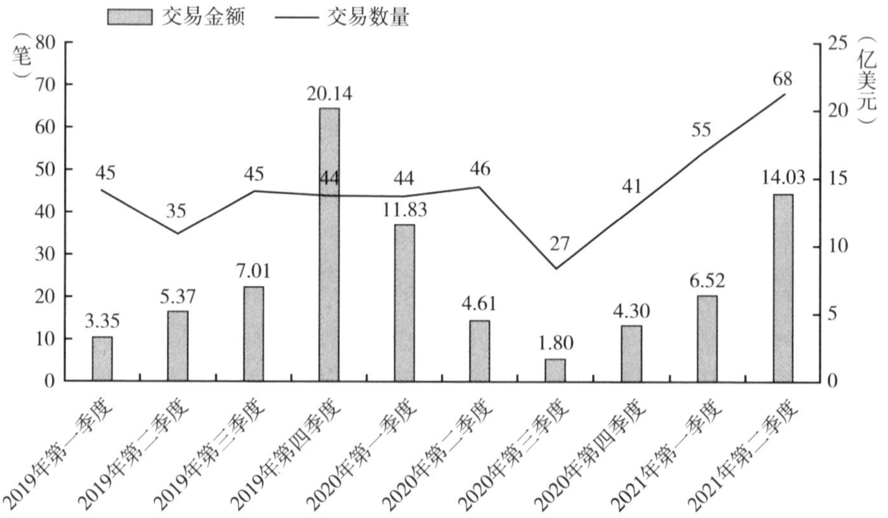

图 5　2019～2021 年印度金融科技领域投资活动（风投、私募基金和收并购）

资料来源：KPMG，“Pulse of Fintech H1’21”，https：//assets. kpmg/content/dam/kpmg/xx/pdf/2021/08/pulse－of－fintech－h1. pdf.

对于印度的金融科技企业来说，2021 年是特殊的一年，第一波金融初创公司已经成熟，将在国内交易所上市，其中包括于 2021 年 7 月上市的外卖公司 Zaomato，以及即将上市的 Paytm、Policybazaar、Mobikwik 等。大部分要上市的金融科技公司尚未实现盈利，但这并不妨碍市场对其的高估值。这些公司凭借更便捷的服务和较低的交易成本，在印度开辟了一个新市场。再加上 2020 年疫情的影响，大量消费者几乎永久性地转向数字消费模式，快速推高了这些企业的增速和估值。

2021 年上半年，全球规模前十的金融科技投资中，印度占据三席，分别是第三名的支付交易公司 PineLabs（2. 85 亿美元）、第四名的支付交易公司 CRED（2.15 亿美元）和第八名的支付交易公司 Razorpay（1.6 亿美元）。PineLabs 成立于 1998 年，是一家提供金融技术和“最后一英里”零售交易技术的商家平台，是印度独角兽公司之一，估值超过 10 亿美元。CRED 成立于 2018 年，是一家支付应用公司，为使用其应用进行支付的顾客提供各种优惠和奖励，并提供信用卡管理和消费分析功能，其 2021 年 4 月的融资估值为 22 亿美元。[①]

印度金融科技领域目前有几大趋势：早期的金融科技公司正不断横向扩展自己的商业模式，以此为顾客提供更多价值，例如支付公司收购保险科技公司；保险科技正越来越多地吸引印度投资者的关注。2021 年上半年，包括 Turtlemint、RenewBuy、Digital Insurance 在内的数家保险科技公司发起了中型风投或私募股权基金筹资；纯数字银行（Neobank）正在兴起（见表 2）。目前印度有 15 家纯数字银行，其中一部分正在开发中。该领域正在稳定增长，有数家私有银行与之合作。

表 2　各细分市场的领先金融科技公司

细分市场	企业
数字支付/财务管理	Paytm、BillDesk、Mobikwik、Razorpay、Mswipe、PhonePe、Cred、Instamojo、ZestMoney、Refrens、Pine Labs、MoneyTap、Khatabook、Financial Software Systems、Ezetap、ePayLater、PayKun、Cashfree、Recko、FypMoney、PayU
保险	Policybazaar、Coverfox
借贷	LendingKart、Paysense、Faircent、Capital Float、Shiksha Finance、BankBazaar、CreditMantri、Financepeer、Loanwalle. com、Money View、PaisaDukan、Easy Home Finance、Upwards、KreditBee、LoanTap、RevFin
理财	Upstox、ETMoney、Amigobulls、KredX、Cube Wealth、Goal Teller、Kuants、CoinDCX、Sqrrl、Moneyfront、Groww
纯数字银行	Avail Finance、Finin
税务	ClearTax

① The Economic Times, “Cred's Valuation Soars to $2.2 Billion after Fresh Funding”, https://economictimes. indiatimes. com/tech/funding/cred-raises-215-million-to-close-its-series-d-funding-round/articleshow/81930422. cms, Aug 27, 2021.

（三）电子商务

得益于互联网普及率的提升和手机用户的增长，印度的电子商务规模不断扩大，正在以5%的同比速度增长。2021财年的收入将达到566亿美元。[①] 根据市场调研公司eMarketer的预测，2021年印度将有更多零售商增开/扩大网店，印度的电商销售额将猛增27%，实现增速全球第一，销售额位列世界第八，占全球零售电商销售额1.4%的繁荣景象。印度线上零售有3/5的订单来自二线城市和小城镇，32%的线上消费者倾向于使用手机钱包。[②③]

在疫情的影响下，2020年印度的总零售额显著下降，但电商销售额迅猛增长，其第四季度电商订单数量增长约36%，其中个护、美妆和健康部门的占比最大。印度电商每年的折扣季为10月至11月，2020年折扣季销售额约为5800亿卢比（约合83亿美元），较2018年的3500亿卢比（约合50亿美元）增长了65%。在电商消费品各类别中，销售额最高的是电子消费品和服装，各占总销售额的40%（见图6）。

印度的电商行业分为市场模型和库存导向模型两种形式。市场模型类似于淘宝，为消费者和商家提供一个买卖数字平台，不对商品的库存负责，代表公司为亚马逊印度（Amazon India）。库存导向模型则拥有网站上提供的产品，并提供从购买、仓储到发货整个过程的服务，代表公司为Yepme。在外商投资规定方面，电子商务的B2B模式和市场模式都允许自动路径下100%的外国直接投资；对于食品零售公司，如果所售产品在印度制造和生产，则在政府批准路径下允许100%的外国直接投资。

电商领域的主要企业有Flipkart、亚马逊印度、Sanpdeal、Nykaa. com、Myntra、PaytmMall、Shopclues和1mg。其中，Flipkart和亚马逊印度是印度

① Invest India，https：//www. investindia. gov. in/sector/retail – e – commerce/e – commerce，Sep 3，2021.

② Statista，https：//www. statista. com/topics/2454/e – commerce – in – india/# topicHeader _ wrapper，Sep 3，2021.

③ eMarketer，https：//www. emarketer. com/content/top – global – ecommerce – markets，Aug 30，2021.

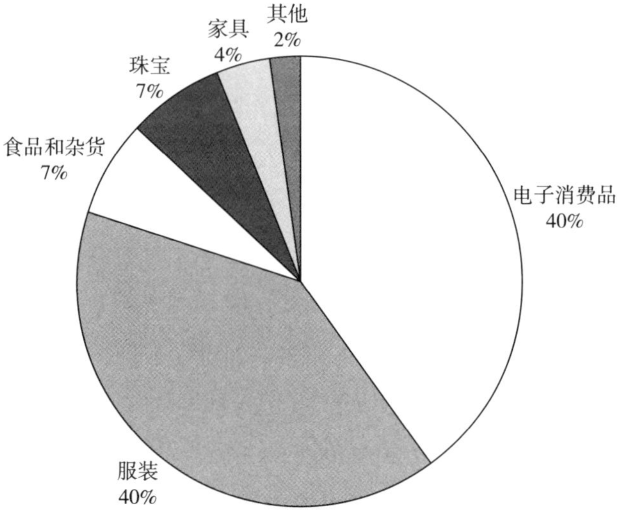

图 6 2020 年印度电商各品类零售额占比

资料来源：印度品牌资本基金会（India Brand Equity Foundation）。

两大电商平台，占据电商行业 2/3 的江山。根据 Forrester Research 的数据，到 2020 年 10 月，Flipkart 占有 31.9% 的市场份额，而亚马逊印度略逊一筹，占 31.2%。[①] Flipkart 成立于 2007 年，是印度最大的本土电商，其最大股东是沃尔玛（占 82.1% 的股份），其次是中国腾讯（5.1%）。在与亚马逊的竞争中，Flipkart 大力投资物流和配送，拥有了自己的物流公司 eKart，并在 2021 年与物流巨头阿达尼集团达成协议，建造一个 534000 平方米的仓储和数据中心，最多可容纳 1000 万件库存，将于 2022 年投入运营。Flipkart 于 2021 年 7 月举行的最新一轮融资中，企业估值为 376 亿美元。[②]

2020 年，电商和消费互联网公司筹集了逾 80 亿美元的私募股权投资

---

① "How the Pandemic Strengthened Walmart-owned Flipkart's Marketshare", https://www.modernretail.co/platforms/how-the-pandemic-strengthened-walmart-owned-flipkarts-marketshare/, Sep 3, 2021.

② Hindustan Times, "Flipkart Raises $3.6 Billion ahead of IPO", https://www.hindustantimes.com/business/flipkart-raises-3-6-billion-ahead-of-ipo-101626113198244.html, Sep 3, 2021.

（PE）和风险投资（VC），发生400多笔交易，诞生了9家独角兽公司。其中，教育科技和超本地化领导了整个投资热潮，占2020年总投资的逾40%。[①] 在下一个发展阶段，预计印度二线和三线城市的电商消费需求将激增，未来将新增100多万消费者。该领域将出现新一轮投资，B2B和B2C业务正在创造一个巨大的零工经济，并衍生出多个子行业。

（四）信息技术产业

根据国家软件与服务企业联合会（Nasscom）的数据，2021财年印度IT行业的收入同比增长2.3%至1940亿美元，占GDP的8%。该行业也是整个私有部门中劳动力规模最大的部门。2020年，IT业共有447万人从业，新增就业岗位13.8万个，其中业务流程管理（BPM）行业共有140万人从业。IT业也为印度吸引了大量外资。计算机软件与硬件在2000年4月至2021年3月共吸引了710.5亿美元的FDI，是印度外资流入第二大产业，并将在2021财年成为FDI流入第一大产业，占印度817.2亿美元外资流入的44%。

印度的IT业分为四个组成部分，分别是IT服务、业务流程管理、软件产品与工程服务、硬件。其中IT服务业的市场规模最大，在2020财年达到970亿美元；其次是业务流程管理，在2020财年达到380亿美元；软件产品与工程服务在2019财年的规模为343.9亿美元；硬件在2019财年的规模为144.8亿美元。

四个子行业中，除了硬件主要满足印度本土需求之外，其他三个子行业超过80%的收入都来自出口（见图7）。2021财年，IT业的本土收入预计为450亿美元，出口收入预计为1500亿美元。其中，IT服务部门的出口规模最大（见图8）。印度作为全球IT服务的出口大国，2019～2020年全球出口市场占比为55%。在疫情的影响下，数字化进程不断加速，远程办公日益

① The Economic Times，“India's E-commerce Market to be Worth ＄99 Billion by 2024：Report”，https：//economictimes.indiatimes.com/small-biz/sme-sector/indias-e-commerce-market-to-be-worth-99-billion-by-2024-report/articleshow/81583312.cms，Aug 30，2021.

普遍，使得印度 IT 行业在疫情期间依旧保持强劲的增长。根据印度软件科技园的数据，在科技园注册的企业出口同比增长 7% 至 674 亿美元。

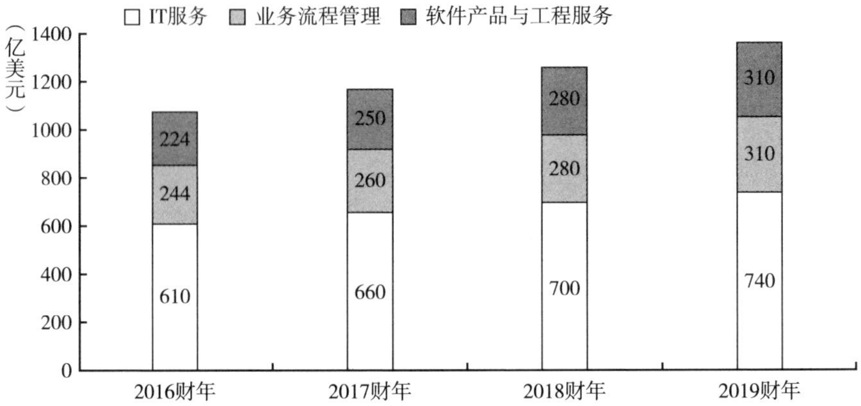

图 7　2016 ~ 2019 财年印度 IT 行业子行业的出口规模

资料来源：印度品牌资本基金会（India Brand Equity Foundation）。

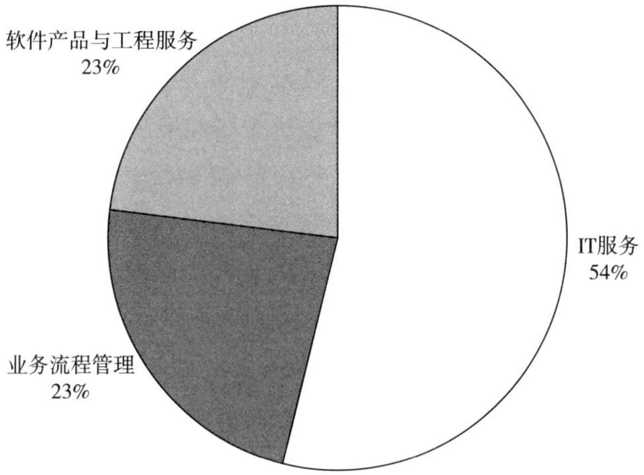

图 8　2019 财年印度 IT 行业子行业出口占比

资料来源：印度品牌资本基金会（India Brand Equity Foundation）。

多年来，美国一直是印度 IT 业的主要进口国，2019 财年占印度 IT 业出口的逾 62%，其次是英国，占印度 IT 出口的 17%。同时，凭借 IT 服务业的价格优势，印度对亚太、拉美和中东地区的出口也不断增加。

印度 IT 行业的一个重要组成部分是全球能力中心（GCC）。到 2021 财年，印度共有 1430 余个 GCC，为企业提供运营支持（包括后台功能、呼叫中心等）和 IT 支持（包括应用开发与维护、远程 IT 基础设施、帮助台等），市场规模达 359 亿美元。在疫情的影响下，GCC 被越来越多的企业采用，并且正在向创新中心和卓越中心演变。①

大中型企业是印度 IT 业的主体。200 家大中型企业占行业总收入的 80%。大型企业的业务范围不断拓展，从简单维护供应商进化为全服务类型供应商，提供基础设施、系统集成和咨询服务，业务覆盖全球 60 多个国家。具有代表性的大型企业有塔塔咨询服务、Infosys、HCL Technologies 等（见表 3）。

表 3　2020 年印度十大 IT 企业（按收入排序）

单位：亿卢比

收入排名	企业名称	市值
1	塔塔咨询服务	84533.7
2	Infosys	28202.8
3	HCL Technologies	15337.0
4	Wipro Ltd	15304.3
5	Redington India Ltd	443.8
6	Tech Mahindra Ltd	7014.1
7	Larsen & Toubro	2930.2
8	Mphasis Ltd	1773.9
9	Mindtree Ltd	1185.5
10	Hexaware Technologies Ltd	1016.5

资料来源：Indiancompanies. in。

① NASSCOM, "GCC India Landscape: 2021 & Beyond", https://community.nasscom.in/system/files/report/NASSCOM%20GCC%20Landscape%20report_ Executice%20Summary.pdf, Sep 29, 2021.

（五）电子制造业

电子制造业是“印度制造”计划和“数字印度”计划的重要支柱产业之一，是政府扶持的重点产业。政府希望加强本地化设计与生产，减少对进口的依赖。印度的电子制造业包括电子消费品、工业用电子产品、ICT 硬件、手机、战略电子产品（例如军用通信系统、雷达和声呐、武器系统等）、电子部件、汽车零部件、发光二极管产品和医用电子设备。

在政府的扶持下，印度的电子制造业在过去几年经历了重大转型。在巨大的本地市场、强烈的消费驱动和较低的技术型人才成本的推动下，电子产品的本地需求大幅上升，本地产量也达到了 23% 的复合年增长率。2019 ~ 2020 财年，该行业的总产值为 53355 亿卢比（约合 724.3 亿美元），占 GDP 的约 3.7%。[①]

在贸易方面，印度电子产品贸易逆差较大，是印度第二大进口品类[②]，其自主制造能力正在逐年提升。2019 ~ 2020 财年印度电子产品的出口约为 134.6 亿美元，占总出口的 3.74%，同比增长 34%；电子产品进口约为 544 亿美元，同比下降 4%，2020 ~ 2021 财年又下降至 286 亿美元。[③] 在进口产品中，成品的进口增速正在下降，零部件的增速正在上升，可见印度在本土设立电子产品制造单位已经取得了成效。

为鼓励该行业的发展，政府颁布了《2019 年国家电子产品政策》，意图打造一个制造业产业群的生态系统，将印度发展为全球设计和制造中心。该政策将医疗电子产品、战略电子产品、汽车与电力电子产品确定为快速发展的领军行业。

后疫情时代，全球企业为了减少疫情对供应链的影响，逐渐分散制造的

---

① 作者根据电子与信息技术部 2020 ~ 2021 财年年报资料和 StatisticsTimes.com 数据计算而得。https://statisticstimes.com/economy/country/india - gdp.php #: ~ : text = Real% 20GDP% 20or% 20Gross% 20Domestic, is% 20estimated% 20at% 20% 2D7.3% 20percent。

② Trading Economics, https://tradingeconomics.com/india/imports - by - category, Sep 15, 2021.

③ Ministry of Economics & Information Technology, “MeitY Annual Report 2020 - 21”.

地点。为了抓住这个历史机遇，印度政府在《2019 年国家电子产品政策》的基础上，又颁布了三项重要计划，即生产激励计划（PLI）、电子部件和半导体制造鼓励计划、电子制造中心 2.0 计划，这些计划的目标都是实现独立自主的生产。这些计划取得了重大成效，发展了一批国家/地方带头企业，在 5 年内实现了约 2036 亿美元的制造业增量、1357 亿美元的出口，创造了约 100 万个就业岗位。①

印度还对 2017 年颁布的《公共采购令》（优先于“印度制造”）进行了数次修改，以鼓励本地制造，并将蜂窝移动电话纳入了该命令，即蜂窝移动电话的公共采购必须来自本地供应商。

三 印度数字经济的国际竞争力

本部分以本书前文展示的全球主要国家数字经济竞争力排名为依据，但不局限于该排名，而是根据国家的具体情况和可获得的数据发散开来，从多个角度论述印度数字经济的国际竞争力。

根据全球主要国家数字经济竞争力排名，印度在 50 个国家中位列第 36 名。在二级指标中，基础设施竞争力、创新竞争力排名位居榜尾，分别为第 48 名和第 46 名，治理竞争力也位居下游。唯独产业竞争力一枝独秀，位列第三。

表 4 印度与领先国家的数字经济竞争力得分及排名比较

单位：分

国家	总排名	总得分	一级指标：产业竞争力	一级指标：基础设施竞争力	一级指标：创新竞争力	一级指标：治理竞争力
印度	36	48.72	39.18	41.51	46.72	67.47
美国	1	76.67	40.15	88.37	88.00	90.18
中国	2	72.42	67.72	69.78	80.56	76.61
日本	7	66.35	7.67	85.36	85.27	76.29

① Ministry of Economics & Information Technology, “MeitY Annual Report 2020 – 21”.

（一）产业竞争力

产业竞争力分为两个二级指标：经济产出、国际贸易。

表 5　印度产业竞争力二级指标得分及排名

单位：分

指标	经济产出	国际贸易	产业竞争力得分
得分	4.98	87.00	39.18
排名	7	2	3

印度数字经济的国际贸易得分优异，位居榜单第二。自中美贸易摩擦以来，印度在数字贸易领域成为间接受益者，得益于其自身软件产业的良好基础，近年来在 ICT 产品出口方面表现十分出色。印度 IT 行业的 IT 服务、业务流程管理、软件产品与工程服务主要依靠出口。其中 IT 服务业是全球采购的目的地，占 2019～2020 年全球 IT 服务采购业务 55% 的市场份额。①

在经济产出方面，印度的得分很低，仅为 4.98 分，原因是数字健康和数字广告的产值规模较低，这些产业在印度处于起步阶段。但总体来说，印度市场潜力巨大。根据欧睿国际的调研报告，印度是全球十大电子产品生产国家之一，并且是世界第二大手机制造中心。2019～2020 财年，印度生产了 3.3 亿部手机，价值约 290.7 亿美元。② 2020 年 3 月，印度政府批准了大规模电子制造的生产激励计划，以促进国内制造业发展，吸引对手机制造和特定电子元件的大量投资。政府还于 2020 年 4 月推出了生产激励计划（PLI），对手机制造和特殊电子部件制造的销售增额部分给予 4%～6% 的激励。在这些政策的带动下，印度电子制造业正在从进口替代转向大规模制造和出口。

① IBEF，“IT&BPM Industry in India”，https：//www.ibef.org/industry/information－technology－india.aspx，Sep 6，2021.

② Ministry of Economics & Information Technology，“MeitY Annual Report 2020－21”.

（二）基础设施竞争力

本报告的基础设施竞争力指标主要是从网络设施、通信设施和终端设备三个方面来考察，印度的得分为41.51分，在50个国家中排在倒数第三位。另外，根据腾讯研究院出版的《国家数字竞争力指数研究报告》，印度的数字基础设施在亚洲国家中排名中等偏上，在南亚地区处于领先地位。

印度的基础设施尚处于发展阶段。在网络设施方面，印度宽带渗透率仅为51%，其中农村地区为29.1%，城市地区为92.9%，固定宽带的渗透率仅7.5%。[①] 印度的移动宽带普及率也不高，每100名居民的移动宽带连接数量约为57.71个，农村地区移动终端的普及率仅36%。在电力方面，印度96.7%的家庭已接入电网，城市地区平均每天获得22小时的供电，农村地区可获得20小时。2/3的农村家庭和2/5的城市家庭每天至少面临一次停电。[②]

为了加强农村地区的数字基础设施建设，印度政府在“数字印度”计划下采取多项举措，例如：巴拉特宽带网络项目（BBNL）旨在推进印度的光纤铺设，解决“最后一英里”的网络覆盖问题。该项目计划覆盖25万个村庄（Gram Panchayat）（印度共计25万余个村庄），目前已铺设54万余公里的光纤，连通17万余个村庄。[③]

公共服务中心（CSC）项目是一项电子政务工程，通过搭建泛印度网络，向农村和偏远地区的公民提供B2C服务，此外还提供公共服务、社会福利计划、医疗保健、金融、教育和农业服务的接入点，提升这些地区的金

① Deloitte, “Broadband for Inclusive Development-Social, Economic, and Business”, https://www2.deloitte.com/content/dam/Deloitte/in/Documents/technology-media-telecommunications/in-ra-cii-broadband-report-telecom-convergence-summit.pdf, Sep 8, 2021.

② CEEW, “State of Electricity Access in India”, https://www.ceew.in/publications/state-electricity-access-india, Sep 8, 2021.

③ Bharat Broadband Network Limited, “Bharatnet Status”, http://www.bbnl.nic.in/BharatNet.pdf, Sep 7, 2021.

融和数字包容性。截至2020年3月底，已覆盖24万余个村，覆盖率达95.1%。[①]

DDUGJY电力项目，旨在为整个印度农村地区24小时不间断供电。截至2020年12月31日，已通过新建/升级得到4032座33/11kV的变电站。

国家知识网络（NKN）项目是电子政务的主干网，旨在为政府部门和教研机构提供中心化的高速数据连接网络，对接科研机构、实验室、邦数据中心、安全部门、军队等类别的组织，在新加坡、阿姆斯特丹和日内瓦设有国际网络连接点（PoP）。

地理信息系统（GIS）项目，为各级政府提供基于位置的运算和决策支持系统。

除了以上举措之外，还有众多电子政务方面的数字基础设施项目，包括邦数据中心、邦间区域网络（SWAN）、公共互联网连接项目（含大学Wi-Fi）等。

（三）创新竞争力

本报告的创新竞争力指标主要从创新产出、人才投入和研发投入三个方面来考察。印度该指标的得分为46.72分，在50个国家中排在倒数第五位。

根据世界知识产权组织的数据，印度在电信、计算机技术、数字传输这些传统领域的专利数量远远落后于中国和美国（见图9）。但印度在前沿技术方面的专利数量并不少。2020年印度申请的国际专利增长了4%；在技术专利中，70%以上的专利关联一个或多个新兴技术，人工智能占印度新型技术专利的6%。

在人才培养方面，印度目前的教育成果与数字经济领域的实际需求之间存在较大落差，尚不能适应颠覆性技术对人才的要求。研究表明，印度工程系毕业生中只有7%能找到工作，MBA专业毕业生有93%找不

① 作者结合CSC数据和Pria.org网站上关于印度村庄的数据计算而得。

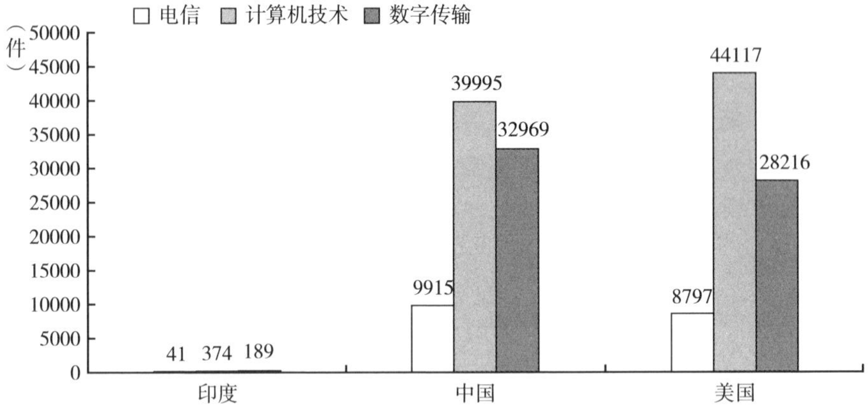

图9　2019财年印度IT行业子行业专利数量

资料来源：世界知识产权组织（World Intellectual Property Organization）。

到工作。[①]印度政府在“数字印度”计划下大力加强对数字人才培养的投入，推出了多项举措，以满足数字行业不断增长的人才需求，例如电子与信息技术部推出的国家数字素养使命（NDLM）已经对1200万人进行培训、向超过600万人颁发证书。Nasscom预计印度的数字人才将在2021财年超过117万人，同比增长32%。在企业经历数字化转型期间，会有更多专攻万物互联、人工智能、显示增强和虚拟现实等高端技术的人才。

在研发投入方面，“数字印度”计划的预算正在逐年增加。2020～2021财年的预算为395.8亿卢比，占GDP约0.27%，较2019～2020财年增加了23%。增加的领域主要是电子制造、研发、数字经济人才培养、网络安全以及IT和IT服务推广方面的预算。在“数字印度”计划下，政府推出了多个项目提升数字领域企业的创新能力。

万物互联卓越中心（COE-IT）项目旨在搭建物联网生态系统，发展硬

① MeitY，“India Trillion-dollar Digital Opportunity”，https：//www.meity.gov.in/writereaddata/files/india_ trillion－dollar_ digital_ opportunity.pdf，Sep 8，2021.

件软件融合领域，孵化农业科技、健康科技、机器人、工业 4.0 数字制造领域的初创技术企业。2019～2020 财年该中心招募了 249 家初创企业，开发了 275 个原型，申请了 66 个知识产权。

Bhaskaracharya 国家空间应用和地理信息研究所（BISAG）是一个自治科学团体，承担技术开发与管理、推进国内外合作、支持地理空间技术领域的技术转移和企业发展、融合地理空间技术与民间应用等功能，主要研究领域为卫星通信、地理信息学和地理空间技术。

电子产品发展基金（EDF）旨在为电子设计与制造创造一个集创新、研究和发展于一体的生态系统，为从事电子、纳米电子、信息技术行业的企业吸引用于研发的风险资金。截至 2020 年 12 月 31 日，该基金已经对 88 家初创企业/合资企业投资 69.7 亿卢比。这些企业主要从事信息技术、机器人、无人机、自动驾驶汽车、健康科技、网络安全、人工智能/机器学习领域，已获得了 216 项专利。

电子产品与 ICT 应用卓越中心项目包含国家大面积柔性电子卓越中心、国家内部安全技术卓越中心、新一代 AMOLED 显示屏、OLED 灯光和 OPV 产品项目、医学电子产品和生物物理学卓越中心，项目旨在加强这些领域的研发创新，产生技术原型。

（四）治理竞争力

本报告的治理竞争力指标主要从安全保障、服务管理和市场环境三个方面来考察。印度该指标的得分为 67.47 分，在 50 个国家中排名第 36 位。印度在三个二级指标上的表现非常不均衡，其服务管理竞争力在 50 个国家中垫底，但其市场环境竞争力排名前十。

表 6　印度治理竞争力二级指标得分及排名

单位：分

指标	安全保障竞争力	服务管理竞争力	市场环境竞争力	治理竞争力
得分	72.45	48.61	81.36	67.47
排名	37	50	10	36

“安全保障竞争力”指标主要考察了网络安全、安全设施和技术支持三个方面。根据国际电信联盟发布的《全球网络安全报告》，印度的网络安全指数较高，在194个经济体中排名第10位。该指标主要考察了五个方面，即法律措施、技术措施、组织措施、能力发展以及合作；根据世界银行的数据，印度2020年每100万人拥有的安全网络服务器为479.9个，在220个经济体中排名第111位，处于中等位置。南亚平均水平为87个，中国为954.5个。

“服务管理竞争力”指标主要考察公共服务、服务快捷和办事简便三个方面。印度该指标的得分为48.61分，在50个国家中排在最后一名，主要原因是印度的电子政务发展相对落后。根据联合国的2020年电子政务发展指数，印度在193个经济体中排名第100位。

“市场环境竞争力”指标主要考察政策环境、法律环境、竞争环境和市场弹性四个方面。印度该指标的得分为81.36分，在50个国家中排在第10位。印度已有的法规政策有《国家网络安全政策（2013）》《信息技术法案》。在“数字印度”计划下，印度对数字经济进行了全方位的详细部署，在农业、医疗、金融、教育、运输、法治、社会福利、职业发展、劳动就业、能源、治理等领域出台了近百项措施，并对数字经济的子行业出台相关政策，如《电子产品政策（2019）》《国家数据共享与获取OGD 2.0平台政策》《开放式应用程序编程接口政策》《国家软件产品政策（2019）》《国家网络安全政策（2013）》，还发布了用于推广本土网络安全产品的《网络安全产品优惠市场准入通知》。政府还推出了CSB项目，通过IT企业与政府之间的合作，加强政府和银行信息官员对网络犯罪及其应对措施的认识。2020年，印度发布了《消费者保护规定（电商）》，其中定义了市场和卖家的角色和责任，旨在加强电商市场的竞争和提升效率，并启动了《2020年国家网络安全战略》的制定工作。

四　未来的展望

自印度政府在2015年启动“数字印度”计划以来，经过6年的发展，印度在电子政务、数字基础设施和人才培养等领域采取了大量措施，对行业发展产生了显著影响。

1. 基础设施逐步完善

在基础设施方面，电信部将进一步推进网络设施的部署，目标是在2022年实现：①为全民提供宽带，为农村100%的村庄接入宽带，为55%的移动信号塔接入光纤，实现25Mbps的平均宽带速度和300万公里的光线部署；②在数字通信领域增加400万个就业岗位，将数字通信部门对GDP的贡献从2017年的约6%提升至8%，将印度在国际电信联盟的ICT发展指数中的排名从2017年的第134位提升至前50位；③加强印度对全球价值链的贡献；④确保数字主权。

在“数字印度”计划的主导下，除了以上电信部门对基础设施的部署之外，印度还将主要通过电子政务计划中的数据中心、国家知识网络、GI云服务等举措，扩大公共网络的覆盖面，解决联网的“最后一英里”问题，并针对教研机构和政府部门提升网络运载能力。

印度巨大的网络市场也吸引了全球巨头对其基础设施的投资。2020年谷歌宣布，将在未来5~7年内对印度投资100亿美元用于扩大数字基础设施，实现企业数字化转型。

2. 数字设备转向本土制造

政府颁布的“印度制造”计划和“数字印度”计划、《2019年国家电子产品政策》都旨在发展印度本土制造业，减少对进口的依赖。近年来，印度电子产品进口额明显放缓。

根据《2019年国家电子产品政策》，国家将对物联网、5G设备、传感器、无人机、3D打印、机器人等领域实施干预，促进这些领域的研发和制造，其中的医疗电子设备、战略电子产品、汽车与电力电子产品都被定义为极具增长潜力的特殊品类。该政策还将阶段性制造计划（PMP）所给予的优惠政策从手机领域拓展到其他领域，以弥补这些领域相对其他领域的弱势。印度的目标是到2025年生产4000亿美元的电子产品。

在《2019年国家电子产品政策》的框架下，政府还在2020年颁布了生产关联激励计划（PLI），鼓励本土制造和创业，符合条件的公司将得到4%～6%的奖励。该计划适用的十个关键行业包含了大规模电子制造、电信和网络产品、电子/科技产品、汽车和汽车零部件。手机、特定电子元件、电脑、服务器、核心传输设备、4G/5G和无线设备、路由器等产品的制造将吸引大量投资。

3. 农村的数字消费潜力逐渐释放

农村和偏远地区的金融包容性及网络连接是政府工作的重中之重。随着城乡数字鸿沟的不断缩小，农村人口收入不断提升，农村的消费能力将被迅速释放。到2030年，农村人均消费将增长4.3倍。[①] 并且根据RedSeer发布的数据，2020～2030年新增的在线购物者中有88%将来自二、三、四线城市。[②]

在电商行业，预计到2025年在线购物者的人数将从现在的1亿增加到3亿～3.5亿，数字消费支出将增加10倍以上，达到5500亿美元，占所有零售额的35%。在金融科技领域，移动钱包行业预计将以150%的复合年增长率增长，到2022年将达到44亿美元。[③]

在金融领域，随着越来越多的农村人口能通过互联网获得金融服务，信贷、农业保险、小额保险、健康保险，以及像第三方货币市场共同基金这样的创新投资产品在农村有着巨大的市场潜力。

① Invest India, https://www.investindia.gov.in/sector/retail-e-commerce, Sep 10, 2021.

② Business Standard, "India's Consumer Digital Economy to Grow 10x to $800 bn by 2030: Redseer".

③ https://www.business-standard.com/article/current-affairs/india-s-consumer-digital-economy-to-grow-10x-to-800-bn-by-2030-redseer-121063001783_1.html, Sep 10, 2021.

4. 新兴技术引领数字市场

企业的资源投入正以前所未有的速度从传统业务彻底转向数字业务，例如自动化、云、网络安全、移动、人工智能、3D 打印、万物互联、大数据分析和社交媒体。到 2025 年，这些新兴科技的投入将占支出的 60%。印度的软件技术园区（STPI）、印度初创企业种子基金、Nasscom 产业合作伙伴项目（NIPP）都将大力推动印度科技类初创企业的发展。

在所有科技类初创企业中，深度技术（DeepTech）最受投资者的欢迎，占 2021 年第二季度总交易额的 19%。投资额最高的深度技术企业涵盖生命科学、物流、语音自动化、加密平台、销售智能工具等领域。①

在金融领域，数字支付、保险科技和财富管理引领了第一轮金融科技浪潮，纯数字银行（Neo Bank）吸引了新一轮风险投资和私募股权投资者的关注。在电商领域，数字支付、超本地物流、基于大数据分析的客户管理和数字广告将成为行业增长的新动力。

人工智能（AI）是新兴科技中发展最快的领域，被印度政府视为实现经济社会转型和制定政府决策的利器。2021 年第二季度交易额最高的 5 家深度技术初创企业中，有 3 家采用了 AI 技术。医疗、农业、教育、智慧城市与基础设施、智能出行、交通运输是印度 AI 应用的重点领域。

根据印度 Nasscom 发布的一份报告，印度在人工智能（AI）专利申请方面排名世界第 8 位，在 AI 研究论文方面排名第 4 位。在过去 10 年里，印度申请了 5000 多项 AI 专利，63% 的专利属于跨国公司。消费电子、个人计算机设备和医疗保健是主要的申请领域，机器学习是最主要的专利技术，占比 93%，计算机视觉是最主要的功能领域，占比 36%。② 目前印度多个邦都有 AI 项目，其中最著名的案例为用于早期乳腺癌筛查的 Niramai Health

① NASSCOM, "Tech Start-ups: Quarterly Investment Factbook, Q2 – 2021 Start-up Deals Analysis," https://community.nasscom.in/system/files/report/NASSCOM%20PGA%20Labs%20Tech%20Start - ups%20Quarterly%20Investment%20Factbook.pdf, Sep 29, 2021.

② "AI Patents-Driving Emergence of India as an AI Innovation Hub", the National Association of Software and Service Companies (NASSCOM) Research and INDIAai.

Analytx，以及近地轨道地球观测纳米卫星 Grahaa Space。

在新冠肺炎疫情的影响下，人工智能的应用愈加普遍。如今有 50 万余人在 AI 领域工作，超过一半的初创企业使用 AI 技术，45%的组织在疫情中增加了对 AI 的应用。政府希望将印度打造为全球 AI 中心，预计到 2025 年 AI 将为印度带来 5000 亿美元的 GDP 增值。

B.7
新加坡数字经济发展报告（2021）

李冬雪*

摘　要：新加坡数字经济发展起步较早，政府在各阶段都出台了相应的战略计划并积极落实，由政府部门的数字化拓展到以数字技术推动私营部门提高生产力。经过多年发展，新加坡数字基础设施发达，政府抓住其国家规模较小、中小企业占比较大的特点，致力于推动全部产业的数字化，取得了积极成果。

关键词：新加坡　数字化　数字治理　数字创新

一　新加坡数字经济发展历程与现状

20世纪80年代初，新加坡政府认识到计算机化是与世界其他地区竞争的重要工具，并动员全国接受新技术。从那时起，新加坡政府启动了六项国家信息通信技术（ICT）总体规划，其初期重点是使政府机构计算机化，并提高新加坡信息技术（IT）专业人员的质量和数量。随后的总体规划侧重于将计算机化和连通性扩展到私营部门。虽然每个总体规划都有不同的侧重点来应对这一时期的挑战，但基本目标是明确和一致的——使用ICT来提高新加坡的国际竞争力、提升公民尤其是劳动力的技能、提高服务标准并吸引知识密集型活动。

---

* 李冬雪，上海社会科学院数据中心助理翻译。

20 世纪 80 年代至 90 年代初，新加坡实现了国家计算机化，将新加坡转变成了计算机软件开发和服务的区域中心；之后，其通信行业经历了从 20 世纪 90 年代中期到 21 世纪初期的增长，新加坡转变为高度网络化的全球服务中心。① 新加坡的信息技术计划的每个阶段都由明确阐明目标、政策、资源和项目的国家计划构成。②

（一）1980～1985 年：政府机构计算机化计划

1980～1985 年，新加坡致力于政府部门的计算机化，以提高生产力和公共服务质量。③ 为将新加坡发展成为计算机软件开发和服务的区域中心，1981 年 9 月 1 日，新加坡国家计算机委员会（NCB）依据 1981 年第 14 号《国家计算机委员会法》成立。NCB 主要有三个法定职能，即实现政府机构的计算机化、协调计算机教育和培训、发展和推动计算机服务业。委员会成立后不久，行政部门计算机化项目（Civil Service Computerisation Programme）启动④，该计划以提高公共部门效率为目标，致力于实现公共服务的自动化，推动 IT 基础设施及数据中心的发展。

在对政府机构计算机化的同时，新加坡积极推动本地 IT 产业发展，培养满足产业发展需求的 IT 人力资源库。在这个阶段，新加坡计算机软件及服务产业收入激增十倍。IT 人力资源从 850 人增至 5500 人。⑤ 此后，通过

---

① Smart Nation and Digital Government Office，“Smart Nation：A Way Forward”，https：//www. smartnation. gov. sg/docs/default - source/default - document - library/smart - nation - strategy_ nov2018. pdf？ sfvrsn = 3f5c2af8_ 2，November，2018.

② Chun Wei Choo，“IT2000：Singapore's Vision of an Intelligent Island”，https：//www. sciencedirect. com/book/9780444823328/intelligent - environments # book - description，1997.

③ Chun Wei Choo，“IT2000：Singapore's Vision of an Intelligent Island”，https：//www. sciencedirect. com/book/9780444823328/intelligent - environments # book - description，1997.

④ https：//eresources. nlb. gov. sg/history/events/f499072d - 330f - 4763 - a105 - dd9940f1890b.

⑤ Smart Nation and Digital Government Office，“Smart Nation：A Way Forward”，https：//www. smartnation. gov. sg/docs/default - source/default - document - library/smart - nation - strategy_ nov2018. pdf？ sfvrsn = 3f5c2af8_ 2，November，2018.

NCB 的积极推动，到 1998 年，在 IT 部门工作的 IT 专业人员人数增至 33000 多人。IT 行业的收入从 1980 年的 6900 万新元增加到 2006 年的超过 370 亿新元。NCB 于 1999 年与新加坡电信管理局（TAS）合并，组成新加坡信息通信发展局（IDA）。[①]

（二）1986～1991年：国家信息化计划

1986～1991 年，是新加坡国家信息化计划时期，该阶段主要目标是通过电子数据交换网络将政府系统延伸至私营部门。TradeNet、MedNet、LawNet 三大网站成功投入使用。TradeNet 于 1989 年推出，是新加坡贸易申报的全国单一窗口（National Single Window），它允许来自公共和私营部门的各方以电子方式交换贸易信息。它整合了进出口和转运文件处理程序，使贸易方和物流方能够有效完成贸易手续。LawNet 和 MedNet 则是法律和卫生部门的“一站式”服务门户。

在这一阶段，新加坡将制造业组织成为不同产业集群的想法正式形成。产生了五个产业集群，即电子、化工、精密工程、海洋和海洋工程、航空航天。[②]

（三）1992～1999年：IT2000计划

1992 年，新加坡 IT2000 总体规划启动。它计划将新加坡变成一个智能岛屿，信息技术渗透到社会的方方面面——家庭、工作及娱乐。根据该计划，新加坡将成为世界上首批拥有先进的全国信息基础设施的国家之一，几乎每个家庭、学校和工作场所的计算机都可以互联。智慧岛愿景下明确了五个战略主题：发展全球枢纽、提高生活质量、推动经济引擎、连接本地和全球社区以及增强个人潜力。新加坡的目标是通过广泛利用信息技术来提高其

---

① https：//eresources. nlb. gov. sg/history/events/f499072d－330f－4763－a105－dd9940f1890b.

② Toh Mun Heng，“Developing Digital Business Ecosystem in Singapore”，Research Paper #12－2021，Asia Competitiveness Institute Research Paper Series，July 2021.

经济竞争力和生活质量，从而发展成为发达国家。①

在这一阶段，新加坡全国范围内推行使用“新加坡一号”工程（Singapore ONE），该工程主要建设贯穿新加坡的电话和有线电视网络高速光纤线路。它设有实时视频服务、有线新闻、远程学习、网上购物、网上银行等。新加坡绝大部分家庭每月支付大约 21 美元就可以使用这条线路。② 与此同时，新加坡电子商务政策框架——《电子贸易法案》（*Electronic Transactions Act*）出台。建筑和不动产网络（Construction and Real Estate Network, CORENET）等行业应用程序问世。上一阶段产业集群的方法也拓展到新加坡的其他领域。③

（四）2000年至今

在接下来的 2000 年至 2015 年 15 年中，新加坡启动了三个计划。它们是 Infocomm 21、互联新加坡（Connected Singapore）和 iN2015。随着 ICT 基础设施的普遍到位，第四个总体规划 Infocomm 21 旨在创造一个环境，以培养足够的高素质 ICT 人力和精通网络的用户，以维持经济增长并尽可能在线提供许多综合公共部门服务，以增加公众对电子政务服务的访问。

第五个总体规划“互联新加坡”着重拓展新加坡的宽带能力，以提供支持无线和有线网络以及增值移动服务的基础设施。

第六个计划 iN2015 旨在将新加坡发展成为全球 ICT 资本电子经济体和电子社会。为了实现后者，新加坡开发了每秒 1Gb 的超高速网络，以连接每个家庭和办公室。这包括全岛无线宽带网络，以进一步提高所有新加坡人随时保持联系的能力。

智慧国家计划（Smart Nation）于 2014 年启动，旨在“支持更好的生

---

① Chun Wei Choo, “IT2000: Singapore's Vision of an Intelligent Island”, https://www.sciencedirect.com/book/9780444823328/intelligent - environments # book - description, 1997.

② 张锐昕：《公务员电子政务培训教程》，2005 年 3 月。

③ Toh Mun Heng, “Developing Digital Business Ecosystem in Singapore”, Research Paper #12 - 2021, Asia Competitiveness Institute Research Paper Series, July 2021.

活、更强大的社区，并为所有人创造更多机会”。智慧国家计划有两大目标，其一是改善公民的生活，让他们通过使用传感器和智能设备相互联系；其二是通过此类技术提高经济生产力并探索新机遇。智慧国家计划建立在新加坡政府早期通过其“电子政务”驱动数字化公共服务交付的基础上，该计划始于“公务员计算机化计划”。早期的电子政务举措往往侧重于提高公共服务供给的效率，智慧国家的举措则更为全面，反映了更广泛的“数字化转型”，旨在将新加坡城市生活的各个方面数字化，通常与企业、公民和非政府组织等非国家行为者合作。

Infocomm Media 2025 是新加坡于 2015 年 8 月发布的 10 年计划，旨在创建一个具有全球竞争力的信息通信媒体生态系统，以支持和补充新加坡的智慧国家愿景。这个生态系统支持民众和企业利用信息通信媒体来影响经济和社会转型并培养共同的身份。①

近年来，新加坡数字基础设施建设进展迅速，最显著的是通过引入光纤和 4G 网络，大大提高了信息传输的速度。随着光纤网络的推出，新加坡的平均互联网连接速度从 2012 年的 5.4Mbps 增加到 2016 年的 20Mbps，与日本和芬兰相当。同样，新加坡的 4G 连接速度是世界最快的之一，其中一个原因就是持续的网络投资。②

新加坡的移动运营商于 2012 年开始提供 4G 服务，4G 服务用户数快速增长。2013 年 6 月，新加坡电信、M1 和星和移动成功竞标 2.5GHz 和 1800MHz 频段的 4G 频谱权，分别于 2015 年 7 月 1 日和 2017 年 4 月 1 日生效。作为 4G 频谱权分配的条件，三大移动运营商必须在 2016 年 6 月 30 日之前实现全国 4G 室外服务覆盖，并在 2018 年 6 月 30 日之前在公路和地铁隧道内覆盖。随着 4G 服务的普及，消费者对 4G 服务的良好服务质量的期

---

① Toh Mun Heng, “Developing Digital Business Ecosystem in Singapore”, Research Paper #12 – 2021, Asia Competitiveness Institute Research Paper Series, July 2021.

② Ministry of Trade and Industry Singapore, *Economic Survey of Singapore Third Quarter 2017*, https://www.mti.gov.sg/Resources/Economic – Survey – of – Singapore/2017/Economic – Survey – of – Singapore – Third – Quarter – 2017, November 2017.

望越来越高。新加坡媒体发展管理局于 2014 年第四季度开始监测三大移动运营商的 4G 服务表现，以提高移动运营商 4G 服务覆盖性能的透明度，从而提高消费者对 4G 服务质量的认识。

与新加坡发达的数字基础设施相匹配的，是其数字服务的普及度。根据新加坡信息通信媒体发展局（IMDA）的数据，至 2020 年，89% 的新加坡家庭拥有电脑；98% 的家庭拥有智能手机，93% 的个人使用智能手机；98% 的家庭使用互联网，92% 的个人使用互联网；58% 的个人使用网购。[①] 2020 年，新加坡 91% 的企业使用电脑，93% 的企业使用互联网，85% 的企业使用电子支付，20% 的企业使用云计算服务业务。

这一阶段，数字经济相关企业也纷纷成立。2009 年，东海集团（SEA Group）成立，设立游戏（子公司 Garena）、电子商务（子公司 Shopee）及数字金融服务（子公司 SeaMoney）三大业务板块，在东南亚颇具影响力。2012 年 3 月，东南亚地区最大的在线购物网站之一来赞达（Lazada）成立，总部设在新加坡，在 2020 年胡润全球独角兽榜中排名第 58 位。

二 新加坡数字经济国际竞争力

在 2020 年数字经济国家竞争力综合排名中，新加坡以 64.19 的总得分排名第 6 位，其中产业竞争力得分 12.21、基础设施竞争力得分 76.5、创新竞争力得分 81.01、治理竞争力得分 87.05（见表 1）。

新加坡数字化历程开始较早，各阶段政府都有明确的政策及目标，得益于此，新加坡数字经济竞争力较强，全球排名靠前，区域处于领跑地位，除产业竞争力之外其他指数发展较为均衡。新加坡数字经济产业竞争力较弱，2020 年该指数评分不及同区域的马来西亚、泰国、菲律宾、印度尼西亚（见表 2）。

---

① https://www.imda.gov.sg/infocomm-media-landscape/research-and-statistics/Digital-Society.

表 1　全球数字经济竞争力前十国家

单位：分

排序	国家	产业竞争力	基础设施竞争力	创新竞争力	治理竞争力	总得分
1	美国	40.15	88.37	88.00	90.18	76.67
2	中国	62.72	69.78	80.56	76.61	72.42
3	德国	19.53	82.74	83.29	79.84	66.35
4	英国	15.31	84.57	78.13	80.45	64.61
5	爱尔兰	34.90	68.81	74.72	79.33	64.44
6	新加坡	12.21	76.50	81.01	87.05	64.19
7	日本	7.67	85.36	85.27	76.29	63.65
8	韩国	6.87	77.54	89.39	80.29	63.52
9	法国	10.95	81.40	78.08	82.84	63.32
10	瑞典	12.14	73.26	73.49	87.01	61.47

表 2　东南亚主要经济体数字经济竞争力表现

单位：分

排序	国家	产业竞争力	基础设施竞争力	创新竞争力	治理竞争力	总得分
6	新加坡	12.21	76.50	81.01	87.05	64.19
22	马来西亚	15.04	55.91	66.66	81.22	54.71
40	泰国	12.92	42.10	52.55	76.48	46.01
44	菲律宾	16.97	40.32	57.26	62.63	44.30
45	越南	10.08	56.80	54.38	52.76	43.51
49	印度尼西亚	17.07	37.69	36.96	68.45	40.04

（一）数字产业竞争力

根据中国信息通信研究院 2021 年 8 月发布的《全球数字经济白皮书》，2020 年新加坡数字经济规模为 1438 亿美元，占 GDP 比重超过 30%。美、中、德、日、英数字经济规模占全球的 79%。2020 年，美国数字经济蝉联世界第一，规模达到 13.6 万亿美元，占全球比重为 41.7%，中国数字经济位居世界第二，规模为 5.4 万亿美元，德国、日本、英国位居第三至第五，规模分别为 2.54 万亿、2.48 万亿和 1.79 万亿美元（见表 3、表 4）。在产业渗透方面，新加坡第一产业、第二产业数字经济占比超过全球平均水平。[①]

表 3　2020 年数字经济规模排名前 20 的国家

单位：亿美元

排名	国家	规模
1	美国	135997
2	中国	53565
3	德国	25398
4	日本	24769
5	英国	17884
6	法国	11870
7	韩国	8478
8	印度	5419
9	加拿大	4365
10	意大利	3775
11	墨西哥	3522
12	巴西	3112
13	澳大利亚	2761
14	俄罗斯	2756
15	西班牙	2092
16	爱尔兰	1965
17	瑞士	1446
18	新加坡	1438
19	瑞典	1339
20	印度尼西亚	1277

资料来源：中国信息通信研究院。

① 中国信息通信研究院：《全球数字经济白皮书》，2021 年 8 月。

表 4　东南亚主要经济体数字经济规模

单位：亿美元

排名	国家	规模
18	新加坡	1438
20	印度尼西亚	1277
27	马来西亚	801
28	泰国	693
35	越南	339

资料来源：中国信息通信研究院。

2020 年就指标排名来看，新加坡的数字产业竞争力是其短板。新加坡土地资源稀缺，人口有限，这一直是其发展的主要制约因素。虽然包括阿里巴巴、Facebook 等在内的许多全球性科技公司都在新加坡设有分部，且有一定数量的数字经济独角兽企业总部设在新加坡，但这些企业的主要运营范围目前比较局限在东南亚地区，在全球数字经济企业竞争力排名中，新加坡没有排名前 100 的本土数字经济企业。

新加坡对数字经济的界定比较宽泛，其官方发布的数字经济行动框架（SGD Framework For Action）引用世界经济论坛和二十国集团（G20）对数字经济的定义，将其定义为一种广泛的经济活动，它包括所有数字领域的就业以及非数字行业中的数字职位。这包括了使用数字化信息和知识作为关键生产要素的生产活动，将现代信息网络作为一个重要的活动空间，由信息通信技术带动生产力发展、优化经济结构。简而言之，数字经济就是一个由技术定义、组织、启用和促进的市场。相应地，新加坡政府对数字化经济的扶持不在于扶持某些高新产业，而侧重于帮助其所有产业实现数字化转型。

中小企业（SMEs）是新加坡的经济支柱，占其企业总数的 99%，雇用其 70% 的劳动力，贡献了新加坡近一半的 GDP。在行业层面，新加坡推出了 23 张行业转型地图（ITMs），以帮助企业通过创新和提高生产力的措施为未来经济做好准备。在 2017 年财政预算案中，新加坡政府推出了中小企业数字化计划，以帮助中小企业在其成长的各阶段进行数字化能力建设，使中小企业数字化变得简单。

新加坡政府将中小企业视为数字经济的关键驱动力，并制定了行业数字计划（IDP）作为中小企业数字化转型的分步指南。计划首先为零售、物流、食品服务、批发贸易、环境服务和安全这六个部门制定指南。[①] 中小企业可以寻求咨询服务和协助来定制和设计它们的数字化旅程，还可以为已批准的技术解决方案申请财务支持。

由中小企业协会（ASME）和微软新加坡联合制作的《2020年中小企业数字化转型研究报告》显示，新加坡83%的中小企业制定了数字化转型战略，其中超过一半（54%）的企业表示，由于疫情影响，它们的数字化计划延迟。此外，尽管投入数字化转型的企业占比很高，但只有2/5的中小企业认为其努力是成功的。中小企业在数字化转型过程中也面临障碍，包括实施成本高（56%）、缺乏数字技术劳动力（40%）、对政府支持措施不了解（30%）以及没有合适的技术合作伙伴（28%）。

2020年的研究还发现，超过3/4（80%）的新加坡中小企业领导者目前对“数字化转型”有了概念，2018年这一比例为57%。总体而言，数字技术的采用率也在提升，几乎所有接受调查的公司（99%）都至少采用了最基本的数字技术，例如办公软件和电子邮件等。

大华银行（UOB）在2020年11月至2020年12月进行的一项涉及782家中小企业的最新调查显示，小型企业在数字化转型方面落后于规模较大的同行。调查发现，41%采用了数字化措施的中小企业营收增长，而在尚未数字化的中小企业中，只有24%的中小企业收入有所增加。将其整体业务全面数字化的企业收入增长好于仅对一个领域进行数字化的企业。

商业服务、制造和工程、社区和个人服务、技术、媒体和电信以及消费品行业的中小企业生产力和效率的同比增幅最高，从42%到49%不等。研究表明，2020年主动采用数字工具的中小企业中，接近1/2已经享受到了

① Infocomm Media Development Authority, “SGD Framework For Action”, https://www.imda.gov.sg/-/media/Imda/Files/SG-Digital/SGD-Framework-For-Action.pdf, May 2018.

数字化带来的好处，例如生产力和效率的提升、客户体验的改善以及收入的提高，即便在当前较为动荡的商业环境中也是如此。

在政府支持方面，该研究表明，大多数受访者不了解可用于中小企业的政府计划和举措。然而，即便对政府举措的认知度不高，调查显示超过3/5的中小企业将在明年积极利用这些赠款和计划来支持明年的数字化转型。现有政府支持也往往有利于大公司，中型及大中型公司表示它们更有可能发现政府支持有用（分别为60%和73%）。

截至2021年3月，超过63000家中小企业采用了政府支持项目的数字解决方案，2020年约有40000家中小企业参与。超过2000家企业通过Grow Digital计划下的电子商务平台进入海外市场。[①]

（二）基础设施竞争力

新加坡数字基础设施发达，宽带、5G等服务都处于全球领先水平。

根据OECD发布的《2020年数字经济展望》报告，新加坡是OECD之外首批提供10Gbps消费服务的国家之一。10Gbps连接允许用户在一分钟内下载最新的完整4K超高清电影（75 GB），而100Mbps连接则需要近两个小时。[②]新加坡提供10Gbps宽带服务的时间较早，但相对来说费用也较高（见表5）。

表5　新加坡及OECD国家的10Gbps宽带服务

单位：美元

国家	供应商	时间	单价
新加坡	Singtel	2016年2月	137.95
法国	Free	2018年12月	67.6
日本	NURO（So-Net）	2015年6月	57.8
	KDDI	2018年3月	51.7

① Toh Mun Heng, "Developing Digital Business Ecosystem in Singapore", Research Paper #12-2021, Asia Competitiveness Institute Research Paper Series, July 2021.

② OECD, OECD Digital Economy Outlook 2020, https://www.oecd.org/digital/oecd-digital-economy-outlook-2020-bb167041-en.htm, November 2020.

续表

国家	供应商	时间	单价
韩国	KT	2018 年 11 月	78
	SKB	2018 年 12 月	73
瑞典	Bahnhof	2018 年 10 月	34.86
瑞士	Salt（Iliad，Free）	2018 年 3 月	50.7

资料来源：OECD《2020 年数字经济展望》。

此外，新加坡信息通信媒体发展局（IMDA）于 2020 年 4 月宣布，Singtel 将与 StarHub 和 M1 一起，从 2021 年 1 月起部署全国性的 SA－5G 网络。根据新加坡信息通信媒体发展局的说法，“安全且有弹性的 5G 基础设施”将成为其数字经济的支柱。

（三）数字创新竞争力

新加坡政府与行业伙伴合作，于 2016 年 4 月推出了一个名为“技术技能加速器”（TechSkills Accelerator，TeSA）的人才培养倡议，以增加经济体内培训和就业的机会，发展 ICT 专业人才。该计划由新加坡信息通信媒体发展局发起，采用综合方法/框架来进行 ICT 技能获取及从业人员培训，内容涵盖核心 ICT 技能以及特定部门的 ICT 技能，通过培训项目及职业建议服务优化就业能力。框架中确定的技能可以支持新兴领域的就业，例如网络安全、物联网（IoT）、沉浸式媒体、人工智能和数据分析等。目前已经确定了 80 多个 ICT 技能组合和 100 多个工作岗位。自 2016 年 4 月以来，已提供超过 74000 个培训名额。

另一个名叫“技术未来，为雇主提供资金支持”（SkillsFuture Funding Support for Employers）的计划能够帮助企业对其员工的技能进行升级及重新培训，符合条件的公司在参加课程时可以获得高达 90% 的培训费和缺勤工资补贴。

2020 年 8 月，AISG 与 IMDA 合作推出了两项新计划，“每个人的人工智能”（AI for Everyone）、“产业的人工智能”（AI for Industry），旨在在 TeSA

计划下让12000多人获得AI专业知识。后者旨在发展一批熟练的技术专业人员，以推动新加坡的本地技术生态系统发展，尤其是在人工智能领域。它有助于确保企业和员工能够有效地使用人工智能来提高竞争力。

除了促进ICT相关部门的发展，IMDA还与新加坡计算机协会（SCS）合作，与未采用ICT技术的贸易协会及商会（TAC）接触，为其企业提供数字技能，并为数字经济做好准备。作为开始，IMDA和SCS正在与法律、会计和制造领域的TAC合作制定一项行动计划，以提高这些领域具有数字能力的专业人士的技能。此外，IMDA还努力激发新加坡年轻人对数字经济中新机遇的兴趣。所有高年级小学生都将参加一个10小时的课程，通过由MOE和IMDA共同开发的基于简单可视化编程的课程，培养对核心计算思维和编码概念的理解。在该项目中，他们还将接触人工智能等新兴技术。①

2019年1月23日，新加坡个人资料保护委员会（PDPC）发布了第一版AI治理框架（模型框架），以供更广泛的咨询、采用和反馈。框架为私营部门组织提供了详细且易于实施的指导，以解决部署AI解决方案时的关键道德和治理问题。通过解释人工智能系统的工作原理、构建良好的数据问责实践以及推动公开透明的沟通，框架旨在促进公众对技术的理解和信任。2020年1月21日，PDPC发布了第二版模型框架。指导原则主要包括两点：其一是AI作出的决定应当是能解释的、透明公正的；其二是AI系统应当是以人为中心的。②

在人工智能投入方面，新加坡将在五年内向“人工智能新加坡”（AI Singapore）投资1.5亿美元。德国则在2019～2025年拨出30亿欧元用于实施其国家人工智能战略。法国人工智能战略计划在2021～2022年为公共人工智能研究投入7亿欧元，用于开发人工智能的总金额为15亿欧元。丹麦政府在其2019年的国家预算中，向丹麦创新基金拨款2.15亿丹麦克朗

① Toh Mun Heng, “Developing Digital Business Ecosystem in Singapore”, Research Paper #12 - 2021, Asia Competitiveness Institute Research Paper Series, July 2021.

② https://www.pdpc.gov.sg/Help - and - Resources/2020/01/Model - AI - Governance - Framework.

（2700 万欧元），用于研究人工智能提供的技术可能性。芬兰人工智能中心则将在未来八年获得 2.5 亿欧元的资金。

（四）数字治理竞争力

联合国每两年对其成员进行一次电子政务发展调查（E－Government Survey）。联合国电子政务发展指数（E－Government Development Index，EGDI）包含三个组成部分：在线服务指数（OSI）、电信基础设施指数（TII）和人力资源指数（HCI）。新加坡在2020 年 EGDI 排名第11 位（见表6、表7）。

表 6　2020 年电子政务发展排名领先国家

国家	OSI	HCI	TII	EGDI(2020)	EGDI(2018)
丹麦	0.9706	0.9588	0.9979	0.9758	0.9150
韩国	1.0000	0.8997	0.9684	0.9560	0.9010
爱沙尼亚	0.9941	0.9266	0.9212	0.9473	0.8486
芬兰	0.9706	0.9549	0.9101	0.9452	0.8815
澳大利亚	0.9471	1.0000	0.8825	0.9432	0.9053
瑞典	0.9000	0.9471	0.9625	0.9365	0.8882
英国	0.9588	0.9292	0.9195	0.9358	0.8999
新西兰	0.9294	0.9516	0.9207	0.9339	0.8806
美国	0.9471	0.9239	0.9182	0.9297	0.8769
荷兰	0.9059	0.9349	0.9276	0.9228	0.8757
新加坡	0.9647	0.8904	0.8899	0.9150	0.8812
冰岛	0.7941	0.9525	0.9838	0.9101	0.8316

表 7　2020 年电子政务发展亚洲部分国家表现

国家	EGDI 排名	OSI	HCI	TII	EGDI(2020)	EGDI(2018)
韩国	2	1.0000	0.8997	0.9684	0.9560	0.9010
新加坡	11	0.9647	0.8904	0.8899	0.9150	0.8812
日本	14	0.9059	0.8684	0.9223	0.8989	0.8783
中国	45	0.9059	0.7396	0.7388	0.7948	0.6811
马来西亚	47	0.8529	0.7513	0.7634	0.7892	0.7174
泰国	57	0.7941	0.7751	0.7004	0.7565	0.6543

在新加坡，政府技术局（Government Technology Agency）负责制定和实施国家机构间的电子政务战略和服务。2014 年，新加坡启动了智慧国家计划，其中数字政府是不可或缺的一部分。2018 年，新加坡制定了数字政府蓝图，以更好地利用数据、利用新技术并推动更广泛的努力，从而构建数字经济和数字社会，以支持智慧国家战略。新加坡有一个一站式政府门户网站（Gov. sg），通过它能访问各专门网站以体验电子参与（reach. gov. sg）、电子服务（citizenconnectcentre. sg）、开放数据（data. gov. sg）和公共采购（gebiz. gov. sg）。政府还为公民创建了数字平台，以便计划和监控他们的社会保障储蓄或报告政府服务的问题。在与电子政务相关的法律机制方面，新加坡通过了 2012 年《个人数据保护法》以及网络安全立法，概述了确保采取适当措施预防、管理和应对网络安全威胁和事件的各种义务。

自 2001 年以来，联合国电子政务调查跟踪了各国电子政务参与的发展。主要考察政府为个人提供电子政务参与的机会，这体现在国家层面的电子政务门户网站和各政府部门的网站中。其主要考察的内容包括：能否通过在线获取教育、卫生、社会保护、就业、环境和司法领域的相关信息（关于政策和预算）；是否在教育、卫生、社会保护、就业、环境和司法领域使用数字渠道（包括移动设备/平台）和开放数据技术；是否能够在线获取到民众获取政府信息权利的信息（例如保障信息自由和获取信息的立法行为）；是否在线提供个人数据保护立法；是否能在线获取电子政务参与政策/使命声明；是否能在线提供公共采购通知和招标结果；在提供服务时，政府是否与第三方（如民间社会或私营部门）建立伙伴关系或合作关系；是否通过主要门户、信息亭、社区中心、邮局、图书馆、公共场所或免费 Wi－Fi 免费访问在线政府服务；是否能在线开放数据集（机器可读、非专有格式）及相关政策和指南；公众是否有机会提议在线上开放新的数据集；是否能提供在线工具以原始（非协商）形式邀请和获取民意及其他信息；个人是否参与与教育、卫生、社会保护、就业、环境和/或司法有关的协商/交流；政府决策与同公众就教育、卫生、社会保护、就业、环境和/或司法相关问题进行在线咨询的结果之间是否存在联系；政府是否能在线公布政策磋商结果。

表 8　2020 年电子政务参与指数排名靠前的国家

国家	2020 年 EPI 分数	2018 年 EPI 排名	2018 年至 2020 年 EPI 排名变化
爱沙尼亚	1.000	27	+26
韩国	1.000	1	0
美国	1.000	5	+4
日本	0.988	5	+1
新西兰	0.988	5	+1
奥地利	0.976	45	+39
新加坡	0.976	13	+7
英国	0.976	5	-1

新加坡总理办公室的智慧国家和数字政府办公室认为数据是“数字政府的心脏”。为支持未来数字政府更加“以用户为中心，有效产出关键成果”，新加坡国家数据系统已经到位，实现跨部门、跨层级机构的“数据与数字化紧密结合”，面向分布广泛的内部和外部用户，包括个人、企业和公共管理员。2018 年，新加坡政府引入了政府数据战略（Government Data Strategy），以解决现有政府数据架构的问题。总理办公室下设政府数据办公室，旨在到 2023 年落实该战略。“该战略的核心是公共部门围绕新的综合数据管理框架进行重组”，可信中心（TC）跨单一事实来源（SSOT）聚合数据并为用户提供“一站式”服务以访问核心政府数据集。需要跨部门数据集的用户将无须单独到每个 SSOT 索取数据。位于新加坡统计局（个人和企业）、新加坡土地管理局（地理空间）和智能国家和数字政府集团（传感器）的三个 TC 于 2019 年底投入运营。使用政府一体化方法，“新加坡公共服务部门也对组织结构进行了重大改变，将数据置于机构数字化转型工作的前沿和中心”。

新加坡政府数据办公室正在为“各机构准备一个指南，以引导它们发展并实施数据战略作为它们朝着数字化努力的一部分。同时它也正为首席数据官们（CDOs）发展一个新的能力框架”，这使得 CDO 一职专业化，并为 CDOs 提供了“推动其机构中的数据转化”的任务。同时制定的还有一个数据科学能力框架，以提供结构化培训，提高公职人员的数据能力。“进一步的数字化将产生更多数据，可以利用这些数据带来更大的改进。从传感器和物联网设备收集的数据可以与市政反馈相结合，以开发电梯等基础设施的预测性维护模型。这将使机构能够走上上游来解决市政反馈的根本原因，并让政府和居民协作，共同为所有人创造更宜居的社区。这种对数据的关注定义了政府当前的转型驱动，它将安排政策、流程、系统和人员到位，使公共部门能够在工业规模上系统地获取、管理和利用数据。”①

三　促进数字经济发展的政策措施

目前，新加坡正在实行的主要数字化计划有三个，即服务 4.0（Service 4.0）、数字政府蓝图（DGB）、智慧国家计划。服务 4.0 的目标是通过人工智能、无缝服务和新兴技术，使占新加坡 GDP 72% 的服务业成为数字经济的重点。数字政府蓝图指通过数据、连接、自动化和个性化改变政府的工作方式，创建一个以数字化为核心并用心服务人民的新加坡政府。“智能国家”是新加坡最新的经济和城市数字化转型计划，其愿景是确保社会各阶层都能够利用电子支付、数字服务等数字技术并从中受益。②

（一）服务4.0

2018 年 5 月，新加坡启动了数字经济行动框架，以加速让新加坡成为领先的数字经济体，该框架对 23 个行业转型地图（ITM）和行业数字化计划（IDP）进行了补充。2018 年 6 月，新加坡通信和信息部部长委托制定了服务和数字经济（SDE）技术路线图，以指导行动计划的制定。它提出了一个对新加坡未来经济的愿景——服务 4.0。技术路线图确定了九个关键趋

① UN Department of Economic and Social Affairs, E - government Survey 2020, https://www.un.org/development/desa/publications/publication/2020 - united - nations - e - government - survey, July 2020.

② https://www.imda.gov.sg/disg/who - we - are#statistic.

势，这些趋势将在未来三到五年内显著推动数字经济发展。它们可能被视为挑战或机遇。最大的影响将是服务业，因为它构成了全球经济和新加坡GDP的大部分。服务4.0的愿景将指导新加坡的应对措施，不仅要抓住经济机遇，还要管理风险。

服务4.0是一个现代服务概念，是指利用技术来满足不断变化的客户需求，并提供更高质量的体验。使用技术，它可以自动执行重复单调任务，释放出人类劳动力在更具价值的岗位上发挥作用，同时，它增强了员工的能力，使他们能够更具创造力、分析能力、创新能力和情商。新加坡希望通过将国家提升至服务4.0，克服全球变化的影响，并在技术驱动的无国界世界中抓住机遇。服务4.0提出了五个目标，即满足不断变化的客户需求、创造新价值并获得高生产力、创造并强化就业、让新兴技术更可获得、为大小企业创造一个包容的生态系统。

服务4.0的关键词是“无缝”（seamless）。随着服务经济从人工服务时代（服务1.0）发展到高效、支持互联网的服务时代（服务2.0），再到移动、无线和云技术支持的自助服务时代（服务3.0），下一个阶段将是端到端，无摩擦，具备同理心，并且可以使用新兴技术预测客户需求的服务无缝时代（服务4.0）。

在服务4.0中，企业需要快速满足不断变化的客户需求、创新和创造新价值，以便从竞争对手中脱颖而出。新兴技术将使企业能够自动化重复性任务并实现更高的生产力。然而，由于客户仍然需要人际互动，企业应该通过提供新兴技术支持的以人为本的服务来实现增长。工人增加和自动化最终都将创造新的和强化的工作。

（二）智慧国家计划

新加坡曾在2006年公布“智能城市2015”计划，其目标包括：到2015年，通信行业价值实现翻一番，达到260亿新元（1新元约合5元）；该行业出口收入增长3倍至600亿新元；增加8万个工作岗位；使九成家庭使用宽带，学龄儿童家庭电脑拥有率达到100%等。到2014年，这些目标全部提前实现，部分超额完成。

2014 年，新加坡又公布了“智慧国家 2025”的十年计划。这份计划是之前“智能城市 2015”计划的升级版。分析认为，“智慧”与“智能”虽一字之差，但内涵上却有实质差别。“智能”侧重以智能机器人去带人，最大限度地降低人的作用。“智慧”则在强调信息技术广泛应用的同时，更加注重以数据共享的方式，尽力发挥人的主观能动性，以实现更为科学的决策。①

“智慧国家”致力于使新加坡充分利用技术以提高经济生产力，使民众生活更方便，使新加坡成为一个适合居住、工作和娱乐的城市。在最基本的层面上，智慧国家致力于让生活变得更方便。可以使用技术来改善生活质量——监控健康状态、减少花在行政工作上的时间、规划通勤等。还可以利用技术使日常交易变得简单而无缝，无论是付款还是申请许可证等。实现这一顺利过程的技术应该是隐形的，设计应该是直观的，所以任何人都可以使用它。在更广泛的层面上，智慧国家旨在提高企业的效率和效力，无论是利用传感器和数据来更好地管理流量还是监控安全威胁。数字化带来的成本节约也是企业发展的关键。最重要的是，“智慧国家”将改变新加坡的经济，确保企业发展、制造岗位、创造机会。②

（三）数字政府蓝图

新加坡数字政府蓝图于 2018 年 6 月 5 日发布，阐述了实现数字政府的愿景和战略。其设置了 14 个关键绩效指标（KPI）来衡量新加坡的数字化进展。

截至 2019 年底，DGB 实现了以下成就：86% 的公民和 77% 的企业表示他们对政府数字服务感到满意（至少 5 分，6 分制），而 DGB 此前定下的目标是 75% ~80% 。这是自 2012 年调查开始以来的最佳结果，与 2018 年相比，这两项结果也显著提高了约 8 个百分点。95% 的交易（按交易量计算）是通过端到端的数字方式完成的，达到了 DGB 定下的 90% ~95% 的目标。

---

① http：//sg. xinhuanet. com/2014 -08/19/c_ 126887171. htm.

② Infocomm Media Development Authority，“SGD Framework For Action”，https：//www. imda. gov. sg/ -/media/Imda/Files/SG -Digital/SGD -Framework -For -Action. pdf，May 2018.

数据分析和数据科学培训人员数量的目标也已达到，并将审查新的 KPI。所有 20 个部门都提交了使用人工智能的计划。

DGB 启动两年后，新加坡政府推出了新的政策和举措。新冠肺炎疫情重申了注重能力建设的重要性，并迫使政府各部门加快使用数据和技术，以提供最大限度减少身体接触的数字服务，并使用技术和数字工具来确保民众的安全。

新加坡政府更新了 DGB 以便更准确地反映当前计划，在政府内寻求更深入、更广泛的数字化。新计划更强调“用心服务”来解释使用数字技术如何帮助政府实现更好地为公民服务和建立信任。更新的 DGB 更加重视以用户为中心和共同创造，改善作为数字组织的工作方式并利用包括人工智能在内的新技术。更新后的 DGB 提出了以下新目标：到 2023 年，至少 70% 的符合条件的政府系统将使用商业云；跨机构项目融合共享核心数据所需时间不超过 7 个工作日。[①]

四　对未来的展望

新加坡国家数字化起步较早，每个阶段都出台了目标明确的战略计划，且执行能力较强，这使得新加坡在数字基础设施建设以及数字治理等方面处于全球领先的地位。在此基础上，新加坡政府积极判断未来数字经济发展方向，制定了到 2030 年的发展战略，战略贴合当前技术创新趋势。良好的数字经济基础、优质的教育资源、政府的重视及执行力为新加坡进一步发展数字经济提供了良好保障。

但是，国家规模也会不可避免地限制新加坡数字经济的发展方向和模式，比如相比孵化出本土的互联网巨头，新加坡更倾向于通过自身数字基建和政策优势吸引已经成型的巨头在新加坡设立分部。本土企业则仍旧以中小企业为主。新加坡的数字化是全部产业的数字化，更倾向于通过数字技术提高所有产业的生产效率。

---

① https：//www. smartnation. gov. sg/why – Smart – Nation/pillars – of – smart – nation.

B.8
以色列数字经济发展报告（2021）

孟繁瑜*

摘　要：以色列是中东北非地区经济水平最高的国家之一，以色列的数字经济发展持续进步，占GDP的比重持续提升，多国科技企业在以色列建立海外研发中心，国内电子商务的规模不断扩大，以色列逐步推进2016～2022年数字经济战略，增加科技教育投入、加强数字基础设施建设、支持初创企业的成立与发展，实现数字经济的全面发展。本报告概述了以色列数字经济产业的发展状况，并介绍了以色列数字经济对国家经济发展、医疗水平、社会民生、政务透明等多方面带来的广泛影响。

关键词：以色列　数字经济　数字经济战略

以色列是中东地区最为强大、现代化和经济水平最高的国家，也是中东地区唯一的发达国家，根据以色列统计局的数据，以色列2020年GDP达到3854.5亿美元。2020年受到新冠肺炎疫情的影响，以色列GDP增速为-2.44%，经济增长速度一路放缓。

以色列的高新技术产业闻名世界，其在军事科技、电子、通信、计算机软件、医疗器械、生物技术工程、农业、航空等领域具有先进的技术水平，其在纳斯达克上市的公司数量仅排在美国与中国之后，Intel、微软和苹果等

* 孟繁瑜，上海社会科学院信息研究所编译。

美国公司在以色列建立了第一个海外研发设施，以及其他高科技跨国公司，如 IBM、Google、惠普、思科系统、Facebook 和摩托罗拉都在该国开设了研发中心。[①] 根据经合组织 2017 年的报告，自 2006 年开始，以色列的研发支出占 GDP 比重一直保持在4%左右，是经合组织中占比最高的国家，并且高科技部门贡献了该国 GDP 的 11%。

以色列的科学和技术是该国最发达的部门之一。2019 年，以色列被彭博创新指数评为全球第五大创新国家，以每百万公民的科学出版物数量来衡量，它的科学产出在世界上排名第 13 位。2014 年，以色列在全球发表的科学论文中所占份额为 0.9%，远高于其在全球人口中 0.1% 的份额。

以色列每 10000 名员工中拥有 140 名科学家和技术人员，是世界上比例最高的国家之一。相比之下，美国每 10000 人中有 85 人，日本每 10000 人中有 83 人。2012 年，以色列每百万居民中有 8337 名全职等效研究人员。相比之下，美国为 3984 人，韩国为 6533 人，日本为 5195 人。以色列的高科技产业受益于该国受过高等教育和技术熟练的劳动力，以及外国高科技公司和尖端研究中心的强大存在。

在以色列，大约有 600 万社交网络用户（70% 的渗透率），WhatsApp 是该国最受欢迎的应用程序；2019 年有 91% 的以色列人在使用它。2018 年，YouTube 在以色列每月有 350 万独立用户，占以色列人口的一半以上。尽管以色列的互联网普及率为 88%，互联网使用人数在 2017 年为 600 万，2021 年互联网使用人数已达到 700 万，并预计在 2025 年达到 765 万人。[②]《数字经济 2021：以色列》报告中指出，以色列 16～64 岁互联网用户平均每日有 7 小时 27 分用于上网，社交媒体每日平均使用时间为 1 小时 54 分，观看网上直播的时间平均为 2 小时 35 分，使用智能手机访问互联网的用户达到了 90.3%。[③]

---

① https：//baijiahao. baidu. com/s? id = 1691917155758000484&wfr = spider&for = pc.

② https：//www. statista. com/statistics/974318/israel – number – of – internet – users/.

③ https：//datareportal. com/reports/digital – 2021 – israel.

一　数字经济概况

（一）数字基础设施

以色列的家庭互联网普及率很高，几乎每个家庭都拥有宽带互联网连接，就技术方面而言，DSL（电话线为传输介质的传输技术组合）占据了最大的宽带市场份额，同时，以色列宽带公司（IBC）也在努力通过技术实现光纤在该国的普及。根据国际电信联盟数据，2019 年以色列有 86.79% 的人接入了互联网，而在 2000 年和 2010 年以色列的互联网普及率分别只有 20.87% 与 67.50%，可见，以色列的互联网普及发展十分迅速。2019 年，以色列固定宽带的数量为每 100 名居民的订阅量为 29.12 人，平均固定网络访问速度为 99.7Mbps。[①] 截至 2019 年 6 月，以色列光纤到户（FTTH）、光纤到办公室（FTTP）、光纤到大楼（FTTB）的订阅用户占全部宽带网络连接的 2%。

以色列政府早在 2018 年开始就 5G 服务进行磋商，最初的重点是扩大移动通信基础设施建设，以此来推动 5G 的稳健部署。2019 年 7 月，政府启动了 5G 网络开发招标项目，预计该项目将在 2020 ~2023 年启动。以色列通信部在 5G 的招标项目中阐明，预计成果包括以下内容：①招标中提供的频率将通过扩大容量来满足对宽带通信不断增长的需求；②频率招标将首次附带激励制度，其中包括政府补贴和减少 5 亿新谢克尔（1.56 亿美元）的费用；③投标付款将推迟到 2022 年 9 月，以使运营商能够投入更多资源用于升级网络；④在招标中，现有网络的所有者将能够通过提交联合提案来进行竞争，这种方式可以有效地分配频率以造福公众；⑤此外，招标将包括一个 100MHz 的开放部分，供新竞标者投标，这将在 5G 的基础设施和服务方面

① https://www.itu.int/en/ITU-D/Regional-Presence/Europe/Documents/Events/2020/5G_EUR_CIS/5G_Israel-final.pdf.

产生技术竞争。[①]

除了要为4G 和3G 服务支付3.2 亿新谢克尔（9984 万美元）之外，运营商预计每年还需要为使用新频率支付8000 万新谢克尔（2496 万美元）。中标的运营商在获得政府批准后，前四年可享受28% 的折扣，并且被要求在五年内完成5G 部署，并在部署开始后的18 个月内开始提供5G 服务，部署5G 网络的总成本估计为20 亿新谢克尔（6.24 亿美元）。

2020 年8 月，运营商5G 多频谱竞拍的工作结束，中标者为Pelephone、Cellcom Golan Marathon、Partner HOT mobile 三家通信公司，这三家公司都获得了相同的频谱分配，特别是700MHz 频段中的10MHz 频段、2600MHz 频段中的20MHz 频段和3.5GHz（3500MHz－3800MHz）频段中的100MHz。700MHz 频段分配的有效期为15 年，而2600MHz 和3.5GHz 分配的有效期为十年。

2020 年8 月，Partner HOT mobile 宣布建立其5G 网络，称为“Partner 5G”项目，该项目将运营商定位为第一个在以色列推出5G 的私人利益相关者。该运营商宣布正在进行5G 相关能力测试，并设法达到1GB 以上的传输速度。Partner 还表示，目前正在升级其现有蜂窝网络的核心，旨在为新技术能力铺平道路，从而扩展VoLTE（第4 代语音呼叫）、Wi－Fi 通话等。[②]

2020 年8 月，运营商Pelephone Communications Ltd. 宣布推出名为“Pelephone Plus”的5G 网络，该网络将在以色列监管机构确定频率分配后开始运营。Pelephone 从爱立信收购了一个由250 个5G 站点组成的网络，并从通信部获得了8000 万新谢克尔（1990 万欧元）的补贴。[③] 2020 年，以色列交通部着力加强电信基础设施建设。2021 年6 月，该部宣布光纤基础设施计划现已开始实施，并且以色列在全国全面部署光纤基础设施方面取得了重大进展。Bezeq 是以色列最大、最主要的电信公司之一，其宣布计划在以

---

① https：//www.gov.il/he/departments/news/14072019_01.

② https：//www.israelhayom.co.il/article/780765.

③ https：//www.telecompaper.com/news/pelephone－launches－5g－network－in－israel－－1349225.

色列 80% 的家庭中部署光纤基础设施，同时，通信部正在推动在经济落后地区部署光纤基础设施，并呼吁给予落后地区部署补贴。交通部制定了一个目标，到 2021 年底实现 45% 的家庭连接到光纤，到 2025 年实现 85% 的家庭连接到光纤。

（一）电子商务

以色列是世界第 34 大电子商务市场，2018 年以色列电子商务价值 33 亿美元，2020 年的收入为 50 亿美元，预计 2020 ~ 2024 年复合增长率达到 15%，并且预计到 2023 年电子商务收入将达到 56 亿美元。[①] 2020 年以色列电子商务市场增长了 36%，为 2020 年全球 29% 的增长率做出了贡献。由于疫情在全世界范围内的暴发，以色列的电子商务收入持续增加，新市场不断涌现，现有市场也有进一步发展的潜力。

以色列 2020 年电子商务净销售额排名前五的公司分别为亚马逊、shein. com、ksp. co. il、next. co. il、iherb. com，亚马逊 2020 年的收入为 1. 95 亿美元，其次是 shein. com，收入为 1. 51 亿美元，第三名为 ksp. co. il，收入 1. 11 亿美元（见图 1）。排名前三的电商平台占以色列在线收入总数的 10%。时尚领域是以色列最大的电商市场，占以色列电子商务收入的 30%；其次是电子产品，占 26%；玩具、DIY 产品占 18%；食品和个人护理产品占 15%；家具和电器占 11%。

2017 年，以色列政府提出了新政策，使外国公司必须缴纳数字服务的增值税（VAT）。如果公司拥有针对以色列消费者的在线业务或拥有寻求寻找以色列客户的代表，则该公司必须征收增值税。下载的应用程序、软件、音乐、游戏、电视节目、电影和在线赌博均需缴纳该国 17% 的增值税。价值不超过 75 美元的实物商品免征所有税款，购买不超过 500 美元的商品免征关税，但仍需缴纳增值税。例如，亚马逊必须对电子书等数字产品的交付收取增值税，但对价格低于 75 美元的实体书则不收取增值税。

---

① https：//www. focus - economics. com/countries/israel，2018.

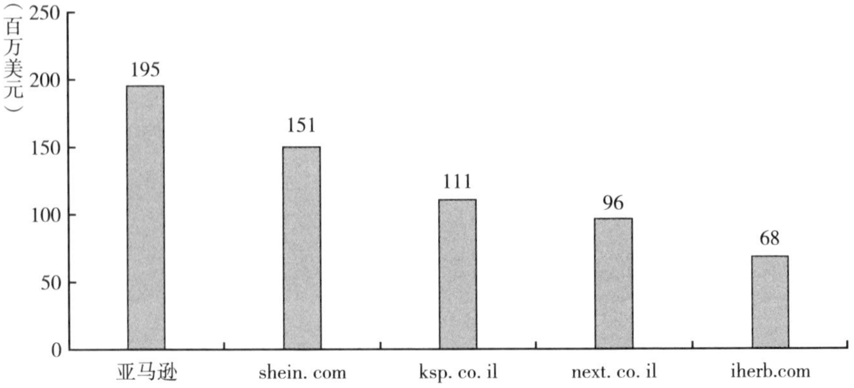

图 1　2020 年以色列电子商务净销售额排名

资料来源：https：//ecommercedb. com/en/markets/il/all。

在以色列，以色列邮政是网上购物中最常提供的送货服务商，电商平台中 34% 的商家将以色列邮政列为其供应商之一。此外，E－Post 和 UPS 是以色列在线零售商的第二、第三大供应商，分别占比 11% 和 9%。2017 年，仅通过以色列邮政，以色列平均每秒就有两个在线订单，总计 6100 万个包裹，这比上一年增加了 15%。其他服务的交付量大幅增加，PayPal 报告称以色列人使用其服务花费了 37 亿美元。

（二）以色列科技企业

以色列科技公司的融资额每年都在增加，这表明这些科技企业得到了全球资本的青睐。以色列科技公司在 2021 年上半年筹集资金再创新高，仅半年时间就筹集了 119 亿美元，这已经超过了 2020 年全年的 103 亿美元，在 2019 年高科技资本募集额达到 90 亿美元，较 2018 年增长 15%。自 2005 年以来，募集资金增长了 4.5 倍，年均增长约 13%。2019 年的整体融资轮数在 2019 年稳定在 1100 轮，与 2018 年相似。①

以色列初创企业投资的主要领域是网络和金融科技，2020 年吸引的资

① https：//www. timesofisrael. com/israeli－tech－firms－raise－staggering－17－8b－this－year－almost－double－2020－total/.

金最多，数字健康——一个以全球需求增长为特征的领域。此外，使用人工智能（AI）技术的公司在2020年筹集了超过40亿美元。高科技出口也持续增长，2020年达到近500亿美元，占以色列出口总额的40%以上。2020年，以色列初创公司的股票发行数量不断增长并保持独立性，创下了31次IPO的记录，主要在特拉维夫和华尔街证券交易所。与2019年相比，2020年以色列科技公司的股票发行数量增长了50%以上。①

2019年的数据表明，募集资金的增加主要来自每轮募集资金增加，而不是通过更多轮次实现的。这些更高的金额证明了以色列高科技行业在过去十年中已经确定的一个更广泛的趋势：现有公司的规模扩大取代了新成立的初创公司的建立，成为增长的主要动力。这一趋势表明以色列高科技产业正在走向一个新的成熟水平。

高科技产业在以色列的经济中具有核心作用，以色列国家技术和创新局《2021年度创新报告》显示，2018年高科技从业人员只占全国就业人数的9%，但他们的所得税额度占全国的25%，高科技从业人员要缴纳的所得税几乎是劳动力市场平均份额的3倍左右。此外，跨国公司的高科技员工占以色列员工总数的1.47%，缴纳的所得税占所有所得税的8.3%，几乎是其人口份额的6倍，比高科技员工的相对比例高1.8倍。高新技术企业缴纳的企业税虽然占国家财政收入的很大一部分，但其比例低于高新技术从业人员缴纳的所得税，估计与行业占GDP的比重接近，约为15%。②

在创业生态系统方面，特拉维夫创业生态系统在全球排名第五，在美国以外的生态系统中排名第一。特拉维夫在全球市场的可达性方面也排名第一，与硅谷相比，国际客户的数量多了一倍。过去几十年，科技创新对本地高科技产业的成功发挥了关键作用，以色列公司为塑造世界未来技术的各个方面做出了巨大贡献，从计算机芯片到流行的应用程序。

① The Israel Innovation Report 2021, Israel Innovation Authority.

② The Israel Innovation Report 2021, Israel Innovation Authority.

特拉维夫创业生态系统的主要优势在于其当地人力资源的专业经验，大约49%的员工现在为他们的第二家初创公司工作，这比欧洲平均水平高出21个百分点。特拉维夫在全球市场的可达性方面也排名第一，与硅谷相比，国际客户的数量增加了一倍。此外，特拉维夫的初创公司成功地筹集到了比欧洲竞争对手更多的资金，比欧洲平均水平高出约38%。事实上，以色列在人均风险投资方面排名世界第一。来自外国投资者的高比例资本（85%）表明当地市场的力量及其卓越的声誉。

以色列的卓越技术得到了全球行业的认可。许多国际领先的高科技公司都在以色列设立了研发中心。Intel、微软、思科、IBM和苹果等公司选择以色列作为在美国以外的第一个开发中心的所在地（见表1）。此外，许多以色列董事在全球科技公司担任高级管理职位。

表1 在以色列设有研发中心的跨国公司（部分名单）

研发中心	研发模块	中心数量（个）	成立时间（年）	员工人数（人）	创新产品
苹果	半导体	3	2011	500	手机、平板硬件芯片
通用汽车	各项技术	1	2011	60	自动驾驶汽车、联网车辆
雅虎	互联网	2	2008	50	应用程序、智能广告
Google	互联网	2	2007	250	Google分析、实时搜索、Google相关搜索
闪迪	半导体	3	2006	700	闪存技术、数码相机、固态驱动
三星	半导体和通信	2	1999	250	Galaxy相机、Galaxy S4眼球追踪系统
高通	半导体和通信	3	1993	260	Wi-Fi技术、下一代无线局域网连接、高通骁龙开发
微软	IT和企业软件	2	1989	800	云端、智能办公、娱乐产业
Intel	半导体	5	1974	10500	Pentium M微处理器、Sandy Bridge和Ivy Bridge系列处理器
IBM	IT和企业软件、半导体	3	1949	1000+	优化船员调度系统、WebSphere内容发现服务器、电子购物

资料来源：Lemarchand, G. A., Leck, E., & Tash, A., "Mapping Research and Innovation in the State of Israel (Vol. 5)", 2016.

除了建立最先进的研发中心外，Intel 和摩托罗拉等公司还建立了制造设施，迅速成为以色列最大的私营雇主之一。2003 年，Intel 在全国各地（海法、耶路撒冷、水牛城·佩克提克瓦市和雅库姆）的几家工厂雇用了6000 多名工人，并已发展成为以色列最大的出口商之一，2003 年的出口额为 16 亿美元，相当于以色列电子产品出口总额的 13%。到 2014 年 12 月，Intel 拥有 10500 名员工，出口额为 45 亿美元。Intel 和以色列之间的联系特别紧密，迅速增加的数十亿美元投资就证明了这一点，主要是为了扩大现有工厂的产能，其中一些已经成为研究和创新的世界领导者。

到 2000 年，以色列 ICT 行业的出口收入约为 150 亿美元。这个数字约占以色列所有出口的 1/3。2000 年，ICT 出口对 GDP 增长的贡献为 36%。2000 年，该行业雇用了 148000 名员工，其中大约 1/3 是科学家和工程师。2014 年，该行业从业人员 183000 人。在经合组织国家中，以色列在 ICT 行业的就业比例更高。根据 TPIS 的统计数据，以色列 ICT 行业的出口贸易额，从 2016 年开始，基本呈现不断上升的趋势，并且在短短四年内，出口贸易额几乎翻倍，可见以色列 ICT 部门发展十分迅速，即使受到了疫情的影响，也依然保持了强劲的上升趋势（见表 2）。

表 2　ICT 贸易数据

单位：百万美元

类目	2016 年	2017 年	2018 年	2019 年	2020 年
以色列出口总额	408.9	483.0	475.0	578.2	767.1
以色列进口总额	255.7	221.4	282.4	365.8	224.1

资料来源：Trade Policy Information System（TPIS）。

二　数字经济国际竞争力

根据全球数字经济国家竞争力发展报告，以色列 2021 年的数字经济竞争力总得分为 58.25 分，在 50 个国家中排名第 12 位（见表 3），2020 年以色列的得分为43.49分，排名第12位，可见2021年以色列的数字经济竞争力提升显著。以色列与第1名美国的76.67分，第2名中国的72.42分相比，仍有较大的差距，但是以色列数字经济竞争力在中东地区排名第1位，上榜的中东国家还有土耳其第34名，得分为49.41分，沙特阿拉伯第39名，得分为46.35分，以色列数字经济的领先地位还是十分明显的。

表3　部分国家全球数字经济竞争力得分

单位：分

排序	国家	产业竞争力	基础设施竞争力	创新竞争力	治理竞争力	总得分
1	美国	40.15	88.37	88.00	90.18	76.67
2	中国	62.72	69.78	80.56	76.61	72.42
4	英国	15.31	84.57	78.13	80.45	64.61
6	新加坡	12.21	76.50	81.01	87.05	64.19
12	以色列	17.47	68.88	73.59	73.04	58.25
34	土耳其	20.63	46.72	57.57	72.73	49.41
39	沙特阿拉伯	4.56	57.85	49.66	73.33	46.35

在数字产业竞争力排名中，以色列排名第7位，得分为17.47分，以色列2020年数字产业竞争力排第20名，可见2021年的排名提升很快，这得益于以色列国内数字经济产业增速加快。但是相比第1名中国的62.72分，以色列在经济产出和国际贸易两项二级指标上，仍有很大的提升空间。在中东地区，土耳其得分20.63分，排名第5位，沙特阿拉伯得分仅为4.56分，排名第42位。

在数字基础设施竞争力排名中，以色列排名第22位，得分为68.88分，与2020年以色列的第31名相比也有进步。美国以88.37分排名第1位，与美国相比，在数字基础设施方面，以色列政府需要加大资金投入和政策扶持力度。同为中东地区国家的土耳其和沙特阿拉伯分别排第44名和第35名，由此可见，中东地区整体上与欧洲的差距巨大。

在数字创新竞争力排名中，以色列以73.59分排名第12位，2020年以色列该指标的排名为第5位，虽然以色列拥有大量的科研人员，地区的不平衡性导致其在创新竞争力方面有所退步。韩国以 89.39 分排名第 1 位，中东地区的土耳其和沙特阿拉伯分别排第 32 位和第 42 位。

在全球数字治理竞争力排名中，以色列以 73.04 分排名第 30 位，2020 年排名第 16 位，退步明显，在服务管理及良好的市场环境方面还有很大的进步余地。排名第 1 位的国家是美国，得分为 90.18 分，这说明以色列政府还需要付出更大努力，才能保证数字治理水平的提高，以色列的国家政策也提到了要建立更加智慧的政府。中东地区的土耳其和沙特阿拉伯排名分别为第 31 位和第 29 位，与以色列的排名相近。

以色列数字经济竞争力总排名较为靠前，但是二级指标中仍存在很多的缺点及问题，政府需要进行更多的思考以改善现存的问题，加大对人才培养的投入，以色列在提高国内整体数字能力方面还有很长的路要走。

三 数字经济展望

尽管以色列有创新和先进技术，但很明显，数字时代提供的优势和潜力尚未渗透到以色列社会和经济的各个方面。此外，在不同的人群中，渗透发生在不同的强度水平上。以色列社会存在巨大差异，利用数字化优势的社会部门与经常无法从数字化成果中受益的弱势群体之间的数字鸿沟越来越大。社会平等部设定的目标之一是解决这些差异并采取行动缩小群体之间的差距，消除边缘与中心之间的“距离”并促进机会均等，使用数字工具作为解决这些问题的主要手段。①

在该国发展数字产业可以成为以色列的重要增长引擎，促进经济增长、就业增长和改善公众服务，同时培育创新和先进的生态系统。在公共部门和工业中促进数据驱动的创新、改善数字基础设施以及州和地方政府服务对广大民众的可及性也具有巨大潜力。

---

① https：//www.gov.il/BlobFolder/news/digital_israel_national_plan/en/The%20National%20Digital%20Program%20of%20the%20Government%20of%20Israel.pdf.

（一）以色列国家数字战略

早在 2013 年，以色列政府就确定其需要制定全面的国家数字发展政策，同年，以色列政府通过了一项决议建立“数字以色列国家倡议”，制定和实施国家数字政策，以充分利用信息通信技术促进国家经济发展。

2014 年 10 月，以色列政府批准了第 2097 号决议，其中包括关于推进“数字以色列”国家倡议的部分，并确定了关键的核心领域：教育、卫生、经济、社会事务与社会服务。同时，具体说明了开发实施国家倡议目标所需要的人力资本、促进部署跨政府 ICT 基础设施和开发电子政务服务。2015 年，“数字以色列”得到政府批准，成为以色列国家战略社会发展计划的一部分，同年，为了协调和整合政府工作以推进国家倡议及其目标，以色列政府于总理办公室设立了以色列数字局，由社会平等部负责，该局负责制定和实施国家数字计划，协助各政府部门实施国家倡议，同时建立部门之间的合作关系。①

2018 年，以色列启动了一项为期五年的国家数字健康计划。既定的目标是创建一个新的国家经济增长引擎，推进以色列的临床和学术研究，并创建一个世界上最好的本地数字医疗系统。该计划得到了 8.98 亿新谢克尔（约合 2.56 亿美元）的投资支持，由多个政府机构实施，包括卫生部、社会平等部（数字以色列）、经济和工业部、以色列创新局和高等教育委员会。

最终，以色列政府确定了 2017 ~ 2022 年国家数字计划，这项耗资 15 亿新谢克尔（约 4.25 亿美元）的计划旨在使以色列成为该领域的全球领导者，该计划的目标侧重于将作为国家倡议的一部分投入重大努力，这些努力将为以色列公民带来巨大的福祉，并将以色列转变为数字智慧社会，利用以色列在信息通信技术（ICT）方面的专业知识来加速经济增长，减少社会经济差距，并使治理更智能、更快捷和对公民更友好。

---

① https：//www. gov. il/BlobFolder/news/digital _ israel _ national _ plan/en/The% 20National% 20Digital% 20Program% 20of% 20the% 20Government% 20of% 20Israel. pdf.

（二）通过数字革命缩小贫富差距

以色列的社会差距是由地理位置、社会地位造成的，在偏远的地区，优质的就业机会较少，获得优质公共产品和政府服务的途径也很少，经济地位低的群体、老人、移民、少数群体等社会边缘群体也是贫富差距的主要体现。

以色列政府设立了三个战略目标，旨在通过数字改革缩小国内贫富差距。

第一，使偏僻地区和社会边缘人口更接近中心地区。通过远程教育，为偏远地区的学生提供优质教师的网络课程；通过建立数字社区提高弱势群体的数字素养，扩大社会公共服务的范围；通过在其他地区建立研发中心，并为搬迁至偏远地区的高科技公司提供激励措施，为弱势群体提供更多的就业机会。

第二，降低居民的生活成本与房价。通过与以色列教育部合作，设立电子图书馆，为以色列家庭节省教科书费用，降低家庭生活成本；通过扩大在线服务，推进住房和房地产领域的数字化进程，简化注册程序，使得购房过程更加透明化；通过数字化简化住房生产链中的规划、许可和实施，从而增加以色列的可用公寓数量；提高产品和服务价格的透明度，通过数字方式为消费者提供获取信息的途径，以数字方式促进消费知情权。

第三，实现权利。由以色列国家保险协会牵头的在线伤病索赔服务，使得患者能够在线查看其伤病津贴并且通过线上申领，该服务降低了官僚主义的可能性；通过数字手段简化公民的办事流程，消除以色列的官僚行为，使政府更好地服务广大民众；以色列数字局正在推进一个跨政府部门项目，结合数字工具，简化残疾人享受权利的程序，增加残疾人群体的权利。

（三）通过数字革命加速经济增长

以色列近年来经济增速放缓，该国的 GDP 年增长率从 2008 年的 3% 下降到 2020 年的 -2.44% （见图 2），并且高科技产业一直以来都是以色列国内的支柱产业，数字化在推动经济增长方面具有巨大的潜力，因此，作为国家倡议的一部分，数字化在创造优良的创业生态系统、促进经济发展、改善公共产品质量方面的地位十分重要。

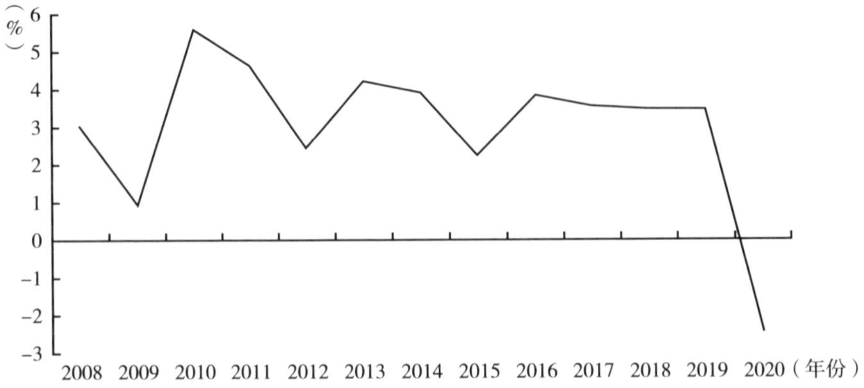

图 2　以色列 2008～2020 年 GDP 增长率

资料来源：World Bank，GDP growth（annual %） - Israel。

为了利用数字化加速经济增长，国家倡议设定了三个战略目标。

第一，促进数字产业和商业的发展。经济和工业部向数百家中小企业提供一揽子扶持政策，支持中小企业发展电子商务，给予每家企业 16000 新谢克尔的财政补贴；通过投资教育、在大学建立研究中心等措施将以色列打造为“网络超级大国”；提高中小企业对 ICT 工具优势的认知，为其提供专门的培训，并提供补贴、奖励和融资解决方案。

第二，发展数字时代就业市场。为劳动者提供技能培训，包括基本计算机办公软件（如 Microsoft Office 和互联网搜索引擎的使用）、IT 培训（编程、管理信息系统和 IT 软件）以及培养数字领域的专业人士（数据分析师、社交媒体专家、用户体验设计师等）；为小学四年级的学生开设编程和机器人课程，并计划将开设规模扩大至 300 所学校；推出“国家数字学习项目”这一开放平台，提供广泛学科的课程给高等教育学生、弱势群体、公务职员等人群，促进以色列科学领域的发展，提高 ICT 行业所需领域的潜在学生人数。

第三，进一步建设与发展基础设施。由通信部牵头，移动通信运营商铺设更先进的技术基础设施，以提高移动互联网数据传输速度、改善服务质量并解决大容量需求，通信部正在努力制定一项全面政策，以便更广泛地采用下一代移动通信技术“蜂窝技术”；由交通部牵头，在以色列部署超高速宽带基础设施，该项目完成后，能够部署超过以色列平均互联网速度 90 倍的网络；政府信息和通信技术管理局还将开发技术基础设施，以在政府部门之间安全共享个人数据，使个人在与政府部门交互时尽可能方便、安全和统一地识别自己的身份，而不会危及要求的保护级别，并将支持向公众提供在线政务服务的扩展；组建一支法律和技术团队，由政府首席法律顾问代表进行领导，审查法律适应数字化时代的情况，促进国家倡议的推进，该团队的工作可以创造一个良好的政府环境，推动政府的工作更加公开与透明，提供新的数字解决方案。

（四）建立友好型智慧政府

在国际比较中，以色列的数字政府状况不尽如人意，虽然有 400 项左右的数字服务可供公众使用，但仍有空间扩大其在线政府服务的范围，在政府办公室采用更多的数字化工具，增加公众对数字服务的使用。

为了推进政府向友好型智慧政府转变，国家倡议提出了三个战略目标。

第一，提高国家和地方政府的可及性。完善政府各个部门的网站供公众访问，让公众能够在线上获得所有政府信息和服务，政府也要采取“以公众为中心”的原则，更重视公众的需求和满意度，设立一个统一的政府身份识别平台；推动“数字集群”项目的发展，项目将根据区域选择区域集群的重点领域，其中包括交通、旅游、就业和垃圾回收。为了制定数字战略和实施创新的数字项目，以色列的五个集群预算为每个集群 300 万新谢克尔。国家计划还将支持物联网和智慧城市的发展，同时将以色列推广为市政创新的测试站点，将采取措施为智慧城市创建生态系统，其中包括建立创新中心和举办黑客马拉松以应对地方政府面临的挑战。

第二，发展创新高效政府。以色列政府于 2014 年与英国、韩国、爱沙尼亚和新西兰一起加入数字国家论坛（D5），推动政府互联互通，代码开放，交流经验，服务面向大众；作为政府采购改革的一部分，将为创新技术开发一个“市场平台”，该平台将聚合大量先进的数字产品和服务，并使政府部门能够使用该平台满足其数字采购需求。所有政府技术采购将集中在一处，同时提升政府部门的技术能力，提高采购过程的效率、透明度和灵活性。设立由信息和通信技术管理局领导的共享技术平台，该平台的目的是通过集成共享基础设施，例如保护传输信息的电子“保险箱”、政府内部网络、政府与企业之间的 B2G 通信以及未来的政府云，来促进跨政府数据共享。这将使政府能够将数据资源整合到一个中心位置并节省资源，这些基础设施不仅将推进政府办公室的数字化转型进程，还将推动未来的信息共享措施。

第三，改善公共产品质量。教育部正在制定一项战略数字计划，提高学与教的质量，使教育系统的毕业生配备适合数字时代的工具，同时重点开发数字学习环境、数字内容、教师和教师之间的内容和程序共享系统。在学校和系统层面提升教育系统的管理能力，包括开发管理平台和整合信息系统的使用，以及增加与公众的接触，提高预算和运营透明度。卫生部正在努力建立一个安全的国家平台，用于医院和病患共享医疗数据，通过信息的互通，有助于保证患者治疗的连续性，也可以将医疗信息转化为洞察力，减少医疗事故，改进医生决策过程。

B.9
俄罗斯数字经济发展报告（2021）

倪文卿*

摘　要：　数字经济是俄罗斯近年来大力发展的国家级项目之一，不过因其起步较晚、数字经济尚未受到普遍重视、疫情限制，其数字经济发展进程较为缓慢。2021年俄罗斯数字经济发展呈向好态势，人工智能、5G技术等高新技术得到高度重视和配套扶持措施。本报告结合2018年至2021年相关数据，针对俄罗斯国内数字经济发展、其在国际排名中地位变化、现存问题和发展前景四个方向，梳理分析俄数字经济发展及其前景。

关键词：　俄罗斯　数字经济　人工智能

一　俄罗斯数字经济发展现状

2017年，俄罗斯正式批准落实“数字经济”国家项目，该项目框架下包含“数字经济”“国家治理”“技术发展”“信息技术基础设施”“人工智能”“网络安全”等联邦子项目，由俄罗斯数字发展、通信和大众传媒部（下称“数字部”）负责该项目具体落实进程。

本报告将从俄罗斯国内数字经济发展和俄罗斯在国际数字经济相关排名中的地位两方面展开，结合数据分析俄罗斯数字经济发展现状。

* 倪文卿，上海社会科学院信息研究所初级翻译。

2020 年①和 2021 年②，俄数字部、俄罗斯国家统计局与俄罗斯高等经济学院联合发布了《数字经济：简略统计手册》，分别对 2018 年和 2019 年俄罗斯数字经济发展情况进行总结，涵盖数字经济发展投入、数字经济社会覆盖率、民众对数字技术满意度、商业数字化、数字化治理、数字经济从业人员、数字基础设施、信息通信技术（ICT）八大方面。

2019 年，俄罗斯对数字经济发展的总投入达 4.094 万亿卢布，较 2018 年增长 7.8%，占 GDP 的 3.7%。2018 年俄对数字经济发展总投入达 3.795 万亿卢布，占 GDP 的 3.6%。其中，俄罗斯家庭在使用数字技术产品和服务上的支出为 1.641 万亿卢布（占 GDP 的 1.5%），企业支出达 2.453 万亿卢布（占 GDP 的 2.2%，较前年上涨 0.3 个百分点）。企业使用数字技术产品和服务具体领域细分详见图 1，支出主要用于购置应用数字技术的机械设备（占比 44.4%）、购置相关软件及安装（占比 24.5%）和购买电子通信服务（占比 18.7%）。

数字经济社会覆盖率方面，2019 年，俄罗斯家庭的互联网覆盖率达 76.9%，较之前年增长 0.3 个百分点，宽带覆盖率达 73.6%，同比上涨 0.4 个百分点。俄罗斯互联网覆盖率在 2010 年仅为 48.4%，在 2011 年飙升至 56.8%，随后逐年稳步提升。尽管如此，在国际层面上俄罗斯互联网普及率仍较低，低于美国、意大利、捷克等国（见图 2）。

2019 年，俄罗斯企业的互联网接入率达 89.6%，较之前年上涨 0.1 个百分点，宽带使用率达 86%。而尽管企业互联网接入率和使用率较高，只有 48.5% 的企业拥有官方网站（2015 年该数据为 41.4%），宽带网络网速在 100 兆/秒及以上的企业仅占比 11.2%（2015 年为 9.1%）。此外，值得注意的是，俄罗斯 RFID（射频识别）技术利用率较低，使用该技术的企业仅占比 8.2%，数据安全存在较高隐患和风险。相比之下，RFID 技术企业覆盖率较高的国家包括韩国（46%）、芬兰（23%）、德国（16%）、意大利

① 俄罗斯高等经济学院发布报告，https：//issek.hse.ru/mirror/pubs/share/323871553。

② 俄罗斯高等经济学院发布报告，https：//issek.hse.ru/mirror/pubs/share/434007067.pdf。

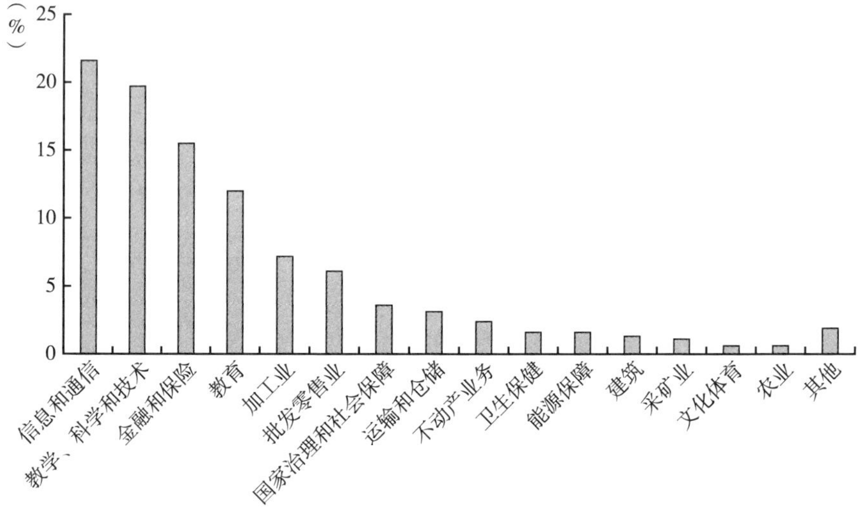

图1　2019年企业对数字技术产品服务支出的领域细分

资料来源：根据高等经济学院《数字经济：简略统计手册》（2021年版）绘制。

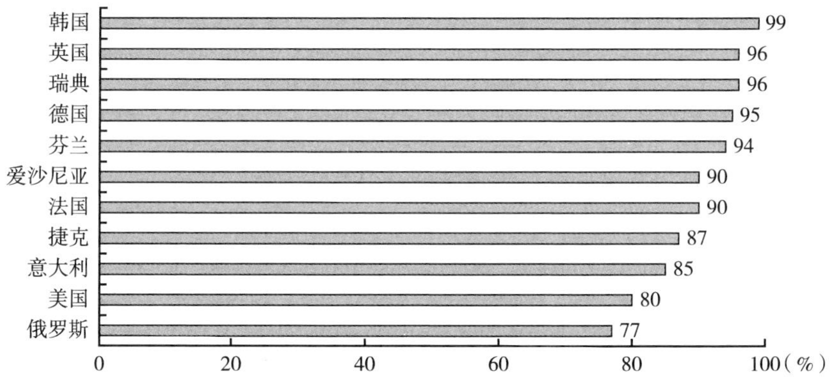

图2　2019年互联网覆盖率领先国家

资料来源：根据高等经济学院《数字经济：简略统计手册》（2021年版）绘制。

（13%）等。可以看出，尽管网络覆盖率较高，但俄罗斯多数企业对网络和数字化技术手段运用频次较低，数字化仍面临较多难题，网络基础设施水平仍有待提高。

在国家治理方面，尽管俄罗斯也确定了电子政务的目标，但截至目前成效仍不甚理想。根据俄罗斯国家统计局2019年的数据，96.3%的国家和地方政府机关接入互联网，91.1%的机关接入宽带网络，然而只有60.5%的机关拥有官方网站，仅28.1%的机关使用了云服务器，仅7.2%的机关网速达到100兆/秒以上。这将导致信息时效性差、数据无法及时录入线上数据库、地方间信息不互通等问题，再加上俄罗斯幅员辽阔，信息更新不及时和落后的网速将大大降低政府部门办事效率，无益于本国数字经济发展。

根据2019年数据，信息技术总附加值为2.774万亿卢布，占GDP的2.8%，较之2018年增加1880亿卢布，GDP占比持平。2019年信息技术领域的固定资产投资为7530亿卢布，占固定资产投资总额的3.9%，同比上涨0.5%（增加1490亿卢布）。信息通信技术在俄罗斯GDP中占比为2.8%，较之2018年上涨0.2个百分点，低于爱沙尼亚（7.4%）、芬兰（6.1%）、捷克（6.0%）等国。

2019~2020年，信息技术（IT）呈现积极发展态势，行业总值在十年内翻了一番多，达9450亿卢布。而2020年，因新冠肺炎疫情影响，IT行业遭受较大负面影响，2020年1月至3月该行业的产品销售量明显低于上年同期（仅为同期数值的92%）。2019年IT行业产品总销量达到11910亿卢布，其中计算机软件开发仅占50%，数据处理和信息仓储服务占比33%，计算机系统相关咨询和活动占比14%。①

根据高等经济学院数字经济2020年最新数据，在疫情背景下，俄罗斯信息通信技术（ICT）行业保持了前几年增长态势，继续稳步增长，行业总值达3万亿卢布，增速达103%，ICT行业固定资产投资接近8500亿卢布，或GDP的4.2%（2019年为3.96%）。

2020年ICT相关服务出口较上年增长（108%），达到59亿美元。计算机服务的主要消费者是美国（32%）、英国（8%）、塞浦路斯（8%）和德国（7%）；英国（12%）、塞浦路斯和美国（各7%）最常购买电信服务；

① https://issek.hse.ru/news/371816718.html.

信息领域是英国（14%）、日本和美国（各10%）。相反，数字商品的出口量下降了27%，接近2016年的水平。[①]

新冠肺炎疫情促使各国改变其技术发展路线，加速数字化进程，俄罗斯也非例外。得益于此，俄罗斯电商市场在2020年呈现快速增长态势，达到3.2万亿卢布，涨幅接近60%。俄总理米舒斯京表示，下一步俄罗斯计划推动工业板块的数字化，向技术流程、生产、物流、管理决策的完全自动化迈出关键一步。[②]

2020年，俄罗斯在数字化转型领域取得重大进展，所有联邦执行机构都任命了数字化首席转型官，地区层面也在逐步落实相关任命。此外，俄罗斯启动了人工项目在执行机关中的应用，以提高公共服务质量和效率，降低公共行政成本。[③]

经济方面，2020年，已制定并正在实施数字化战略的国有企业数量翻了一番（从25%增加到48%）。企业的首要任务是业务流程数字化、数据驱动管理、客户体验管理、产品和服务价值管理。[④]

而从行业细分来看，除IT领域外，数字化转型的先进领域包括银行和金融组织、住房和公共服务、电信、保险以及石油和天然气行业。2020年大型企业数字试点项目数量比2019年增加了38%，近85%的大型企业使用了人工智能解决方案。无人驾驶车辆应用项目已经启动。语音助手和智能聊天机器人的使用呈爆炸式增长。企业正从简单AI模型过渡到更复杂、综合性更强的解决方案和智能对象网络。企业正在积极实施超融合基础设施，首批云原生基础设施（Cloud - Native）实施项目正在不断推进。[⑤]

① https：//www. itweek. ru/digitalization/news - company/detail. php？ ID =219069.

② https：//digital. ac. gov. ru/news/5325/.

③ https：//ac. gov. ru/news/page/cifrovaa - transformacia - v - rossii - itogi - 2020 - goda - i - perspektivy - razvitia - 26801.

④ 同上。

⑤ 同上。

二　俄罗斯在国际数字经济相关排名中的地位

根据本报告的综合排名，2021 年俄罗斯在 50 个国家中排名第 23 位，位于中游，高于多数发展中国家。相较于 2020 年（27 位）上升 4 名，显示出俄罗斯数字经济的积极趋势和动态。

而从产业和创新角度，俄罗斯显著落后于多数国家，产业竞争力排名仅第 39 名，较前年下降 5 名。创新竞争力排名第 31 名，较前年下降 2 名。俄罗斯在产业创新方面皆处于中下游且呈下降趋势，显示出俄企业对数字经济发展还不够重视，企业缺乏数字化转型的主观能动性，阻碍了产业整体的数字化发展和创新潜力的挖掘。

在数字设施竞争力方面俄罗斯则排名第 10 位，与前年排名持平。在数字治理方面俄罗斯排名第 14 位，较之前年上升了 17 名。这表明俄罗斯在政府治理和基础设施方面有一定突出之处，在国家管理和政治层面俄罗斯正积极开展数字经济及相关技术的应用和转型，下一步俄罗斯应关注如何将政策进一步落地扩大至其产业层面。

整体而言可以看出，俄罗斯数字化进程在治理层面落实效果较好，但尚未在产业领域得到大规模普及，中小企业和民营企业开展数字化进程仍然较为缓慢，这将阻碍俄罗斯进一步落实其“数字经济”发展目标。

2021 年，俄数字部、俄罗斯国家统计局与俄罗斯高等经济学院联合发布了《数字经济：统计手册》①，归纳俄罗斯在国际社会上数字经济发展指标，从多个指标进行横向比较。

根据世界经济论坛的网络就绪指数（Networked Readiness Index，NRI），2020 年俄罗斯在 134 个国家中排名第 48 位，次于保加利亚和乌拉圭，与 2019 年持平（2019 年该指标共选取 121 个经济体），即便如此，俄罗斯的四个分指标排名皆有所进步，在人力和治理方面分别上升 8 名和 9 名。瑞

① 俄罗斯高等经济学院发布报告，https：//issek. hse. ru/mirror/pubs/share/484533334. pdf。

典、丹麦、新加坡分别位列前三。俄罗斯在独联体国家中排名第一位，其次是位列第55名的亚美尼亚和位列第56名的哈萨克斯坦，中国位列第40名。网络就绪指数从技术、人力、治理和影响四个分指标进行打分，衡量了各国有效利用信息通信技术的成熟度。报告指出，俄罗斯在信息通信技术使用和掌握技能方面表现最佳，该指标的排名为第31位。此外，在技术方面俄罗斯也具有较强竞争力，排名第49位，主要归功于其在经济、可持续目标贡献、扩大信息通信技术影响力方面的强劲表现，尽管如此，俄罗斯在生活质量上稍显逊色（生活质量是判断本国预期寿命的指标）。而俄罗斯的薄弱环节在于治理，因其法规制度排名较为落后（第128名），影响其在信任度方面的排名。①

在瑞士洛桑国际管理发展学院（IMD）公布的2020年世界数字竞争力排名（World Digital Competitiveness Ranking）中，俄罗斯在63个国家中排名第43位，与2019年相比下降了5名。在该排名中美国位居榜首，新加坡和丹麦分别位列第二名和第三名，中国大陆位列第16名，中国香港特别行政区位列第五名，中国台湾位列第11名。世界数字竞争力排名主要从数字知识、科技和为未来准备情况三个方面来了解全球63个经济体的数字技术情况。报告利用三个主要指标及其下属指标分析了俄罗斯的主要强项与弱项。数字知识方面，俄罗斯的主要优势在于拥有更高教育水准、更多学科毕业生、更多持有相关领域文凭的女性、科研研发产值较高、机器人在教育和研发中应用程度更高，其主要劣势在于缺乏国际合作经验。科技方面，俄罗斯的表现无功无过，但在金融银行业服务和风投方面存在较多问题。为未来准备情况方面，俄罗斯的主要问题在于对于全球化的态度以及企业灵活度不足。②

在联合国2020年发布的《电子政务指数》（*United Nations E-Government Survey*）中，俄罗斯在193个国家中排名第36位，较上年下降4名。不过，

---

① 《网络就绪指数》，https：//networkreadinessindex. org/wp - content/uploads/2020/10/NRI - 2020 - Final - Report - October2020. pdf。

② 《2020世界数字竞争力排名》，https：//www. imd. org/globalassets/wcc/docs/release - 2020/digital/digital_ 2020. pdf。

在电子政务发展指数（E-Government Development Index）中位列“电子政务发展程度非常高”（Very High EGDI）行列。中国在调查中排名第45位。在调查中位列前茅的国家分别是丹麦、韩国和爱沙尼亚。①

在联合国国际电信联盟编制的《全球网络安全指数》中，2020年俄罗斯排名上升了21位，与马来西亚、阿联酋并列第五②，在独联体地区排名中位居第一。排名共涵盖193个国家，针对立法、组织、技术等方面通过五个板块共82个分指标对各国信息技术安全战略开展评估。在当年报告中排名前三的分别是美国、英国和沙特（并列第二）、爱沙尼亚、新加坡与韩国和西班牙（并列第四）③，中国在该排名中与克罗地亚并列第33位。报告显示，俄罗斯在技术和组织措施方面具有增长潜力。

从城市角度来看，根据本地线上服务指数（Local Online Service Index，LOSI）排名，俄罗斯首都莫斯科在86个城市中排名第六位，位列“LOSI指数非常高”组别。该排名的前三名分别是马德里、纽约和塔林，中国上海同样位于该组别，位列第九；日本首都东京位列“LOSI指数高”组别，排名第24位。

三　俄罗斯数字经济发展现存问题

截至2020年第一季度，俄罗斯“数字经济”国家规划下的231个项目中，只有6项指标达到圆满完成的阶段，约150个项目在落实过程中发现无法在既定期限内完成，63个项目（约30%）为“未完成”状态（见表1）。④ 可以看出，俄罗斯虽然提出了诸多宏大计划，但其落实速度较为缓慢，再加上疫情的冲击，导致规划完成效果不尽如人意。

① 《电子政务指数》，https：//publicadministration. un. org/egovkb/Portals/egovkb/Documents/un/2020 - Survey/2020%20UN%20E - Government%20Survey%20（Full%20Report）. pdf。

② https：//digital. ac. gov. ru/news/5323/.

③ 《全球网络安全指数》，https：//www. itu. int/epublications/publication/global - cybersecurity - index - 2020/en/。

④ https：//www. bigdataschool. ru/blog/digitalization - problems - and - challenges - 2020. html.

表1　俄罗斯“数字经济”国家规划未完成项目领域细分

单位：个

联邦项目名称	未完成项目数量
数字环境规范监督	9
信息基础设施	11
数字经济人力资源	10
信息安全	13
数字治理	20
总数	63

资料来源：根据 https：//www. bigdataschool. ru/blog/digitalization – problems – and – challenges – 2020. html 整理。

行政障碍也是数字经济规划推进难的原因之一。目前俄罗斯仍未开发出管理数字技术发展的具体模式，也并未任命相关负责人员。虽然俄罗斯针对人工智能、5G 等先进技术制定了发展路线图，但却未在数字经济整体发展方面起草具体路线图，甚至部分资金的划拨尚未确定。[①] 此外，俄罗斯数字经济发展还遭遇下列难题。

1. 人工智能发展存在较高不确定性

人工智能领域是俄罗斯数字化转型关键驱动因素之一，俄罗斯于 2020 年 8 月批准了“人工智能”联邦项目，将在 2021 年至 2024 年落实。项目计划拨款 363 亿卢布推动人工智能技术发展、减少使用障碍、引入税收优惠、创新监管工具、构建必要的基础设施和监管法律框架。

然而疫情对于发展较为薄弱的人工智能板块造成负面影响，包括虚拟和增强现实技术，存在短板的领域将面临需求和供应双重下降的风险，量子市场也面临巨大压力。此外，视频监控和面部识别应用程序仍然存在数据隐私保护难题，自然语言处理系统虽然受疫情影响较弱，但由于整体经济形势不利，可能会面临开发和实施的放缓。数字人工智能解决方案的整体增长受到其高成本、开发时间和数据安全问题的阻碍，导致目前俄罗斯人工智能尚未

① https：//www. bigdataschool. ru/blog/digital – transformation – 2030. html.

达到成熟水平。[①]

2021 年 6 月，俄罗斯政府下属分析中心与俄罗斯储蓄银行、“数字经济”国家项目共同开展试点项目，以分析人工智能在俄罗斯实体经济的落实情况。该项目以速度、质量、客观性、经济效益和个性化五个指标展开，针对实体经济企业和整个行业开展评估，预估人工智能对其贡献和影响。研究表明，人工智能的引入对整个行业总增加值的贡献超过 2%。同时，调查指出，人工智能在俄罗斯工业中的渗透率非常低，仅为 11%，主要原因在于缺乏高资质专家和人工智能投资项目效率低下，项目缺乏数据和管理手段支持。[②]

2. 立法落后于数字经济发展

虽然俄罗斯在“数字经济”国家规划下出台了一系列法规、命令和标准文件，但整体而言监管速度无法跟上科技推陈出新的速度。在民众较为关切的数据隐私、个人隐私保护等安全问题，以及企业关心的云数据、技术安全等方面，俄罗斯的监管措施效率较为低下。

数字经济和数字化是不可避免的进程，为此，俄罗斯应对其法律体系进行改革，重组整体监管框架。应基于数字化要求和未来趋势完善其基础设施体系，避免出现重复审核、效率低下等阻碍社会经济发展的障碍。作为数字经济的重要参与者，企业也应当参与到这一进程中，以实际经验更好地服务俄罗斯数字化。[③]

3. 数字经济专业人才储备不足

目前俄罗斯数字经济和技术人才储备较为薄弱，2019 年，信息技术从业人员共 85.98 万人，仅占总人口的 0.59%（2019 年俄罗斯总人口为 1.45679 亿人）。此外，信息技术专业人才数仅占从业人员总数的 19.4%，达 16.65 万人，其余 80.6% 的人员主要集中于经常运用信息技术的从业人

① https://issek.hse.ru/news/457149916.html.

② https://digital.ac.gov.ru/news/5311/.

③ https://roscongress.org/sessions/tsifrovaya-ekonomika-problemy-i-perspektivy-normativnogo-regulirovaniya/discussion/.

员，职业主要集中于金融领域、市场营销和行政机关。

不过，俄罗斯信息技术领域人才普遍较为年轻，15～39 岁信息技术从业人员总数占行业从业人员总人数的 68.1%，35 岁以下信息技术行业人员占比达 53%，高于法国（38%）、德国（37%）、英国（35%）、瑞典（32%）、意大利（25%）等数字技术较发达国家。俄罗斯数字经济人才培养尚处在起步阶段，虽目前行业从业人员和高精尖专家数量不足，但未来具有较大前景，有望赶超其他发达国家。

2021 年 5 月 11 日，俄罗斯数字部宣布将成立数字经济人才培训教育机构联盟，包含俄罗斯 185 所高校和 101 所中等职业学院，力争成为培养数字经济人才的主要机构，为俄罗斯输送数字经济人才。①

4. 机器人产业多方遇冷

机器人领域是俄罗斯的强项。俄罗斯储蓄银行发表的机器人技术行业分析报告指出，俄罗斯拥有强劲的工程学院，建模专业和编程专业具有较强竞争力，此外，俄国内对工程专业的兴趣在逐步增长。国产机器人能够解决复杂的技术问题，俄罗斯国内技术人才对新技术适应力较高，且民众对机器人技术的接受度较高。②

然而，要想发展机器人技术，俄罗斯面临重重难题。第一，原型机设计效率较低，且成本高昂，导致高校和初创企业无法推进原型机设计建设。第二，俄罗斯先进制造业产能不足，导致产品大规模下线的成本居高不下。第三，俄罗斯高校中缺乏高资质的年轻师资力量，教学软件版本老旧，无法适应当下的技术条件。目前俄罗斯也尚未制定机器人技术领域相关的国家发展战略，决策层缺少对机器人技术足够了解的专家人才，无法开展具有针对性的扶持工作，导致该领域发展陷入僵局。③

---

① https：//digital. ac. gov. ru/news/5251/.

② 俄罗斯储蓄银行：《俄罗斯 2019 年机器人产业发展报告》，https：//www. sberbank. ru/common/img/uploaded/pdf/sberbank_ robotics_ review_ 2019_ 17. 07. 2019_ m. pdf。

③ 俄罗斯储蓄银行：《俄罗斯 2019 年机器人产业发展报告》，https：//www. sberbank. ru/common/img/uploaded/pdf/sberbank_ robotics_ review_ 2019_ 17. 07. 2019_ m. pdf。

四　俄罗斯数字经济发展前景

2020 年俄罗斯政府对“数字经济”国家规划部分指标和目标进行修改，重点对下列领域目标作出修改：数字治理、软件进口替代、端到端技术支持、信息安全、发展数据中心、教育培训、5G 技术等。[①] 修正通过后，上述指标将根据不同地区情况进行拆解，由各地区政府制定落实方案。俄罗斯政府希望通过此举进一步加快数字经济在境内落实进度，提升俄罗斯在数字经济竞争力相关排名中的地位。

根据计划，短期内俄罗斯将大力发展人工智能项目，在社会经济领域开发和加速落实基于数字技术（以人工智能为首）的国内产品、服务和解决方案，为其创造监管、金融和技术条件。[②] 此外，5G 也是俄罗斯政府的重点关注领域之一，到 2024 年，俄罗斯计划将部署 5G 网络的大城市数量提升至 10 个，而此前计划中，2020 年至 2023 年该指标计划为 0。

信息安全方面，俄罗斯计划提高国家信息系统的信息安全水平，增加政府机构、企业和公民间的互动，并提出“俄罗斯联邦信息安全产业发展”“信息安全和信息技术人力资源培养”等新目标。

2021 年 3 月，俄罗斯数字部召开会议，对《关于个人数据联邦法律修正案》进行修订，针对匿名提出一系列修正意见，包括：只有在主体同意的情况下或在俄罗斯联邦个人数据领域立法规定的其他情况下，才能对个人数据进行匿名化处理；企业将能够自由处理匿名数据；对处理数据的运营商引入多项限制；禁止将信息传输给可识别特定人员的第三方；在非紧急情况下禁止对数据进行去匿名化等。修正案通过后将提高保护个人数据系统的效

① https：//d – russia. ru/nacionalnuju – programmu – cifrovaja – jekonomika – zhdut – znachitelnye – izmenenija. html.

② https：//d – russia. ru/nacionalnuju – programmu – cifrovaja – jekonomika – zhdut – znachitelnye – izmenenija. html.

率，俄罗斯公民个人信息的处理和存储权利将得到尊重。①

1. 进一步完善法律框架，鼓励大型国企和中小企业参与

俄罗斯计划至2024年前完成50%的国有企业数字化，并计划于2021年9月1日制定出具体的国有企业数字化转型战略。目前，俄罗斯仍有较多国有企业未将数字化进程列为企业优先发展方向。该计划将扩大和构建数字化和进口替代进程，对企业进行监管的同时提供专业方法建议、专业知识培训和相关金融工具。俄政府希望通过引入俄罗斯数字解决方案和刺激进口替代来维护国家主权。②

中小企业数字化也将得到国家层面的支持，俄罗斯政府计划通过俄数字部，制定一系列措施扶持中小企业。目前，数字部已向中小企业推出数字化优惠贷款，贷款门槛从最初的2000万卢布降低至500万卢布。贷款将通过15家经过国家认证的银行发放，优惠税率为1%至5%，平均利率2.63%。此外，俄罗斯还将计划以优惠价格为小型企业提供云服务，并承担许可证费用的50%。③

在制定地区数字化转型战略的过程中，应考虑及时纳入各界专家、企业和公民以及技术解决方案的开发商、地方自治政府机构代表等，以开展协调工作，根据实际情形制定更为客观、更具针对性的战略。④

2. 人工智能是俄数字经济发展优先方向

疫情显著地扩大了数字技术和远程服务的范围。而根据俄罗斯《至2030年人工智能发展国家战略》内容，俄罗斯将制定人工智能技术和机器人技术伦理的国家方针。规范监管机构、开发商、客户、运营商、人工智能系统（AI）用户、人工智能专家和运营商以及其他潜在人员的工作有能力影响人工智能。该守则的规范本质上是咨询性的，适用于所有市场参与者。⑤

① https://digital.ac.gov.ru/news/5194/.
② https://digital.ac.gov.ru/news/5236/.
③ https://digital.ac.gov.ru/news/5284/.
④ https://digital.ac.gov.ru/news/5275/.
⑤ https://digital.ac.gov.ru/news/5377/.

此外，俄罗斯也将进一步扩大人工智能的应用场景，例如将人工智能应用到物理、数学和化学等强项教育科目中，构建人工智能数据处理专家社区，专门从事人工智能领域的开发。①

公共行政领域也是人工智能具有较强前景的领域，应用人工智能可以提高规划、预测和管理决策过程的效率，提高国家和市政服务的提供质量，并降低提供成本。②

目前，俄罗斯正积极推动人工智能在医疗领域的应用。人工智能技术将帮助俄罗斯医生进行诊断，对 X 光扫描和 MRI 图像进行分析，减少医生就诊负担和患者等待时间。此外，俄罗斯也计划将超级计算机应用于抗癌药物和疫苗的研发工作。③

3. IT 行业将加快俄经济板块数字化

高等经济学院专家指出，俄罗斯 IT 行业发展前景很大程度上取决于国家扶持经济板块的一揽子措施。在缺乏税收激励措施以及受危机影响的经济板块对 ICT 产品和服务需求大幅下降的情况下，该行业至少在 2024 年后才能够恢复到 2019 年的水平。不过，税收优惠可以大幅推动 IT 行业的复苏，确保其进一步加速增长和俄罗斯经济板块的数字化进程。专家认为，计算机和信息服务出口将成为行业增长的主要动力，其在信息技术行业增加值中的比重将显著提高。俄罗斯将提出本国的 IT 解决方案，替换外国方案，并加速其他部门板块的数字化。④

越来越多的 IT 公司将开始成功进入外国市场，这些市场以前被大型工业或服务公司占领。小公司将被纳入数字化转型。IP 架构将由平台方法主导。不过，这些变化也将导致一些负面趋势。例如，数字化转型的领导者与在数字化、效率或盈利能力方面落后于它们的公司之间的差距将越来越大。此外，数字技术的加速采用将导致各种专业的快速淘汰和劳动力的释放。这

① https：//digital. ac. gov. ru/news/5375/.

② https：//digital. ac. gov. ru/news/5375/.

③ https：//digital. ac. gov. ru/news/5325/.

④ https：//issek. hse. ru/news/371816718. html.

意味着国家必须迅速适应不断变化的形势并应对新出现的社会问题。①

4. 数字货币将降低交易成本、保障财务安全

俄罗斯央行在2020年发布了关于“数字卢布”的概念文件，在文件中分析了数字货币在俄罗斯的作用、应用可能性和运转模式。文件表明，央行将负责发行数字货币，将成为俄罗斯国家货币的附加形式。应用数字货币将提升交易处理速度、简化支付手段、保障财务安全，由此提高结算透明度，减少影子领域。

落实数字货币最大的障碍是对应基础设施高昂的成本费用，此外，根据俄罗斯外贸银行的预计，建设基础设施至少需要两年时间，而在数字货币完全落地前则还需要至少2~4年时间。此外，“数字卢布”概念文件中也未提及借贷问题，在现有信贷和信用卡零售市场发展水平下，数字货币的应用机遇将进一步收窄。②

5. 机器人技术具有重大潜能

俄罗斯储蓄银行发布的报告指出，未来机器人技术准入门槛将进一步降低，将会涌现更多相关初创企业，提升俄罗斯机器人技术竞争力。目前，尽管俄罗斯机器人技术劳动力产能较低，但从另一个角度来看，这意味着俄罗斯生产现代化具有很大空间，如俄企业有挖掘该领域潜力的意愿和具体落实措施，将大幅提升机器人技术领域的产能，助推俄罗斯成为该领域先进国家。

此外，目前国际范围内尚未出现服务机器人的龙头企业，这意味着俄罗斯企业有充分的发展空间，适当的良性竞争将弥补俄罗斯技术方面的不足。俄罗斯地广人稀，拥有丰富的矿产资源和电能，使其具备充足的空间和资源以较低的成本试验其机器人产品。③

---

① https：//ac. gov. ru/news/page/cifrovaa – transformacia – v – rossii – itogi – 2020 – goda – i – perspektivy – razvitia – 26801.

② https：//tass. ru/opinions/11985473.

③ https：//www. sberbank. ru/common/img/uploaded/pdf/sberbank_ robotics_ review_ 2019_ 17. 07. 2019_ m. pdf.

6. 产业数字化转型将推动第四次工业革命

据预计，2021 年至 2025 年政府机构数字化水平将显著提高，所有政府服务积极向电子形式转移。数字化转型正在引领农业、工业、运输和物流、消费领域和其他行业的第四次工业革命。

农业板块可以通过将人工智能用于植物育种、机器人化、精准农业和畜牧业、垂直温室来实现这一进程①；工业方面的驱动因素包括增材制造、机器人技术、数字建模等；无人驾驶、机器人分拣、共享经济等技术推进运输物流板块更新②。目前，俄农业部正致力于创建数字平台，将信息资源和数据应用于所有农业生产，提升生产效率，向各方提供可靠行业数据。平台将通过使用大数据技术收集和处理农业行业信息，并在“单一窗口”信息系统框架内进行。平台计划于 2022 年实施，并计划至 2024 年纳入俄境内所有农业用地数据。③

整体而言，产业的数字化转型将提升业务效率、提升企业商品服务竞争力、提升商业决策质量和企业透明度、提升企业生命力、帮助企业走出传统舒适区。短期来看，近两年间，俄罗斯运输和金融服务等领域将会出现数字平台，并加以发展，这将为企业提供新机遇。此外，大数据和高级分析、流程机器人（RPA）、物联网和人工智能将推动自动化进程，加快向数据驱动管理模式的转型，企业将扩大数字基础设施的应用和构建，在云端上开展更灵活开放的数据融合。国家规划扶持也将为企业数字化提供融资机遇。④

长期来看，数字化转型将催生新商业模式（包括支付体系、线上平台和生态环境等），推动产业新参与者（新 IT 企业），产业界定标准将发生改

---

① 俄罗斯储蓄银行：《俄罗斯 2019 年机器人产业发展报告》，https：//ac. gov. ru/news/page/cifrovaa – transformacia – v – rossii – itogi – 2020 – goda – i – perspektivy – razvitia – 26801。

② 俄罗斯政府下属分析中心：《俄罗斯数字经济发展前景》，https：//ac. gov. ru/uploads/5 – Presentations/% D1% 86% D0% B8% D1% 84% D1% 80% D0% BE% D0% B2% D0% BE% D0% B9_ % D1% 82% D1% 80% D0% B0% D0% BD% D1% 81% D1% 84% D0% BE% D1% 80% D0% BC% D0% B0% D1% 86% D0% B8% D0% B8_ % D0% B2_ % D0% A0% D0% BE% D1% 81% D1% 81% D0% B8% D0% B8. _ % D0% A2% D0% BE% D1% 87% D0% B8% D0% BD. pdf。

③ https：//digital. ac. gov. ru/news/5264/.

④ https：//digital. ac. gov. ru/news/5264/.

变，数字化转型龙头企业发展增速将进一步加快，传统企业与新兴企业间的数字鸿沟将进一步扩大。此外，中小企业将加快数字化脚步，针对数据的应用和分析将出台产业细分的标准。①

产业的数字化转型也将催生新的社会趋势，随着国家治理数字化的推进，国家监管将趋于严格，个人隐私、信息保护等新议题将被提上议程。传统专业将被淘汰，导致就业面临青黄不接的局势，为此，国家应及时采取相应策略和应对措施，妥善安置劳动力，开展再培训等业务。同时，自由职业或是按需上岗将成为就业新趋势，灵活工作制度将越发普及。得益于数字技术的发展，远程工作、在家办公甚至是异地办公都将成为就业新趋势，而员工的专业技能将更加专精。②

7. 在2030年前确保互联网全境普及

受疫情影响，俄罗斯多地实行线上办公，而部分偏远地区尚未接入互联网将影响正常工作秩序。为此，2021 年俄罗斯总理米舒斯京表示，俄罗斯计划在 2030 年底前确保互联网在俄罗斯的全境覆盖。在 2021 年，俄罗斯将在偏远地区建设 1000 多个基站，为国家和企业员工提供更方便的条件。

根据俄政府预测，至 2030 年底，数字化转型将涵盖俄罗斯至少 40% 的经济，为进一步消除数字鸿沟，推动劳动力市场变革，完善人工智能、机器学习、物联网等基础设施，推进先进技术在工业和能源领域的应用和变革，俄罗斯将对国家和地区层面的信息基础设施进行现代化改造，以更好适应数字化时代要求。③

---

① https：//digital. ac. gov. ru/news/5264/.

② https：//digital. ac. gov. ru/news/5264/.

③ https：//tass. ru/ekonomika/11864925.

B.10
乌兹别克斯坦数字经济发展报告（2021）

宋 澄*

摘 要：近年来由于推广数字经济，乌兹别克斯坦经济发展加快，国际竞争力提升，并逐步融入世界经济。本文从 ICT 服务、电信基础设施、电子商务三个方面介绍了乌兹别克斯坦数字经济的发展概况，分析了乌兹别克斯坦在评估信息技术发展的多项国际评级中的表现。随后梳理了乌兹别克斯坦在数字经济方面的国家政策沿革，重点阐述了有关发展数字技术和电子政务的措施。最后通过《数字乌兹别克斯坦——2030战略》展望了乌兹别克斯坦数字经济的发展前景。

关键词：乌兹别克斯坦 数字经济 信息技术 电子政务 数字战略

今天许多发达国家特别关注数字经济的发展，通过新的立法和政府规划逐步在经济的各个领域引入数字化，并为数字经济的发展创造基础设施。国际市场一体化进程要求经济实体积极进入全球信息化网络，作为世界经济共同体的一员，乌兹别克斯坦正在积极发展数字经济。2017年推出了新版交互式公共服务统一门户网站，并成立了乌兹别克斯坦共和国总统下属的国家项目管理机构。2018 年，支持数字经济发展的数字

* 宋澄，上海社会科学院信息研究所俄语编译。

信托基金成立，旨在吸引和整合投资者资金，用于根据公私合作伙伴关系在该领域实施项目，特别是实施相关的区块链技术项目。此外，《2017～2021年五大优先领域发展行动战略》规定实施总统确定的数字经济和电子政务发展大规模任务和项目。为进一步发展信息技术，2020年通过了《关于广泛引入数字经济和电子政务的措施》决议、《数字乌兹别克斯坦——2030战略》，2021年制定了《2021～2022年人工智能技术研究实施措施方案》。这些举措和文件在充分考虑乌兹别克斯坦发展现状的同时逐步使其过渡到数字经济。

一 发展概况

乌兹别克斯坦地处中亚腹地，历史文化悠久，独立以来政局稳定，社会安定有序。经济保持中速增长，2020年GDP达5802032亿苏姆，约合576.985亿美元，2020年GDP增速为1.6%，低于2019年的5.8%和2018年的5.4%。[①] 如今乌兹别克斯坦数字经济占GDP的比重为2.2%，低于普遍认为的平均最优指标7%～8%，例如英国（12.4%）、韩国（8%）、中国（6.9%）、印度（5.6%），同时也落后于邻国俄罗斯（2.8%）、哈萨克斯坦（3.9%）。[②]

根据乌兹别克斯坦国家统计委员会数据，2020年信息产业从业人口在所有产业中占1.2%。信息产业是乌兹别克斯坦收入较高的行业。2020年信息产业平均月收入为436.88万苏姆，比2019年增长10.1%。全国信息产业平均月收入最高的地区是塔什干市，为548.52万苏姆，比全国平均水平高出25.6%。全国其他地区信息产业平均月收入普遍低于全国平均水平，比

① Валовой внутренний продукт Республики Узбекистан 2020, Государственный комитет Республики Узбекистан по Статистике, https://stat.uz/ru/?preview=1&option=com_dropfiles&format=&task=frontfile.download&catid=318&id=1364&Itemid=1000000000000.

② Юрий Кутбитдинов, Узбекистан оцифровывается, 2020.3.1, https://review.uz/post/uzbekistan-otsifroviyvaetsya.

如塔什干州信息产业平均月收入是全国平均水平的 49.7%，安集延州 52.1%，撒马尔罕州 55.0%，花拉子模州 55.1%（见图 1）。

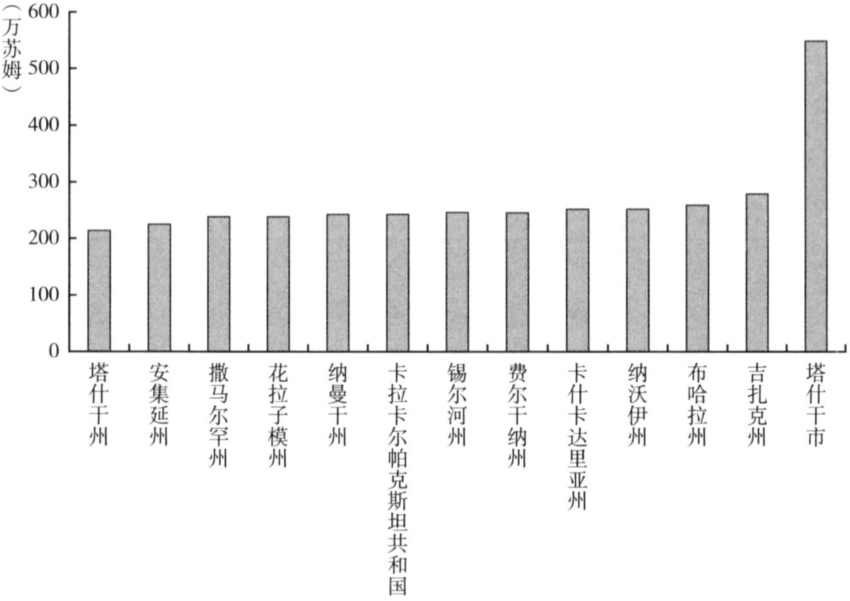

图 1　全国各地区信息产业平均月收入

资料来源：乌兹别克斯坦国家统计委员会。

2016～2020 年，乌兹别克斯坦信息产业平均月收入逐年上升，从 204.22 万苏姆提高至 436.88 万苏姆（见图 2）。

1. ICT 服务发展

乌兹别克斯坦特别关注 ICT 服务的发展，根据乌兹别克斯坦共和国电子政务系统发展构想草案，计划到 2025 年将 ICT 服务占 GDP 的比重提高到 5.0%，到 2030 年提高到 10%。2020 年 ICT 服务在所有服务结构中的占比为 5.9%，增长率为 115.3%，总量为 128860 亿苏姆（2019 年增长率为 108.3%，总量为 108917 亿苏姆），比 2019 年增长 19943 亿苏姆。①

① Социально－экономическое положение Республики Узбекистан 2020，Государственный комитет Республики Узбекистан по Статистике.

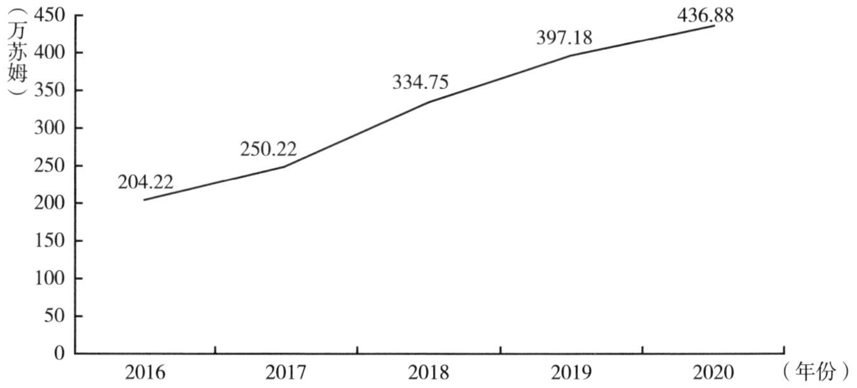

图2　全国信息产业平均月收入

资料来源：乌兹别克斯坦国家统计委员会。

在ICT服务总量中占比最大的是电信服务（传输和移动通信、互联网服务、卫星通信服务等），占比达78.4%。计算机软件、咨询服务和其他相关服务的占比分别为6.9%、10.1%，其中其他通信服务占5.2%、信息领域服务占4.9%，出版服务占4.6%（见图3）。

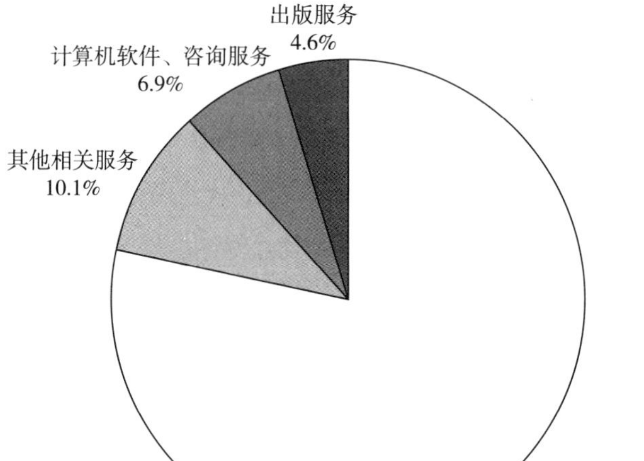

图3　2020年ICT服务结构

资料来源：乌兹别克斯坦国家统计委员会。

2020 年 ICT 服务增长率最高的地区是塔什干州（132.0%）、塔什干市（118.8%）、吉扎克州（114.0%）、锡尔河州（113.2%）、花剌子模州（111.5%）、费尔干纳州（111.3%）和卡什卡达利亚州（111.2%）（见图 4）。与 2019 年相比增长率增幅最小的是布哈拉州（4.9 个百分点）、撒马尔罕州（8.4 个百分点）、苏尔汉河州（8.4 个百分点）和卡拉卡尔帕克斯坦共和国（7.2 个百分点）。①

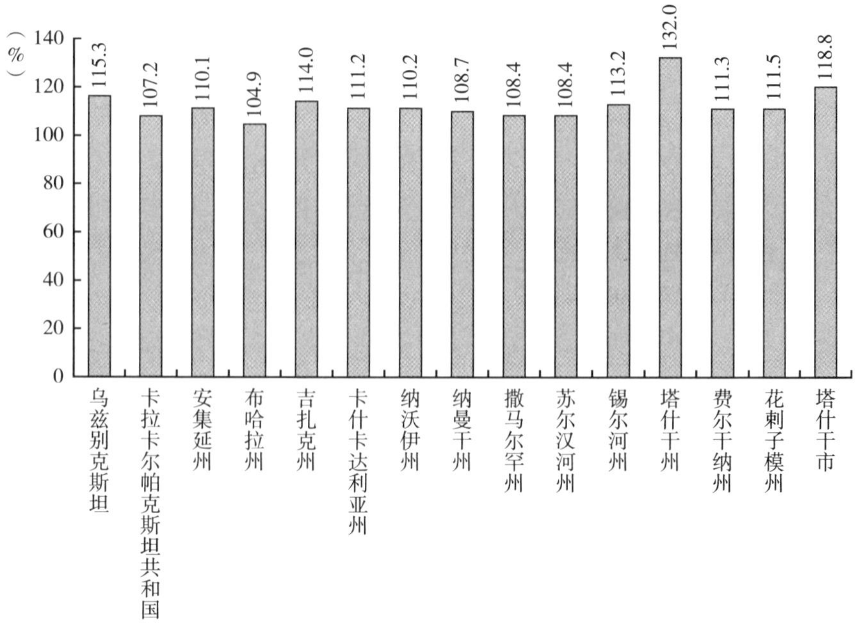

图 4　2020 年全国 ICT 服务增长率

资料来源：乌兹别克斯坦国家统计委员会。

2020 年 ICT 服务总量最大的地区是塔什干市，为 72481 亿苏姆，说明全国大部分从事 ICT 服务的企业和组织位于塔什干市。此外，ICT 服务总量较大的地区还有费尔干纳州（7432 亿苏姆）、撒马尔罕州（6988 亿苏姆）、安集延州（5619 亿苏姆）、纳曼干州（5004 亿苏姆）、卡什卡达里亚州（4946 亿苏姆）和塔什干州（4549 亿苏姆）（见表 1）。

① Социально – экономическое положение Республики Узбекистан 2020, Государственный комитет Республики Узбекистан по Статистике.

表 1　2020 年各地区 ICT 服务总量

单位：亿苏姆

地区	ICT 服务总量
塔什干市	72481
费尔干纳州	7432
撒马尔罕州	6988
安集延州	5619
纳曼干州	5004
卡什卡达里亚州	4946
塔什干州	4549
布哈拉州	4086
苏尔汉河州	3841
卡拉卡尔帕克斯坦共和国	3810
花拉子模州	3441
纳沃伊州	2463
吉扎克州	2340
锡尔河州	1814

资料来源：乌兹别克斯坦国家统计委员会。

ICT 领域的服务创造的总增加值自 2016 年以来翻了一番，从 4.4 万亿增长至 8.8 万亿苏姆（见表 2）；ICT 服务量增长了一倍，从 6.3 万亿增长到 12.9 万亿苏姆（见表 3）。

表 2　2016 ~ 2020 年 ICT 服务 GVA 的增长动态

单位：万亿苏姆

类目	2016 年	2017 年	2018 年	2019 年	2020 年
GDP	242.5	302.5	406.6	510.1	580.2
GVA	220.1	267.7	361.1	464.9	535.8
ICT 领域	4.4	5.7	7.0	7.4	8.8

资料来源：乌兹别克斯坦国家统计委员会。

表 3　2016～2020 年 ICT 服务量增长动态

单位：万亿苏姆，%

类目	2016 年	2017 年	2018 年	2019 年	2020 年
服务业——总计	97.1	118.8	150.9	193.7	218.9
服务业增长率	114.7	110.7	108.9	113.2	102.3
ICT 领域	6.3	8.2	10.3	10.9	12.9
ICT 增长率	114.6	121.3	115.9	108.3	115.3

资料来源：乌兹别克斯坦国家统计委员会。

ICT 行业的发展得益于 ICT 领域固定资产投资额的增加，2016～2020 年增加了 3 倍，从 1.2 万亿增加到 4.8 万亿苏姆，其中 ICT 领域外国投资和借贷增长到原来的 2.5 倍，从 0.8 万亿增至 2 万亿苏姆（见表 4）。

表 4　2016～2020 年 ICT 领域固定资产投资额变化动态

单位：万亿苏姆

类目	2016 年	2017 年	2018 年	2019 年	2020 年
固定资产投资总额	49.5	60.7	107.3	134.0	202.0
ICT 领域	1.2	1.9	0.9	2.1	4.8
外国投资和借贷	10.8	16.2	31.4	52.6	86.6
ICT 领域	0.8	1.5	0.5	1.2	2.0

资料来源：乌兹别克斯坦国家统计委员会。

2. 电信基础设施发展

乌兹别克斯坦电信基础设施正在积极发展。2016～2020 年全国铺设光纤通信线路长度增长了 2.8 倍，从 1.79 万公里增加到 6.86 万公里；到 2021 年底，计划几乎翻一番，增加到 11.86 万公里。移动通信基站数量增长到原来的 1.8 倍，由 1.77 万个增至 3.17 万个，仅 2020 年就新增安装开通移动通信电话基站 5600 多个（见表 5）。移动通信基站网络的扩大为向全国 98%

的人口提供移动通信服务创造了条件，其中高速通信高达90%。① 移动通信基站网络的扩展是由于安装了新站以保证3G/4G网络的运行，塔什干在中国的帮助下实施了安装15个5G基站的项目。为打造本国生产基地和进口替代，在韩国的帮助下，在吉扎克自由经济区建设了投资1100万美元的工厂，用于每年生产5万公里电缆容量的光缆，这将确保国内需求和供应出口的电缆产品。

表5　电信基础设施发展动态

单位：万公里，万个

类目	2016年	2017年	2018年	2019年	2020年
光纤通信线路总长度	1.79	2.03	2.66	3.66	6.86
移动通信基站数量	1.77	2.00	2.41	2.61	3.17

资料来源：乌兹别克斯坦信息技术和通信发展部。

自2016年以来，移动通信用户数量增长23%达到2540万人，互联网用户数量几乎翻了一番，达到2250万人（见表6）。

表6　用户数量增长指标动态

单位：百万人

类目	2016年	2017年	2018年	2019年	2020年
移动通信用户	20.6	21.4	22.8	23.6	25.4
互联网用户	12.1	14.7	20.0	22.0	22.5

资料来源：乌兹别克斯坦信息技术和通信发展部。

宽带互联网接入端口的安装数量每年都在增长，保障持续连接互联网，高速传输和接收信息。2020年新增约100万个端口，自2018年以来，端口总数从120万个增加到320万个，到2021年底计划增加到390万个，这将大大

① 资料来源：乌兹别克斯坦信息技术和通信发展部，https://mitc.uz/ru/news/category/15。

扩展了有线连接到宽带互联网的用户数量。现在所有幼儿园、医疗机构以及8000多所学校（占总数的80%）已接入高速互联网。2021年，计划为所有学校以及马哈拉（乌兹别克斯坦的基层社会组织，约1万个）提供网络接入。①

移动通信和互联网用户数量的增长不仅得益于电信基础设施的发展，而且还得益于互联网使用成本的降低和速度的提高。自2016年以来，国际数据传输网络的带宽（速度）增加了近21倍——从55 Gb/s增加到1200Gb/s。根据2021年4月17日的政府令，乌兹别克电信公司与美国Winncom Technologies正在实施价值近2600万美元的分组交换中心现代化项目，将网络带宽容量扩大到1800Gb/s。与此同时，互联网服务资费成本从每Mbit/s 91.5美元降至4.3美元，下降到原来的1/21（见表7）。

表7　互联网服务速度和成本变化动态

单位：Gb/s，美元/（Mbit/s）

类目	2016年	2017年	2018年	2019年	2020年
国际网络带宽	54.98	110.0	1200	1200	1200
互联网服务资费成本	91.5	30.3	10.1	5.9	4.3

资料来源：乌兹别克斯坦信息技术和通信发展部。

消费者的互联网速度也有所提高。2018年以来，用户宽带上网速度从10.11Mb/s增长到36.85Mb/s，移动互联网用户速度从9.97Mb/s增长到13.89Mb/s（见表8）。

表8　互联网速度指标动态

单位：Mb/s

类目	2018年	2019年	2020年
宽带(座机)互联网速度指标	10.11	22.49	36.85
移动互联网速度指标	9.97	9.51	13.89

资料来源：Speedtest Global Index，https://www.speedtest.net/global-index。

① 资料来源：乌兹别克斯坦信息技术和通信发展部，https://mitc.uz/ru/news/category/15。

3. 电子商务发展

乌兹别克斯坦与世界经济的高度融合使电子商务成为乌兹别克斯坦不可或缺的经济板块，国家领导层高度重视这一领域的发展。为此，2018 年 5 月 14 日颁布《关于加快发展电子商务的措施》总统令，制定了 2018 ~ 2021 年电子商务发展“路线图”。该文件规定完善监管框架、组织和技术措施，以创造有利条件，增加出口潜力，发展国际合作和物流基础设施，形成和发展人力资源，在人口和商业实体中促进和普及电子商务。同时，鉴于电子商务的蓬勃发展，2018 年 2 月，乌兹别克斯坦电子商务协会成立。其主要目标是开发旨在改善商业环境、提高企业代表和民众的法律和经济知识、帮助企业开发和实施新产品的项目和计划。如今，该协会拥有约 60 家注册的电子商务实体。

在乌兹别克斯坦，目前电子商务发展指标良好，到 2019 年底规模增长了 5.7 倍，主要得益于互联网和电子交易平台在该国的普及。2019 年通过互联网的贸易额达 2753 亿苏姆，占全国贸易总额的 0.11%（2018 年 0.02%）（见表 9）。[①] 但总体来说，乌兹别克斯坦的电子商务还有待发展，落后于全球平均水平。例如，乌兹别克斯坦仅有 7.1% 的人口完成过在线购买或在线支付，而这一指标的全球平均水平是 29%。[②]

表 9　乌兹别克斯坦的电子商务

单位：百万苏姆，%

指标	2018 年	与 2017 年相比	在全国贸易总额中占比	2019 年	与 2018 年相比增长	在全国贸易总额中占比
电子商务贸易额	40861.1	180	0.02	275310.7	570	0.11

资料来源：乌兹别克斯坦国家统计委员会。

① Ботир Ирграше, Электронная торговля в мире и Узбекистане, 2020.12.16, https://yuz.uz/ru/news/elektronnaya-torgovlya-v-mire-i-uzbekistane.

② Шухрат Бобохужаев, Цифровая экономика и анализ цифровизациидеятельности банков Узбекистана, 2020.4.23, https://www.mdis.uz/uploads/repository/2c9768f675ecc8b4c4a3b1b0a2d9f423.pdf.

同时，全国各地区都有发展电子商务的趋势。2018 年电子商务只在安集延州、花拉子模州和塔什干市开展，到 2019 年又增加了 9 个地区。从表 10 可以看出，与其他地区相比，塔什干市、塔什干州、费尔干纳州、撒马尔罕州和纳曼干州的电子商务占比较高。首都电子商务处于领先地位，而其他地区则欠发达。

表 10　2019 年各地区电子商务发展

单位：百万苏姆，%

地区	电子商务额	在电子商务总额中占比
塔什干市	212230.3	77.09
塔什干州	29978.3	10.89
费尔干纳州	14785.4	5.37
撒马尔罕州	8572.5	3.11
纳曼干州	5177.1	1.88
花拉子模州	1689.4	0.61
卡什卡达里亚州	1582.5	0.57
吉扎克州	671.0	0.24
锡尔河州	218.6	0.08
安集延州	213.4	0.08
苏尔汉河州	156.8	0.06
纳沃伊州	35.2	0.01
合计	275310.7	100

资料来源：乌兹别克斯坦国家统计委员会。

二　全球数字竞争力

乌兹别克斯坦在评估信息技术发展的多项国际评级中表现瞩目。

ICT 发展指数（ICT Development Index，IDI），最新的 IDI 由国际电信联盟根据 2017 年 176 个国家的数据结果计算。IDI 由 11 个统计指标组成，反映了 ICT 的可及性、使用程度以及人口使用 ICT 的技能指标。在最新的 2017 年 IDI 排名中，乌兹别克斯坦比 2016 年上升了 8 位，在全球 176 个国家中排名第95位（指数4.9分）。与邻国相比，乌兹别克斯坦在ICT发展指数上相对落后，排名和得分低于俄罗斯、哈萨克斯坦和中国，特别是与俄罗斯的差距较大。但可以看出乌兹别克斯坦排名上升较快，在邻国排名上升1~3位的情况下，一跃上升8位（见表11）。

表11　乌兹别克斯坦及其邻国的ICT发展指数

单位：分

国家	2016年排名	IDI 2016	2017年排名	IDI 2017
俄罗斯	43	6.91	45	7.07
哈萨克斯坦	51	6.72	52	6.79
中国	83	5.17	80	5.60
乌兹别克斯坦	103	4.48	95	4.90

资料来源：ITU，Measuring the Information Society Report 2017 Volume 1，https：//www.itu.int/en/ITU-D/Statistics/Documents/publications/misr2017/MISR2017_Volume1.pdf。

2017年乌兹别克斯坦三项分指数的得分和排名都比2016年有所提高，这表明乌兹别克斯坦的ICT基础设施（包括固定电话、移动电话、互联网接入和带宽、计算机）、ICT使用程度（包括互联网用户数量、固定宽带用户数量和移动宽带用户数量）和ICT技能（包括平均受教育年限、中学入学率和高等教育入学率）均得到发展（见表12）。

表12　乌兹别克斯坦ICT发展指数三项分指数

单位：分

指数	2016年排名	2016年得分	2017年排名	2017年得分
ICT可及性	98	4.96	95	5.24
ICT使用程度	103	3.23	93	3.93
ICT技能	88	6.04	87	6.17

资料来源：ITU，Measuring the Information Society Report 2017 Volume 1，https：//www.itu.int/en/ITU-D/Statistics/Documents/publications/misr2017/MISR2017_Volume1.pdf。

全球网络安全指数（Global Cybersecurity Index，GCI）也由国际电信联盟编制，评估政府在五个领域的治理水平：法律措施、技术措施、组织措施、能力发展和国际合作。自 2017 年以来，乌兹别克斯坦在该评级中的指标得分从 0. 277 分提高到 0. 666 分，在 175 个国家中从第 92 位上升到第 52 位。在 2020 年更换计算方式的新指数中得分 71. 11 分，排名第 70 位。与邻国相比，乌兹别克斯坦的全球网络安全指数处于中游位置，落后于俄罗斯、中国和哈萨克斯坦，领先于塔吉克斯坦、吉尔吉斯斯坦和土库曼斯坦（见表 13）。

表 13　乌兹别克斯坦及其邻国的全球网络安全指数

单位：分

国家	2017 年排名	GCI 2017	2018 年排名	GCI 2018	2020 年排名	GCI 2020
俄罗斯	10	0. 788	26	0. 836	5	98. 06
中国	32	0. 624	27	0. 828	33	92. 53
哈萨克斯坦	82	0. 352	40	0. 778	31	93. 15
乌兹别克斯坦	92	0. 277	52	0. 666	70	71. 11
塔吉克斯坦	90	0. 292	107	0. 263	138	17. 10
吉尔吉斯斯坦	96	0. 270	111	0. 254	92	49. 64
土库曼斯坦	131	0. 133	143	0. 115	144	14. 48

资料来源：ITU，GCI Report，https：//www. itu. int/en/ITU – D/Cybersecurity/Pages/global – cybersecurity – index. aspx。

移动通信指数（The GSMA Mobile Connectivity Index）由全球移动通信协会（GSMA 协会）编制，乌兹别克斯坦的所有移动运营商都加入了该协会。该指数反映了移动互联网的发展和使用水平，衡量了 170 多个国家/地区在推广移动互联网方面的主要驱动因素表现：基础设施、费用可承担性、消费者准备程度、内容和服务。该指数可帮助移动行业确定将精力集中在哪些方面以推动更广泛的移动互联网使用。在过去四年中，乌兹别克斯坦在该指数中的表现从 36. 9 分提高到 46. 8 分，接近全球平均水平 50 分。与邻国相比，乌兹别克斯坦的移动通信指数较低，落后于俄罗斯、中国、哈萨克斯坦和吉尔吉斯斯坦，仅领先塔吉克斯坦（见表 14）。

表 14　乌兹别克斯坦及其邻国的移动通信指数

单位：分

国家	2016 年得分	2017 年得分	2018 年得分	2019 年得分
俄罗斯	71.42	73.70	73.10	74.90
中国	69.42	71.05	73.99	76.01
哈萨克斯坦	59.57	62.68	66.71	67.50
吉尔吉斯斯坦	47.34	50.30	49.11	51.07
乌兹别克斯坦	36.90	40.70	44.50	46.80
塔吉克斯坦	37.26	40.82	40.86	41.71

资料来源：GSMA，GSMA Mobile Connectivity Index，https：//www. mobileconnectivityindex. com/# year = 2019&zoneIsocode = UZB&analysisView = UZB&comparison = 1&geographys = UZB&metricsIndex = overall。

2016～2019 年，乌兹别克斯坦移动通信指数的四项分指标得分均有所上升，表明基础设施（包括网络覆盖率、网络质量）、费用可承担性（包括手机费、手机价格、税费）、消费者准备程度（包括是否拥有手机、是否掌握基本的使用技能、男女是否能平等使用移动通信）与内容和服务（包括本地相关性、可及性和线上安全）都呈现越来越好的发展趋势（见表 15）。

表 15　乌兹别克斯坦移动通信指数四项分指标

单位：分

分指标	2016 年得分	2017 年得分	2018 年得分	2019 年得分
基础设施	38.44	42.54	46.53	46.76
费用可承担性	33.43	41.81	39.51	44.93
消费者准备程度	63.20	61.48	62.76	66.23
内容和服务	22.78	25.04	33.98	34.48

资料来源：GSMA，GSMA Mobile Connectivity Index，https：//www. mobileconnectivityindex. com/# year = 2019&zoneIsocode = UZB&analysisView = UZB&comparison = 1&geographys = UZB&metricsIndex = infrastructure，affordability，consumerReadiness，contentAndServices。

电子政务发展指数（E－Government Development Index，EGDI）由联合国秘书处经济和社会事务部编制，基于三个分项网络指标：发展线上公共服务、电信基础设施和人力资本。根据该指数的各项指标，2016 年以来，乌兹别克斯坦的得分从 0.54 分提高到 0.67 分，在 193 个国家中排名第 87 位。虽然得分不断提高但排名逐渐落后，说明乌兹别克斯坦电子政务的发展速度稍稍落后。与邻国相比，乌兹别克斯坦的电子政务发展指数处于中游位置，落后于哈萨克斯坦、俄罗斯和中国，与吉尔吉斯斯坦不相上下（见表 16）。

表 16　乌兹别克斯坦及其邻国的电子政务发展指数

单位：分

国家	2016 年排名	EGDI 2016	2018 年排名	EGDI 2018	2020 年排名	EGDI 2020
哈萨克斯坦	33	0.72499	39	0.75970	29	0.83750
俄罗斯	35	0.72147	32	0.79690	36	0.8244
中国	63	0.60713	65	0.68110	45	0.79480
乌兹别克斯坦	80	0.54335	81	0.62070	87	0.66650
吉尔吉斯斯坦	97	0.49686	91	0.58350	83	0.67490
塔吉克斯坦	139	0.33663	131	0.42200	133	0.46490
土库曼斯坦	140	0.33369	147	0.36520	158	0.40340

资料来源：United Nations Department of Economic and Social Affairs，UN E－Government Survey，https：//publicadministration.un.org/egovkb/en－us/Data/Country－Information/id/186－Uzbekistan/dataYear/2020。

三　国家政策

数字经济和电子政务是乌兹别克斯坦政府近年来重点发展的领域，2017 年 2 月乌颁布的《2017～2021 年五大优先领域发展行动战略》曾明确提出要完善电子政务系统，提高对居民和企业的服务质量与效率，在经济、社会和管理等领域推广现代化信息通信技术（ICT），发展信息通信基础设施等任务。在后续发展实践中，乌政府不断总结经验，及时调整、补充和完善，使其更加符合乌国内经济发展进程，以加速推进国内信息通信技术发展。

乌总统米尔济约耶夫高度重视数字经济和电子政务工作，2018 年以来多次主持召开专题会议，签署文件，出台《关于采取措施发展数字经济的总统令》《关于采取措施在乌居民点加速发展通信基础设施的总统令》，批准实施《数字乌兹别克斯坦——2030 战略》构想及其实施路线图。

2020 年，乌政府对数字经济发展关注度进一步提高，除宣布 2020 年为“科学、教育和数字经济发展年”并批准当年发展计划外，米尔济约耶夫总统还先后于 3 月批准《关于采取措施在电子政务和数字经济框架下进一步完善管理体系的总统令》，4 月 28 日批准《关于采取措施广泛推广数字经济和电子政务的总统令》，5 月 11 日主持召开专题会议，为发展数字经济、推广现代通信技术、提高国家经济竞争力进一步明确目标任务、创造有利条件。

1. 发展数字技术

乌兹别克斯坦正在采取大规模措施发展数字经济部门。正在引入电子文件管理系统，开发电子支付，并且完善电子商务领域的法律框架。数字经济正在以密集的速度在信息技术平台上运营发展，这需要创建此类平台的新模式。区块链技术（分布式数据注册技术）、人工智能、超级计算机能力的使用以及加密资产活动是世界上许多国家数字经济发展的领域之一。区块链技术不仅逐渐被引入许多经济部门，而且还被引入公共管理系统和其他公共关系中。为进一步完善公共行政体系，为引进和发展数字经济创造条件，改善投资环境，2018 年 3 月 7 日乌兹别克斯坦通过《关于在乌兹别克斯坦共和国发展数字经济的措施》总统令，认为以下是进一步发展数字经济最重要的任务：加密资产周转领域活动的实施和发展，包括挖矿（维护分发平台和创建新区块的活动，能够以新单位和各种加密货币的佣金的形式获得报酬）、智能合约（电子形式的协议，通过自动执行数字交易来执行权利和责任）、咨询、排放、交换、存储、分发、管理、保险、众筹（集体融资）以及区块链技术多样化投资和创业活动的各种形式；培训合格人员开发和使用区块链技术，使其具备使用现代信息和通信技术的实用技能；全面发展与国际和外国组织在加密资产及区块链技术领域的合作，吸引高素质的外国区块链技术开发专家，共同实施数字经济项目；为实施区块链技术创建必要的法律框架，同时考虑到国外的最佳实践经验；确保政府机构和商业实体在引入创新理念、技术和发展领域的密切互动，以进一步发展数字经济。

乌兹别克斯坦总统下属的国家项目管理局、信息技术和通信发展部在2018～2020年制定并实施《区块链技术发展计划》。其中规定引入和发展加密资产周转领域的活动，包括创建组织该活动的法律框架，同时提供在本地和国际加密货币交易所出售加密资产的可能性。自2018年10月1日起，引入以下程序：加密资产周转领域的活动，包括创建用于交易加密资产的加密交易所，均须获得许可；加密资产周转领域许可活动的授权机构是乌兹别克斯坦共和国总统下属的国家项目管理机构。自2021年1月1日起引入区块链技术，包括在国家机构的活动中，与其他国家机构和其他组织互动、实施公共采购、提供公共服务、核实个人信息；在维护状态寄存器、分类器和其他数据库时，更新和使用其中包含的信息；改善国有占主导地位的大型商业组织的公司治理体系，包括改进业务流程，优化生产、行政和运营流程，以及引入现代管理和资源管理；等等。

2021年2月17日乌兹别克斯坦通过《关于加快引进人工智能技术创造条件的措施》总统令，批准了《2021～2022年人工智能技术研究实施措施方案》，规定了以下主要优先领域：制定人工智能发展战略，确定人工智能应用的基本方向和原则，以及该领域短期和长期一体化形成的条件；制定监管框架，明确在经济和社会领域、公共行政系统领域开发和使用人工智能技术的统一要求、责任、安全和透明度；广泛使用人工智能技术来提高为人民提供公共服务的质量，以及提高政府机构在数据处理方面的效率；创建人工智能领域创新发展的国内生态系统，促进基础和应用科学研究的开展，开发有用的技术解决方案并随后将其商业化；为使用人工智能技术获取数字数据的软件开发商创造条件，并确保政府机构和组织的相关数据加速数字化；形成人工智能领域的科学成果和发展的投资吸引力，包括提高商品（成果、服务）在国内外市场的竞争力；确保国内企业和专家获得人工智能领域的信息资源和能力，并发展必要的教育环境；发展人工智能和技术领域的国际合作，将其应用于联合国际研究活动、培训和提高专业人员资格，提高乌兹别克斯坦在全球评级和指数中的排名。

表 17　2021～2022 年人工智能技术试点项目

项目	实施机制	截止日期	资金来源	执行部门
在基于地球遥感数据监测土壤和作物状况的过程中，以及包括联合收割机在内的农业机械的运行中，使用人工智能技术	①按照规定程序进行设计和技术文件的开发和批准	2021 年 5 月	国际金融机构/外国政府金融组织资金和赠款	农业部、信息技术发展部、乌兹别克斯坦宇航局、投资和对外贸易部
	②确定软硬件系统的开发商和集成商	2021 年 8 月		
	③软件开发和实施试点项目	2021 年 12 月		
利用人工智能技术提高对商业银行活动的监控效率，简化其对监管要求（SubTech 和 RegTech）的遵守，以及分析银行服务质量和评估信用风险	①在国际金融机构和咨询公司的协助下开发设计和技术文件，并按规定方式批准	2021 年 12 月	执行部门资金	中央银行、商业银行、银行协会
	②确定软硬件系统的开发商和集成商	2022 年 1 月		
	③信息系统的开发和实施	2022 年 11 月		
应用人工智能技术分析和提高预算支出、养老金、社会和保险支付、福利津贴的效率	①按照规定程序进行设计和技术文件的开发和批准	2021 年 4 月	执行部门资金、赠款和贷款	财政部、劳工部、马哈拉和家庭支持部、相关部门
	②确定软硬件系统的开发商和集成商	2021 年 5 月		
	③软件开发和实施试点项目	2022 年 1 月		
应用人工智能技术分析法人税收收入，识别税收减免偏差	①按照规定程序进行设计和技术文件的开发和批准	2021 年 5 月	执行部门资金、赠款和贷款	国家税务委员会、财政部、投资和对外贸易部、相关部门
	②确定软硬件系统的开发商和集成商	2021 年 6 月		
	③软件开发和实施试点项目	2022 年 5 月		
在机动车控制过程中使用人工智能技术跟踪其行驶并在危险情况下警告驾驶员，分析公共交通流量并确定最佳路线，以及监控机动车行驶和交通拥堵	①按照规定程序进行设计和技术文件的开发和批准	2021 年 6 月	执行部门资金	运输部、乌兹别克斯坦国家铁路公司、塔什干客运国家公司、内务部
	②确定软硬件系统的开发商和集成商	2021 年 8 月		
	③软件开发和实施试点项目	2021 年 12 月		

续表

项目	实施机制	截止日期	资金来源	执行部门
利用人工智能技术预测能源资源的生产和消耗,优化技术设备的运行	①按照规定程序进行设计和技术文件的开发和批准	2021 年 8 月	执行部门资金和贷款	能源部、区域电网国家公司
	②确定软硬件系统的开发商和集成商	2021 年 10 月		
	③软件开发和实施试点项目	2022 年 4 月		
将人工智能技术用于基于人肺计算机断层扫描分析的肺炎诊断,以及基于乳房 X 光分析的早期乳腺癌诊断	①按照规定程序进行设计和技术文件的开发和批准	2021 年 8 月	来自国际金融机构和组织、法律未禁止的其他来源的赠款	卫生部、投资和对外贸易部
	②确定软硬件系统的开发商和集成商	2021 年 11 月		
	③软件开发和实施试点项目	2021 年 12 月		
应用人工智能技术分析和预测药品和医疗产品的市场需求	①按照规定程序进行设计和技术文件的开发和批准	2021 年 6 月	执行部门资金	医药工业发展局、Dori-Darmon 公司*、卫生部
	②确定软硬件系统的开发商和集成商	2021 年 7 月		
	③软件开发和实施试点项目	2021 年 12 月		
在提供电子政务和金融服务（Face – ID）中应用人工智能技术对用户进行远程生物特征识别	①按照规定程序进行设计和技术文件的开发和批准	2021 年 5 月	执行部门资金	信息技术发展部、国家身份识别中心、Aloqa 银行
	②确定软硬件系统的开发商和集成商	2021 年 6 月		
	③开发统一生物识别系统,用于通过生物识别数据实施试点项目	2021 年 11 月		

* Dori – Darmon 公司是乌兹别克斯坦医药市场中领先的批发和零售公司。公司设有区域分部，其中包括 7 家股份公司和 14 家有限责任公司，配备 17 个仓库、15 个分析实验室。

资料来源：乌兹别克斯坦国家法律数据库，Постанавление Президента Республики Узбекистан О Мерах по Созданию Условий для Ускоренного Внедрения Технологий Искусственного Интеллекта, 2021. 2. 17, https：//lex. uz/docs/5297051#5298059。

2. 发展电子政务

过去十几年来，乌兹别克斯坦政府进行了多项改革，逐步在各个领域引入信息通信技术，并在促进信息技术发展方面取得了重大进展，以发展和实施电子政务理念。法律框架已经建立并不断完善，为信息通信技术的发展开辟了机遇。同时，已经制定并正在实施国家方案。

电子政务的实施始于2004年，当时乌兹别克斯坦采纳了发展电子政务的构想。通信、信息化和电信技术的发展作为提高人民福祉及国家经济增长的重要因素是乌兹别克斯坦国家政策的主要优先事项之一。乌兹别克斯坦总统于2013年6月27日颁布的法令确认了这一点，该法令批准了乌兹别克斯坦共和国2013～2020年国家信息和通信系统发展综合计划。该计划的主要目标是在经济和生活的各个领域进一步发展及广泛引入现代信息通信技术，确保信息资源、系统和网络的加速发展，以及扩大和改善国家向商业实体与民众提供的服务。该计划也称电子政务发展总体规划。该法令还成立了协调和实施计划的全国委员会；该委员会包括若干主要部门的负责人以及总理（委员会主席）。成立了电子政务系统发展中心和信息安全中心。成立委员会的目的是协调国家和经济管理机构的活动，监督和决策进一步改善公共服务的供给，优化国家机构的职能和运作流程。该计划的目标是在该国所有经济部门和生活领域进一步发展和广泛引入现代信息通信技术，确保信息资源、系统和网络的加速发展，以及涉及范围和网络的扩展，改善向商业实体和民众提供的公共服务。

进一步完善公共行政系统以及“电子政府”系统的下一步是在2015年12月9日通过了乌兹别克斯坦《电子政务法》。该法规定了电子政务的主要任务：确保国家机构活动的效率和透明度，加强其责任和执行纪律，建立向民众和商业实体提供反馈的附加机制；在全国范围内为申请者在电子政务框架内与政府机构建立关系创造机会；在分配职能、交互式政府服务的统一门户和电子政务服务的统一注册框架内建立国家机构的数据库。该法规定了电子政务的基本原则是：国家机构活动的公开性和透明度；申请人平等获得电子政务服务；按“一个窗口”原则提供电子公共服务；统一国家机关文件；使用统一的电子政务标识；不断改进提供电子政务服务的程序；确保信息安全。此外，该法还规范了电子政务国家监管、服务提供和运作组织。

2020 年 4 月 28 日，总统通过了《关于广泛引入数字经济和电子政务的措施》的决议。根据该文件，乌兹别克斯坦信息技术和通信发展部已经创建了处理数字经济的综合系统。现在该部的任务将包括发展电子政务、经济和农业部门的数字化、IT 园区的组织和管理。发展电子政务系统，通过创建和整合国家信息系统和资源，统一国家数据库中的信息，优化和简化公共服务供给程序，到 2022 年将电子公共服务的份额提高到 60%。在信息技术和通信发展部下设立国家机构“电子政府项目管理中心”，确定其主要任务：确保采用统一的技术方法来发展电子政务；在政府机构和组织中发展数字化的优先领域；在政府机构和组织中引入统一的跨部门电子系统执行纪律；协调电子政务领域项目和计划的实施阶段。在信息技术和通信发展部下设立国家机构“数字经济研究中心”，确定其主要任务：评估数字化进程对生产和经济部门的影响；与专家界一起制定建议，通过深入研究将数字经济和电子政务领域的新方向和现代技术广泛引入国家机构和组织的活动；为引入“智能”和其他有前途的技术以及处理各经济部门大量数据的技术奠定概念和方法基础。同时，该法令规定了新项目的方向和所需的融资金额，计划实施 104 个 1.3 万亿苏姆的电子政务项目。

四　发展前景

为加快国家数字产业发展，提高国民经济竞争力，乌兹别克斯坦正在采取综合措施，积极发展数字经济，并在所有部门和领域广泛引入现代信息和通信技术，主要是在公共管理、教育、医疗保健和农业领域。已经开始实施 220 多个优先项目，这些项目包括完善电子政务系统，进一步开发国内软件产品和信息技术市场，在全国各地区组织 IT 园区，并为该部门培训合格人员。总统于 2020 年 10 月 5 日签署的《关于批准〈数字乌兹别克斯坦——

2030 战略〉及其有效实施措施》的法令标志着数字经济领域新发展阶段的开启，目标是使数字服务在全国 GDP 中的占比翻一番。

表 18 《数字乌兹别克斯坦——2030 战略》目标

指标	计量单位	当前状态	年度目标		
			2022 年	2025 年	2030 年
全国光纤通信线路网络长度	千公里	41	70	120	250
全国各地区高速互联网覆盖水平	%	67	74	85	100
社会领域提供高速互联网设施的水平	%	45	100	100	100
家庭宽带互联网接入水平	%	67	74	85	100
定居点使用宽带移动网络水平	%	78	100	100	100
电子政务发展指数国际评级中电子政务发展成效指标	分数（0~1 之间）	0.66	0.70	0.75	0.86
在公共服务中心提供的所有服务中，公共服务统一互动门户提供的电子政务服务的占比	%	34	60	70	90
在公共服务统一互动门户提供的电子政务服务中，可通过移动设备接收的电子政务服务的占比	%	5	30	42	60
通过公共服务统一互动门户提供的交易服务的占比	%	25	45	60	75
已实施企业资源规划系统的大型企业的占比	%	20	40	65	100
网上银行服务用户数量（法人和个人）	百万个	10	15	17	20
软件产品和信息技术园区孵化和加速计划中包含的启动项目数量	个	50	250	700	2300
高等、中等专业教育机构信息技术领域人才培养录取名额	千个	7	12	15	20

资料来源：乌兹别克斯坦国家法律数据库，Указ Президента Республики Узбекистан Об Утверждении Стратегии《Цифровой Узбекистан – 2030》и Мерах по её Эффективной Реализации，2020. 10. 5，https：//lex. uz/ru/docs/5030957#5032368。

《数字乌兹别克斯坦——2030战略》及其在2020~2022年的“路线图”包括发展电子政务、数字产业、数字教育、数字基础设施等优先领域（见表19）。2020~2022年区域和行业数字化转型期间，预期：居民点互联网接入水平从78%提高到95%，包括宽带接入端口增加到250万个，铺设光纤通信线路线2万公里，发展移动通信网络；引进区域社会经济发展各领域信息系统、电子服务和其他软件产品400多个；培训58.7万人掌握计算机编程基础知识，包括在“百万程序员”项目框架内吸引50万年轻人；为实体经济企业的管理、生产和物流流程的自动化引入280多个信息系统和软件产品；整合各地区大学，提高各州、政府机构和组织雇员的数字素养和技能，对他们进行信息技术和信息安全方面的培训，为1.2万名雇员提供信息技术培训。

表19　2020~2022年“路线图”的四个重点发展领域

发展电子政务	发展数字产业	发展数字教育	发展数字基础设施
从2021年1月1日起，在“数字塔什干”计划的框架内，个人在签发身份证时将开设个人账户——用于与政府机构和组织的电子关系（实验）； 自2021年7月1日起，公共采购、专利注册、药品和医疗产品、公共交通、土地资源使用等信息在开放数据门户网站上在线发布； 从2021年8月1日起，个人和法人实体将能够通过在线电子支付系统支付所有国家税收、费用、罚款和其他强制性付款	从2020年11月11日起，提供信息技术培训、软硬件开发和实施、机器人技术、互联网信息服务出口以及从事数据存储和处理领域的居民法人实体将有机会成为IT园区的入驻企业； 到2022年1月1日，完成银行数字化转型——新增贷款产品、远程开立存款、活期账户等多种线上服务	从2021年1月1日起，在系统管理、数据库和云平台管理、信息安全等热门领域，对公民获得国际IT证书的费用最高给予50%的补偿； 到2021年1月1日，在每个区市开设普通民众数字技术培训中心； 到2023年底，各区市在现有教育机构的基础上，逐步建成200多所专业学校	到2022年底，全国每个定居点都将以至少10 Mbit/s的数据传输速率连接到互联网； 到2022年1月1日，所有热门旅游目的地都将提供高速互联网服务

资料来源：乌兹别克斯坦信息法律门户网站，Олег Заманов，Принята Стратегия《Цифровой Узбекистан - 2030》，2020.10.7，https://www.norma.uz/novoe_v_zakonodatelstve/prinyata_strategiya_cifrovoy_uzbekistan_-_2030。

根据战略，乌兹别克斯坦将通过以下行动刺激经济发展过程的数字化：充当联合各种组织的通用技术平台的组织者，或作为指导性规定使用某些技术解决方案的要求的监管者，因为如果没有同步在整个经济领域引入标准技术解决方案的过程，就不可能广泛应用这些方案；不断完善现有的数字经济发展监管框架，以对话的方式，兼顾用户、开发者和服务提供者的意见，在实践中会遇到需要合法登记的新型信息合法对象和主体；成为数字化关系整个过程的参与者，包括开发电子政务系统和以电子格式提供公共服务；刺激和鼓励在组织中引入信息系统、电子服务，并为数字技术的发展以及跨境在线商务引入税收优惠；培训所需数量的 IT 专家和程序员，以及能够使用不断更新的数字技术的合格用户；确保网络安全，免受网络威胁，并让参与数字经济的所有实体相信其收集、存储和使用的数据免受可能的犯罪行为的侵害；扩大国际合作，为所有经济活动领域中先进信息技术的流入和引进创造有吸引力的条件。

《数字乌兹别克斯坦——2030 战略》的实施将确保向民众提供高质量的数字服务，减少腐败，提高公民参与政府决策过程的水平，实现高等教育和中等教育体系的现代化，保障公民在国内以及在区域和全球劳动力市场的竞争力。该战略有助于实施所有国家战略文件和规划，特别是对于实现到 2030 年可持续发展领域的国家目标和任务以及乌兹别克斯坦 2017～2021 年优先发展领域五年行动战略具有重要意义。总的来说，该战略的成功实施不仅有助于向现代数字经济过渡，而且还将提高乌兹别克斯坦在相关世界指数和评级中的排名，加强乌兹别克斯坦在国际舞台上的形象。乌兹别克斯坦正致力于通过技术和创新在全球经济中占据一席之地。

B.11
墨西哥数字经济发展报告（2021）

吕斐斐*

摘　要：　墨西哥是拉美地区数字经济的“领头羊”之一，在全球也占据重要地位。本报告旨在对墨西哥数字经济的现在与未来做一个综合性介绍，先描述该国数字经济发展概况，重点关注信息和通信技术产业、电子商务和科技金融的发展现状，再分析该国数字经济的全球竞争力，最后探讨其数字经济的不足并展望发展趋势。整体上，墨西哥数字经济体量大、发展快，虽然在政策规划、人才技术和区域平衡等方面存在问题，国际竞争力有待提高，但凭借广阔的市场与良好的基础，发展前景光明，有望成为该国经济增长的核心动力。

关键词：　数字经济　电子商务　墨西哥　拉丁美洲

一　墨西哥数字经济发展概况

墨西哥合众国为联邦共和制国家，占地约 197 万平方千米，总人口为 1.3 亿，是拉美的第二大人口国和西班牙语世界的第一大人口国。墨西哥为拉丁美洲地区第二大经济体，仅次于巴西，2020 年 GDP 为 10761.6 亿美元，人均国民收入为 18170 美元，属于中高收入国家。作为世界重要新兴经济体，墨西哥为经合组织成员，也是《美加墨协定》成员。墨西哥早已形成

* 吕斐斐，上海社会科学院信息研究所编译。

“三二一”的现代化产业结构，2020年，其服务业在GDP中的占比达60.0%，而农业的比重不足5%。

作为拉美数字经济发展的“领头羊”之一，近年来，墨西哥的数字经济持续快速增长，在电子商务、金融科技等方面取得了跨越式发展，且增长潜力巨大，使得该国成为“盘子大、基础好”的拉丁美洲中吸引外来高科技投资最多的国家之一。

然而，墨西哥曾经在数字化方面处于较为落后的地位。2013年，墨西哥数字化水平处于经合组织国家最后一名，在拉美地区排名第五位。为了促进墨西哥信息产业的发展，墨西哥政府先后出台了一系列政策。首先，政府于2013年发布了《墨西哥数字国家战略》，对2013～2018年该国数字化发展做出了全方位规划。在数字经济方面，政府提出的具体目标是发展数字商品和服务市场、加速电子商务的发展、促进数字服务创新、提高金融体系的包容性。[①] 现任总统洛佩斯自2018年执政以来则致力于推进国家信息基础设施建设，提高全国的互联网覆盖率。2021年发布的《2021－2024年国家数字战略》则明确了政府数字化转型以及网络全覆盖两大战略目标。

（一）总体概况

墨西哥数字经济的规模巨大，对GDP的贡献呈增长趋势。根据Accenture Research和Oxford Economics在2019年的估算，2016年数字经济对墨西哥GDP的贡献为15.9%（规模约合1714亿美元），预计到2021年，数字经济的比重将增加到17.9%，2016～2021年的复合年均增长率可达3.2%。[②] 中国信通院的报告则指出，2020年墨西哥数字经济规模达3522亿美元，居世界第11位，占该国GDP的比重超过30%。[③] 墨西哥国家统计局

① 《墨西哥数字国家战略》，https：//www.inr.gob.mx/Descargas/trc/EstrategiaDigital.pdf，2013年。

② Accenture LLP，https：//www.accenture.com/t00010101T000000Z__w__/cl－es/_acnmedia/PDF－71/Accenture－Digital－Index－Chile.pdf，2019.

③ 中国信息通信研究院：《全球数字经济白皮书——疫情冲击下的复苏新曙光》，http：//www.caict.ac.cn/kxyj/qwfb/bps/202108/t20210802_381484.htm，2021年8月。

称，该国数字经济的代表性产业电子商务在2019年的增加值为14625.83亿比索（1美元约合20比索），同比增长24.4%，占同年GDP的6%，比前一年高1个百分点。①

自2020年6月1日墨西哥针对数字服务的增值税（VAT）和所得税的新法律正式生效后，数字经济在国家税收中的比重大幅提高。根据墨西哥税务局的数据，该国数字经济贡献的税收在2020年增长了642%，总额达到63.11亿比索，其中既包括Uber、DiDi、Netflix、Amazon、Airbnb等数字平台缴纳的数字服务税，也包括此类平台上数字服务提供者的税款。2019年数字经济对国家税收的贡献仅为8.50亿比索。②

墨西哥数字经济的快速发展得益于国内较高的信息化程度。该国网民群体数量大、增长快，且互联网普及率不断提高，为数字经济发展提供了潜力巨大的市场和良好的发展基础。根据墨西哥国家统计局发布的《2020年全国家庭信息技术可用性和使用情况调查》，2020年墨西哥网民规模约为8406万，占全国6岁及以上人口的72.0%，且手机网民的比例高达96%。互联网在城市的渗透率为78.3%，在乡村地区则为50.4%。2020年全国有2179万户家庭接入互联网，占总数的60.6%。此外，2020年全国手机用户为8821万，占6岁及以上人口的75.5%，且91.8%的手机使用者拥有智能手机（见表1）。③

（二）ICT产业基础好、政策优势大

作为数字经济的基础，近年来，墨西哥信息和通信技术（ICT）产业增加值呈增长趋势，以电子信息技术为核心的相关产业在该国国民经济中的比

① 墨西哥国家统计局，https：//www.inegi.org.mx/temas/vabcoel/#Informacion_ general。

② 《福布斯》墨西哥版，https：//www.forbes.com.mx/negocios - impuestos - plataformas - digitales/？utm_ source = nora - push&utm_ medium = push - notifications&utm_ campaign = new - nora - push，2021年3月23日。

③ 墨西哥国家统计局：《2020年全国家庭信息技术可用性和使用情况调查》，https：//www.inegi.org.mx/contenidos/saladeprensa/boletines/2021/OtrTemEcon/ENDUTIH _ 2020.pdf，2021年6月22日。

重为4%～5%。以2020年为例，该国信息相关产业总增加值达31687亿比索，占当年GDP的4.7%，其中电信行业的贡献超过60%。具体而言，制造业对信息业增加值的贡献约为30%，服务业的比重则高达70%，是该产业的主要增长引擎。在ICT制造业中，计算机及外围设备制造、电子元件制造为主要产业；在ICT服务业方面，电信行业则是绝对支柱。2020年，尽管疫情对墨西哥ICT产业造成了一定冲击，但相比于GDP的降幅，该行业显示出强大的韧性，而且电信等部分行业甚至取得了一定增长。2021年前两季度的数据显示，墨西哥ICT行业恢复良好，尤其是制造业已经恢复至疫情前的水平（见表2）。当前，墨西哥ICT产业的发展远超该国同时期GDP的增速，且该行业对经济增长的贡献将越来越高。

表1　2015～2020年墨西哥网民、手机用户及家庭互联网数量及比例

单位：百万，%

年份	网民		手机用户		家庭互联网	
	数量	比例	数量	比例	数量	普及率
2015	62.45	57.43	77.71	71.47	12.81	39.18
2016	65.52	59.54	81.03	73.63	15.66	47.02
2017	71.34	63.85	80.72	72.25	17.40	50.92
2018	74.33	65.77	83.08	73.52	18.34	52.86
2019	80.63	70.07	86.46	75.14	20.13	56.36
2020	84.06	71.97	88.21	75.52	21.79	60.55

资料来源：墨西哥国家统计局。

表2　2018～2021年墨西哥信息相关产业GDP（以2013年为不变价）

单位：百万比索

指标＼年份	2018	2019	2020	2021(Q1&Q2)
GDP	74080176.0	73949350.8	67804873.6	35317760.7
信息业GDP	3159892.9	3286359.3	3168707.5	1585529.8
计算机、通信、测量和其他电子设备、部件和配件制造	930289.9	977951.0	918850.7	497742.8
计算机及外围设备制造	354915.6	365301.6	327112.0	183319.7

续表

指标 \ 年份	2018	2019	2020	2021(Q1&Q2)
通信设备制造	133442.5	139165.6	119615.6	66540.5
音频和视频设备制造	147224.9	157671.1	140071.7	73696.1
电子元件制造	214962.1	234667.1	241933.6	136723.2
测量、控制、导航和医疗电子仪器及设备制造	70127.0	70517.8	80826.8	32319.5
磁力、光学媒体制造	9617.9	10628.0	9291.1	5143.7
大众传媒中的信息	2229603.0	2308408.2	2249856.9	1087787.0
报纸、杂志、书籍、软件和其他出版	72795.2	70123.0	73097.0	34751.1
电影和音像业	121574.1	128413.3	43756.5	19406.7
广播与电视	107441.9	95157.4	76953.9	40022.4
电信	1917025.8	2003912.8	2046450.3	988639.5
数据处理、托管及相关服务	6739.0	7191.7	6707.7	3599.0
其他信息服务	4027.0	3610.0	2891.4	1368.3

资料来源：墨西哥国家统计局，https://www.inegi.org.mx/sistemas/bie/。

墨西哥 ICT 产业的良好增势得益于该国快速推进的信息基础设施建设。在移动通信网络方面，4G 网络已经基本普及且成为国内主流网络，目前 5G 网络正处于规划阶段，墨西哥将成为拉美首批拥有 5G 网络的国家之一。近年来，该国宽带普及率也明显增长。根据经合组织的数据，从 2013 年 6 月到 2020 年 6 月，墨西哥是移动宽带普及率增长最高的成员国，从每 100 名居民 23 条线路增长到 77 条，增长幅度高达 235%，同时也是固定宽带渗透率增长第四高的国家。2019 年 6 月至 2020 年 6 月，墨西哥光纤宽带接入数量增长了 23.6%。2020 年墨西哥以 9660 万条的移动宽带线路总数在经合组织位居第三名，仅次于美国的 4.98 亿条和日本的 2.3 亿条。①

此外，墨西哥政府对 ICT 产业的支持力度也有所加大。墨西哥联邦政府

① 墨西哥联邦电信研究院，http://www.ift.org.mx/comunicacion-y-medios/comunicados-ift/es/mexico-entre-los-3-paises-con-mayor-crecimiento-anual-en-la-penetracion-de-banda-ancha-fija-ocde，2021 年 2 月 26 日。

对该国 ICT 产业的财政预算在经历 2019 年（-21%）和 2020 年（-16.8%）连续两年的削减之后，终于在 2021 年迎来了大幅提升（59.8%），达到 279.3 亿比索，这也是洛佩斯上任以来的首次增加。[①] 在墨西哥《2021-2024 年国家数字战略》中，信息和通信技术更是成为该国数字化转型的核心驱动之一。在联邦政府的政策和资金支持下，墨西哥 ICT 产业有望加快复苏脚步，进而为振兴国家经济提供动力。

（三）电子商务发展快、竞争激烈

墨西哥数字经济的快速发展势头主要表现在电子商务的迅猛发展之上。根据墨西哥国家统计局 2021 年发布的数据，2019 年该国电子商务的增加值为 14625.83 亿比索，在该国 GDP 中所占的比重为 6%（见图 1）。其中，零售业占 38.6%，批发业占 21.6%，服务业占 39.8%。[②] 2019 年的电子商务增加值与上一年相比增加了 24.4%，且约为 2013 年数据的 3 倍。就增加值占 GDP 的比重而言，2013 年电子商务为墨西哥 GDP 贡献了 3 个百分点，2018 年贡献了 5 个百分点。电子商务在具体行业中的地位也处于上升趋势且增长空间巨大，2019 年网络零售在全国零售业中的比重为 24.7%，网络批发的比重为 13.8%，线上服务业对全国服务业增加值的贡献率为 6.4%。[③] 整体上，墨西哥电子商务自 2013 年有统计记录以来取得了长足发展，且目前处于加速发展阶段。

墨西哥电商原本就处于高速发展之中，而 2020 年新冠肺炎疫情的暴发也为行业的指数级发展提供了重要推力。根据墨西哥在线销售协会（AMVO）发布的《2021 年墨西哥线上销售研究》，2020 年墨西哥电子商务

① 《经济学家报》，https://www.eleconomista.com.mx/tecnologia/AMLO-aumenta-el-presupuesto-TIC-por-primera-vez-en-su-administracion-20210123-0001.html，2021 年 1 月 23 日。

② 墨西哥国家统计局，https://www.inegi.org.mx/app/saladeprensa/noticia.html?id=6351，2021 年 2 月 16 日。

③ 墨西哥国家统计局，https://www.inegi.org.mx/temas/vabcoel/#Informacion_general。

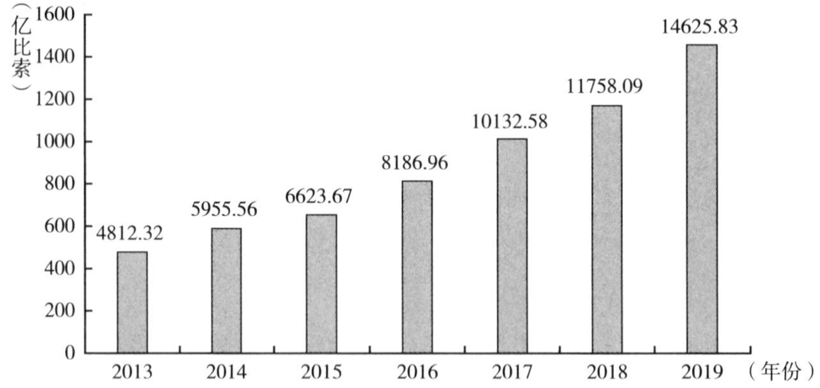

图1　2013～2019年墨西哥电子商务增加值

资料来源：墨西哥国家统计局。

销售额达到了3160亿比索，较上一年增长了81%，占当年全国零售总额的9%。[①] 该协会的另一份报告《新冠肺炎疫情对墨西哥在线销售的影响》指出，2020年该国两成的电商销售额增长了300%。[②] 尽管如此，网购在墨西哥民众中的普及率还有待进一步提高。根据墨西哥国家统计局的数据，2020年该国27.7%的网民会在网上购买产品或服务，而使用网上银行服务的网民比例为21.7%。虽然在疫情推动下这两个比例较2019年分别增长了5.6个和4.9个百分点，但是电商在墨西哥仍然有巨大的增长潜力。[③]

墨西哥电商市场的强劲发展势头，不仅吸引了多国电商巨头入局，也加速了传统零售商的数字化转型进程。该国目前最主要的电商平台有：自由市场（Mercado Libre）、亚马逊（Amazon）、沃尔玛（Walmart）、Coppel百货、利物浦百货（Liverpool）、eBay、速卖通（AliExpress）和Wish等。其中来

---

① 墨西哥在线销售协会，https://www.amvo.org.mx/estudios/estudio－sobre－venta－online－en－mexico－2021/。

② 墨西哥在线销售协会，https://www.amvo.org.mx/estudios/reporte－4－0－impacto－covid－19－en－venta－online－mexico/。

③ 墨西哥国家统计局，“Encuesta Nacional sobre Disponibilidad y Uso de Tecnologías de la Información en los Hogares（ENDUTIH）2020”，https://www.inegi.org.mx/contenidos/saladeprensa/boletines/2021/OtrTemEcon/ENDUTIH_2020.pdf，2021年6月22日。

自阿根廷的电商平台自由市场的访问量最大，是墨西哥排名第一的网购平台。阿里巴巴旗下的速卖通是中国电商在墨西哥市场的代表。此外，中国的快时尚跨境电商平台 SHEIN 在墨西哥也得到了大批青少年的追捧。

在跨境电商领域，2020 年 7 月生效的《美加墨协议》（USMCA，即新北美自由贸易协定）新增了有关电子商务的章节，免除了数字产品的进出口关税，这一规定有望进一步促进北美地区跨境电商的发展，为墨西哥带来巨大利好，尤其是有利于该国中小企业。

墨西哥电商行业的蓬勃发展也大大促进了该国物流业的发展，国内已经形成了较为完善的供应链。全球物流巨头 Agility 集团发布的 2021 年全球新兴市场物流指数显示，墨西哥排名第七位，高于智利（第 12 名）、巴西（第 16 名），居拉美第一。[①] 近两年，亚马逊、自由市场等电商平台也纷纷追加在墨西哥的投资以建设仓储基地和完善物流网络。

（四）金融科技良性发展、吸引外资多

在拉丁美洲，墨西哥金融科技行业（Fintech）的发展独树一帜、优势明显。一方面，该国市场巨大，无银行账户群体比例高，且背靠全球最大经济体美国；另一方面，墨西哥政府为该行业发展提供了良好的政策环境并实施了合理有效的监管。2018 年墨西哥通过了《金融科技法》（*Ley Fintech*），为该国金融科技公司的经营建立了法律框架，也由此成为拉丁美洲第一个为金融科技立法的国家。在一系列优势条件的加持下，墨西哥金融科技行业吸引了大量国内外投资，规模不断壮大，且企业数量惊人，已经发展为拉美领先的金融科技生态系统。

根据 Finnovista 公司的《墨西哥金融科技公司雷达》（*Fintech Radar Mexico*）2020 年版，截至 2020 年 3 月底，墨西哥有 441 家金融科技初创公司，较上一年增长了 14%，其中 70% 的公司集中在墨西哥城。具体而言，支付和汇款板块最

---

① T21，http：//t21. com. mx/logistica/2021/03/24/mexico - escala - posicion - indice - logistica - mercados - emergentes，2020 年 3 月 24 日。

为热门，集中了20%的金融科技公司，保险科技板块则是新热门领域。2019 年5 月至2020 年3 月，墨西哥仅有18 家金融科技公司倒闭，死亡率仅为4.5%。[①] 根据 Finnovista 公司的数据，2016 年 5 月墨西哥境内金融初创公司为 128 家。自 2016 年以来，该类企业数量的年均增长率为23%。[②]

金融科技行业的快速发展也为墨西哥孕育出了独角兽企业。截至 2021 年 8 月，墨西哥的独角兽企业有四家，除了二手车交易平台 Kavak（2020 年 10 月成为墨西哥首家独角兽）以外，另外三家均来自金融科技行业，分别为：加密货币交易平台 Bitso、金融服务公司 GBM（Grupo Bursátil Mexicano）和支付金融科技公司 Clip（PayClip，Inc.）。此外，正在高速发展的支付公司 Albo 以及数字银行 Credijusto 也有望跻身独角兽企业行列。

目前，墨西哥已经成为国际资本在投资拉美金融科技行业时的主要目的地。平台 LatamFintech Hub 的研究报告指出，2020 年墨西哥金融科技企业吸引的投资总额达 5.67 亿美元，约占拉美地区总额的 20%，在该地区仅次于巴西，后者同年获得的相关投资达 19 亿美元。[③] 美国咨询公司 KoreFusion 发布报告称，截至 2020 年底，墨西哥共有 91 家国外金融科技初创公司，总投资额超过 2.7 亿美元。在企业数量方面墨西哥居拉美第一，之后依次为巴西（67 家，3.27 亿美元）和哥伦比亚（50 家，3260 万美元）。[④]

（五）科技企业不断壮大、独角兽孵化加速

由于得天独厚的地理优势，墨西哥为科技企业的发展提供了绝佳的发展

---

① Finnovista，https：//www.finnovista.com/en/radar/the - number - of - fintech - startups - in - mexico - grows - 14 - in - one - year - to - 441/，2020 年 3 月 26 日。

② San Antonio Express - News，https：//www.mysanantonio.com/business/article/Mexico - hub - of - fintech - startups - in - Latin - America - 16263654.php，2021 年 5 月 22 日。

③《经济学家报》，https：//www.eleconomista.com.mx/sectorfinanciero/Mexico - segundo - pais - de - AL - que - mas - capital - obtuvo - para - fintech - en - el - 2020 - 20210420 - 0104.html，2021 年 4 月 20 日。

④《经济学家报》，https：//www.eleconomista.com.mx/sectorfinanciero/Mexico - principal - destino - de - America - Latina - para - las - fintech - extranjeras - KoreFusion - 20210504 - 0120.html，2021 年 5 月 4 日。

条件。一方面，国际科技巨头纷纷进入墨西哥，尤其是许多美国科技企业选择南下在墨西哥开设办事处，为进一步开拓拉美市场做铺垫，如谷歌、亚马逊、微软和优步（Uber）等。2021 年 1 月，为了更好地发展拉美市场，Netflix 宣布将其拉美总部从巴西圣保罗搬至墨西哥首都墨西哥城，并计划在 2020 年 2 亿美元的基础上，2021 年再投资 3 亿美元用于促进墨西哥优质内容的产出。① 中国的滴滴、摩拜等互联网企业在进军拉美市场时也将墨西哥作为桥头堡。

另一方面，墨西哥本土的科技企业也加快了发展步伐。以该国首都为例，墨西哥城科技企业的数量在 2015 ~ 2020 年增加了约 3 倍，从 164 家增至 632 家，且主要集中在电子商务、金融科技、IT 服务以及软件即服务（SaaS）四大领域。② 在疫情的催化作用下，自 2020 年 10 月到 2021 年 7 月，墨西哥已经诞生了四家独角兽企业，完成了从无到有的突破（见表 3）。值得注意的是，在墨西哥独角兽的融资过程中，日本软银多次作为领投方。2018 年软银集团（SoftBank）承诺在拉丁美洲投资 50 亿美元，以优化其在拉美的投资组合。国内外投资者的青睐使得墨西哥的科技初创企业进入了高速发展期。

表 3　墨西哥代表性科技初创企业一览

企业名	行业	成立年份
Kavak *	二手车买卖平台	2016
Clip *	金融科技	2012
GBM（Grupo Bursátil Mexicano）*	金融科技	2011（开始数字业务）
Sofía	在线医疗	2018
Jüsto	线上超市	2019
Konfío	金融科技	2013

① 《福布斯》墨西哥版，https://www.forbes.com.mx/exclusiva－netflix－invertira－mas－de－300－millones－de－dolares－en－mexico－para－2021/，2021 年 1 月 25 日。

② SAP&Endeavor，《墨西哥软件即服务（SaaS）生态全景报告》，https://news.sap.com/latinamerica/files/2021/08/24/Panorama－del－ecosistema－SaaS－en－Mexico－by－SAP_Endeavor.pdf，2021 年 8 月 24 日。

续表

企业名	行业	成立年份
WePow	招聘平台	2011
Urbvan	共享出行	2016
Klar	金融科技	2019
Bisto *	加密货币	2014
Moons	牙齿隐形矫正平台	2018
Credijusto	金融科技	2015
Runa	招聘平台	2017
Albo	金融科技	2016
Nowports	数字货运代理	2018

注：加*的企业为独角兽，数据截至2021年8月。
资料来源：笔者根据网络信息整理。

墨西哥科技企业尽管发展迅速，但目前还是与同地区的巴西、阿根廷等国家有一定差距。以独角兽企业为例，截至2021年7月，巴西已经孵化出13家独角兽，阿根廷有6家，而墨西哥只有4家。但凭借自身优势，未来墨西哥必将迎来更多的独角兽，尤其是在金融科技领域。

二 数字经济国际竞争力

墨西哥数字经济规模可观，不仅位居拉美前列，在全世界主要国家中也占有一席之地。根据中国信通院2021年发布的《全球数字经济白皮书》，2020年墨西哥数字经济以3522亿美元的规模在所有被测算的47个国家中位列第十一（2019年位居第十，规模为3903亿美元），在拉美地区居第一位，领先第二名巴西约400亿美元；在西班牙语国家中也稳居第一，遥遥领先第二名西班牙（2092亿美元）；在发展中国家行列中，规模仅次于中国（53565亿美元）和印度（5419亿美元）。①

① 中国信息通信研究院：《全球数字经济白皮书——疫情冲击下的复苏新曙光》，http://www.caict.ac.cn/kxyj/qwfb/bps/202108/P020210913403798893557.polf，2021年8月。

在上海社会科学院信息研究所发布的数字经济竞争力国家综合排名中，墨西哥以43.02分的总分在全部50个国家中排名第46位，与前几年的排名相比明显下滑。与同地区的其他国家相比，在2019年和2020年居拉美第一的墨西哥在2021年被巴西（总分49.56分，排名第33）超越，但依然好于阿根廷与哥伦比亚（见图2）。在整个榜单中，墨西哥紧随菲律宾和越南，而拉美与东南亚同处于较为落后的地位，表明这两大区域的数字经济还有很大的发展空间。

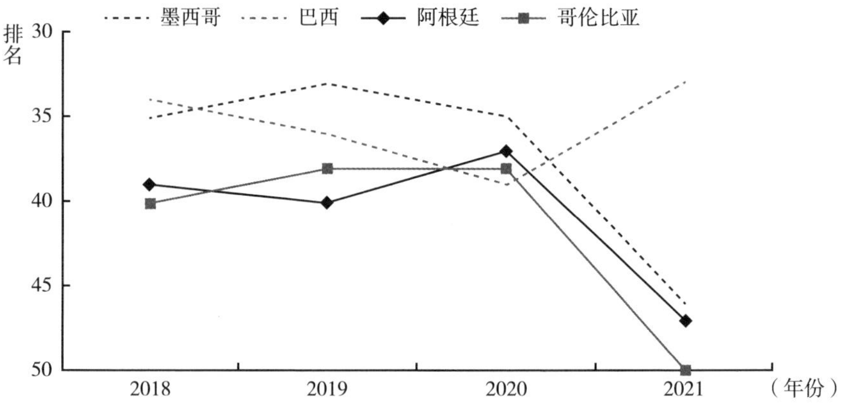

图2　拉美四国数字经济竞争力国家综合排名变化

资料来源：上海社会科学院信息研究所，《全球数字经济国家竞争力发展报告（2021）》。

上述综合排名由数字产业竞争力、数字基础设施竞争力、数字创新竞争力和数字治理竞争力四部分构成，墨西哥在四个方面的得分（满分100分）分别为6.06分、55.27分、47.40分和63.36分。在数字产业竞争力排名中，2021年墨西哥排名第37名，比上一年下滑16名，落后于阿根廷（第13名）、哥伦比亚（第26名）与巴西（第31名），但领先于俄罗斯、丹麦、澳大利亚等国家。细分数据显示，墨西哥数字产业竞争力不足主要是由于在经济产出和国际贸易方面处于明显弱势。2021年墨西哥数字基础设施竞争力的排名与上一年相当，均为第41名，居拉美第二，巴西为第33名。在全球数字创新竞争力排名方面，2021年墨西哥为第44名，比2020年后退两名，同样为拉美第二，与第一名巴西（第 15 名）差距较大。在数字治理领域，2021 年墨西哥的全球排名是第 41 位，与上一年（第 19 名）相比有较大降幅，但依旧为拉美第一。在全球范围内不及沙特阿拉伯（第 29 名）、印度尼西亚（第 35 名）和印度（第 36 名）。墨西哥数字治理的安全保障、服务管理和市场环境三方面的竞争力都较为均衡，其最突出的服务管理水平（68.84 分）与葡萄牙（68.89 分）以及意大利（67.01 分）不分伯仲。

由此可知，墨西哥数字经济的体量位居世界前列，其竞争力尽管在拉美依然处于领先地位，但是在世界范围内不算靠前。其他机构的排名也印证了这一点。

网络就绪指数（NRI）是评估全球主要经济体信息化发展水平以及信息和通信技术对经济竞争力影响的权威排名。根据 Portulans Institute 发布的 2020 年网络就绪指数，墨西哥在 134 个国家中排第 63 名，属于中游位置（中国位列第 40 名），排名与巴西（第 59 名）以及阿根廷（第 60 名）接近，与拉美地区的高收入国家乌拉圭（第 47 名）以及智利（第 50 名）仍有明显差距，但也高于哥伦比亚、秘鲁等同地区国家以及印度尼西亚、印度等新兴经济体。①

联合国贸发会议（UNCTAD）发布的全球 B2C 电子商务指数旨在评估全球主要国家的电商成熟程度，主要基于互联网接入度、邮政和基建可靠度、互联网用户比例和拥有移动支付服务用户的比例。最新数据显示，2020 年墨西哥在 152 个国家中的综合指数排名并不突出，位列第 93 名（中国为第 55 名），与上一年持平，落后于智利（第 59 名）、巴西（第 62 名）、哥伦比亚（第 68 名）等多个拉美国家，也不及沙特阿拉伯（第 49 名）、土耳其（第 57 名）、印度尼西亚（第 83 名）等 GDP 相当的发展中国家。尽管如此，2019 年墨西哥 B2C 电子商务销售额高达 310 亿美元，占拉美当年总销售额（730 亿美元）的 42.5%，而且年增长率高达 22%，显示出巨大的发展潜力。②

---

① Portulans Institute，《2020 年网络就绪指数》，https：//networkreadinessindex. org/wp – content/uploads/2020/11/NRI – 2020 – V8_ 28 – 11 – 2020. pdf，2020 年 11 月。

② 联合国贸发会议，《2020 全球 B2C 电商指数排名》，https：//unctad. org/system/files/official – document/tn_ unctad_ ict4d17_ en. pdf，2021 年 2 月 17 日。

三 数字经济的不足与展望

尽管墨西哥数字经济的发展如火如荼，ICT 产业发展基础好，电子商务、金融科技行业尤为突出，但与此同时，必须要承认该国数字经济依然在政策规划、人才技术、区域平衡等方面还任重而道远，该国政府也一直在采取措施弥补不足。

在规划方面，2021 年 9 月，在原先的局部性规划和政策的基础上，洛佩斯政府正式公布了《2021－2024 年国家数字战略》（EDN），旨在从信息和通信技术（ICT）、宽带接入和全民上网等方面促进国家的社会、文化和经济发展。该战略共有两个目标：一是利用信息通信技术改革公共行政，提高政府透明度；二是提高全国的互联网覆盖率以抵抗边缘化现象，提高偏远和落后地区的连接性并助其融入生产活动，并且提出了节俭有效、打击腐败、数字化流程高效、信息安全和技术主权五大原则。① 为了加快布局数字经济蓝图，政府还需要制定具体的实施计划和行动目标，尤其是确定量化标准或年度目标。

总体上看，墨西哥数字经济发展势头良好，是拉丁美洲名副其实的“领头羊”之一，但其国际竞争力仍较为薄弱。未来，随着政府政策的进一步落实以及公共部门和私营部门投资的增加，墨西哥将进一步推进信息基础设施建设，促进区域均衡发展，大力建设数字政府，在加快中小微企业数字化转型的同时注重提升公民的数字技能，该国数字经济将继续迸发出更大潜能，成为国民经济的核心增长极，为经济复苏和可持续发展提供强劲动力。

（一）信息基础设施建设继续推进、区域发展更加均衡

近年来，墨西哥在国家信息基础设施建设方面已经取得了显著成效，但

---

① 《2021－2024 年国家数字战略》，https：//www.dof.gob.mx/nota_detalle.php?codigo=5628886&fecha=06/09/2021，2021 年 9 月。

一直存在区域均衡性欠佳的短板。该国国家统计局2021年发布的关于全国互联网使用的报告显示，墨西哥全国各州互联网网民比例整体上北部明显高于南部，北部的新莱昂州、下加利福尼亚州、索诺拉州等州的比例超过80%，首都墨西哥城为84.4%，而南部的恰帕斯州（45.9%）、瓦哈卡州（55.0%）的互联网渗透率仅为50%左右，远远低于72.0%的全国平均水平。在家庭互联网接入率方面，全国平均接入率为60.6%，而排名第一的墨西哥城达到了80.5%，末尾的恰帕斯州仅为27.3%。[①]

对此，墨西哥政府一直致力于缩小墨西哥各州信息基础设施的建设差距。根据墨西哥《2019－2024年国家发展计划》，洛佩斯政府在数字经济方面重点关注信息基础设施的建设，计划要在全国范围内安装无线互联网，提高公路、广场、医院、学校、社区等公共场所的互联网连通性，以此改善贫困地区的经济状况和社会边缘化现象。在这一发展计划的框架下，2020年7月，墨西哥通信与交通部发布了《2020－2024年通信与交通部门规划》（PSCyT），明确其在通信方面的目标是改善邮政、电信、广播等服务的覆盖面和可及性，重点帮扶贫困人口和弱势群体，提高人民数字技能、制定合理的公共政策以推进国家的数字融合和科技发展。[②] 为了促进规划的落实，2021年4月通信与交通部公布了《2020－2021年社会网络覆盖计划》[③] 和《2020－2021年公共场所网络连接计划》[④]。此外，《2021－2024年国家数字战略》在社会数字化方面还提出了完善光纤网络覆盖，通过科技手段提高社会服务质量等具体要求。

在努力缩小数字鸿沟的同时，墨西哥政府还将加快5G网络的建设。自

① 墨西哥国家统计局：《2020年全国家庭信息技术可用性和使用情况调查》，https：//www.inegi.org.mx/contenidos/saladeprensa/boletines/2021/OtrTemEcon/ENDUTIH_ 2020.pdf，2021年6月22日。

② 墨西哥通信与交通部，https：//www.gob.mx/cms/uploads/attachment/file/565614/Programa_ Sectorial_ de_ Comunicaciones_ y_ Transportes_ 2020－2024.pdf，2020年7月。

③ 墨西哥通信与交通部，http：//dof.gob.mx/nota_ detalle.php？codigo＝5616104&fecha＝16/04/2021，2021年4月16日。

④ 墨西哥通信与交通部，https：//www.dof.gob.mx/nota_ detalle.php？codigo＝5616105&fecha＝16/04/2021&print＝true，2021年4月16日。

2019 年起墨西哥开始积极进行 5G 网络的搭建和测试。墨西哥国有电信运营商 Telmex 已经将墨西哥 5G 网络的重要频段 3. 5Ghz 频段的特许权授予了该国两大移动网络运营商 Telcel 和 AT&T，为期20 年。关于墨西哥的扩展 C 波段（3. 4 ~3. 6GHz 频段），目前 Telcel 拥有 100 兆赫（3450 ~3500 兆赫以及 3500 ~3550 兆赫），AT&T 拥有 50 兆赫（3550 ~3600 兆赫），另外还有 150 兆赫，即 50% 的频段可用，为未来的 5G 竞标创造了条件。[①] 根据墨西哥联邦电信研究院（IFT）的计划，墨西哥将在 2021 年进行 3400 ~3450 兆赫频段的招标，用途为商用。[②] 在 2021 年还将设立 5G 委员会用于收集行业各方意见以加快 5G 网络的部署。随着招标和测试的有序进行，墨西哥 5G 网络的商用预计将在 2021 年或 2022 年实现。

（二）数字政府建设加速、政府服务更加透明

经过多年的努力，墨西哥数字政府的建设已经卓有成效，其中以首都墨西哥城政府最为突出。在疫情期间首都政府推出了城市综合应用（App CDMX），为中小微企业搭建电商平台，发布“健康码”跟踪疫情动态，推广线上政务服务等，加速了政府的数字化转型。根据《2020 年联合国电子政务调查报告》，墨西哥在全部 193 个国家中排名第 61 位，比 2018 年前进了三名，在拉美地区排名第六，整体评级属于高级。[③] 在 2020 年拉美开发银行的政府科技（GovTech）指数排名中，墨西哥位居第五，落后于西班牙、葡萄牙、智利和巴西。该指数主要衡量政府领域科技应用的生态环境成熟度。在 GovTech 领域，墨西哥拥有大量的数据和技术相关初创企业，政府也在积极与私营部门合作，通过使用数据和数字技术解决公共问题，另外还

---

① 《经济学家报》，https：//www. eleconomista. com. mx/empresas/Telcel – compra – la – banda – de –3. 5 – GHz – de – Axtel – y – mete – presion – a – la – primera – subasta – de – 5G – en – Mexico –20200701 –0065. html，2021 年 7 月 1 日。

② 墨西哥联邦电信研究院，https：// https：//digitalfuturesociety. com/app/uploads/2020/06/DFSLab_ Panoramica_ ecosistema_ GovTech_ Espana_ Colombia_ Mexico. pdfwww. dof. gob. mx/nota_ detalle. php? codigo =5603258&fecha =21/10/2020，2020 年 10 月 21 日。

③ 联合国网站，https：//publicadministration. un. org/egovkb/en – us/data – center。

承诺争取把 35% 的公共技术采购合同授予中小企业，以扶持该类企业的发展。[①]

未来，政府将着重关注技术独立性和自主性，继续提高公共管理的效率和行政的透明度，改善政府服务质量。根据《2021 - 2024 年国家数字战略》的第一大行动方针，即联邦公共管理数字政策，政府对数字政府的发展提出了六个更为具体的目标：改进和协调公共管理数字政策的监管框架，提高技术和经济效率；实现信息和通信技术的采购标准化，提高公共资源利用率；增强技术自主性和独立性，确立政府对该国 IT 技术发展的指导地位；实现对计算机应用和基础设施的最大化利用；强化信息安全文化建设，增强用户对官方技术服务的信心；在整合现有信息的基础上，提高项目和计划的连续性并加以改进。

（三）中小微企业数字化转型加快、公私合作更加多样

中小微企业是墨西哥国民经济的支柱，数量超过 400 万家，占全国企业总数的 99% 以上，为该国贡献了约 50% 的 GDP 和 70% 的就业岗位。[②] 2020 年，墨西哥全国 490 万家中小微企业中有超过 100 万家（20.81%）因疫情而永久关停。[③] 微软的一项调查指出，面对冲击，墨西哥 80% 的中小微企业进行了经营方式的转变，主要与科技手段的应用有关。41% 的企业表示疫情加快了其数字化进程，83% 认为引入数字化手段在中长期对企业的复苏有重要作用。[④] 然而，根据联合国教科文组织 2021 年的一份报告，墨西哥在科

---

① 《福布斯》墨西哥版，https：//www. forbes. com. mx/govtech – un – ecosistema – de – 400 – mil – mdd – y – donde – mexico – tiene – oportunidades/，2020 年 7 月 24 日。

② 墨西哥参议院，http：//comunicacion. senado. gob. mx/index. php/informacion/boletines/47767 – pymes – importante – motor – para – el – desarrollo – economico – nacional – mc. html，2020 年 2 月 29 日。

③ 墨西哥国家统计局，https：//inegi. org. mx/contenidos/saladeprensa/boletines/2020/OtrTemEcon/ECOVID – IE_ DEMOGNEG. pdf，2020 年 12 月 2 日。

④ 微软官网，https：//news. microsoft. com/es – xl/microsoft – mexico – y – el – centro – de – competitividad – de – mexico – ccmx – cierran – alianza – para – apoyar – a – miles – de – pymes – mexicanas – a – digitalizarse – y – crecer – sus – negocios/，2021 年 8 月 2 日。

学和技术方面的支出不到 GDP 的1%。中小企业与大型公司在数字化转型方面存在明显鸿沟。咨询公司 IDC 的研究数据指出，如果在这一领域加大投资，墨西哥的经济规模可以增加 5.5%，中小企业部门数字化方面的增长率可以达到 42% 以上。①

目前，墨西哥中小微企业的数字化水平有待提升。许多企业意识到数字化的必要性却无从下手，它们实现数字化的主要挑战有劳动者数字技能不足、融资困难、科技手段缺乏。对此，墨西哥政府、银行业、大型企业等将加强合作，为全国中小微企业实现数字化转型提供技术手段或可负担的融资计划，并对劳动者开展数字技能培训。例如，2021 年 8 月微软宣布实施“PyMEs Digitales”（中小企业数字化）计划，将与墨西哥政府合作，在科技设备、能力培训和数字化转型计划的制定和实施等方面帮助中小微企业实现跨越。② 2020 年 3 月，美洲国家组织（OEA）与墨西哥政府合作推出平台，计划帮助 100 万家中小企业在 30 分钟内成功注册网店以发展电子商务，在缩小数字鸿沟的同时帮助企业渡过危机。③

（四）数字人才培养备受重视、帮扶对象更加精准

为了适应数字经济的发展需求，当前墨西哥需要大力培养数字人才。一方面，墨西哥民众的数字技能亟待提高。根据美国线上教育平台 Coursera 发布的 2020 年全球技能指数（GSI），墨西哥的技能指数综合排名处于全球落后地位（在统计的 60 个国家中排名第 58 位），在拉丁美洲地区也不属于前列。在商业、技术和数据科学三大测试领域，墨西哥学习者的技能熟练程度

① 《福布斯》墨西哥版，https：//www. forbes. com. mx/red – forbes – mexico – puede – ser – la – proxima – capital – tecnologica – del – mundo – que – necesitamos – para – que – asi – sea/，2021 年 8 月 2 日。

② 微软官网，https：//news. microsoft. com/es – xl/microsoft – mexico – y – el – centro – de – competitividad – de – mexico – ccmx – cierran – alianza – para – apoyar – a – miles – de – pymes – mexicanas – a – digitalizarse – y – crecer – sus – negocios/，2021 年 8 月 2 日。

③ 《扩展报》，https：//expansion. mx/tecnologia/2020/03/31/la – oea – adelanta – plan – digitalizar – a – millon – de – ymes – en – mexico，2020 年 3 月 31 日。

均属于落后等级。[①] 另一方面，墨西哥数字人才的缺口因疫情而被放大。根据求职网站 Indeed 的数据，2021 年 4 月墨西哥的科技类岗位数量同比增加了 15%，与 2019 年同期相比增长了 58%。全球 IT 解决方案提供商 NTT DATA 子公司 Everis 的拉美地区 2020 年数字人才报告显示，墨西哥 60% 的企业在招聘数字人才方面遇到困难。然而，国家统计局的数据表明，墨西哥约有 97.6 万人接受过计算机或信息和通信技术方面的培训，但其中至少有 24 万人没有工作。这一矛盾的主要原因是，这些人才掌握的数字技能无法适应企业对于新兴技术的需求。[②]

对于数字化人才的培养，墨西哥政府于 2019 年提出“数字技能框架”，对数字技能进行了分类和等级划分，并指出为了提高民众的数字技术，需要促进企业、研究机构和社会组织的合作，重点关注弱势群体和落后地区，根据用户需求制定培训计划，发展线上教育等。[③] 2019 年，墨西哥公共教育部还推出了 MéxicoX 免费在线教育平台，致力于为该国人民提供获取信息技术知识的渠道，缩小教育领域的数字鸿沟。自疫情暴发以来，该国政府加强了对民众数字技能的培养，与私营部门合作开展了多项数字技能的培训和教育计划，2021 年更是推出了专门面向女性群体以及文化部门的赋能计划。

① Coursera，https：//pages. coursera - for - business. org/rs/748 - MIV - 116/images/gsi2020_final. pdf，2020 年 7 月。

② 《经济学家报》，https：//www. eleconomista. com. mx/capitalhumano/Aumenta - 15 - el - empleo - digital - pero - vacantes - tardan - en - cubrirse - por - escasez - de - talento - 20210524 - 0126. html，2021 年 5 月 25 日。

③ 墨西哥通信与交通部，https：//www. gob. mx/cms/uploads/attachment/file/444450/Marco_ de_ habilidades_ digitales_ vf. pdf，2019 年 3 月。

城 市 篇

City Reports

B.12 纽约数字经济发展报告（2021）

冯玲玲 *

摘　要：纽约市连续十年实现经济增长，数字技术在纽约市经济发展中占据越来越重要的地位。典型数字经济行业和独角兽企业发展势头迅猛，极大地推动了纽约市数字经济的发展。纽约市政府在数字经济发展中发挥了至关重要的作用，包括基础设施数字化升级、制定一系列规划、启动各类投资项目等。本报告从纽约市数字经济发展概况、数字经济竞争力、支持数字经济发展的政策举措、未来展望四个方面概述了其数字经济发展情况。

关键词：纽约市　数字经济　数字技术　新型基础设施

近年来，数字经济在各国的经济发展中占据越来越重要的地位。根据中

* 冯玲玲，上海社会科学院信息研究所英语编译。

国信息通信研究院出版的《全球数字经济白皮书》，2020 年测算的 47 个国家数字经济增加值规模达到 32.6 万亿美元，同比名义增长 3.0%，占 GDP 比重为 43.7%。[①] 各国纷纷推出系列措施发展数字经济，作为世界领先的全球城市之一，全球金融中心和企业总部枢纽、主要交通和通信中心以及教育、研发和技术制造的重要地点，纽约市是一个经济发展强劲的国际大都市。根据美国商务部经济分析局数据，2019 年，纽约市[②] GDP 增长 1.2%，达到 8836 亿美元（按 2012 年可比价，下同），按区域计算，曼哈顿区占纽约市 2019 年 GDP 的 72%，总额达 6353 亿美元。自 2009 年以来，纽约市 GDP 增长较为稳定，整体增长势头良好，近十年年均增速达到 2.8%。按行业计算，2019 年，纽约市信息行业生产总值达到 1385 亿美元，占 GDP 比重为 15.7%。纽约市信息行业主要集中在曼哈顿区，生产总值达到 1308 亿美元。[③] 为助力数字经济发展，纽约市积极明确“全球创新之都”的发展定位，出台一系列科技创新促进计划，大力发展人工智能、大数据、区块链等新一代信息技术。[④]

一　纽约数字经济发展概况

随着纽约市成为全球科技中心，其数字经济的发展愈加强劲。纽约市正处于 21 世纪数字经济前沿，典型数字经济行业如信息行业（包括广播、电影和录音、电信、数据处理、信息服务等）、计算机和电子产品制造等迅速发展，具有极强的竞争力。此外，纽约市独角兽企业发展势头迅猛，极大地推动了纽约市数字经济的发展。

---

① 《全球数字经济白皮书——疫情冲击下的复苏新曙光》，http://www.caict.ac.cn/kxyj/qwfb/bps/202108/P020210913403798893557.pdf。

② 纽约市统计范围包括以下五个县（区）：（布朗克斯县）布朗克斯区、（金斯县）布鲁克林区、（纽约县）曼哈顿区、（皇后县）皇后区、（里士满县）史泰登岛。统计数据为五个县（区）数据加总（下同）。

③ 美国商务部经济分析局，https://apps.bea.gov/itable/iTable.cfm? ReqID=70&step=1。

④ http://news.bandao.cn/a/447867.html，2020 年 12 月 29 日。

（一）信息行业

根据美国商务部经济分析局的定义，信息行业包括出版业，如软件出版，以及传统出版和互联网出版；电影和录音行业；包括传统广播和网络广播在内的广播行业；电信行业；互联网服务提供商和网络搜索门户；数据处理行业；以及信息服务业。①

作为推动纽约市数字经济发展的重要力量，近十年来，纽约市信息行业生产总值增长较为稳定，从2009年的666亿美元，增长至2019年的1385亿美元（见图1）。2019年，信息行业生产总值占纽约市GDP比重已达到15.7%。从2009年到2019年，信息行业就业人数也实现持续增长，年均增长率为2.7%（见图2）。2019年，纽约市总就业人数为619.3万人，纽约市信息行业就业人数（全职加兼职）为24.07万人，纽约州信息行业就业人数（全职加兼职）为32.44万人。纽约市信息行业就业人数占纽约市总就业人数比重为3.8%，占纽约州信息行业就业人数比重为74%。按区域结

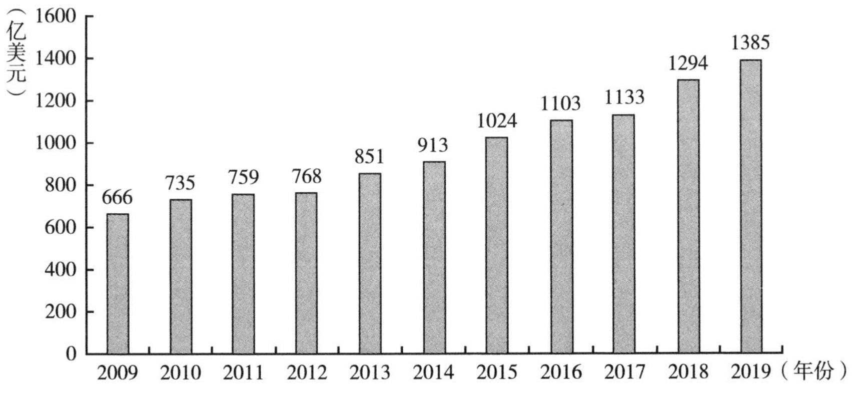

图1　纽约市2009～2019年信息行业生产总值

资料来源：美国商务部经济分析局网站（U. S. Bureau of Economic Analysis，BEA）。

① https：//apps. bea. gov/regional/definitions/.

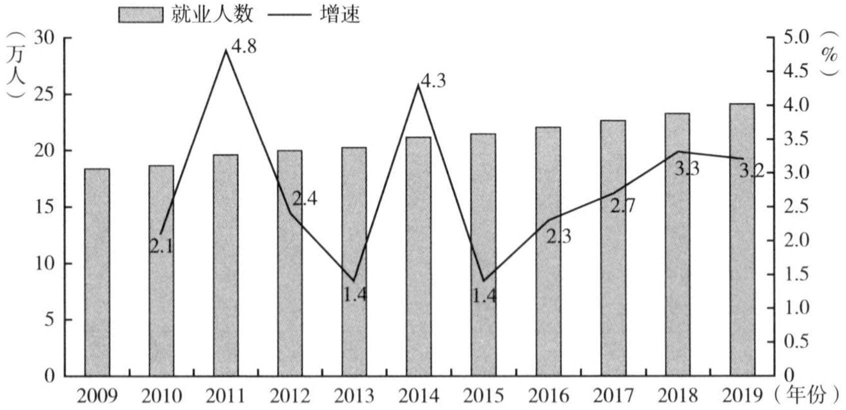

图2　纽约市2009～2019年信息行业就业人数及增速变化趋势

资料来源：美国商务部经济分析局网站（U. S. Bureau of Economic Analysis，BEA）。

果计算，2019年，纽约市信息行业就业人数绝大部分集中在曼哈顿区，为19.89万人，其他四区信息行业就业人数仅为4.18万人。2019年，纽约市人均收入为8.03万美元，纽约州人均收入为7.17万美元，纽约市信息行业从业人员人均收入为22.51万美元，是纽约市的2.8倍、纽约州的3.1倍（见图3）。其中曼哈顿区信息行业人均收入水平达到20.97万美元。2009年到2019年，纽约市信息行业人均收入增长较为稳定，年增长率为5.3%（见图4）。

1. 广播行业（互联网除外）

根据美国商务部经济分析局行业定义，广播行业（互联网除外）包括制作内容或获得内容分发权并随后播放内容的机构。广播电视行业包括经营广播演播室和设施的机构，用于通过空中或卫星传送娱乐、新闻、谈话等广播和电视节目。[①] 纽约市是众多著名广播公司总部所在地，如美国广播公司（ABC）、哥伦比亚广播公司（CBS）、国家广播公司（NBC）、福克斯广播公司等。近十年来，纽约市广播行业（互联网除外）飞速增长。2009年，

① https：//apps. bea. gov/regional/definitions/.

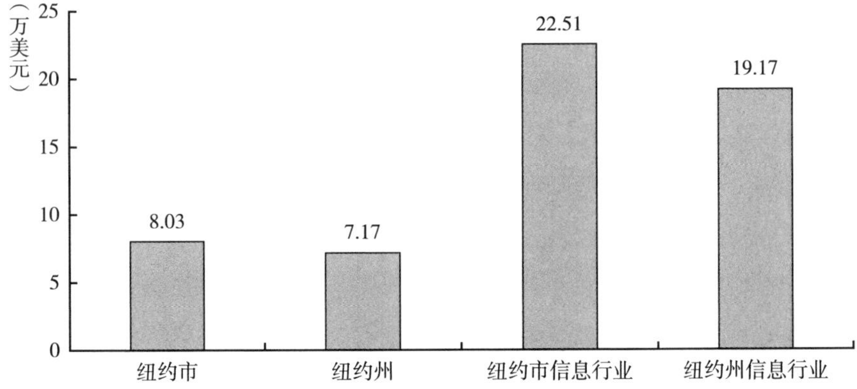

图3　纽约市、州人均收入及信息行业人均收入

资料来源：美国商务部经济分析局网站（U. S. Bureau of Economic Analysis，BEA）。

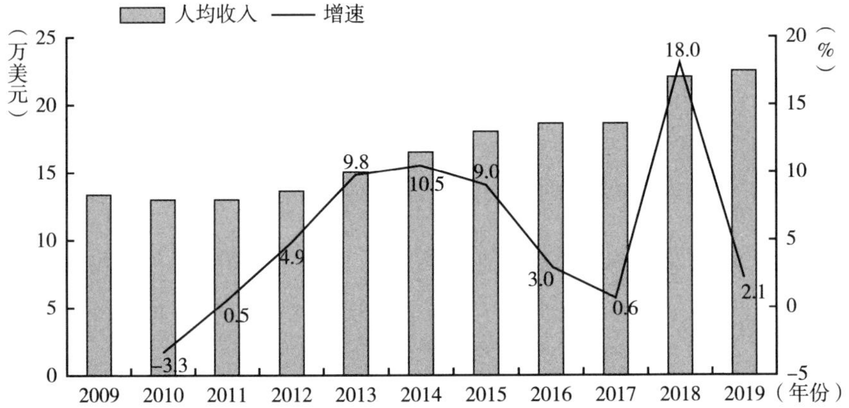

图4　纽约市2009～2019年信息行业人均收入及增速变化趋势

资料来源：美国商务部经济分析局网站（U. S. Bureau of Economic Analysis，BEA）。

纽约市广播行业（互联网除外）收入达到78.8亿美元，2019年增长至202亿美元，年均增长率达到9.9%。[①] 2009年，该行业员工薪酬[②]为39.2亿美

① 美国商务部经济分析局，https：//apps. bea. gov/itable/iTable. cfm？ReqID＝70&step＝1。

② 雇主支付给雇员以换取其在该期间的工作的总报酬，包括货币和实物。它包括工资和薪金以及对工资和薪金的补充。

元，2019 年达到 59.5 亿美元。[1] 按区域计算，纽约市广播行业（互联网除外）高收入、高薪酬主要集中在曼哈顿区。

2. 电影和录音行业

美国商务部经济分析局将电影和录音行业定义为制作与发行电影、录音的行业。制作通常涉及几种不同类型的机构，例如与表演者签约、制作电影或声音内容以及提供技术后期制作服务。电影发行通常是提供给影院和广播公司等放映商，而不是通过批发和零售发行链。[2] 2009 年，纽约市电影和录音行业收入为 49.5 亿美元，2019 年，纽约市电影和录音行业收入已达到 79.5 亿美元，年均增速达到 4.9%。[3] 纽约市电影和录音行业员工薪酬从 2009 年的 43.4 亿美元增长至 2019 年的 68.2 亿美元，年均增速达到 4.6%。[4]

根据纽约市长媒体和娱乐办公室发布的《2021 年纽约市电影和电视行业经济影响研究报告》，2019 年，纽约市的影视行业为该市提供了超过 185000 个（直接/间接）工作岗位，工资总额超过 180 亿美元，经济总产值（商业收入和自营收入）超过 820 亿美元。纽约市影视行业主要部分包括电影和视频制作、后期制作及其他服务、发行等，主要集中在曼哈顿、布鲁克林区。2004 ~ 2019 年，电影和视频制作行业的就业人数以每年 5% 的速度增长，超过了同期该市 2% 的平均就业增长率。2019 年，后期制作和其他服务直接创造了 3600 个就业岗位、3.34 亿美元的工资、11 亿美元的经济产出。[5]

3. 电信行业

电信行业包括提供电信和与该活动有关服务的机构，例如电话，包括互联网语音协议；有线和卫星电视分发服务；互联网接入；电信转售服务。电

---

① 美国商务部经济分析局，https：//apps. bea. gov/iTable/iTable. cfm？ reqid = 70&step = 1&acrdn = 5。

② 美国商务部经济分析局，https：//apps. bea. gov/regional/definitions/。

③ 美国商务部经济分析局，https：//apps. bea. gov/itable/iTable. cfm？ ReqID = 70&step = 1。

④ 美国商务部经济分析局，https：//apps. bea. gov/iTable/iTable. cfm？ reqid = 70&step = 1&acrdn = 5。

⑤ https：//www1. nyc. gov/assets/mome/pdf/mome – nyc – film – tv – industry – study – report. pdf.

信部门主要从事操作和/或提供话音、数据、文本、声音和视频传输设施的接入。[①] 2009 年，纽约市电信行业收入为 22.3 亿美元，2019 年达到 26.5 亿美元。

纽约市是全球商业和经贸枢纽，也是众多 500 强企业的总部所在地，其中不乏电信相关企业。全球科技电信公司威瑞森通信 Verizon 主要业务涉及语音通话、宽带/光纤、无线通信、物联网等。2021 年财富世界 500 强发布的排名显示，Verizon 排名第 45 位，员工总数为 13.2 万人，资产达到 3164.8 亿美元，营业收入为 1282.9 亿美元，净利润为 178 亿美元。[②]

4. 其他信息服务

其他信息服务行业指代提供信息、储存信息和提供获取信息的途径、经营使用搜索引擎以便在互联网上检索信息的网站的机构，或者只在互联网上发布和/或广播内容。该行业主要组成部分包括新闻集团、图书馆、档案馆、独家互联网出版和/或广播，以及网络搜索门户。[③] 纽约市是一些知名新闻集团、出版公司的总部所在地，如《纽约时报》、道琼斯公司等。网络搜索巨头谷歌在纽约有超过 8000 名员工，到 2028 年可能超过 14000 人。谷歌在曼哈顿增加了约 170 万平方英尺的办公空间，其稳定的业务吸引了其他科技巨头，正在把曼哈顿西区变成一个新的科技走廊。近十年来，纽约市该行业收入迅速增长。2009 年，纽约市该行业收入达到 19.6 亿美元，2019 年增长至 113.7 亿美元，年均增速达到 19.2%。[④]

（二）计算机和电子产品制造

计算机及电子产品制造的分部门机构，包括制造计算机、计算机周边设备、通信设备及类似电子产品的机构，以及制造这些产品零件的机构。集成电路的设计和使用以及高度专业化的小型化技术的应用是计算机和电子产品

① 美国商务部经济分析局，https：//apps. bea. gov/itable/iTable. cfm? ReqID =70&step =1。

② https：//fortune. com/global500/2021/search/.

③ 美国商务部经济分析局，https：//apps. bea. gov/regional/definitions/。

④ 美国商务部经济分析局，https：//apps. bea. gov/itable/iTable. cfm? ReqID =70&step =1。

制造生产技术的共同要素。[①] 近十年来，纽约市该行业收入总体呈现较为稳定的增长趋势，2009 年该行业收入为 1.99 亿美元，2019 年收入达到 6.25 亿美元；按区域结果来看，2015 年以前，该行业收入最高地区为皇后区，自 2015 年开始，曼哈顿区成为该行业收入最高地区。[②]

（三）独角兽企业

独角兽企业是数字经济的先锋代表，纽约市的强劲经济、科技发展、创新生态吸引了众多独角兽企业。2008 年，纽约市吸引的风险投资不到 10 亿美元，2019 年，吸引的风险投资超过 150 亿美元，急剧增长约 15 倍；2021 年仅第一季度，纽约市科技公司通过后期风险投资获得了 76 亿美元的种子资金。[③] 纽约市拥有最多的人工智能和机器学习岗位。近五年来，在人工智能和大数据风险投资的增长方面，纽约市高于湾区和波士顿。[④]

纽约市独角兽企业涉及众多数字经济细分行业，包括云服务、电子商务、人工智能等。Infor 公司是为特定行业市场的公司提供商业云软件产品的全球领导者，2019 年，收入达到 32 亿美元。[⑤] 目前，全球已有超过 65000 家企业依靠 Infor 实现企业范围内的数字化转型。全球软件公司 Uipath 主营开发机器人流程自动化（RPA）平台，RPA 是一种软件技术，可以轻松构建、部署和管理软件机器人，模仿人类的行动与数字系统和软件的交互，帮助企业实现数字化转型。

二　纽约数字经济竞争力分析

纽约市正在发展成为全球科技中心，在数字经济领域具有极强的竞争力。

---

① 美国商务部经济分析局，https：//apps. bea. gov/regional/definitions/。

② 美国商务部经济分析局，https：//apps. bea. gov/itable/iTable. cfm？ ReqID = 70&step = 1。

③ https：//edc. nyc/article/nyc - global - tech - hub，2021 年 6 月 17 日。

④ Global Startup Ecosystem Report 2020，https：//startupgenome. com/reports/gser2020.

⑤ https：//www. forbes. com/companies/infor/？ sh = 600095d41053，2019 年 12 月 17 日。

根据本课题组《全球数字经济城市竞争力发展报告（2021）》，纽约市连续两年位居全球数字经济竞争力榜首，可见其在数字经济领域占据绝对优势地位。城市数字经济竞争力评价指标包括经济与基础设施竞争力、数字人才竞争力、数字创新竞争力。纽约市在三项指标上综合表现十分突出（见表1）。

表1　全球主要城市数字经济竞争力总体排名情况

单位：分

排名	城市	经济与基础设施竞争力	数字人才竞争力	数字创新竞争力	总竞争力得分	上年排名	国家
1	纽约	77.8	69.3	84.1	77.1	1	美国
2	伦敦	68.8	75.4	77.2	73.8	3	英国
3	新加坡	90.5	60.9	66.7	72.7	4	新加坡
4	东京	64.5	69.8	78.6	70.9	5	日本
5	首尔	60.6	81.3	69.1	70.3	17	韩国
6	波士顿	68.9	66.7	70.6	68.8	2	美国
7	旧金山	74.3	62.9	66.4	67.9	6	美国
8	洛杉矶	65.0	65.4	72.9	67.8	7	美国
9	香港	73.1	64.4	62.9	66.8	无	中国
10	悉尼	60.0	80.2	53.5	64.6	15	澳大利亚

资料来源：本课题组。

（一）经济与基础设施竞争力

根据本课题组报告，经济与基础设施竞争力主要表现为城市经济活跃度、ICT普及度以及数据开放度。纽约市在此项指标上得分为77.8分，排名第二位（见表2）。

表2　全球主要城市经济与基础设施竞争力情况

单位：分

城市	经济与基础设施竞争力
新加坡	90.5
纽约	77.8
旧金山	74.3

续表

城市	经济与基础设施竞争力
香港	73.1
波士顿	68.9
伦敦	68.8
洛杉矶	65.0
东京	64.5
首尔	60.6
悉尼	60.0

资料来源：本课题组。

衡量一个城市的科技水平、数字经济发展水平自然离不开ICT（信息及通信技术），ICT普及度是数字经济的基础核心。根据美国人口普查局数据，在针对计算机和互联网使用的调查中，纽约市在2015～2019年，拥有电脑家庭的百分比为89.1%，“电脑”指的是台式机或笔记本电脑、智能手机、平板电脑（或其他便携式无线电脑），或其他类型的电脑。纽约市在2015～2019年，拥有宽带上网服务的家庭百分比为81.5%，“拥有宽带上网服务”指的是家庭成员使用或连接互联网，无论他们是否支付服务费用。表3显示了纽约、洛杉矶、波士顿、旧金山相关指标数据情况。

表3　纽约、洛杉矶、波士顿、旧金山相关指标数据

地点	人口（2019年，人）	家庭收入中位数（美元）	贫困人口百分比（%）	高中毕业或以上百分比（25岁以上人口，%）	拥有电脑的家庭百分比（%）	拥有宽带上网服务的家庭百分比（%）
纽约州	19453561	68486	13.0	86.8	89.6	82.8
纽约市	8336817	63998	17.9	82.2	89.1	81.5
洛杉矶	3979576	62142	18.0	77.5	91.6	83.0
旧金山	881549	112449	10.3	88.5	93.1	87.6
波士顿	692600	71115	18.9	87.2	91.0	85.4

资料来源：美国人口普查局网站（United States Census Bureau），美国社区调查（ACS）（2015～2019年）。

数据开放度也是衡量经济与基础设施竞争力的重要指标。纽约市的数据开发程度居于世界前列。表4显示了纽约市近年来数据开放历程。目前，纽约市民可通过开放数据门户网站获取免费数据集，数据范围涵盖约100个纽约市相关实体机构，如政府机构、商业改进区等，数据内容包括纽约市民生活各个方面，如建筑许可证、餐馆检查、实时交通、311服务申请、图书馆分类、学区、职位列表等。

表4　纽约市数据开放历程

时间	数据开放事件
2012年	时任纽约市长布隆伯格签署2012年第11号地方法律《开放数据法》 同年9月，发布纽约市开放数据政策和技术标准手册
2013年3月	开放数据团队在门户网站上提供已在市政府官网上发布的合规数据集
2015~2017年	白思豪市长批准了《开放数据法》的多项修正案，包括对公众请求的响应时间、将开放数据的授权延迟至永久等
2018年	成立市长信息隐私办公室（MOIP），致力于保护纽约人身份信息隐私，同时在法律允许的情况下最大化实现跨部门数据共享
2021年	发布《全市隐私保护政策和协议》，用以指导数据发布

资料来源：开放数据官网、信息技术和电信办公室。

（二）数字人才竞争力

数字人才竞争力体现在主要大学指数、高等教育入学率、人口高等教育比例三个方面。根据排名结果，纽约市在此项指标上排名第五，得分69.3分（见表5）。

表5　全球主要城市数字人才竞争力情况

单位：分

城市	数字人才竞争力
首尔	81.3
悉尼	80.2
伦敦	75.4
东京	69.8

续表

城市	数字人才竞争力
纽约	69.3
波士顿	66.7
洛杉矶	65.4
香港	64.4
旧金山	62.9
新加坡	60.9

资料来源：本课题组。

纽约市教育系统是全美最大的教育系统，截至2020年秋季，全市1800多所学校中有100多万名学生。根据2021年QS世界大学排名，世界排名前100的大学中，纽约市占据2所，分别是哥伦比亚大学、纽约大学。[①] 纽约市、州政府注重对教育的投资，纽约市教育部数据显示，2021～2022学年，纽约市教育部的总预算为380亿美元，其中51%来自纽约市政府、34%来自纽约州政府、15%来自联邦政府和其他来源。[②] 根据美国人口普查局发布的美国社区调查（ACS）数据（2015～2019年），纽约市25岁以上人口中高中毕业或以上百分比为82.2%，本科学历或以上百分比为38.1%。表6为美国人口超百万城市：纽约、洛杉矶、休斯敦相关数据情况。

表6 美国、纽约、洛杉矶、休斯敦人口及教育相关数据

单位：人，%

地点	人口(2019年)	高中毕业或以上百分比（25岁以上人口）	本科学历或以上百分比（25岁以上人口）
美国	328239523	88.0	—
纽约州	19453561	86.8	13.0
纽约市	8336817	82.2	38.1
洛杉矶	3979576	77.5	34.4
休斯敦	2320268	78.9	32.9

资料来源：美国人口普查局网站（United States Census Bureau），美国社区调查（ACS）（2015～2019年）。

① https://www.topuniversities.com/university-rankings/world-university-rankings/2021.

② https://www.schools.nyc.gov/about-us/funding/funding-our-schools.

随着纽约市成为全球科技中心，物联网、大数据、人工智能、区块链等现代科技在生活和工作中越发重要，纽约市也开始发起各类项目注重培养学生的技术能力，以适应现代社会及未来的技术进步。2015 年起，纽约市教育部发起“人人卓越平等”计划（Equity and Excellence for All），其中包括“全民计算机科学”（CS4All），旨在确保到 2025 年，纽约市所有学生都能接受计算机教育。2021 年 1 月，纽约市教育部合作伙伴公立学校基金发布《CS4All 项目更新报告》，截至 2019～2020 学年，纽约市共有 17.7 万名学生接受了计算机科学教育，比 2018～2019 学年增长了 8%；2019 年参加 AP 计算机考试的学生人数为 5573 人，而 2016 年只有 1137 人。① 此外，纽约市政府积极寻求与顶尖高校展开合作，为数字时代培养更多高素质技术人才。2011 年 12 月 19 日，纽约市、康奈尔大学（Cornell University）、以色列理工学院（Technon-Israel Institute of Technology）宣布在纽约市罗斯福岛（Roosevelt Island）建设一个耗资 20 亿美元、200 万平方英尺的应用科学与工程校园——康纳尔纽约理工学院（Cornell Tech），提供计算机科学、电气与计算机工程、运筹学和信息工程等硕士课程以及博士、博士后项目；Cornell Tech 提出 K－12 倡议，通过与纽约市公立学校合作、组织社区计算机学习类活动、召集专家学者会议等，致力于将计算机科学带入纽约市 K－12 教育中。②

（三）数字创新竞争力

根据本课题组报告，数字创新竞争力包括城市研发强度、专利申请数量和典型数字应用（医疗、交通、教育、就业等）深度。纽约市在此项指标中占据绝对优势，以 84.1 分位列榜首（见表 7）。

① Computer Science for All – Program Update, https://static1.squarespace.com/static/5809374d3e00be0b4e57621d/t/6044f3d2992e0f76058234a0/1615131614431/_ _ CS4ALL%2B2020%2BProgram%2BUpdate.pdf.

② https://edc.nyc/project/applied-sciences-nyc, https://www.tech.cornell.edu/about/.

表7　全球主要城市数字创新竞争力情况

单位：分

城市	数字创新竞争力
纽约	84.1
东京	78.6
伦敦	77.2
北京	74.7
洛杉矶	72.9
波士顿	70.6
上海	69.4
首尔	69.1
新加坡	66.7
旧金山	66.4

资料来源：本课题组。

近年来，纽约市政府积极建设投资研发中心，大力支持提升技术创新能力。除了注重研发，纽约市也积极推进数字技术应用，将数字技术融入各个领域，进一步优化市政服务，助力经济发展。2012 年 4 月，纽约市宣布与纽约大学、其他学术工业合作伙伴共同在布鲁克林中心兴建一个全新应用科学中心——城市科学与进步中心（CUSP）。CUSP 以纽约市为实验室，研究数据科学、统计分析驱动的解决方案，创建智能城市基础社会、解决复杂城市问题。[①] 同年 7 月，纽约市与哥伦比亚大学宣布建立一个数据科学研究所，重点研究通过数据科学、机器学习、人工智能等解决气候、卫生保健、社会正义、商业金融以及数据科学基础领域的挑战。该数据科学研究所的研究范围涵盖多个领域，比如数据驱动科学的计算系统、网络安全、财务和商业分析、健康分析、智慧城市，等等。[②] 2017 年 6 月，纽约市长宣布纽约市未来十年工作计划，提出 25 项举措来大力投资技术，如全美首个增强现实和虚拟现实（VR/AR）实验室，耗资 600 万美元，为初创企业提供工作空

① https：//edc. nyc/project/applied - sciences - nyc，https：//cusp. nyu. edu/.

② https：//edc. nyc/project/applied - sciences - nyc，https：//datascience. columbia. edu/.

间和早期资本支持。[1]

此外，纽约市大力推动数字技术在市政服务、工业发展等领域的应用，物联网技术的大范围应用就是代表性举措之一。疫情期间，纽约市大都会交通管理局（MTA）采用物联网技术管理公共空间密度，并筛查 COVID－19 症状。MTA 在其网站和 MYmta 应用程序中增加了一个功能，通过使用“红外传感器和 3D 图像模式技术”计算乘客数量，报告纽约公交车的密度。2020 年，纽约市交通部将交通信号、摄像头和旅行传感器网络转换到全新交通安全网络（TSN），创造了纽约市最大的物联网通信网络。TSN 将 13000 多个十字路口和设备连接到交通部的交通管理中心，提供城市道路使用的态势感知。此外，纽约市各个行业也在积极开发部署物联网，以满足数字经济时代的发展需求。在房地产和建筑领域，利用智能恒温器、气候控制传感器、建筑物管理系统（bms）等技术，建筑物可以减少能源消耗量，降低运营成本。数字技术在纽约市的应用涵盖了各行各业，如网络安全、金融服务、电子商务、医疗健康、能源电力、智慧交通等，不断推动纽约市迅速发展为全球科技中心、全球数字经济发展领军城市。[2]

三　纽约市支持数字经济发展的政策举措

纽约市经济发展局（NYCEDC）成立于 1991 年，是一家非营利性组织，由纽约市长负责主席及成员任命。为了推动纽约市科技领域发展，助力数字经济，纽约市联合 NYCEDC 推出一系列举措，如 2015 年 NYCEDC 启动了一项市政级加速器项目“Urbantech NYC”，该项目投资支持致力于推动城市智慧、宜居、可持续与弹性发展的科技创新与企业家。此外，NYCEDC 通过投资生物技术、先进制造业、新兴技术、智慧城市、金融科技、网络安全等

① https：//www1. nyc. gov/office－of－the－mayor/news/414－17/100－000－good－paying－jobs－mayor－de－blasio－releases－10－year－plan－invest－new－industries－raise#/0.

② The New York City Internet of Things Strategy，https：//www1. nyc. gov/assets/cto/downloads/iot－strategy/nyc_ iot_ strategy. pdf.

快速增长的行业，不断促进纽约数字经济发展，推动纽约朝着可持续数字城市迈进。

（一）支持金融科技发展举措

作为世界上最大的纽约证券交易所（NYSE）的所在地，纽约是真正的全球金融中心，总部位于此地的领先风险投资公司正积极投资种子和早期科技企业、电子商务、企业软件、金融科技、云计算等。纽约市金融科技行业规模全美最大，拥有约600家此类公司，且该行业正在快速增长，过去五年，其增速是硅谷的2倍。[①] 金融机构正积极寻求数字化转型，纽约市通过获取资金和人才，启动一系列创新项目来促进金融科技发展。金融科技创新实验室（Fintech Innovation Lab）是全球首屈一指的加速器项目，由纽约市合作基金和埃森哲共同创立。纽约金融科技创新实验室（Fintech Innovation Lab New York）成立于2010年，是一个为期12周、竞争激烈的项目。该项目在全球领先的金融机构和风险投资公司的支持下，促进处于早期到成长阶段的科技初创企业，目前已筹集16亿美元的资金，创造了1300多个工作岗位。[②] 2021年纽约金融科技创新实验室项目选中10家新兴科技公司，利用人工智能、机器学习和高级数据分析等技术，协助金融机构应对持续运营、数字产品开发等挑战。例如，致力于促进金融科技数字化转型的科技公司Spin Analytics，利用自动化现代建模方法和大数据分析高级科学工具等，提升金融技术项目的竞争优势。[③]

（二）支持新兴技术发展举措

纽约市站在不断发展的数字世界的前沿，是为现代商业提供智能解决技术的科技中心。随着新业务、新产品和基础设施的不断完善，纽约市的区块

---

① https：//edc. nyc/industry/finance.

② https：//www. fintechinnovationlab. com/regions/new－york/.

③ https：//www. fintechinnovationlab. com/news/new－york/10－tech－companies－selected－for－11th－annual－fintech－innovation－lab－new－york/.

链生态系统正在经历爆炸式增长。自2017年以来，纽约区块链相关职位招聘增加了80%；仅在2018年，纽约区块链创业公司就获得了超过5亿美元的风险投资，比2017年增长了500%。[①] NYCEDC确保帮助所有纽约人获取这项技术创造的机会，因此制定了区块链战略，期望通过三个举措为纽约市经济包容性增长奠定坚实基础，即纽约区块链中心、纽约市BigApps区块链挑战赛和区块链纽约周（每年一度）。

2019年1月，NYCEDC宣布在曼哈顿开设纽约区块链中心，该中心由NYCEDC和纽约风险投资基金Future \ Perfect Ventures的附属公司Future \ Perfect Labs以及全球区块链商业协会（Global Blockchain Business Council）GBBC实验室共同启动和运营，该中心将为企业家和其他创新者提供共享空间、商业支持和指导。纽约区块链中心还将在五个区提供关于区块链技术的公共教育，帮助居民了解区块链对他们日常生活的潜在影响。[②] NYCEDC与创新机构SecondMuse在“NYC BigApps”的传统基础上合作发起“NYC BigApps区块链挑战赛”。“NYC BigApps”是2009年推出的一系列公开竞赛，是纽约市最重要的公民创新挑战，协助培养纽约区块链人才，以开发创新的解决方案，解决紧迫的城市问题。2019年挑战赛涉及领域包括数字身份、能源、房地产资产管理，获胜者的解决方案分别为：基于区块链的自主数字MyCity. ID，将改进身份相关信息的验证；虚拟管理实体资产许可证和文件系统，改善数据效率低下的问题；区块链能源奖励平台和本地能源市场软件，帮助电网支持更多数量级的太阳能电池板和电动汽车。[③]

（三）推动网络安全发展举措

广泛的网络安全客户基础、不断增长的人才、领先的学术研究机构以及科技创业生态系统，使纽约市在网络安全方面处于全球领先地位，其网络安

---

① https：//edc. nyc/press – release/nycedc – open – nyc – s – public – private – blockchain – center.

② https：//edc. nyc/press – release/nycedc – open – nyc – s – public – private – blockchain – center.

③ https：//edc. nyc/press – release/nycedc – announces – winners – annual – nyc – bigapps – blockchain – competition.

全行业规模已超过 10 亿美元。[①] 随着全球数字经济的迅猛发展，金融、零售、媒体等关键行业也面临着网络攻击的风险，为了推动纽约市网络安全行业发展，NYCEDC 启动“Cyber NYC 网络纽约”计划，即一项 1 亿美元公私投资项目，旨在发展未来网络劳动力、刺激创造 1 万个网络安全工作岗位、催化下一个 10 亿美元的公司、将纽约打造成全球网络安全产业之都。该计划提供各类课程培训，如纽约城市学院网络安全硕士学位、纽约计算机 Fullstack Academy 网络训练营，启动全球网络中心、网络安全登月挑战，从而培养人才，激发创新。[②] 2018 年 11 月，纽约市长办公室首席技术官、纽约市网络司令部和纽约市经济发展公司发起网络安全登月挑战（Cyber Moonshot Challenge），鼓励科技公司为中小企业开发测试网络安全解决方案，保护中小企业免受网络攻击，促进经济发展、就业增长。纽约市将与以色列耶路撒冷全球风险投资公司 JVP 以及来自日本、新加坡、伦敦、巴黎等的全球伙伴合作，评估最佳提案，选中的提案将获得 JVP 提供的 100 万美元投资。[③] 2020 年，NYCEDC 和以色列耶路撒冷全球风险投资公司 JVP 在曼哈顿 SOHO 社区共同庆祝纽约市首个国际网络安全投资中心开幕，该中心将通过为处于成长阶段的初创公司提供客户、投资、商业资源等，协助它们发展成纽约市主要网络安全公司。

四　纽约数字经济发展整体展望

纽约市政府的政策支持在纽约市数字经济发展中的作用不容小觑，市政府制定了一系列战略规划，为纽约市数字经济发展培养技术人才、营造优秀科技生态环境、制定未来发展方向。自 2017 年以来，纽约市政府相继发布

---

① https：//edc. nyc/industry/cybersecurity.

② https：//cyber – nyc. com/.

③ https：//www1. nyc. gov/assets/cto/#/project/cybersecurity – challenge，https：//www. jvpvc. com/press – releases/city – of – new – york – and – jerusalem – venture – partners – launch – cybersecurity – moonshot – challenge – to – protect – small – businesses – from – cyberattacks/.

相关战略、规划，包括《纽约市十年工作计划》、《OneNYC 2050》战略规划、《纽约市互联网总体规划》、《纽约市物联网战略》以及《2020 年纽约市全民开放数据报告》等，为未来纽约数字经济发展制定了基本框架。结合相应战略、规划，纽约市未来数字经济发展将呈现如下趋势。

（一）积极推进新型基础设施建设

2019 年 4 月，纽约市出台《OneNYC 2050》战略规划，提出了为应对未来城市挑战的 8 个方面愿景：充满活力的民主、包容性经济、繁荣社区、健康生活、教育公平、宜居气候、高效流动性、现代基础设施。其中“现代基础设施”章节重点阐述了纽约市将投资可靠的实体和数字基础设施，以满足 21 世纪城市的需求。

在 21 世纪，宽带互联网是实现经济包容性和公平性的基础，然而纽约市存在较大的数字鸿沟，根据《纽约市互联网总体规划》数据，纽约市有 40% 的家庭无法同时拥有家庭移动宽带，有 18% 的居民（超过 150 万人）两类宽带都无法获取。[①]《OneNYC 2050》战略规划中“现代基础设施”章节提出要在纽约实现跨越 5 个行政区的通用宽带，并推进数字扫盲计划。纽约市政府还将调动公共和私人投资，推行更好的互联网政策；为了加快宽带接入，部署宽带基础设施的办法也将有所改变，新兴的宽带技术将有所更新，政府将成为私营部门最积极的合作伙伴。2020 年 11 月，纽约市长宣布将确保 Verizon 通信公司将其 FiOS 覆盖范围扩大到 50 万户家庭，让更多的纽约人可以使用高速光纤宽带。[②] 2021 年 3 月，纽约市长宣布纽约市的新提案，邀请电信行业建立首个最多可达 100000 个城市资产的协调系统，从而创建全新且负担得起的宽带服务选项。纽约市信息技术电信部以及交通部还将为移动电信特许运营商提供 7500 个街道电线杆来加速 5G 建设。接下来

---

① The New York City Internet Master plan，https：//www1. nyc. gov/assets/cto/downloads/internet - master - plan/NYC_ IMP_ 1. 7. 20_ FINAL - 2. pdf.

② https：//www1. nyc. gov/site/doitt/news/pr1024/verizon - held - accountable - connect - half - million - new - york - city - households - broadband.

的 15 个月内，每个季度将发布约 1500 根电线杆。[①] 未来，纽约市颁发特许经营权的权利将通过州立法进一步扩大，数字基础设施建设将进一步完善，弥补数字鸿沟的进度将进一步加快。

2021 年 3 月，纽约市长首席技术官办公室（CTO）发布《纽约市物联网战略》，描绘了未来物联网的大胆愿景，履行了纽约市长在《OneNYC 2050》战略规划中的要求。根据《纽约市物联网战略》，未来纽约市将进一步促进创新，提高应对新兴挑战的能力，纽约市将建立市政“试验台”并启动持续试点计划，快速有效测试新技术。纽约市将继续推进数据共享，建立全新共享机制，比如推出智慧城市目录，公开分享有关城市项目的信息，最大效率地使用城市数据。纽约市将启动智慧城市协作计划、设立全市物联网设备清单，其协调治理能力将进一步提升。[②]

（二）进一步开放数据、加强隐私保护

纽约市数字经济蓬勃发展，面对愈加智能化、数字化的新兴生态系统，纽约市亟须加强数字治理能力，从而快速适应数字化生态系统，推动数字经济高质量发展。《2020 年纽约市全民开放数据报告》描绘了未来开放数据及门户网站的愿景，开放数据平台将更加普惠、智能。2019 年，开放数据团队积极开发技术寻求数据自动化更新，约 9% 符合自动化条件的数据开启自动更新。DoITT 工作人员通过研发自动化工具，简化自动化过程，现在超 50% 的数据实现自动化更新[③]，未来数据更新流程将更加现代化，技术将更加完善，效率、精准度也将大幅提升。目前，公开数据所展示的基本都是来自市政府的数据，未来数据来源将更加广泛，包含来自市政府以外权威机构的数据。2021 年纽约市发布《全市隐私保护政策和协议》，2021 年 1 月 10 日，

---

① https：//www1. nyc. gov/site/doitt/news/pr0001/city - major - next - steps - close - digital - divide#/0.

② The New York City Internet of Things Strategy，https：//www1. nyc. gov/assets/cto/downloads/iot - strategy/nyc_ iot_ strategy. pdf.

③ Open Data for All 2020 Report，https：//opendata. cityofnewyork. us/wp - content/uploads/2020/09/2020_ OpenDataForAllReport_ Full. pdf.

纽约市议会颁布纽约生物识别信息法案，要求企业将生物识别技术的使用通知客户，并禁止销售生物识别信息。[①] 未来数据隐私保护必将更加严格。

（三）创造更多数字技术类工作岗位

纽约市智库机构城市未来中心发布的报告《让纽约人做好准备，迎接驱动纽约大规模经济的技术工作》显示，2020 年 4～11 月，技术职位的空缺（67923 个）多于医疗保健职位（60266 个）；科技行业的招聘需求也是金融业的 2 倍多，市场营销的 3 倍多，酒店业或教育业的近 5 倍。总的来说，4～11 月发布的所有职位中，近 1/5（18%）是技术类职位。[②] 根据对数据分析公司 Burning Glass Technologies 收集的纽约市招聘信息数据的分析，疫情期间，技术类岗位招聘需求最大。2020 年 4～11 月，软件开发人员/工程师职位空缺为 21268 个，超过其他职业（见表 8）。技术类最紧缺的职位包括 IT 项目经理、网络工程师/设计师、网页开发人员等。[③]

表 8　2020 年 4～11 月纽约市技术类工作需求最大的前五个职位

单位：个，美元

职位	需求数量	2020 年平均市场工资
软件开发人员/工程师	21268	106749
IT 项目经理	4104	110917
网络工程师/设计师	3066	110536
网页开发人员	2678	99345
网络/信息安全工程师/分析师	2670	105353

资料来源：智库机构城市未来中心报告《让纽约人做好准备，迎接驱动纽约大规模经济的技术工作》。

① https://legistar.council.nyc.gov/LegislationDetail.aspx?ID=3704369&GUID=070402C0-43F0-47AE-AA6E-DEF06CDF702A&Options=ID%7cText%7c&Search=biometric+identifier+information.

② Preparing New Yorkers for the Tech Jobs Driving NYC's Pandemic Economy, https://nycfuture.org/research/preparing-nyers-for-tech-pandemic.

③ Preparing New Yorkers for the Tech Jobs Driving NYC's Pandemic Economy, https://nycfuture.org/research/preparing-nyers-for-tech-pandemic.

2017 年，纽约市长发布《纽约市十年工作计划》，提出市政府将在未来 10 年采取多项举措，创造 10 万个高薪工作岗位，包括 3 万个技术类岗位、1.5 万个生命科学和医疗保健岗位、2 万个工业和制造业岗位、1 万个创意和文化部门岗位、2.5 万个未来工作空间岗位。[①] 随着机器学习、人工智能、区块链、物联网等新型技术的发展，纽约市将支持各行业采用新技术创造优质工作岗位。纽约市政府积极对科技类项目进行投资，比如全民计算机科学（CS4All）、纽约市科技人才管道等，为纽约人提供技术培训如网络开发和服务器管理，也为纽约人提供优质工作岗位。不论是金融业、房地产业还是各类专业服务行业，都正在积极利用数字技术进行数字化转型，数字技术对纽约市的经济发展必将越发重要。

① New York Workers – Getting Good Jobs，https：//newyorkworks. cityofnewyork. us/wp – content/uploads/2020/06/NewYorkWorks – 1. pdf.

B.13

伦敦数字经济发展报告（2021）

李依婕*

摘　要：伦敦作为全球顶尖的智慧城市，在数字产业、数字技术、人工智能、城市创新生态系统等方面在多项国际智慧城市评价中排名领先。伦敦以人和企业为发展核心，通过海量城市数据来提高公共服务水平、发展数字技术和人工智能、升级数字基础设施与城市基础设施等，并取得了卓有成效的进展。本报告阐述伦敦数字经济发展概况、分析伦敦数字经济竞争力以及讨论伦敦数字经济未来发展，为推进我国数字技术与创意产业融合发展提供参考和借鉴。

关键词：数字经济　数字基础设施　智慧城市　人工智能　创意产业

一　概述

随着信息技术的兴起，在全球经济一体化的趋势下，各国的数字化竞争越来越激烈。在数字化革命浪潮中，英国调整经济策略，将数字经济的发展放在战略性地位，以调整和升级其产业结构。英国政府先后出台了多项数字产业振兴计划，实施“数字英国”战略和数字经济战略，并颁布了《数字经济法案》，为其数字经济提供了坚实的支撑和保障。这些战略计划的目标包括升级数字网络，提升数字通信领域竞争力的基础设施建设，以及升级数

* 李依婕，上海社会科学院信息研究所。

字文化创意产业。英国政府致力于促进数字化创新为各行业 ICT 信息通信技术带来发展，以此来带动社会经济的繁荣发展。

英国政府提出要打造世界级“数字之都”，打造世界级“数字强国”，因此对 2009 年发布的“数字英国”计划积极贯彻执行。其具体战略目标为以下七个方面。第一，推进数字化进程以及提升全民参与水平。升级电子通信基础设施，让人人都能享受更好的宽带、移动通信和数字电视等方面的公共数字服务。第二，进一步完善通信基础设施。完善现代化通信基础设施、提供数字化广播平台、推动全民数字化教育。第三，保护数字知识产权，鼓励技术创新。扶持创新项目，以及严厉打击知识产权盗窃行为。第四，数字公共服务。修改相关数字公共服务的法律和政策，改善市场环境和公共服务质量。第五，数字技术研究和培训。完善数字职业教育和高等教育技能体系。把提升数字能力列为学校教育中的核心课程。第六，确定国家层面的数字安全框架。确保在线信息安全，保护线上消费，打击网络诈骗。第七，提升政府电子政务水平。建立“政府云服务”（G－Cloud），为政府部门提供基础设施、软件硬件、应用系统和信息安全等综合服务。

伦敦政府也曾先后提出“电子伦敦”和“伦敦连接”计划，旨在为伦敦公民提高公共服务的质量和效率。2013 年，伦敦政府专门组建了“智慧伦敦委员会”。委员会以伦敦人和伦敦企业为服务对象，以将伦敦打造成世界一流智慧城市为宗旨。智慧城市是未来的发展方向，发展数字经济是迈向繁荣的必经之路。通过升级数字基础设施，提供一个更加充分数字化和信息化的社会政治经济系统。

1. 伦敦数字经济战略

伦敦高度重视数字经济发展，出台了多项数字产业振兴计划，致力于加强城市管理数据化。2013 年 3 月，伦敦政府推出其第一个数字经济规划《智慧伦敦规划——以新技术创造力来服务伦敦人和伦敦城市》（以下简称《2013 智慧伦敦规划》）。2016 年 3 月，伦敦政府对上一个规划进行了评估和更新，于 2018 年 6 月发布了第二个规划《共建智慧城市——伦敦向世界智慧城市转型的市长路线图》（以下简称《2018 共建智慧城市》）。[①]

《2013 智慧伦敦规划》的目标是建立一个更高效、提供更好的信息化服务的世界级数字城市。该规划的具体目标为：①围绕伦敦人和伦敦企业。②开放数据，公开透明。③激励研究人员和技术人员。④优化伦敦的网络创新生态系统。⑤城市发展顺应数字化潮流。⑥建设伦敦智慧城市。《2018 共建智慧城市》在 2013 年发布的智慧城市规划的基础之上，又进一步推进数字经济发展，围绕五个方面展开：①数字服务侧重考虑以用户设计为导向。②打造城市大数据平台。③智慧城市街道。④发展数字技能和数字领导力。⑤加强伦敦与世界的数字联通。2018 年的伦敦智慧城市规划仍保持 2013 年时的规划初心，即看重用户导向以人为本，致力于推进信息化基础设施建设，打造城市大数据平台。[②]

伦敦政府致力于大力发展城市数据基础设施和数字经济建设，其建立的“伦敦数据仓库”（The London Datastore）是全球最早的数据透明公开的平台之一。该数据库将伦敦各政府部门和各行政区的数据整合和共享，将城市海量数据编织在一个统一平台中。伦敦数据仓库集城市交通、税务、安全、旅游、经济、医疗、社会保障于一体，将相关数据免费向公众公开，且支持搜索和下载功能。伦敦数据仓库开拓了一个更新更大的产品和服务市场，仅交通一类新开发出的软件就超过了 450 个。[③]

譬如，伦敦数据仓库可以帮助企业在租赁办公室的时候通过检索办公室数据，来收集相关的价格和租期信息；也可以通过数据库检索学校和培训机构的信息、医院和医疗的相关信息，以及交通拥堵情况等信息。此外，伦敦面板网站（London Dashboard）在开放数据的基础上对数据进行了进一步的可视化处理，使用图表的形式使公众直观地理解数据所反映的情况，譬如可

---

① 楚天骄：《伦敦智慧城市建设经验及其对上海的启示》，《世界地理研究》2019 年第 4 期。

② https：//www. london. gov. uk/what – we – do/business – and – economy/supporting – londons – sectors/smart – london/smarter – london – together.

③ https：//data. london. gov. uk/.

以通过图表看到空气污染度、地铁运行状态、马路拥堵情况等。[①]

同时，伦敦作为全球金融中心，其政府对金融科技也高度重视。伦敦政府大力推进伦敦金融行业数字化转型和发展。在伦敦政府的推动下，伦敦商业银行和金融机构大量投入打造创新化服务场景和特色化业务场景，不断将金融服务与数字经济相融合。

2. 人工智能

伦敦是公认的欧洲科技之都，近年来无论是在数字技术还是人工智能领域的产业发展和技术创新方面都处在引领地位。通常来说互联网巨头所在的地区更容易形成人工智能发展高地。譬如 Google、Amazon、Facebook 等互联网巨头所在地会更容易形成产业集聚效应，从而引领所在城市的人工智能繁荣发展。然而特殊的是，伦敦并没有大的互联网公司，却仍在近几年的人工智能领域迅猛崛起。

伦敦的人工智能发展主要是基于计算力、算法和大数据这三大要素，依靠在算法领域的技术创业模式。伦敦的算法类初创企业在互联网巨头眼中是所谓的“香饽饽”，因为这些伦敦初创企业能为需要大量数据应用场景的公司提供动力源。因此，伦敦是互联网巨头眼中的“香饽饽”，成为全球数字并购行为最为密集的城市。

近年来，Apple、Microsoft、Facebook、Amazon、Google、Twitter 等互联网巨头都在伦敦积极布局收购人工智能初创公司。伦敦的技术创业生态系统以计算力、算法和大数据这三个要素为核心，形成了全球人工智能发展的一个重要创新高地。这种数字伦敦现象的经验可概括总结为：技术、人才、应用、生态。

除了互联网巨头在伦敦大量布局，很多欧洲基金都在抢占伦敦市场，大量投资人工智能企业。伦敦拥有许多知名大学和学术机构，例如开放数据研究院（Open Data Institute）和英国科学技术及艺术基金会（NESTA）。这些机构的研究水平和学术积淀带领伦敦的人工智能研究走向世界舞台。除此之

① 楚天骄：《伦敦智慧城市建设经验及其对上海的启示》，《世界地理研究》2019 年第 4 期。

外，英国拥有非常良好的多学科生态，剑桥大学、牛津大学、伦敦帝国理工学院和伦敦大学的人工智能相关学科在世界上排名领先。

英国很多著名人工智能企业在单独成立之前原本都是大学的研究项目，譬如 Magic Pony 是帝国理工学院的几个研究生所创办的，Volal IQ 和 True Knowledge 原本是作为剑桥大学的研究项目而存在的。牛津大学资助了 Dark Blue Lab 和 Vision Factory。而著名的 DeepMind 则与这四所大学都有密切关系。算法创业项目的特点是技术成果可以快速转化成创业项目，因此一个小团队即可利用一个技术 demo 展示得到几千万美金的投资机会。技术创业成功的企业又吸引了更多的初创企业涌入人工智能行业，促进了更广泛更长远的行业发展。[①]

得益于城市数据平台，伦敦产生了技术初创企业新星，例如人工智能公司 DeepMind 和虚拟现实技术公司 Improbable 等。DeepMind 将机器学习和系统神经科学相结合，形成了高级的通用学习算法，在研发了打败李世石的 AlphaGo 之后一战成名。除此之外，谷歌在伦敦还收购了 Dark Blue Labs 和 Vision Factory，致力于在视觉处理方面运用算法深度学习。

另外，在医疗健康领域的应用方面，伦敦的医疗人工智能也发展迅速。通过对人体的扫描以及 X 光片等检查，可以快速提高癌症筛选的效率以及病情诊断的时间。通过医疗算法预测模型，可以快速准确推算出药物、手术、打针、住院等的需求。大多数伦敦被收购的技术初创企业都是基础算法方面的，特别是深度学习、语音识别和图像识别等方面。

伦敦在人工智能领域的崛起，得益于：①英国政府于 1982 年启动的阿尔维计划投资了 3.5 亿英镑在智能系统、集成电路、人机接口、软件工程等约 150 个研究项目，早早开始了人工智能布局。[②] 2013 年英国政府在大数据技术方面投资了 1.89 亿英镑，2015 年在大数据技术开发方面投资了 7300 万英镑。英国政府高度重视大数据、人工智能、数字化等高新技术方面的创

① 李辉、王迎春：《人工智能的“伦敦现象”及对上海的启示》，《科技中国》2018 年第 5 期。

② https://xueshu.baidu.com/usercenter/paper/show?paperid=fb4459a9fb82995753cfd4c09fbbd788&site=xueshu_se.

新和发展。②伦敦各行各业的繁荣发展也为其人工智能发展打开了应用空间和市场空间。

计算机算法能够大力改善各行各业的业务流程、服务水平和效率。譬如Tractable公司通过大数据和人工智能，使检验工作更高效更低廉；Aire公司使用机器学习生成更好的信用评分系统；ThirdEye公司通过趋势分析和机器视觉来降低店内盗窃概率。伦敦是著名的国际金融中心，有大量资金可用于投资。很多欧洲的基金都在伦敦积极投资人工智能初创公司。譬如Playfair、Notion Capital和White Star Capital都热衷于投资人工智能领域。目前伦敦投资增长最快的领域是人工智能和大数据，而相较于其他地区的人工智能和机器学习公司，投资者更倾向于投资伦敦。

3. 创意产业数字化

英国近年来高度重视创意产业数字化的发展。2015年2月英国政府出台了《英国2015～2018年数字经济战略》，旨在融合创意产业与数字经济，推动创意产业向数字化转型，推进技术创新和创意发展，以提高英国的全球数字竞争力。

2017年7月，英国政府将原来的英国文化、媒体与体育部（Department of Culture Media&Sports）改名为数字、文化、传媒和体育部（Department for Digital，Culture，Media &Sport），该部门改名后的简称仍是DCMS。DCMS与BIS（商业、创新与技能部）联合发布了前文提到的“数字英国”计划，旨在推动英国的数字经济发展，更新通信基础设施等。2017年英国创意产业的增加值达1025亿英镑，2014～2017年英国创意产业增加值年均增长6%，有较高竞争力。[①] 2018年英国政府出台了《创意产业：行业协议》。DCMS于2001年发布了《创意产业发展报告》，将创意产业划分为13个子产业，包含广告、电视和广播、艺术和古玩、工艺品、建筑、电影和录像、时尚设计、互动休闲软件（电子游戏等）、音乐、表演艺术、出版、软件和

① 李坤：《英国创意产业与数字经济融合发展战略及启示》，《中国国情国力》2020年第12期。

计算机服务等。①

自2009年英国政府发布“数字英国”计划后，英国的创意产业与数字经济战略高度融合。创意产业增加值从2010年的663亿英镑增长到2017年的1025亿英镑，年均增速为6.3%，创意产业年均增速比DCMS分管的所有其他子产业的年均增速都要高。2013年后，英国创意产业产值占英国总体GDP的比重超过了5%。② DCMS于2017年9月发布了《创意产业独立评审》，强调“数字化时代为世界带来了第四次工业革命”。③

在英国政府的呼吁下，伦敦政府大力推进数字经济战略，鼓励将创意产业与数字技术相结合，形成新型的“Createch”产业模式。伦敦的数字经济战略重点从“基础设施建设为重”转向“产业应用为重、产品和技术为重、以人为本为重”。伦敦创意产业在其政府的推进下，整体增长显著，数字融合引领创意产业中的子产业繁荣发展。伦敦政府高度重视知识产权，数字技术一方面带来了创意产业的版权投入；另一方面也扩大了创意产业的行业规模。而创意产业在与数字经济相融合的同时，不仅带动了产业内的结构升级，也促进了不同产业之间的联动发展。在运用虚拟及增强现实、5G网络、3D打印等新兴数字技术的同时，也带动了更多其他产业的技术升级和结构升级。

根据创意产业增加值、贸易值和就业率等相关数据分析，伦敦政府的数字经济政策积极促进英国创意产业出现了转型趋势。融合数字技术的创意子产业发展迅速，推动了产业结构优化；数字融合促进了传统产业业态升级和新产业业态增长：“产业+tech”集群式发展促进了产业布局优化和数字化应用。新型的“Createch”产业模式将创意产业与数字技术相融合并促进了两个行业的升级和发展，是创意与科技的完美结合。④

---

① https：//www.gov.uk/government/publications/creative－industries－sector－deal.

② 金雪涛、李坤繁：《数字经济战略格局下英国创意产业的融合发展与转型》，《深圳大学学报》2020年第2期。

③ https：//www.gov.uk/government/statistics/statistics.

④ https：//www.gov.uk/government/publications/creative－industries－sector－deal/creative－industries－sector－deal－html.

“创意产业＋tech”（Createch）为用户提供了更高级的互动式服务和体验。比如，英国国家档案馆将收藏的8000多万份历史文献扫描形成数字化资料文献，英国皇家歌剧院运用VR和AI技术让参与者可以体验沉浸式内容。沉浸式内容在近几年已经成为一个新的消费潮流，风靡世界各地。同时，“Createch”产业模式还应用在电影产业、互联网广告行业、3D打印设计行业等。

二　城市数字竞争力

从2006年到2016年，伦敦数字部门的就业率增长了77%，数字公司的数量增长了90%；2016年伦敦技术产值达到了560亿美元。2017年伦敦有4万多家技术公司，提供了近24万个工作岗位，由此形成的数字生态系统估值约为440亿美元。①伦敦在2014年的全球智慧城市评估报告中排名第三（Ranking of Smart Global Cities）；伦敦在2015年Juniper全球智慧城市排名中位列第一；在2018年“IESE城市动态指数”排行榜中，伦敦、纽约和巴黎共同被评选为“全球最佳智慧城市”。伦敦已成为金融科技、数字健康、教育科技、移动创新等专业服务的全球枢纽。

英国ICT信息通信技术发展在全球处于领先地位，尤其是无线技术、网络安全、数据分析、算法、软件开发和服务设计等方面。如世界经济论坛发布的《2016年全球信息技术报告》显示，在衡量ICT技术推动社会经济发展的成效方面，英国在全球2016年网络就绪指数（Networked Readiness Index）中排名第八位（中国排名第59位）。英国通过提高“政府采购先进技术的数量”和“感知风险资本的可用性”这两项指标，跻身于ICT信息通信技术世界领先地位。②

英国电子政务发展也处于全球领先的地位。2014年联合国经济和社会

---

① 楚天骄：《伦敦智慧城市建设经验及其对上海的启示》，《世界地理研究》2019年第4期。

② https：//www. gov. uk/government/organisations/department - for - digital - culture - media - sport.

事务部发布的《电子政务调查报告》表明，在全球电子政务发展指数中英国位列第八，公众参与度则是位列第六。英国是开放政府合作伙伴（OGP）发起国之一，向来支持数据透明化和公开化，推行数字治理、公众参与和问责制原则。截至2015年9月，英国政府数据开放官方网站上共有2.4万个数据集，以及约400个移动应用。英国Wi-Fi网络铺设很广泛，英国是公共Wi-Fi热点第二多的国家（第一是韩国）。英国网络安全的世界排名也很靠前。根据经合组织的数据，英国安全服务器的数量在全球排名第二（第一是美国），在欧洲排名第一。①

英国的ICT基础设施建设很发达，英国ICT服务供应商相对来说私有化程度高，而且服务价格相对较低，因此形成了良好的IT氛围。经济学人的“IT产业竞争力”排名显示，伦敦是全球IT产业的最佳落户地点之一。而且英国的宽带普及程度远远高于世界上大多数其他国家的平均水平。

伦敦人工智能的引领作用毋庸置疑。伦敦市市长萨迪克·卡恩（Sadiq Khan）发布的一份报告显示，伦敦有700多家人工智能技术企业，数量远远高于巴黎和柏林等其他欧洲大城市的同类型企业。萨迪克表示，伦敦将努力打造全球创新的“智慧城市和技术创新城市”。

伦敦深受人工智能创业者和投资者的青睐，是欧洲人工智能企业分布最密集的城市。总部位于柏林的Asgard. vc投资基金对欧洲人工智能产业的调查报告中显示，英国的人工智能公司数量远远超过了德国和法国；而伦敦的人工智能公司数量是排名第二的柏林的2倍多。乌镇智库有关报告表明，2000～2016年英国人工智能企业数量在全欧洲名列第一（占比27.3%），而德国排名第二，占比仅为12.34%，排名第三的法国占比仅为9.6%。

伦敦同时也是欧洲人工智能方面投融资数额和频率最高的城市。乌镇智库报告显示，2000～2016年英国人工智能的投资和融资规模总额接近欧洲累计规模总额的50%，而英国人工智能融资有超过60%的资金在伦

---

① 郑安琪：《英国数字经济战略与产业转型》，《世界电信》2016年第3期。

敦。伦敦的人工智能融资规模比柏林和巴黎等其他欧洲主要城市要高几倍。[①]

三　城市展望

伦敦政府希望“提升数字和数据领导力，使公共服务更加开放创新”。近年来，伦敦政府积极运用大数据以及人工智能，为政府活动提供信息和服务。伦敦政府将数字技术广泛应用在城市基础设施建设以及城市管理和治理之中，其城市数字经济发展更加精细化、智能化和创新化。伦敦政府高度重视数字经济发展，大力支持企业创新发展和对外扩张市场。伦敦大力支持数字创新企业的发展，为中小企业提供各种合作机会和资金扶持。伦敦科技城推出企业升级计划，提供经营建议和专家咨询，助力企业高水平发展。伦敦市长出口计划，为技术创新企业在国外提供项目对接服务和咨询服务。

《2013 智慧伦敦规划》针对每一个实施路径都列出了评估措施。譬如在第一个实施路径“以伦敦人和伦敦企业为核心”中的具体措施为：①提升数字技术参与人的数量；②让更多伦敦人和伦敦企业参与城市问题的解决方案；③泛伦敦数字包容计划，让更多公众参与数字技能培训。《2013 智慧伦敦规划》有明确的目标、具体的措施，促进伦敦大力发展数字经济。[②]

伦敦近几年高度关注“创意产业＋技术研发”，这种新型的“Createch”产业模式很好地融合了创意产业和数字经济。伦敦政府将虚拟现实、增强现实、人工智能、沉浸式体验、3D 打印等列为技术研发重点，同时推动创意产业全面升级。伦敦政府大力鼓励高校进行技术创新研究，还大量拨款支持中小创意企业技术创新。

---

① https：//www. iwuzhen. top/.

② https：//www. london. gov. uk/what - we - do/business - and - economy/supporting - londons - sectors/smart - london/smarter - london - together.

英国政府于2015年发布的《英国2015～2018年数字经济战略》，为推动英国数字化提供了坚实的战略部署。该战略除了强调首要任务是发展数字经济之外，还着重强调要将数字经济与文化创意产业相融合，两者贯通、相互促进产业结构升级。创意产业将聚焦发展数字化的创意产品和内容，形成创意升级和转型。

英国政府发布的《数字战略2017》也着重强调发展数字业务和新兴衍生行业。对人工智能、5G、互联网行业等的技术投资超过5亿英镑，致力于推动“Createch”大力发展。伦敦政府大力呼吁产业界和学术界联手，营造良好的数字化氛围，促进数字经济大力发展，致力于将伦敦打造成世界级的顶尖数字经济强市。

从以上这些伦敦政府近几年发布的数字经济战略和计划中可以发现，伦敦数字经济不断发展和不断演进，日新月异、发展迅速。伦敦数字经济的发展逐渐由“基础设施建设为重点”转向“产业应用为重点”。伦敦政府积极为中小型数字技术企业提供咨询建议以及商务资源和投资机会，大力支持各行业的数字化转型和升级。同时，伦敦数字经济的发展战略从原先的“产品和技术为核心”逐渐转向了“以人为本为核心”，围绕公民、服务公民。同时，伦敦政府积极培养数字人才以提高公民的数字素养，积极打造政务云平台和数字化政府。伦敦近年来颁布的发展战略和行动计划都特别着重保护公民的网络安全和隐私安全。英国《数字战略2017》和《数字经济法》都明确表明要保护公民的隐私不受泄露、不受垃圾邮件和骚扰电话的打扰。伦敦政府大力构建数字化平台、打造政务透明系统，向公众保证政府数据将保持透明、公开、开放、共享。

数字化革命以千百年来前所未有的速度和规模改变我们的生活及社会，为各个行业的发展提供了全新的机遇和挑战。对很多国家而言，当务之急是思考怎么样利用数字技术、运用数字政策以及展开全民数字普及，将创意产业与数字经济贯通融合，以推动创意产业数字化转型和结构升级。英国政府数字经济的发展战略从“基础设施建设为重点”转向“产业应用为重点”，从“产品和技术为核心”转向“以人为本为核心”，并大力加强相关的数字技能人才培训。英国政府的产业发展政策和发展战略大力推进了创意产业的结构升级、布局优化，产业升级转型拓展了数字技术就业空间与数字经济价值。上述经验对推进我国数字经济发展以及数字技术与创意产业融合发展具有一定的借鉴意义。

B.14
东京数字经济发展报告（2021）

金　琳*

摘　要：　东京是全球经济最发达的城市之一，近年来东京都政府大力支持数字化转型（DX），2017年东京都公布了《东京都ICT战略》，对教育、医疗、旅游、政府行政等多个领域提出了ICT的应用方案。2020年2月又发布了《“智慧东京”实施战略》，面向2040年的智慧东京，希望通过战略的实施提升城市乃至整个国家在全球的竞争力。2021年4月东京都先于日本国家层面设立了东京都数字服务局，以全面推进利用数字化力量的行政管理，大幅提高东京都政府的服务质量。本报告概述了东京数字经济发展状况，介绍了东京数字技术及其在城市建设中的应用，以及面向未来出台的法律政策等。

关键词：　东京　数字经济　信息技术　城市建设

一　东京数字经济发展概况

据统计，2018 年东京名目生产总值为 107 兆 418 亿日元，占全日本的 19.5%，与 2017 年相比上涨了 1%。与世界主要国家相比，2018 年东京都的名目生产总值为 9654 亿美元与主要国家的国内生产总值相比，位于

* 金琳，上海社会科学院信息研究所日语编译。

墨西哥12207亿美元之后、超过荷兰的9141亿美元，是全球经济最发达的城市之一。近年来东京都政府大力支持数字化转型（DX），2017年东京都公布了《东京都ICT战略》，对教育、医疗、旅游、政府行政等多个领域提出了ICT的应用方案，在市政建设领域也提出了相应的要求，涵盖了公共基础设施维护更新、防灾减灾、交通等内容。2020年2月又发布了《“智慧东京”实施战略》，面向2040年的智慧东京，提出了城市数字化转型的路径与举措，希望通过战略的实施提升城市乃至整个国家在全球的竞争力。

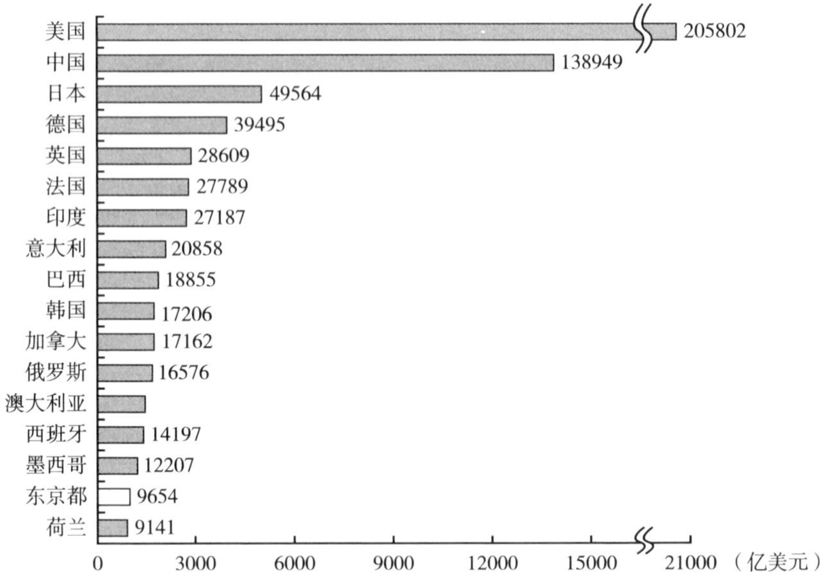

图1　东京都生产总值与主要国家国内生产总值对比

资料来源：（内阁府经济社会综合研究所）「平成30年度国民経済計算年報」。

（一）信息通信业

从东京信息通信业的企业数量和从业人员数量变化来看，与2014年相比，2016年的企业数量减少了，而从业人员数量却增加了。“信息服务业”

的企业和从业人员数量均最多。其中，“软件行业”的企业数量最多。和日本全国相比，东京的“信息通信业”占日本全国的34.5%，远高于所有产业占全日本的比重（11.6%）。“软件行业”从业人数最多，其中从事“信息通信业”的人数占全日本的51.7%，远高于全产业所占的比重（15.8%）。从信息通信业的东京生产总值变化来看，2018年为11.0万亿日元，实现了两年来的首次增长。此外，东京的信息通信业每年在东京生产总值的10%上下浮动，2018年为10.3%（见图2）。从信息通信业活动指数的变化来看，2012年以来一直呈上升趋势，2018年信息通信业及其相关产业的市场规模达到101.4万亿日元。

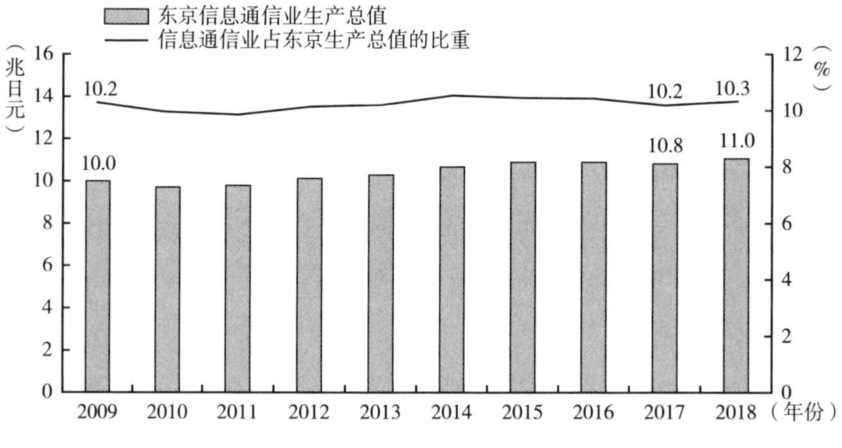

图2　东京信息通信业生产总值的变化

资料来源：东京都「都民経済計算」。

信息通信业的前景预期：第五代移动通信系统（以下简称5G）将作为物联网时代多种网络的综合ICT平台，通过在各个行业和领域的实施，提高工作效率以及创造新的服务等，期待比传统移动通信系统带来更大的社会影响。从手机终端使用线路的数量进行预测，预计到2025年签订5G服务的数量将占总体的46.4%。从企业是否对5G感兴趣的调查结果来看，66.7%的企业表示“感兴趣”，无论在哪个行业都超过50%。从公司规模来看，86.4%的大公司表示“有兴趣”，表示“有兴趣”的中小企业占

51.1%。从企业设想5G的使用场景来看，制造业中“室内生产、制造现场”占比最高，在“信息通信业”、“服务业”以及“商业·流通业”中“服务开发（娱乐等）”占比最高。从企业规模来看，无论是大企业还是中小企业，将5G运用在“服务开发（娱乐等）”的占比均最高。从企业的云服务使用情况来看，回答“正在使用云服务”的企业比例逐年上升，2019年达到64.7%。从使用目的来看，用于“存储文件·数据共享”的比例最高。

（二）电子商务

日本经济产业省的数据显示：2019年日本跨境电商交易规模达到了5900亿美元，与2014年相比增长了2.4倍。日本跨境电商的快速发展，不仅提升了日本对外贸易的效率，而且扩大了其国际贸易空间，成为日本对外贸易新的增长点。当前日本是位列中、美、英三国之后的全球第四大跨境电商市场，同时也是全球最为成熟的电子商务市场和最大的跨境电商出口市场。

2020年日本国内电子商务的市场规模（BtoC和BtoB）中，BtoC－EC（面向消费者的电子商务交易）为19.3万亿日元（上年为19.4万亿日元，下降0.5%），几乎趋于平稳，BtoB－EC（企业对企业电子商务）市场规模下降至334.9万亿日元（上年为353.0万亿日元，比上年下降5.1%）。由于发布紧急宣言与要求民众“外出自肃”，利用网络进行购物的人大大增加，使得产品销售领域的市场规模显著扩大。一方面，由于旅游服务业遭受重创，服务业的市场规模大幅度缩小。因此抵消了由产品销售领域带来的显著增长，BtoC－EC整体市场规模仍然减少了830亿日元。这是自此市场调查开始以来，BtoC－EC市场规模首次没有增加。另一方面，EC转化率在增加，BtoC－EC为8.08%（比上年增长1.32个百分点），BtoB－EC为33.5%（比上年增长1.8个百分点），呈增长趋势。电子商务的交易继续获得进展。

2019年日本经济产业省发布的日本电子商务（EC）市场调查显示，其市场规模已达到19.4万亿日元，比上年增长7.8%（见图3）。实物商品的网上销售增长8.1%，达到10.0515万亿日元，首次突破10万亿日元。从整体来看，随着智能手机的广泛应用，网上预约和在线视频等增长明显。经由智能手机的网络交易额占到商品销售整体的42.4%，达到4.2618万亿日元，与2015年相比增至约2倍。在线视频比上年激增62.8%，达到2404亿日元。在数字领域，市场规模最大的是达到1.3914万亿日元的在线游戏。在服务领域，增幅巨大的是网络预约成为主流的美发厅和美容院等理发美容（26.06%）和餐饮（14.34%）服务。利用美容室的女性网上预约占46.1%，首次超过电话预约。无现金结算的普及也对日本电商市场的扩大做出贡献。很多电商网站可将在智能手机上注册的信用卡和电子货币选为结算手段，这能节省去便利店等处支付的时间。还存在通过智能手机的生物特征识别功能提高支付安全性的案例。此外，跨境电商也持续扩大。中国消费者从日本购买商品的金额增加7.90%，达到1.6558万亿日元。日本此前被称为无现金化落后国家，如今摆脱现金的趋势也开始全面扩大。受新冠疫肺炎情影响，基于智能手机的小额支付和电子商务在各个年龄层增长，2020年的无现金比例接近30%。要想达到与其他发达国家相当的水平，关键在于推进持慎重态度的中小店铺采取行动。在日本ZHOLDINGS的财报说明会上，社长川边健太郎强调，旗下的手机支付软件PayPay在短短2年半时间里实现了超出预期的增长。PayPay的注册人数突破3900万，虽然开展业务较晚，但在日本的二维码支付领域一马当先。日生基础研究所的推算显示，2020年日本的无现金支付比例约为29%，5年里上升了11个百分点。日本政府提出到2025年提高至40%的方针。日本的无现金支付比例明显逊色于达到6~9成的中韩。日本ATM普及、易于提取现金，而且盗窃和假钞少，这些因素产生很大影响。

（三）东京数字经济竞争力

根据本课题组《全球数字经济城市竞争力发展报告（2021）》中全球主要城市数字经济竞争力总体排名结果分析看来，东京处于领先的位置，全球

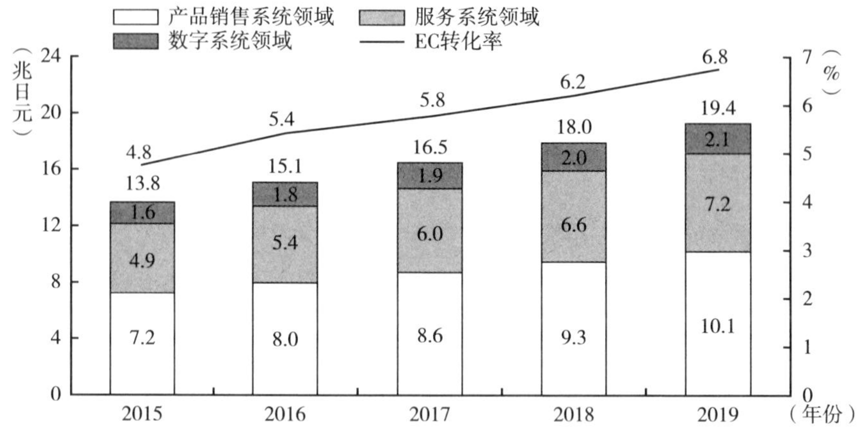

图3　日本 BtoC－EC 市场规模、EC 转化率的变化

资料来源：经济产业省「電子商取引に関する市場調査」。

排名第四位（见表1）。城市数字经济竞争力评价指标包括经济与基础设施竞争力、数字人才竞争力、数字创新竞争力。

表1　全球主要城市数字经济竞争力总体排名情况

单位：分

排名	城市	经济与基础设施竞争力	数字人才竞争力	数字创新竞争力	总竞争力得分	上年排名	国家
1	纽约	77.8	69.3	84.1	77.1	1	美国
2	伦敦	68.8	75.4	77.2	73.8	3	英国
3	新加坡	90.5	60.9	66.7	72.7	4	新加坡
4	东京	64.5	69.8	78.6	70.9	5	日本
5	首尔	60.6	81.3	69.1	70.3	17	韩国
6	波士顿	68.9	66.7	70.6	68.8	2	美国
7	旧金山	74.3	62.9	66.4	67.9	6	美国
8	洛杉矶	65.0	65.4	72.9	67.8	7	美国
9	香港	73.1	64.4	62.9	66.8	无	中国
10	悉尼	60.0	80.2	53.5	64.6	15	澳大利亚

资料来源：本课题组。

尤其是在数字创新方面，东京保持领先水平。根据本课题组报告，数字创新竞争力包括城市研发强度、专利申请数量和典型数字应用（医疗、交通、教育、就业等）深度。东京在此项指标中仅低于纽约，得分78.6分，排名第二位（见表2）。

表2　全球主要城市数字创新竞争力情况

单位：分

城市	数字创新竞争力
纽约	84.1
东京	78.6
伦敦	77.2
北京	74.7
洛杉矶	72.9
波士顿	70.6
上海	69.4
首尔	69.1
新加坡	66.7
旧金山	66.4

资料来源：本课题组。

数字人才竞争力体现在主要大学指数、高等教育入学率、人口高等教育比例三个方面。根据排名结果，东京在此项指标上排名第四位，得分69.8分（见表3）。

表3　全球主要城市数字人才竞争力情况

单位：分

城市	数字人才竞争力
首尔	81.3
悉尼	80.2
伦敦	75.4
东京	69.8
纽约	69.3
波士顿	66.7
洛杉矶	65.4

续表

城市	数字人才竞争力
香港	64.4
旧金山	62.9
新加坡	60.9

资料来源：本课题组。

二　东京数字技术发展

在日本制造业中，为了获得新的发展动力，日本企业也正在加紧实施数字化转型。尤其在诸如机器人、机床和工厂自动化设备之类的制造业中，掀起了一股数字化的“浪潮”。东京在全球范围内数字技术具有较大优势的是，量子信息技术、物联网、区块链、云技术、传感器、工业机器人等。

（一）量子信息技术

日本理化学研究所和富士通开发的超级计算机“富岳”在6月28日公布的世界超级计算机能力排行榜上维持首位宝座。继2020年6月和11月之后，连续3次超过美国和中国的超级计算机。将高计算能力应用于汽车设计等工业用途和防灾对策的趋势正在扩大。“富岳”是2011年夺取世界第一的国产超级计算机“京”的后续机型。在国际会议公布的排名中，其实现每秒44.2京（京为1万亿的1万倍）次的计算速度，明显超过排在第2位的美国“顶点”（14.8京次）等超级计算机。

理化学研究所等在推进“富岳”开发之际，为了促进利用，考虑了软件的易开发性。东北大学将“富岳”用于南海海沟周边发生巨大地震之际的海啸预测，而东京大学等将“富岳”用于相模海沟地震灾害的研究。日本汽车工业协会利用“富岳”分析汽车结构和撞击损伤的关系，发现抗撞击的汽车结构。各汽车厂商将把分析结果应用于实际的汽车制造中。“富岳”3月正式投入使用，今后其工业利用有望扩大。美国和中国力争年内推出超过“富岳”的超级计算机。在能源效率的排名中，日本 Preferred Networks 公司的超级计算机“MN-3”再次跃居首位。“富岳”还有望在材料开发方面发挥威力，住友橡胶工业将利用“富岳”开发不易劣化的低燃耗轮胎。

此外，日本东京大学与日本 IBM 于 7 月 27 日宣布，商用量子计算机已开始投入使用，这在日本国内属于首次。由丰田等 12 家大型企业加入的产学协议会将成为使用主体，将为了用于材料开发和金融领域而展开研究。作为新一代高速计算机的量子计算机将左右未来的产业竞争力，日本企业将共同摸索尽快应用。全球的量子计算机开发越来越活跃。2019 年，美国 Google 宣布利用最尖端的超级计算机约 3 分钟就解开了原来要花 1 万年才能解开的问题。虽然尚在开发过程中，还不能支持广泛领域的计算，但未来有望实现划时代的材料和新药研发等。也有观点认为 3~5 年后会部分实用化，全球正在为尽快引进而推进研究。丰田等 12 家日本大型企业将共同使用新一代“量子计算机”的实用机。美国 IBM 近期将在日本首次投入运行“商用机”，为量子计算机在产业用途方面完成实用化，与日本企业共同积累知识经验。丰田和三菱化学设想将其用于新材料的开发等。能否在超高性能新一代计算机的应用上获得领先地位，将左右未来的产业竞争力和国家安全保障战略。

东京大学对量子计算机拥有占有权，使用主体是以东京大学为中心、与丰田等企业在 2020 年成立的“量子创新倡议协议会”。引进量子计算机一般需要花费数十亿日元，协议会的加盟企业将分担费用。在验证量子计算机功能的同时，将积累与现有计算机不同的专业知识和使用经验。日立制作所、东芝、索尼集团等也加入了协议会，庆应义塾大学也将参与。IBM 的目的是，在与日本企业合作的同时，大力发掘使用方案等，以尽快扩大量子计算机的使用。量子计算机还擅长从庞大的组合中找到最优解。丰田瞄准自动驾驶时代，设想将其用于分析汽车行驶记录大数据，规划行驶路线和导航，以避免交通拥堵等用途。在美国，金融行业也在积极使用量子计算机。高盛集团 4 月宣布，预计最短 5 年后可以引进加快金融商品风险评估及价格预测的计算方法。将来利用超级计算机也有望瞬间完成需要几亿年的计算。如果尽快提高性能，在研究开发（R&D）竞争中占据优势，将有利于提高产业竞争力。如果高度发展，可以获得现在互联网通信的解密能力，因此对国家的安全保障也有影响。

东芝通过新一代密码技术“量子加密通信”，验证了世界最长级别的600公里通信距离。量子加密通信被认为今后将从金融和医疗等需要较高机密性的领域开始全面普及，如果可通信的距离延长，将更容易建立通信网。东芝力争2026年度前实现实用化。量子加密通信被认为在理论上不会被监听等。这种通信方式将提高通信时安全性的加密和恢复相应密码的“秘钥”等信息放在光子上加以交换。东芝开发了使光纤通信更加稳定的新技术。

（二）物联网

工业物联网技术将影响新一代制造业的竞争力。中国在电子结算等领域领先于世界，在生产领域，日企具有优势的技术也很多。物联网的优势在于通过传感器等收集和分析大量数据，飞跃式提高业务效率。安川电机已将自身工厂生产设备上的约1000个马达接入网络。能以100万分之1秒为单位掌握运行状态，将用于使工厂顺畅自动化和预测故障。日本企业在物联网方面领先的领域很多。在阿里巴巴集团和腾讯控股等IT大型企业的拉动下，中国普及了手机支付，在无人便利店和人工智能（AI）软件技术方面也处于领先位置。另外，在制造业领域落后于发达国家的地方还有很多。中国提出“中国制造2025”，寻求在产品制造中加入人工智能等，以提升生产效率，实现产品制造的智能化。

日本建机厂商小松正从工程现场的大数据中寻找今后的出路。小松全面实施通过3D虚拟空间再现工程所有环节的施工管理服务，消除无用功，以实现成本减半。为了远离建机的价格竞争，小松将加快构筑新的增长基础。小松从2001年就开始提供建机运转监控系统“KOMTRAX”，在数字化方面处于领先地位。2015年又推出了使用物联网建机等的智能施工（Smart Construction）业务。

此外，企业与大学进行合作的案例也不在少数，如东京大学和东芝开发出了用1日元硬币大小的电子基板驱动外部马达的装置，可用于物联网用途，将多个构件组合在一起可轻松试制出系统。以开发低成本物联网设备为目标的企业和研究机构有望应用该装置。东京大学和东芝正在开发一种套件，将大小为2厘米见方的装置组合起来，就可以制作物联网设备。目前正在准备电池、传感器、通信等装置，像搭积木一样嵌入所需构件，就可以制成物联网设备。

（三）工业机器人

三菱重工与同一集团旗下的三菱 Logisnext 开发出能在低温仓库内完成无人作业的叉车。设计为激光诱导式，能灵活应付相关作业。计划以这款叉车来实现低温环境下工人负担的减轻和应对物流行业的慢性劳动力短缺问题。三菱重工和三菱 Logisnext 与日冷（Nichirei）旗下涉足冷链物流业务的 Nichirei Logistics Group 总部携手进行了开发。激光诱导式是在行驶线路的墙壁等处设置反射板，通过激光掌握车辆位置的方式。此前属于主流的磁感应式需要将仓库内的布局固定下来，但激光诱导式能灵活改变行车路线，容易调整设备的生产线。而零件制造商则在生产上进行了数字化转型加速。

三住 MISUMI 集团总部开发出一种新的加工服务模式，客户可以将3D、CAD 等零件数据上传到专用站点，在很短时间内客户就可以得到预估价格和交货时间，之后就可以下订单。这是因为三住利用人工智能预估零件的生产时间和成本并提供给客户。确定订单后，人工智能便能将可生产的零件数据传送到生产机器上，机器自动化生产，能够在24小时内发货。比起往常修改图纸，人工估算价格减少了大量时间，也降低了采购难度。

冷冻食品制造商 Nichirei Foods 为其四个食品工厂引入了自动化生产系统。利用自动化生产系统能够自动地安排生产计划和人员计划，基于工厂、生产线、生产项目和设备、交货时间、成本以及工人的技能和约束条件制定计划，目的在于最大化生产效率和降低生产成本。就 Nichirei Foods 而言，每个工厂最多能够产生16万亿个不同的生产计划和人员安排。NTT DATA

则利用 AI 为啤酒过滤提供方案。麒麟啤酒公司的福冈工厂利用 AI 降低了啤酒过滤的时间，从 6 个半小时缩短到 55 分钟。过滤计划业务在进行 AI 改革前，都是由啤酒厂的专家使用 Excel 和纸张来制订计划。麒麟啤酒厂的三个工厂引入该系统之后，总工作时间每年将减少 2500 小时。面对日本制造业的数字化“浪潮”，国内的制造业企业应该更加积极主动地学习引进和交流，将我国制造业由大规模、低效率的生产推向高效率、智能化的数字化生产模式。

（四）传感器

为迎接自动驾驶时代的到来，各企业围绕作为“汽车之眼”的传感器展开了激烈的开发竞争。索尼已正式开展车载摄像头使用的图像传感器业务。通过电波来测量车辆与障碍物之间距离的“毫米波雷达”、使用激光的“LiDAR”等三维传感器也作为主力候选技术浮出水面。传感器被称为自动驾驶时代的核心技术。

索尼集团在长崎县建设半导体图像传感器的新工厂，将于 6 月启动量产。这是索尼时隔 13 年新建半导体业务的工厂厂房。索尼计划完善增产体制，进一步提高接近一半的全球份额。不过，其也面临逆风态势，受中美摩擦的影响，向主要客户华为公司的供货暂时停止。韩国三星电子也在加强攻势，围绕半导体业务的竞争日趋激烈。

日本大型建筑企业鹿岛和日本宇宙航空研究开发机构（JAXA）验证了从 1000 公里外远程自动控制工程机械的作业环境。在太空开发竞争加速的背景下，日本着眼于在月球建设有人基地和氢能工厂，将加快技术实用化。从相距 1000 多公里的 JAXA 相模原园区（神奈川县相模原市）操纵了位于 JAXA 种子岛宇宙中心（鹿儿岛县南种子町）施工现场的压路机。利用 4G 线路，重现了据称产生 3 ~8 秒通信延迟的与月球通信环境，借助传感器和控制设备避开障碍物，成功使压路机移动，自动实施了平整地面作业。鹿岛和 JAXA 在公开招募共同的研究主题“宇宙探索创新中心”（Innovation Hub），自 2016 年起针对工程机械的远程操作和自动控制推进了共同研究。

此次在接近现实的通信环境下实现了施工作业。有分析认为，随着太空开发的国际竞争加速，月球无人施工的需求将增加，日本力争 2030 年实现技术实用化。JAXA 今后将在月球收集车辆行驶环境数据等，并体现到工程机械的作业环境中。鹿岛将把太空开发相关经验应用于推土机、挖掘机等国内外土木作业中。

三　东京数字经济的未来展望

（一）设立数字厅和数字服务局

在国家层面上，日本政府决定在 2021 年 9 月创设“数字厅”，“数字厅”被定位为民间和官方的数字化指挥塔，将由首相直辖。而东京都于 2021 年 4 月率先设立了东京都数字服务局，以全面推进利用数字化力量的行政管理，大幅提高东京都政府的服务质量。数字服务局围绕“各局、区、市、镇、村推进 DX 的技术支撑”“督办所有数字化办事机构”“汇聚数字化人力资源、培训员工”三大职能。此外，为实现智慧东京，还将根据“电波连接东京”、市民公共设施和服务数字化、“城镇 DX”和政府数字化的三大支柱采取措施提高东京市民的生活质量。

数字化转型旨在最大限度地利用数字技术优势，将数字科技作为全新要素融入传统社会，促进经济社会形态积极转型。“数字厅”将在以下方面发挥作用，激发数字生产潜能。

第一，构建更完善的数字政府。一是充分发挥“数字厅”功能，纠正行政手续冗杂之处，推进政务在线办理，尽早实现全国统一的“一站式”线上办理。尽快以数字科技取代书面行文、盖印确认等传统行政方式，提高国民办理政务的效率和便捷性。二是建立国家和地方政府统一标准化的数字信息管理系统，尽早确定实施计划、国家与地方负担的比例等，给予财政大力支持。重点是建立灾害发生时共享手机 GPS 定位数据的系统，用于灾害救助。三是在确保安全性和个人隐私的前提下，完善“My Number”制度，促进基于“My Number”私人服务的发展。第二，创造一个利于创新的社会环境。在中小企业导入物联网、大数据、机器人等先进技术，全面实现数字转型，谋求经营创新。对标志性科技突破，如无人机技术，在确保安全的同时，加快制度建设，扩大商业用途。培育利用尖端技术的高附加值产业，激发民间企业和自治体创新思维，使其主动投身尖端技术研发。第三，大力培育数字科技人才。数字变革，人才第一。进行顶层设计，提供财政支持，促进官、产、学、研相互配合，培养广视野、大格局的数字人才。完善面向科技人才的奖励激励制度，建立数字人才库。培育不仅要重视知识和技能，更应重视实践，包括产业发展创新、区域性问题解决等。第四，完善 5G 基础设施。实现 5G 区域振兴，培育远程医疗、远程教育、新一代移动服务、智能传真、智慧农业、智慧林业和智慧渔业等业态。针对基础薄弱的农村和中小企业，制定 5G 引进计划，在引进流程中提供技术和财政支持。

（二）数字经济相关的法律保障

日本在国家层面通过了与数字改革相关的六部法律，以促进政府的数字化转型（DX）。这六部法律分别是《数字社会形成基本法》《数字厅设置法》《数字社会形成准备法》《地方公共团体系统标准化法》《公共资金收取账户登记法》《存储款账户管理法》。在此基础上，东京都于 2021 年 4 月出台了《东京都数字优先条例》，此条例旨在让东京都居民和企业在所有活动中享受到尖端技术、信息通信技术带来的便利。该法令以数字优先为目标，促进利用信息通信技术的行政管理。提高办事便利性，简化行政手续，进一步促进社会经济活动，对改善公民生活和促进经济健康发展做出贡献。

此外，在东京都政府制定的 2021 年至 2023 年关于防灾措施的计划《东京防灾计划 2021》草案中提出，通过数字化转型（DX）推进防灾措施，如运用人工智能（AI）预测台风临近时的水位变动。加强对传染病和自然灾害等多重灾害的防范。在 2021 年度开始的三年计划中，将推广运用最新的数字技术定为其支柱之一。针对灾害发生前的对策，将利用基于人工智能的诊断成像技术来改善道路管理。利用数字技术，建立起可以快速收集灾害情况和灾害发生时疏散情况的系统，还旨在通过在线举办防灾研讨会来提高该地区的防灾能力。鉴于新冠肺炎疫情的蔓延，应对多重灾害也被定位为重点对策。

（三）数字技术应用于城市建设

1. “数字孪生”技术再现城市现实空间

近来，日本东京都政府数字服务局推出了“数字孪生”项目网站，它除了能够将河流和城市公交车的实时信息和位置叠加到城市的三维模型上，还可以在浏览器上查看相关重要信息。从技术上说，“数字孪生”再现了现实空间中的各种事件，如建筑、道路、经济活动和人流，就像虚拟空间中的“孪生”一样。它使我们能够了解城市的真实情况，在三维空间进行分析和模拟，并反馈给 AR/VR 设备和机器人。另外，该“数字孪生”网站上的“数字孪生 3D 浏览器”（beta 版）允许用户在东京都的三维城市模型上叠加各种数据。例如，支持建设局东京防洪渠上的河流监测摄像机的实时图像、东京的防灾地图和交通局的都市巴士的实时位置信息。

在数字空间中再现与现实相同的城市并将其用于模拟（东京都政府发布的西新宿地区的 3D 模型）。东京都政府将全面开始生产“数字孪生”，在数字空间中以 3D 模型再现城市。2021 年，将实时获取的日照、风量、交通状况等数据反映在虚拟空间中，到 2030 年将在验证其有效性和使用情况的同时促进正式生产。在“东京都 3D 视觉化实证项目”中，研究人员通过“数字孪生”技术制作了西新宿区域、涩谷・六本木区域的 3D 都市模型，利用这些模型进行了模拟实验，验证了它们在人口流动和防灾减灾等方面的效果，从而推动显示基础设施建设。目前，不少地方都积极探索将城市虚拟化的“数字孪生”应用项目，“数字孪生”技术可以将现实的街景原封不动地再现到 VR 空间中，相信未来，在“数字孪生”的结构下，借助 AR、VR 或 IoT 等技术链接，可以有效联动与整合虚拟和实体两端，在“数字孪生”趋势带动下创造新一波应用热潮。

2. 通过数字化转型实现“创收的东京”

东京都还启动了新设备投资补贴制度，通过数字化转型实现“创收的东京”，具体措施包括：① 以直销为主的经营管理系统的开发。疫情背景下，可以就近购买农产品的直销店很受欢迎，利用这个机会建立一种改善消费服务和增加销售额的新商业模式是一种新挑战。因此，东京都开发了一个网络应用程序和安装在店内的摄像设备，让消费者可以通过他们的智能手机实时查看直销店的农产品。②太阳能利用系统开发。由于环境控制和自动化作业的智慧农业会消耗大量电力，因此降低管理成本且在未通电的农田上实施成为需要解决的问题。为此，一种使用“轻量柔性太阳能电池”的技术应运而生，该技术可以很容易地安装在温室的塑料天花板上，在任何地方都可以实施节能措施和农业数字化转型。③多品种栽培进度管理系统开发。面向直销的东京农业中，有许多小批量、多品种的种植，有时生产几十种农产品，由于工作程序和材料不同，经营管理极其复杂。因此，技术人员开发了一个考虑到连作障碍的网络应用程序，可以在智能手机上管理每种作物的栽培工作计划，实现有计划和高效的农业工作。④使用小型计算机开发温室环境控制系统。通风和灌溉对于东京普通小规模温室的多处管理而言是一项艰难的任务，从成本的角度来看，引入昂贵的管理系统也很困难。为此，开发了一种使用小型计算机便可以轻松控制环境的低成本温室侧窗开关装置和灌溉装置。⑤限制果树根区种植环境控制系统的开发。在东京，葡萄深受消费者欢迎且利润高，因此成为重要的商品。但由于全球变暖，减轻劳动负担等因素，近年来着色不良等品质下降问题成为需要解决的课题。因此，为了提高葡萄的品质和产量、减少劳动、提高效率，将果树根区限制栽培和自动环境控制技术结合，开发出一种新型的生产系统。⑥智慧农业技术的经营评价与经营模式的构建。引进智慧农业技术，除了要考虑耕种面积、劳动力、技术能力、资金能力等经营环境外，还需要考虑引进技术和成果间的性价比问题。为此，技术人员构建了多种智慧农业技术的经营评价和经营模式，并将其作为根据农家多样化经营环境而引入技术的指南。

（四）政府和企业加快获得和培养数字人才

2020年以来，日本政府加快获得精通数字化转型（DX）的人才，给出1000万日元（约合人民币60.44万元）年薪和灵活的工作方式等前所未有的优厚待遇。受新冠肺炎疫情影响，日本应对数字化迟缓的问题浮出水面，加强充分利用IT的公共服务和提高效率成为当务之急。另外，民营企业也在积极招聘有能力的人才，政府和企业有可能发生激烈的人才争夺战。

日本金融厅在2021年度内计划把约1800种申请全部实现在线化，5~6人的招聘名额吸引了数百人应聘。金融厅将提供高于日本国家公务员平均薪资（每月约40万日元，约合人民币2.42万元）的收入来吸引高端人才。2021年9月成立的数字厅也以每周工作3天等灵活的工作方式为卖点，公开招募职员，正在迅速完善体制。约有1400人应聘，达到定员的40倍。数字厅也将讨论提供1000万日元以上的年薪。日本内阁府在2020年度的经济财政报告中指出，“缺乏数字创新所需的人才”，强调了政府部门确保人才的必要性。日本政府需要推进数字化的领域很多，例如应对线上办公等。把数字技术的进步应用于长期预测和提高业务效率的可能性也在扩大。

与此同时，日本的民营企业也在为获得人才而竞相提升待遇，不少企业给出数千万日元年薪。大型IT企业SCSK于2020年在一部分职位中引进了提供3000万日元以上年薪的制度。优衣库针对精通数据分析技术的人才进行社会招聘时，最高给出了2000万日元年薪，还将根据能力讨论进一步增加。三菱UFJ银行也将针对2022年春季招聘的部分应届毕业生，引进根据能力决定薪资的机制。面向从事数字技术等的专业人才，从大学毕业第一年起，年收入就有可能超过1000万日元（约合人民币60万元）。三菱UFJ银行将改革过去一律300万日元（约合人民币18万元）左右的薪资体系，抓住此前流向IT企业及外资企业的人才。日本的银行业也将进入竞相改革人事和薪酬制度的时代。

B.15

上海数字经济发展报告（2021）

罗　力*

摘　要：随着新兴信息技术的广泛应用、新型基础设施的落地和数字经济人才的汇聚，上海发展数字经济的能力有了进一步的提升。上海市政府为数字经济发展创造了前瞻性和引领性的法律政策环境，围绕着城市数字化转型、数据开放、数据交易和社区新型基础设施建设等适时出台了各种法律和政策。上海数字经济企业的创新能力和影响力日益提升。未来上海的企业数据和政府公共数据共享、开放和利用将更为普遍，企业人工智能创新能力将更加强大、长三角地区数字经济合作和转化水平将更上一个台阶。

关键词：数字经济　数字产业　数字创新　数字治理　人工智能

一　上海数字经济发展总体概况

当前世界经济正遭受疫情冲击陷入深度衰退，但新一代信息网络技术和应用极大地提高了经济生产率，扩大了经济发展空间。与此同时，在大力发展新经济的背景下，数据作为新的生产要素，在不同重要场合反复被提及，这将进一步改造现有经济活动的组织方式，加速资源重组，提高全

---

* 罗力，管理学博士，上海社会科学院信息研究所副研究员，研究方向为数字经济治理、信息资源开发与利用、智慧城市建设与个人信息安全保护。

要素生产率，推动经济增长。数字经济的蓬勃发展已经成为后疫情时代全球经济发展的亮点，对各国经济发展、社会进步、人民生活产生重大而深远的影响。在全球数字经济规模不断扩张和我国积极推动建设数字中国的大背景下，从中央到地方，陆续出台各项法律和政策支持数字经济的大力发展。国家发改委、国家互联网信息办公室、工业和信息化部、国务院国资委等部门围绕加快数字中国建设、发展数字经济出台了一系列利好政策，比如《中华人民共和国国民经济和社会发展第十四个五年规划和2035年远景目标纲要》将加快数字发展、建设数字中国作为独立篇章，推进数字产业化和产业数字化，加强数字社会、数字政府建设，建立健全数据要素市场机制，打造数字经济新优势，培育具有重大引领带动作用的骨干龙头企业，壮大经济发展新引擎。① 2020 年 8 月，国务院国资委出台了《关于加快推进国有企业数字化转型工作的通知》。② 2021 年 6 月 10 日通过的《中华人民共和国数据安全法》将为我国数字经济的发展提供法律保障。③ 2021 年 8 月 20 日通过的《中华人民共和国个人信息保护法》一方面严格保护自然人对于个人信息的尊严、安全和公平使用的合理要求；另一方面也把发展数字经济的合理需求和趋势考虑在内。《网络安全法》、《数据安全法》和《个人信息保护法》构成了我国数字经济“生态保护系统”的三大法律支柱。

上海市政府已经将全面推进城市数字化转型作为上海“十四五”经济社会发展的主要着力点之一。2021 年 1 月 4 日，上海市政府发布《关于全面推进上海城市数字化转型的意见》，确定“整体性转变、全方位赋能、革命性重塑”的整体战略构想，以加快构筑数据新要素体系、数字新技术体系和城市数字新底座为统领，充分释放数字化蕴含的巨大能量，加快打造具

① 《中华人民共和国国民经济和社会发展第十四个五年规划和 2035 年远景目标纲要》，http：//www. gov. cn/xinwen/2021 -03/13/content_ 5592681. htm，2021 年 6 月 23 日。

② 《关于加快推进国有企业数字化转型工作的通知》，http：//www. sasac. gov. cn/n2588020/n2588072/n2591148/n2591150/c15517908/content. html，2021 年 6 月 23 日。

③ 《中华人民共和国数据安全法（全文）》，http：//www. xinhuanet. com/2021 -06/11/c_1127552204. htm，2021 年 6 月 23 日。

有世界影响力的国际数字之都。[①] 2020 年 6 月，上海市政府发布《推动工业互联网创新升级实施“工赋上海”三年行动计划（2020～2022 年）》，提出到 2022 年，工业互联网对上海实体经济引领带动效能显著，工业化和信息化融合水平保持全国第一梯队。[②] 上海市城市数字化转型工作领导小组办公室计划实现数字经济核心产业增加值超 5000 亿元，打造 11 个与市民日常工作生活息息相关的标杆应用，“一网通办”在线办理比例不低于 70%。[③] 根据赛迪顾问数字经济产业研究中心发布的《2020 中国数字经济百强城市白皮书》，北京、上海、深圳、广州、杭州、成都、武汉、天津、重庆、苏州目前位列我国数字经济百强城市前 10 名。[④]

上海是我国数字经济发展高地，数字经济起点高、动力足，优势明显。上海数字经济之所以能高速发展，上海市政府扮演了非常重要的角色，其因时因地出台各种具有一定前瞻性的法律制度和政策文件，比如有关部门正在起草《上海市数据条例》（暂定名），目前草案已经形成，力争年内正式出台。2020 年 11 月，上海市政府出台了《上海市全面深化服务贸易创新发展试点实施方案》，提出要推进数据跨境安全有序流动，并在临港新片区开展汽车产业、工业互联网、医疗研究（涉及人类遗传资源的除外）等领域数据跨境流动安全评估试点，探索参与数字规则国际合作，加大对数据的保护力度，推进长三角区域协同发展，创建长三角大数据技术国家工程实验室，推进大数据中心项目建设，探索建立长三角数据流动机制等。[⑤] 上海市经信

① 《关于全面推进上海城市数字化转型的意见公布》，http://www.cac.gov.cn/2021-01/08/c_1611676479346954.htm，2021 年 6 月 23 日。

② 《上海市人民政府办公厅关于印发〈推动工业互联网创新升级实施“工赋上海”三年行动计划（2020～2022 年）〉的通知》，https://www.shanghai.gov.cn/nw48505/20200825/0001-48505_65153.html，2021 年 6 月 23 日。

③ 《核心产业增加值超五千亿元，打造十一个老百姓最关心受用的标杆应用》，http://www.cnr.cn/shanghai/shzx/zq/20210327/t20210327_525447566.shtml，2021 年 7 月 13 日。

④ 《赛迪顾问发布〈2020 中国数字经济百强城市白皮书〉》，http://www.ccidgroup.com/info/1096/32139.htm，2021 年 7 月 13 日。

⑤ 《上海市人民政府关于印发〈上海市全面深化服务贸易创新发展试点实施方案〉的通知》，https://www.shanghai.gov.cn/nw12344/20201113/7093dba035ac4aff9503f649d47c3306.html，2021 年 7 月 13 日。

委、市发改委等部门共同研究制定了“1+1+3+1”政策体系，即1个全面推进城市数字化转型的意见、1个城市数字化转型“十四五”规划、三大领域数字化转型行动方案，以及1个城市数字化转型政策。① 为了更好贯彻《上海市推进新型基础设施建设行动方案（2020~2022年）》，上海市政府在2021年1月7日发布了《社区新型基础设施建设行动计划》。2021年1月，上海数字经济实践推进非常迅速，“张江在线”和“长阳秀带”生态园正式揭牌，这标志着上海正式启动建设以“在线新经济”为特色的世界级创新地标。

二　上海数字经济竞争力分析

（一）数字基础设施

数字基础设施是推动数字经济高质量发展、创造高品质生活的重要支撑。上海市在固定网络和移动网络建设方面始终走在全国前列，优质企业占比高，已率先实现“双千兆宽带城市”的建设目标。至2020年底，上海已经实现全部覆盖1000M接入能力。960万户家庭覆盖了光纤到户能力，比2019年末增加1万户。家庭宽带用户平均接入带宽达209.9Mbps，比上年末增加28.4Mbps。上海已经有3246.2万户4G用户，比2019年末减少353.4万户；已经有612.7万户5G用户，比2019年末增加591.2万户。互联网省际出口带宽28863GB，比上年末增加7003GB，互联网国际出口带宽6941.9GB，比上年末增加1865.5GB。上海已经有IPTV用户564.8万户，比上年末增加7.9万户。2020年内完成建设15837个5G基站、37648个5G室内小站，实现5G网络中心城区和郊区重点区域连续覆盖。② 到2021年，

① 《上海城市数字化转型这样干！三年后数字经济核心产业增加值超六千亿》，http://finance.eastmoney.com/a/202107101992377648.html，2021年7月13日。

② 《2020年上海市国民经济和社会发展统计公报》，http://tjj.sh.gov.cn/tjgb/20210317/234a1637a3974c3db0cc47a37a3c324f.html，2021年7月12日。

上海将基本建成以5G为引领的新一代信息基础设施总体架构，进一步提升城市的数字化、网络化、智能化水平。

（二）数字产业

国家统计局的《数字经济及其核心产业统计分类（2021）》中数字产业的跨界特征比较明显，包含了集成电路、软件和信息服务业、人工智能、电子商务、数字文化、数据交易等。2020年，上海集成电路的产业规模首次突破2000亿元，达到2070亿元，同比增长21.4%，上海集成电路已覆盖设计、制造、封装测试、装备材料等各环节领域，已经成为国内集成电路产业综合度最高、产业链最完整、产业生态环境最好的集聚地之一。① 目前超过700家集成电路重点企业落户上海，形成了集群效应。仅张江国家自主创新示范区，集成电路领域2020年产销规模就达到1800亿元，占全国的1/5。②

2020年，上海软件和信息服务业经营收入达1.09万亿元，其中互联网信息服务业营收3484亿元，同比增长19.1%。2020年上海的中国互联网百强企业数、企业互联网业务累计收入同比增速，分别为21家和20.9%，居全国各省区市第二位和第三位。现阶段，上海互联网产业主要分布在浦东张江、徐汇区、长宁区、杨浦区四区，总体呈现环绕黄浦江的“C”形集聚带，构成“浦江C圈”。③

截至2020年，上海市人工智能相关企业数量为1298家，其中基础层、技术层、应用层占比分别为21.3%、16.7%、62.0%。重点企业达1149家，形成较为完备的人工智能产业链条。全年规上产业规模达到2246亿元，实

① 《一季度上海集成电路产业销售收入为437亿元，同比增长16.93%》，https://www.36kr.com/newsflashes/1260735721407111，2021年7月13日。

② 《集成电路十五强城市排名：上海北京无锡前三》，https://finance.sina.com.cn/jjxw/2021-04-11/doc-ikmyaawa9096517.shtml，2021年7月13日。

③ 《白皮书：在线新经济已成上海经济发展新引擎》，http://tradeinservices.mofcom.gov.cn/article/lingyu/jsmyi/202105/116438.html，2021年6月18日。

现50%左右逆势增长，行业复苏态势明显，2018～2020年的年均增速为29.5%。[①]

受疫情影响，2020年上海市电子商务交易额达到了2.94万亿元，比2019年减少了0.38亿元，同比减少11.4%。生鲜电商、直播电商、无接触配送等在线新消费却步入新赛道。上海目前已是国内直播电商新高地，这得益于上海市中外品牌高度聚集的天然优势。[②] 上海作为全国首个建立MCN专委会的城市，已在构建“网红经济”集聚区，推动网红经济全产业链上下游交流合作。根据天眼查的数据，上海电商业相关上市企业占比0.07%，高于全国水平，已融资企业占比达0.37%，远高于全国水平的0.10%。[③]

虽然受新冠肺炎疫情影响，2020年上海文创产业部分行业收入大幅下滑，但与数字经济有关的领域发展势头十分强劲。在网络文化产业板块中，移动游戏、网络视听、数字阅读等新业态纷纷实现“井喷式”增长。2020年，上海游戏业实现销售收入1206亿元，同比增长50%，占全国市场的1/3；网络文学销售收入115亿元，同比增长37.7%；美团点评、喜马拉雅、小红书、哔哩哔哩等头部互联网企业快速发展，拉动互联网生活服务平台实现总产出1435.90亿元。[④]

（三）数字创新

《中国区域科技创新评价报告2020》显示，上海在当年综合科技创新水平指数榜单中排名第一，连续3年位列榜首；在世界知识产权组织发布的《2020年全球创新指数》报告中，上海位列第九。《2020上海科技进步报

---

① 《上海人工智能的硬科技与软实力：以应用场景引领产业聚集发展》，https://www.sohu.com/a/475953192_260616，2021年6月18日。

② 《上海将充分发挥数字经济的新引擎作用　赋能国际消费中心城市建设目标》，https://www.shanghai.gov.cn/nw4411/20201209/be9e1545ba054501b4331ba3fd3a643e.html，2021年6月18日。

③ 《缪琦：数字经济GDP占比超60%，国际数字之都上海定5年指标》，https://www.yicai.com/news/100934747.html，2021年6月18日。

④ 《2020年上海文化创意产业总产出逾2万亿元人民币》，http://www.xinhuanet.com/fortune/2021-03/31/c_1127278471.htm，2021年6月18日。

告》显示，2020年上海全社会研发经费支出相当于全市生产总值的比例提高到4.1%左右，每万人口发明专利拥有量60.2件，公民科学素质水平达标率继续保持全国第一。[①]《2020年上海市国民经济和社会发展统计公报》显示，上海全年专利申请量21.46万件，比上年增长23.6%。其中，发明专利8.28万件，增长16.0%。全年专利授权量为13.98万件，比上年增长39.0%。其中，发明专利2.42万件，增长6.5%。全年PCT国际专利申请量为3558件，比上年增长29.9%。[②]上海关于人工智能的专利申请已超4.2万件，其中有效专利超9400件，另有占比56.24%的专利申请仍在审核中。从整体申请量趋势来看，近五年上海在人工智能领域的技术创新活跃度高，相关专利申请量快速增长。[③] 2021年世界人工智能大会科学前沿全体会议上，上海人工智能实验室还发布了开源平台体系OpenXLab，首发阵容包括两大开源平台：新一代OpenMMLab以及全新发布的OpenDILab。[④]

上海已经集聚了一批重量级的高校、科研院所、数字经济企业和数字人才。上海作为国内高校综合办学实力较强的城市，复旦大学、上海交通大学、同济大学在国内外大学排名榜单上比较靠前。截至2020年7月，上海人工智能重点企业从业人员达18.7万人，包含了数量众多的国际化高端人才。图灵奖得主姚期智、微软亚洲研究院院长洪小文、商汤科技创始人汤晓鸥等国际顶级人工智能专家均扎根上海潜心发展。目前上海有11所高校成立了人工智能研究院，9所高校设置了人工智能本科专业，38所高校开设了104个人工智能相关学科专业，2019年招生数11490人、在校生数35492人，为人工智能发展储备大量后备人才。另外，还依托上海交通大学、同济

① 《上海研发投入强度连续三年超4%为科技创新注入能量》，http://sh.sina.cn/news/2021-02-01/detail-ikftpnny3142478.d.html?cre=tianyi&mod=wlocal&loc=3&r=0&rfunc=18&tj=none&tr=12，2021年7月16日。

② 《2020年上海市国民经济和社会发展统计公报》，http://tjj.sh.gov.cn/tjgb/20210317/234a1637a3974c3db0cc47a37a3c324f.html，2021年7月12日。

③ 《我国对人工智能关注度快速攀升上海相关专利申请量超4.2万件》，https://news.cnstock.com/news，bwkx-202107-4725494.htm，2021年6月18日。

④ 《上海人工智能实验室发布开源平台体系，帮助AI从感知识别到认知决策》，https://m.yicai.com/news/101104835.html，2021年6月18日。

大学建立了人工智能平台基地，依托仪电集团、计算技术研究所、上海电科所建设人工智能专业继续教育基地，培养出大批人工智能领域专业技术人才。[①] 被评为2021年“上海在线新经济年度人物”的都是近年来新出现的数字经济企业家，包括拼多多、哔哩哔哩、阅文集团、叮咚买菜、优刻得、得物、盒马、爱回收、小红书和联影智能等企业的领军人物。[②]

（四）数字治理

一个地方的数字治理能力可以有力地保障数字经济的稳健发展。上海依托现有的数字经济法律法规，在数字治理能力方面一直位于全国领先水平。

数字治理中一个非常重要的组成部分是公共数据开放。公共数据开放可以为后续的数据开发利用，促进数字经济发展、保障社会民生提供重要条件。上海在2019年10月出台了《上海市公共数据开放暂行办法》，这是国内首部专门针对公共数据开放的地方政府规章。后续出台的《上海市公共数据开放分级分类指南（试行）》则是与之相配套的重要指南，有助于对现有公共数据实现精准化开放、利用和管理。[③] 上海为了充分发挥数字经济专家的决策咨询作用，特地在全国甄选了知名专家成立上海市公共数据开放专家委员会，为公共数据开放提出专业指导和咨询建议。[④] 上海社会科学院发布的《2021全球重要城市开放数据指数》显示，上海在全球30余个重要城市开放数据评估方面连续第二年综合排名位居第一。截至目前共开放了5000余项公共数据，基本将各个市一级机关的主要业务范围加以全覆盖，形成8个标杆项目，普惠金融放贷700亿元，11个领域大数据联合创新实

① 《上海人工智能的硬科技与软实力：以应用场景引领产业聚集发展》，https：//www.sohu.com/a/475953192_260616，2021年6月18日。

② 《在线新经济成上海培育新动能主力军》，http：//sh.xinhuanet.com/2021-05/18/c_139952447.htm，2021年6月18日。

③ 《上海市公共数据开放平台正式开通！计划年内开放4000项公共数据集》，http：//www.why.com.cn/wx/article/2019/11/19/15741597081348921011.html，2020年5月20日。

④ 《2019年度上海大数据发展十件大事》，http：//www.chinadatavalley.com/system/2020/01/08/030289184.shtml，2020年5月20日。

验室汇聚1000亿条行业数据，访问量达9900万人次。①

“一网通办”是把所有政务服务事项整合到一个门户网站上，市民和企业只要通过这个门户网站就能办各种事。上海持续提升政务服务“一网通办”的智能水平，通过数据共享、智能识别等方式实现了一批自动办理等事项。上海“一网通办”经验作为经典案例被写入联合国发布的《2020联合国电子政务调查报告》，同时在联合国全球城市电子政务评估排名中，上海也位列前十。②“一网统管”是把城市管理信息集中到一个网络平台，通过一个屏幕就能观察全市运行情况，通过这个网络平台就能处理方方面面的事。上海依托“一网统管”的大平台，持续加强公共数据的治理，增强智能化的供给能力，率先满足企业和公众对政务服务的新需求。③

有关部门正在起草《上海市数据条例》（暂定名），目前草案已经形成。网络安全是发展数字经济的基石。在数字经济时代，数据已经成为重要的生产要素，而围绕着数据资产所展开的攻击事件接二连三地发生。我国首部数据安全领域重要法律《数据安全法》已经由全国人大通过，并于2021年9月1日正式实施。上海市网信办将依据《网络安全法》和《数据安全法》，联合上海市互联网违法和不良信息举报中心、上海市公安局等单位持续深入推进网络生态综合治理，严厉打击各类违法违规行为，切实维护人民群众利益，为经济社会发展营造良好的网络环境。目前上海正在编制网络安全创新高地三年行动计划，这将为城市的数字化转型和数字经济发展构建坚实的产业底座。

三　上海数字经济发展展望

通过梳理上海数字经济的发展现状和解读多个上海数字经济发展的法律

---

① 《全国数据交易联盟今日在上海人工智能大会上正式成立》，https：//finance. sina. com. cn/tech/2021－07－10/doc－ikqciyzk4691370. shtml，2021年7月15日。

② 《2020年上海市国民经济和社会发展统计公报》，http：//tjj. sh. gov. cn/tjgb/20210317/234a1637a3974c3db0cc47a37a3c324f. html，2021年7月12日。

③ 《如何建设数字政府？“一网通办”向世界贡献上海方案》，https：//finance. sina. com. cn/tech/2021－07－10/doc－ikqcfnca6096410. shtml，2021年7月15日。

政策文件，我们认为未来上海数字经济将在更好的法律政策环境下持续健康发展，企业数据和政府公共数据的共享、开放和开发利用将更加普遍，数据要素市场将更加完善、人工智能产业得到更好发展，长三角区域数字经济开放合作转化程度将得到提升。

1. 企业数据和政府公共数据的共享、开放和开发利用将更加普遍

上海数字经济的高质量发展离不开良好的法制保障，这也是推动上海到2035年建成“具有世界影响力的国际数字之都”、实现城市数字化转型的重要保障。上海将力争年内正式出台《上海市数据条例》，该条例内容涵盖了个人数据、公共数据、数据要素市场、数据安全等方面，这将进一步增强全社会保护和开放开发数据的意识，解决现有公共数据共享开放的瓶颈难题，并激发企业和政府机构充分开发利用数据的热情，进一步释放数据的潜在活力，加快智慧城市和数字政府建设，提升政府数据治理能力，推动上海数字经济的飞速发展。

2. 数据要素市场将逐步完善

上海在数据流通交易领域在全国处于领先地位，上海数据交易中心2020年数据流通峰值日流通量达1亿条。2021年7月10日，上海数据交易中心携手13个省市数据交易机构，共同举行了全国数据交易联盟成立仪式，该联盟将形成长期协同交流机制，探索数据交易3.0新模式，共同推动数据要素市场建设和发展。上海数据交易中心还发布了基于区块链底层技术的新一代数据交易系统，并联合生态伙伴成立数据要素智能合约联合创新体，为数据要素的可信流通、可信交易保驾护航。① 上海在即将出台的《上海市数据条例》中探索建立数据交易市场的培育促进机制，激发市场主体活力，明确数据交易的标准和形式。

3. 人工智能产业的发展更为强劲

目前上海正加快推进人工智能产业的发展，努力打造世界级产业集群，

---

① 《全国数据交易联盟今日在上海人工智能大会上正式成立》，https://finance.sina.com.cn/tech/2021-07-10/doc-ikqciyzk4691370.shtml，2021年6月18日。

形成了“4+X”产业载体，如张江人工智能岛、临港新片区“信息飞鱼”全球数字经济创新岛、徐汇西岸国际人工智能中心、闵行马桥人工智能创新试验区等。上海正逐步形成“基础研究和前沿理论研究平台+应用创新平台+重大算力服务平台”的多层次、全链条覆盖的人工创新体系。上海已经连续四年召开世界人工智能大会，会上分享了各位专家、企业家的真知灼见，有利于吸引更多的人工智能人才和创投资金来上海创业发展。这均为上海打造全球人工智能创新高地，提升人工智能创新能力，更好地发展人工智能产业做好准备。

4. 长三角区域数字经济开放合作转化程度将得到提升

2018 年 11 月习近平总书记宣布，支持长三角区域一体化发展并上升为国家战略。中共中央政治局在 2019 年 5 月 13 日审议通过了《长江三角洲区域一体化发展规划纲要》，明确了长三角区域一体化发展“一极三区一高地”的战略定位。上海、江苏、浙江、安徽均做出了实质性的响应，比如上海出台了《上海市贯彻〈长江三角洲区域一体化发展规划纲要〉实施方案》。上海市将着力推动长三角跨区域分工协作，整合长三角地区各大城市的产业优势，实现全方位的协同创新。目前，上海、嘉兴、苏州等城市已经开启长三角区域一体化全新阶段，各方聚焦规划对接，推动长三角区域产业链、创新链、价值链布局一体化。上海市政府已同长三角多所高校、科研机构开展合作，比如上海市政府与浙江大学签署战略合作协议，建设浙江大学上海高等研究院。① 长三角沪苏浙皖一市三省政务服务“一网通办”已经开通上线两年多时间。长三角地区有很多在数字经济方面有影响力的上市公司，未来可以通过资本市场，进一步做大、做强这些上市公司，让它们在长三角一体化过程中发挥引领作用，将信息技术和数字经济技术广泛运用到各行各业，带动传统产业的数字化转型升级，带动长三角地区整体经济实力提升。②

① 《协同打造全球数字经济创新高地“数字长三角”动能正澎湃》，http：//www. zj. gov. cn/art/2020/8/29/art_ 1554467_ 55829165. html，2021 年 7 月 18 日。

② 《徐洪才：数字经济推动“长三角”高质量发展》，https：//www. jwview. com/jingwei/html/m/09 -01/344566. shtml，2021 年 7 月 18 日。

产 业 篇

Industry Reports

B.16
全球数字信任体系建设报告（2021）

惠志斌　崔久强　刘山泉*

摘　要：　当前，新一轮科技革命和产业变革深入发展，人类正在进入一个“人机物”三元融合的万物智能互联时代。城市数字化转型是这个数字时代的必然进程，呈现“人机物”多维互联、数据实时流通、智能应用层叠、场景泛在融合、线上线下共在的发展特征。这意味着，城市复杂巨系统中的网络边界日益模糊，脆弱性凸显，传统的基于边界的网络安全防护体系无法适应城市数字化转型的发展要求。可以说，在人与人、人与物、物与物之间全面依托数字化方式交互的各类经济和社会活动中的信任关系及信任机制亟待重塑。因此，必须以数据为核心，构建新型数字信任体系。在此背景下，本报告分析城市数字化转型下数字信任面临的新型风险与挑

* 惠志斌，上海社会科学院互联网研究中心主任，研究员；崔久强，上海市数字证书认证中心有限公司总经理；刘山泉，上海仪电集团战略企划部总经理。

战，借鉴国内外发展经验和实践案例，构建可信数字身份体系和数据流通信任体系动态匹配、有机耦合的数字信任策略，并聚焦“制度 + 管理 + 技术”三个层面，提出相关城市数字化转型数字信任体系建设的对策建议以及典型场景下的实践案例，助力数据要素市场构建，促进经济数字化、生活数字化、治理数字化等城市数字化转型。

关键词：　数字化转型　数字信任　网络安全　数据安全

一　城市数字化转型下的数字信任

信任（Trust）的演变与人类文明形态发展密切相关。农业文明和工业文明时代，人的社会活动高度依赖人际信任和制度信任。城市数字化转型下，大数据、人工智能、区块链、物联网等新一代信息技术快速发展，人类正在迈入“人机物”三元融合的万物智能互联时代，个人、组织、物体的连接与交互依靠传统的信任机制难以适应以数字技术和数字经济为基础的数字文明。由此，一种新型信任关系与信任模式——数字信任（Digital Trust）开始兴起，成为城市数字化转型的重要基座。

（一）数字信任产生背景

1. 从信任到数字信任

信任是人类生产生活的基石，其对社会运转的作用正如“空气”对人类生存一样是必需品，但信任作为一项研究议题，进入研究视野的时间并不长。当前，信任已被各国学者广泛引入社会学、经济学、心理学、博弈论和国际关系等多个学科之中，形成不同范式的信任理论模型，并在政府的公共治理实践和企业的市场商业行为中大量应用。总体来看，各界对于信任的内涵已形成了以下共识。

一是信任是一种减少社会复杂性的机制，并带来效益和价值。弗朗西斯·福山指出，信任是社会生活的基础，是简化复杂的机制之一，是经济交换的润滑剂，是一种社会资本，只有高度信任的社会才能构筑稳定、规模庞大的商业组织以应对全球经济的激烈竞争。而在大量的政治学、经济学和社会学研究中，信任都具备重要的社会性价值，包括在市场经济中降低双方交易和协作成本，具有高公信力的第三方提供居间产品或服务，在新技术发展和普及中减少怀疑和抵制，在政府治理中提高政策的理解度和执行力，减少风险应对中的交互成本等。

二是信任的构建和维护需要一定的机制与成本。不同主体间的信任并不是凭空存在的，而是通过预期、行为和反馈等多个环节交互的持续性构建过程。因此，信任的建立和维护都需要相对稳定的社会机制以及成本付出。包括基于心理和情感的信任，基于理性认知和计算博弈的信任，基于社会性权威（法律、契约）和道德规范的信任，等等。

三是信任关系具有多种类型，信任模式演变与人类文明形态发展密切相关。一般而言，农业时代以人际信任为主，即以人际关系为基础、诞生于熟人社会。工业时代以制度信任为主，其诞生于陌生人社会，是以契约、法律、法规等制度为基础的一种重要信任模式。而数字时代则是以数字信任（Digital Trust）为基础，数字信任是一种多维综合的信任关系，其不仅依赖于人际信任、制度信任，还与技术信任等息息相关。信任关系随人类文明形态的演变过程具体如表1所示。

表1　人类社会发展的信任关系演变

人类社会发展演变	农业文明	工业文明	数字文明
主要信任模式	人际信任：基于人际关系构建的信任关系，具备较强的情感性，信任传递性较低	制度信任：基于政府监管和市场契约形成的信任关系，稳定性较强，信任传递性有限	数字信任：基于数字技术在虚拟数字空间形成的信任关系，高度依赖于数字技术和数字应用
行为主体类型	个体、社会单元	企业、各种社会组织	所有链接/映射到数字空间的组织、人和物

续表

人类社会发展演变	农业文明	工业文明	数字文明
信息交互机制	通过熟人关系网络（宗族、村落）和书信进行信息交互	通过纸质文件、电报、电话等进行信息交互	通过互联网、移动设备等进行信息交互
社会主要风险	以重大自然灾害、战争、瘟疫、社会动乱为主，带有典型的不可抗力	除了不可抗力风险外，因人类活动对自然深度介入产生的环境污染、生态破坏影响巨大，还包括犯罪、工程灾害等	实体世界与数字世界的风险深度交织泛化，高频网络攻击、数据泄露、数据滥用、隐私侵害等网络安全风险对整体社会影响越来越大
信任建立的特点	需要长时间的信息交互才能确定信任关系，且信任关系一旦被破坏，修复时间也相应较长	通过一段时间的信息交互，以及契约的签订，形成信任关系，并可通过制度机制一定程度上制约信任关系破裂	信任仅针对在特定时间点发生的特定事项，并且可能会因为环境等改变而迅速改变，自适应性强

2. 数字信任内涵演变

数字信任的概念伴随着信息技术的发展而提出。在互联网发展的初期，政府、企业和公民个体通过数字身份链入网络空间中，彼时的数字信任体系建设以网络信任为重点，主要解决网络空间中的数字身份信任问题，多用于公民/法人身份认证、电子合同、在线支付等网络风险规制。例如，我国（2006 年）在官方文件中将网络信任体系定义为“以密码技术为基础，以法律法规、技术标准和基础设施为主要内容，以解决网络应用中身份认证、授权管理和责任认定等为目的的完整体系”。①

后来，数字信任的概念被全球广泛引入。数字信任首先广泛应用于商业领域，用于表明在数字时代用户、消费者对企业产品和服务能否按照预期正常执行的信心程度。比如，知名科技公司 TechTarget 指出，数字信任是用户对人类、技术和制度共同创建安全数字世界能力的信心，企业和组织通过向用户表明其可以确保在线程序或设备的安全性、隐私性、可靠性和数据道德

① 《国家密码管理局何良生：密码是构建网络信任体系的基石》，https：//new. qq. com/omn/20210604/20210604A01QAV00. html。

性来获取用户的数字信任。美国网络安全公司 SUBEX 则在研究报告中，将数字信任定义为“一种使用户能够以安全、合乎道德和可靠的方式进行业务交易的概念”。《哈佛商业评论》则引入了行为、态度、环境和经验等四个维度考察用户对不同国家的数字信任程度。

此外，数字信任还被引入网络安全等领域。例如，Gartner 曾提出，数字信任是传统信任模型的演变，其不仅仅是建立企业、人与物之间的信任，核心还在于在对数据、程序代码和软件开发实践中建立信任。具体包括四个方面：①个人、企业、业务或其他实体就是其本身，或者与它们所声称的身份一致；②它们可以代表自己，也可以由另一个实体忠实地代表；③它们在数字世界互动中能够充分表达自己的意愿；④它们以真实、可预测、可靠、安全、合规、符合道德、尊重隐私的方式行动。[①] 普华永道认为，建立数字信任不仅仅是个优选项，更是不可或缺之举，科技企业发展和传统企业数字化转型的关键要点在于要使网络安全规划与业务发展目标相匹配，共同构建数字信任。[②] 腾讯研究院和 IDC 发布的报告提出，传统的 IT 网络安全理念已经无法支撑数字时代的信任关系，必须以安全为基础，重新构建内涵更丰富、外延更广泛的数字信任，并将数字信任分为三层：一是基础层，即风险控制与防范，对应为传统的企业安全控制与防护层，侧重网络信息安全；二是业务层，即安全与合规，是企业开展业务的基本保障也是基本准则；三是战略层，即伦理与社会责任、隐私保护，是企业在数字时代构建可信竞争力的关键。[③]

随着数字化的浪潮进一步推进，社会风险相较于传统工业社会发生了重大转变。近年来，网络攻击、网络犯罪和黑灰产、数据泄露滥用等事件频发，成为现代数字社会的重要风险。数字信任在数字社会中的作用进一步凸

① Gartner. Definition: Digital Trust, https://www.gartner.com/en/documents/3727718/definition-digital-trust.

② 普华永道：《2019 年数字信任洞察之中国报告》，https://www.pwccn.com/zh/issues/cybersecurity-and-data-privacy/china-digital-trust-insights/proactively-identify-and-manage-risks.pdf。

③ 腾讯研究院、IDC：《数实共生 未来经济白皮书 2021》，https://www.yunduijie.com/upload/article/ppt/6010c7ca407e5a3cvrG0Txg84605.pdf。

显。由此，本报告认为，新型数字信任是在数字化转型下一切链入/映射到数字空间的网络实体，以数字身份信任、可信数据流通为体系建设的两大核心，通过制度、管理、技术等一系列组合手段减少数字空间安全风险，并形成数字社会安全交互、高效运行的机制。具体来看，从行为主体上看，以政府、企业及其他组织和公民个体的人类网络实体，和以智能终端/设备（包括各种传感器节点）、算法程序（包括各种在线应用）、数据库为代表的机器网络实体共同链接在一个数字空间中；从关系上看，政府和企业通过数字化转型形成了高度相关的大规模社会化的协作和分工关系，基于数字技术进行的海量信息流动规模庞大且已经成为人类沟通的主要方式；从风险上看，常态化的高能网络攻击、数据泄露滥用等安全风险对人类社会的外溢影响日益深刻，已经上升到国家安全的高度。

（二）数字信任建设意义

在数字技术发展和数字经济变革的背景下，政府、企业、社会的数字化转型将是一个持续性、整体性发展过程，随之而来的是底层架构逻辑和外部风险环境的变化，数字信任建设将有利于推进城市数字化转型。

1. 数字信任是城市数字化转型的新型基座

当前，数字信任在城市数字化转型中发挥的作用持续放大，成为新的“基础设施”。随着新一轮数字化浪潮兴起，以5G网络、大数据中心、区块链、工业互联网、物联网、边缘计算、人工智能等为代表的数字基础设施加快推进建设。但这些数字基础设施可能存在普惠性、互操作性、互通性等方面的问题。通过加强数字信任建设，运用技术、经济、法律、行政、自律等多种手段和规则，能够在网络边界日趋模糊、网络拓扑日益复杂的环境下构建“人—物、物—物”的可信数字交互关系，有效实现不同用户、数字设备、数字系统之间的安全交互，更好保障数字城市感知和运行的平稳安全，加快推动城市数字化转型。

2. 数字信任是数字经济良性发展的关键机制

一方面，数字经济发展必然要求数据要素的便利、高效化流通以及最大化分析利用，但是，数据确权定价不清晰、数据流通来源和链条复杂且难以溯源、数据滥用和泄露风险依然严峻等数据治理和安全问题，使得数据要素在市场化配置上一直举步维艰，加快数字信任在数据流通中的服务支撑，通过区块链、隐私计算等技术，实现数据要素在共享、开放和利用等全链条的可信流通，极大地支撑数据要素市场发展，推动数字经济发展。另一方面，数字经济发展带来了平台经济业态的快速崛起，也产生了数据垄断、大数据杀熟、算法歧视等各种平台数字治理难题。构建“用户—平台—企业”之间稳定的数字信任关系网络，能够降低数字经济活动中的营销成本、交易成本、沟通成本和分工成本，避免因信息不对称导致的过度保护行为，减少市场纠纷和不正当竞争行为，推动数字经济进入良性竞争和稳定发展的状态。

3. 数字信任是提升数字生活品质的重要路径

在生活数字化转型上，用户越来越依赖各类数字便民服务和应用，但各类网络安全事件也引发了大众对个人信息保护的隐忧。普华永道的调查显示，近21%的消费者表示，他们对于企业及其产品/服务在网络安全和数据安全方面的关注，已经超过了对产品/服务价格和质量的关注。而数字信任体系可以加快在线生活的创新和应用，消除公民数字化转型的隐私担忧，保障人民更好地分享城市数字化转型发展的红利。例如，数字信任服务能为各种数字应用建立安全可信的数字身份，完善确权、存证、数据安全传输，使得医疗养老、社区物业、交通物流等更多业务场景的全程线上化成为可能，从而实现线上场景可信、数字身份可信、用户意愿表达可信、在线业务可信，赋能更加便捷透明的数字城市生活。

4. 数字信任是数字政府公共治理的底座支撑

在治理数字化转型上，数字信任是解决政府信息化建设割裂和网络安全问题的重要支撑。由于政府部门在信息化建设初期的阶段性和分散性，各国的数字政府建设大多存在内部系统割裂、技术标准不统一、应用重复建设等共性问题。随着数字化转型深入推进，这些问题不仅导致公共数据共享和开放不畅，城市多源数据难以全面打通，数据的重要价值难以发挥，也使得隐私泄露和城市数据安全形势更加严峻。例如，2020 年疫情期间北京、成都、青岛等多地在大数据疫情防控方面出现了个人信息严重外泄的事件，引起社会广泛关注。因此，基于统一数字身份认证和管理，聚焦网络安全和数据安全打造新型数字信任体系，将成为各国政府数字化转型的重要政策发力点和有效支撑。

二　当前数字信任面临的问题与挑战

（一）数据安全与网络安全形势严峻

当前，政府、企业和个人都面临着日益严峻的网络安全和数据安全风险。城市数字化转型必须围绕数据安全建立信任体系，构建大安全格局。

1. 数据安全事件频发

《2020 年数据泄露报告》显示，2019 年 8 月至 2020 年 4 月经历过数据泄露的企业的平均总成本高达 386 万美元，52% 的事件中涉及恶意攻击，系统故障和人为失误的比例分别为 25% 和 23% 。[①] 威瑞森发布的《2021 年数据泄露调查报告》基于全球 5358 起数据泄露事件的分析发现，Web 应用攻击导致了 2020 年 39% 的数据泄露事件，而网络钓鱼攻击比上一年猛增 11%，勒索软件增长 6%；与此同时，61% 的数据泄露与凭证数据有关。可以说，企业因数据安全能力不足导致的数据泄露已经成为阻碍数据要素有序流通的最大障碍。与此同时，个人信息倒卖等数据黑灰产乱象频发，加剧了数据滥用和诈骗等现象的滋生。

2. 网络安全边界日益模糊

城市数字化转型将形成由多数据、多技术、多领域、多应用、多终端组成的数字复杂巨系统，网络空间的边界将进一步模糊和泛化，而随着越来越多的企业“上云”，企业的安全边界正在逐渐瓦解，传统的基于边界的网络安全架构和解决方案难以适应现代网络基础设施和应用场景。与此同时，外

---

① IBM Security：《2020 年数据泄露报告》，https：//www. ibm. com/downloads/cas/BK0BB0V1。

部攻击和内部威胁愈演愈烈，有组织的、武器化的以数据及业务为攻击目标的高级持续攻击仍然能轻易找到各种漏洞突破企业的边界；内部业务的非授权访问、雇员犯错、有意的数据窃取等内部威胁愈演愈烈。[①] 可以说，传统基于信息系统边界构建的防护方式越来越难以应对当下的安全挑战，基于数字身份授权的访问控制和数据安全流通开展的网络安全实践越来越成为共识和趋势。

3. 新技术新应用安全风险凸显

一方面，人工智能、区块链等新一代信息技术在发展过程中存在内生安全风险。例如，人工智能技术存在算法黑箱导致算法歧视和决策不公；区块链作为一项新型技术，其本身分布式存储的特性，以及技术发展阶段造成的安全漏洞覆盖率不足、代码扫描和安全测试不足等问题带来的安全风险逐渐显现，近年来监测到攻击区块链网络或节点本身、窃取存储在区块链网络中的数据或资产的事件尤为频繁。另一方面，人脸识别、智能汽车、智慧家居、可穿戴设备等新技术新应用在使用过程中易引发一系列的安全问题。例如，通过假体攻击突破人脸识别盗用他人身份；智能家居产生更多新的漏洞，居家摄像头、手机摄像头、手机 App、Wi-Fi 设备等被非法调用；甚至一些接触人体的可穿戴设备受到网络攻击将危及生命健康。

（二）身份信任体系建设有待完善

1. 存在数字身份“孤岛”现象

当前，用户数字身份的数据往往存在于不同部门、不同行业、不同企业中，这些数字身份系统技术和标准互不相通，各个服务提供商或认证机构间互为数据孤岛，且同一个人的数据在不同中心化系统中处于隔离状态，系统之间相互认证的流程复杂，难以进行一致性协同管理，往往需要用户将同一个信息在多场景下重复认证，很难复用已有的认证信息。

① 《零信任架构及解决方案》，http：//www.djbh.net/webdev/web/AcademicianColumnAction.do？p = getYszl&id = 8a81825671a5dfe50171b41af1bd000a。

2. 身份信任仍依托传统认证手段

当前，数字身份较多依托传统的认证手段，即基于指定发行方、平台协议与身份认证的信任模式，通过中心化或机构联盟形式完成数字身份认证。这种方式在成本、便捷程度上较优，且为广大用户所接受，但中心化的电子凭证面临着数据易丢失、可篡改、滥用用户数据等问题。近年来，也出现了一些企业因数据保护措施不当而使得用户数字身份信息处于“裸奔”状态的案例。此外，随着数字化转型的深入推进，大量 IoT 设备链入带来数字身份管理等问题。例如，2020 年，某黑客组织在一个流行的黑客论坛上发布了一份涵盖 515000 多台服务器、家庭路由器和物联网智能设备的远程登录 Telnet（一种远程访问协议）凭据列表，内容包含每台设备的 IP 地址以及 Telnet 服务的用户名和密码。①

3. 鉴别技术面临新型安全威胁

一方面，数字身份鉴别技术底层算法可能存在“内生”安全隐患，如 MD5 和 SHA-1 哈希算法应用于金融、电子商务、电子政务等领域，但已被证明存在安全漏洞；广泛用于保护互联网上数据传输安全的 SSL 协议也无法避免用户受到各种极具破坏力的中间人攻击（Man-in-the-Middle Attack）。另一方面，不同的应用场景也需要不同的身份鉴别技术，以满足用户在不同应用场景下的易用性及安全性需求，这就形成了对数字身份多维度、多属性的差异化要求，目前存在的数字身份能力无法实现满足上述要求的互联互通。

（三）高质量数据流通尚未形成

当前，数据流通在统筹机制、规则设计、数据质量和资源释放等方面存在诸多挑战。如果不解决数据流通的信任问题，数据要素市场的流通范围、要素规模、参与主体将大大缩小，无法真正实现数据要素的最优配置，城市数字化转型的脚步也将放慢。

---

① 《2020 年全球数据泄露大事件盘点》，https：//new. qq. com/omn/20210105/20210105A0G40F00. html。

1. 数据流通统筹机制尚待健全

当前，城市数字化转型正处于快速推进阶段，对于如何更好地促进数据流通，相关统筹机制有待进一步完善。以我国为例，国家层面尚未形成统一的数据流通协调机构。尽管2016年国务院同意建立由发改委牵头的促进大数据发展部际联席会议制度，但这难以解决未来构建超大规模数据市场所必须匹配的更加专业、更加精细的统筹决策和落地执行等一系列问题。同时，各部门纷纷加强本行业数据管理，但烟囱林立、条块分割、重复建设等问题较为突出，跨部门、跨系统、跨区域统筹协调难度依然很大。地方层面，党的十八大以来的机构改革中，我国31个省级行政区（除港澳台外）中，有25个省区市设立了省级大数据管理机构，占比80.65%；省会城市和计划单列市中，已有30个设立了专门的大数据管理机构；超过200个地级市、州、盟设立了大数据管理机构。[①] 由于各地原有部门设置、大数据发展情况不一，省级大数据管理机构属性、隶属关系、组建方式等呈现差异化发展趋势。

2. 数据流通规则设计复杂困难

当前，全球在数据安全流通权利义务、数据产权制度、数据权利义务等一系列制度和规则设计上存在较大分歧，存在诸多不确定因素和法律风险。这将极大地影响数据安全流通，不但影响监管工作的有效实施，而且还将导致数字经济发展的不确定性。一方面，数据确权定价在全球范围内均面临难以落地的问题。数据作为一种新型要素，具有非排他性和可复制性，在复杂多渠道的快速流通中形态不断发生变化，且在全生命周期中有不同的实际控制主体，因此其权利体系构成与实物有所差别，其权属难以直接界定为完全属于某个主体。同时，在实践中数据仍然以企业生产经营和用户数字活动的衍生物居多，且目前学界尚未有科学通用的数据价值和成本的计量方法，难以通过市场直接定价。另一方面，数据要素的收益分配争议重重。在当前数据要素确权定价困难的现实情况下，用户、平台、大数据利用公司基于数据

① 数据根据课题组统计得出。

形成的商业利益难以量化分配，数据要素贡献能否参与到企业股本结构和资产规模中仍有较大争议，政府部门对数据要素增值如何征税也未有定论。此外，流通中的数据资源需考虑可流通范围、流通对象合法性、流通过程的安全保障、使用授权等一系列安全要求，如何确保数据流通的过程安全、合法，尤其在保护个人信息方面是必须解决的问题。[①]

3. 数据流通实践限制因素突出

从政务数据看，一方面，不同部门信息化建设进程不一，系统建设时间跨度较大，这导致政务数据资源参差不齐，在数据准确性、统一性、完整性等多方面均存在问题，加之标准化治理、质量评价体系等缺失，由此在信息系统集成共用、政务数据统一归集处理、政务数据共享等方面面临较大难度。另一方面，各地针对数据开放的数据格式、质量标准、可用性、互操作性等做出的规范和要求不同，尤其是在高质量数据集的开放方面存在开放能力不强、水平不高、质量不佳等问题。

从社会数据看，首先，拥有大量数据的企业凭借其行业领先地位，通过构建以开放平台为核心的生态体系，逐渐形成了垄断数据资源的寡头，导致数据大量集聚于垄断性数据平台和公司，而将这些数据主动开放给中小企业在商业活动和市场竞争层面存在悖论。其次，为获得更多数据，存在一些企业利用数据爬虫技术对平台数据的不正当窃取，进一步引发市场不正当竞争现象。最后，由于缺乏相适应的技术标准、规范化的市场环境和成熟的对接平台机制，各机构对数据流通和交换缺乏信任，难以形成内生的数据流通动力。因此在社会数据方面，其数据价值尚未充分释放和变现。

4. 数据跨境安全壁垒不断抬升

自 2013 年“斯诺登事件”以来，各国对数据主权和网络安全的重视程度日益强化，全球范围内的数据保护主义广泛兴起，各国间数据流动信任机制尚未建立，跨境数据流动安全壁垒不断抬高。例如，我国跨境数据流动政

---

① 中国信通院：《数据流通关键技术白皮书》，http：//lawv3. wkinfo. com. cn/topic/61000000502/index. HTML。

策面临极为复杂的决策困境：①跨境数据流动带来的安全问题日趋复杂泛化，我国数据出境涉及国家安全、商业秘密、用户隐私、产业竞争等多个维度的威胁，对我国跨境数据流动风险监管能力提出极高要求；②美国等西方国家加大对我国的贸易限制和科技脱钩力度，限制海外各类数据资源流入中国，对我国企业实行“引进来”和“走出去”战略产生重大影响；③我国跨境数据流动制度体系尚不完善，分散在不同行业部门中的跨境数据流动规定存在过时或是难以协同的问题，影响了我国跨境数据流动工作开展。

三　数字信任建设的国内外发展经验

近年来，全球加快数字化转型步伐，数字信任被纳入重要议程。《纪念联合国成立 75 周年宣言》呼吁各国通力合作解决数字信任和安全问题。欧盟密集发布了欧洲整体数字化转型的宏观战略报告，高度强调信任和安全在其中的关键作用，并将“信任”明确列入九个愿景关键词之中。国际数字信任相关的政策和数字信任理念相关实践都对我国的数字信任体系建设有重要的借鉴意义。

（一）加强数字信任领域顶层设计

全球各国和地区高度重视数字信任领域顶层设计和战略引领，密集出台一系列政策法规和标准指南，强化数字身份、数据流通等重点领域立法。

1. 明确数字信任战略要求和方向

在可信数字身份方面，例如，美国出台了《网络空间可信身份国家战略》（*National Strategy for Trusted Identities in Cyberspace*，NSTIC），旨在构建一个以用户为中心的网络空间可信身份生态系统，促使个人和组织遵循协商一致的标准和流程来鉴别和认证数字身份，从而实现相互信任。NSTIC 明确了可信身份生态体系的四项原则：①加强隐私且基于公众自愿应用；②安全、可扩展；③具备互操作性；④高效且易于应用。此外，该文件要求纳入基于八项最佳实践的明确规则和指导方针，该文件在附录中对其进行了定义，具体包括透明度、个人参与、目的规范、数据最小化、使用限制、数据质量和完整性、安全性、问责制和审计。欧盟发布《2010泛欧洲电子身份标识（eID）管理框架路线图》（*A Roadmap for a Pan-European eIDM Framework by 2010*），从欧盟层面统筹规划各成员国电子身份证（eID）实施，要求各成员国要共同建立能在欧盟全境范围适用的eID基础设施，使得成员国公民持有电子标识即可在欧盟内的任一国家享受求职、医疗、保险等一系列公共和数字化服务。我国在2006年将基于数字身份的“网络信任体系”纳入了《国家中长期科学和技术发展规划纲要（2006—2020年）》的重点领域。

在数据流通信任领域，全球将数据视为推动经济增长、创造社会价值、强化国际竞争优势的重要战略资源，出台相关战略性文件以促进数据的流通。例如，美国政府发布《联邦数据战略与2020年行动计划》，对数据的关注由技术转向资产，并从三个层面指明了工作重点：①建立重视数据并促进数据共享使用的文化，如通过数据指导决策、评估公众对联邦政府数据的价值和信任感知、促进各个机构间的数据流通等；②保护数据，如保护数据完整性、确保流通数据的真实性、确保数据存储的安全性、提高修改数据的透明度等；③探索有效使用数据的方案，如增强数据管理分析能力、促进数据访问的多样化路径等。① 欧盟方面，《欧洲数据战略》（*A European Strategy for Data*）明确提出了欧洲“单一数据空间”目标，即建成一个真正的数据单一市场且面向世界开放，其中个人和非个人数据（包括敏感的业务数据）都是安全的，企业和公民能够以可信的数字身份轻松访问无限的高质量数据，并利用数据创造价值。② 我国则高度重视数据要素在推动经济社会质量变革、效率变革、动力变革中的关键作用，遵循“三同步”发展模式，即强调从数字经济、数字社会、数字政府分三步走共同形成功能齐全的数据要素市场，数据安全、数字技术、数据治理等数据保障机制同步跟上。《中华人民共和国国民经济和社会发展第十四个五年规划和2035年远景目标纲要》

---

① Federal Data Strategy 2020 Action Plan，https：//strategy. data. gov/action – plan/.

② The European Digital Strategy，https：//ec. europa. eu/digital – single – market/en/content/european – digital – strategy.

提出“十四五”期间要激活数据要素潜能，推进网络强国建设，加快建设数字经济、数字社会、数字政府，以数字化转型整体驱动生产方式、生活方式和治理方式变革，并强调要建立健全数据要素市场规则，统筹数据开发利用、隐私保护、公共安全，加快建立数据资源产权、交易流通、跨境传输和安全保护等基础制度和标准规范。[①]

2. 不断完善数字信任政策法规

在可信数字身份领域，例如，美国通过“联邦－州”法律明确电子签名的效力，美国联邦层级的《国际与国内商务电子签名法》赋予了电子签名、电子记录与手写签名、印章等同的法律地位，同时允许企业自由地构建自己的安全方法与安全程序以从事电子交易，极大地扫除了使用电子技术制定、签署合同，收集和储存文件以及发送通知的法律障碍；在州级层面，犹他州的《数字签名法》（*Digiatl Signature Act*）、弗吉尼亚州的《电子身份管理法案》（*Electronic Identity Management Act*）等相继推出。欧盟发布《电子身份认证与签名条例》（*EU Regulation on Electronic Identity Authentication and Signature*，eIDAS 条例）将电子签名、电子认证以及其他一系列身份服务统一作为信任服务进行规制，目的在于通过实现欧盟层级的各成员国安全、高效的跨境身份认证，促进欧洲区域内可信电子服务和数字经济的流通和发展，实现欧洲“单一数字市场”。我国《网络安全法》第二十四条规定，“国家实施网络可信身份战略，支持研究开发安全、方便的电子身份认证技术，推动不同电子身份认证之间的互认”；《电子签名法》明确了数据电文和电子签名的定义、格式、适用范围和法律效力，并对提供电子签名认证的第三方服务的准入、责任和行为规范做了详细规定；《电子商务法》在第三章对电子合同的订立、履行、效力以及电子支付的相关签名、指令和认证等内容进行了规制；《密码法》第二十九条明确规定“国家密码管理部门对采用商用密码技术从事电子政务电子认证服务的机构进行认定，会同有关部门

---

① 《“十四五”规划纲要提到：加快数字化发展 建设数字中国》，https：//finance. sina. com. cn/tech/2021－03－13/doc－ikknscsi3736782. shtml。

负责政务活动中使用电子签名、数据电文的管理”；《商用密码管理条例》明确提出“国家建立统一的电子认证信任机制，推动电子认证服务互信互认”。

在数据可信流通方面，例如，美国基于公民隐私权和具体行业领域进行数据流通规制，包括《隐私权法》（*The Privacy Act*）、《电子通信隐私法》（*Electronic Communications Privacy Act*）、《健康保险流通和责任法》（*Health Insurance Portability and Accountability Act*）、《儿童在线隐私保护法》（*Children's Online Privacy Protection Act*）、《多德－弗兰克华尔街改革和消费者保护法》（*Dodd-Frank Wall Street Reform and Consumer Protection Act*）等，近年来生效的州立法《加利福尼亚消费者法》（*California Consumer Privacy Act*）引人瞩目。欧盟方面，《通用数据保护条例》（*General Data Protection Regulation*，GDPR）旨在协调欧盟各成员国的数据安全和隐私法律，建立完备的用户数据权利清单和完备的数据问责体系，并基于此形成了一整套系统的数据安全治理制度。《非个人数据自由流动条例》（*Regulation on the Free Flow of Non-personal Data*，RFFND）则旨在消除各成员国的数据本地化要求，促进欧洲形成单一数字市场。此外，欧盟近期提出采用高价值数据集实施法案，使得高价值数据以机器可读的形式，通过标准的应用程序接口（API）在全欧盟层面自由流通。我国《民法典》确立了数据和虚拟财产依法受到保护、公民个人信息和隐私权保护的基本原则，既为数据合法合理的流通和共享留出空间（比如对侵害个人信息免责事由的规定），同时也为后续细化规定数据保护的单行法提供了立法依据[①]；《数据安全法》第七条明确“国家保护个人、组织与数据有关的权益，鼓励数据依法合理有效利用，保障数据依法有序自由流动，促进以数据为关键要素的数字经济发展”[②]；《个人信息保护法（草案）》则对个人信息处理原则、处理者义务、数据主

① 《民法典：首次将数据、网络虚拟财产纳入保护范围》，http：//www. hxnews. com/news/gn/gnxw/202006/04/1901382. shtml。

② 《中华人民共和国数据安全法》，http：//www. npc. gov. cn/npc/c30834/202106/7c9af12f51334a73b56d7938f99a788a. shtml。

体权益做了全面规定，进一步规范了个人数据的可信流通。

3. 制定数字信任系列标准指南

在可信数字身份领域，例如，国际标准化组织ISO基于风险评估，依据身份可信程度，制定了《实体鉴别框架》（ISO/IEC 29115－2011）和《身份证明规范》（ISO/IEC 29003－2013），前者规定了实体鉴别保证的框架及四个保证等级，为每个级别规定了准则和指南，后者对注册阶段要求进行扩展，为身份证明和验证提供指导。美国方面，美国国家标准与技术研究院（NIST）发布了SP800－63系列电子身份指南、个人身份验证（PIV）、NCCOE身份和访问管理、NIST生物识别技术、控制策略测试技术、策略机和下一代访问控制等系列指南和标准。① 其中最有影响力的属SP800－63系列指南，其旨在为各电子身份服务机构提供实施风险评估和数字服务的指南。SP800－63－3A《注册和身份证明要求》中提出了身份保证等级（IAL）的概念，规定了希望获得相应等级身份的用户，在注册阶段身份证明的要求，对应不同身份等级，依赖方（RP）可以提供不同服务；SP800－63－3B《鉴别和生命周期管理》中提出了验证器保证等级（AAL）的概念，即根据可接受的验证器种类、验证器和验证者要求、重新验证、安全控制、记录的保存以及隐私控制等方面因素满足的不同要求，将AAL分三个等级，等级越高所需要满足的条件越严格；SP800－63－3C《联合和断言》中描述了在联合环境中，多方交互时，使用断言（用户身份信息的状态说明）来达成多依赖方、多身份提供方（RPs）和多用户之间的协同合作，提出了断言的构建和安全方面的要求，以及联合保证等级（FAL）的概念，并对认证协议、抵御攻击能力、数据传输保护、加密技术等方面做了要求。② 欧盟方面，据不完全统计，在eIDAS条例框架下发布的数字身份管理相关技术标准已达120余项，包括电子签名算法、签名设备、签名生成等基础技术标准，时间戳服务、验证服务等可信服务标准，以及跨境互操作等相关标准。

① NIST. Identity and Access Management Projects，https：//www. nist. gov/topics/identity－access－management/identity－and－access－management－projects.

② 杨明慧、邹翔：《美国电子身份指南评析》，《计算机工程与应用》2019年第23期。

在数据可信流通方面，例如，我国发布了《信息安全技术 物联网数据传输安全技术要求》（GB/T 37025—2018）、《信息安全技术 数据交易服务安全要求》（GB/T 37932—2019）、《信息安全技术 政务信息共享 数据安全技术要求》（GB/T 39477—2020）《信息安全技术 大数据安全管理指南》（GB/T 37973—2019）、《信息安全技术 数据安全能力成熟度模型》（GB/T 37988—2019）等系列标准；并推出了医疗、金融等重点领域的标准，为不同场景下的数据可信流通提供操作手册。如在医疗健康领域，《信息安全技术 健康医疗数据安全指南》（GB/T 39725—2020）详细规定了医疗数据的分类体系、使用披露原则、安全措施、安全管理指南、安全技术指南等。日本则发布信息信任认证指南版（Information Trust Certification Guidelines），明确了个人信息处理者如何获得同意、数据收集方法、认证资格、信息安全标准、数据治理方法和数据道德审查等。并在近日发布2.1版的征求意见稿，强调审查重点是卫生与医疗保健领域的信息处理以及选择向其提供信息的第三方。①

（二）深化数字信任体系管理机制

1. 明确数据保护和数据安全责任

近年来，国内外的通行做法是通过岗位设置、人员管理等方式进一步明确数据安全管理要求和责任，以进一步促进数据流通。例如，美国专门设立了首席数据官，要求其负责各联邦机构自身的数据治理和数据共享开放等工作。欧盟GDPR指出，每个成员国都应建立一个或多个负责监督GDPR执行情况的独立政府当局以便保护个人的基本权利与自由，同时要求企业任命数据保护官（DPO），明确其负责企业内部个人信息安全和数据保护制度、组织员工培训、安全审计和合规事务等工作。我国《数据安全法》明确了“重要数据的处理者应当明确数据安全负责人和管理机构，落实数据安全保

① Japan：MIC Requests Public Comments on Information Trust Certification Guidelines Version 2.1，https：//www.dataguidance.com/news/japan - mic - requests - public - comments - information - trust.

护责任”。地方层面，广东试点开展首席数据官制度，其职责侧重于统筹数据管理和融合创新，推进公共数据共享开放和开发利用；领导本行政区域内的数据工作，对信息化建设及数据发展和保护工作中的重大事项进行决策；组织制定数据治理工作的中长期发展规划及相关制度规范，推动公共数据与社会数据深度融合和应用场景创新。

2. 加强数字信任领域分级分类管理

在可信数字身份方面，例如，欧盟提出了数字身份保证水平，即数字身份保证级别应表征对数字身份系统建立一个人的身份的信心程度，从而确保声称某个特定身份的人实际上是该身份被分配给该人的人。保证级别取决于数字身份系统在考虑流程（如身份证明和验证以及身份认证）、管理活动（如发布数字身份的实体）的情况下，数字身份声明人声称或主张的身份的置信度。[①] 欧盟 eIDAS 条例对身份保证水平规定了低、实质性、高（Low，Substantial，High）3 个等级，以适用不同级别的要求。等级越高，个人身份的可信度就越高。

在数据可信流通方面，例如，我国《数据安全法》第二十一条提出，“国家建立数据分类分级保护制度，根据数据在经济社会发展中的重要程度，以及一旦遭到篡改、破坏、泄露或者非法获取、非法利用，对国家安全、公共利益或者个人、组织合法权益造成的危害程度，对数据实行分类分级保护。国家数据安全工作协调机制统筹协调有关部门制定重要数据目录，加强对重要数据的保护”。

3. 推进数字信任互认机制建设

在可信数字身份方面，数字身份跨域互认是打破数字身份碎片化的局面，破除公民和企业使用数字身份跨域访问在线服务的障碍的重要手段。以欧盟为例，欧盟提出至少在公共服务领域中，跨界使用成员国的数字身份进行互认管理，对于互操作性，主要满足：在技术上应保持技术中立，不歧视其他国家的技术方案；在内容上应保护个人隐私，保障个人的数据得到适当

① 国强、李新友：《欧盟数字身份进展情况研究》，《信息安全研究》2020 年第 7 期。

的处理。美国方面，美国总统管理与预算办公室（OMB）已向各执行部门与机构负责人发布了关于改进政府身份、凭证与访问管理（ICAM）政策的备忘录。该文件指出，必须从单纯管理边界区域的内外访问，逐步转变为利用身份机制建立起联邦政府资源管理体系，从而为用户及信息系统的访问活动管理建立新的风险控制基础。为此，OMB 提出各联邦政府部门都应建立 ICAM 机构，建立符合标准要求的身份运用机制，主要措施包含设立首席信息官和信息安全官、高级机构隐私官以及法律和采购等人员，定义并维护统一的综合性 ICAM 政策、流程与技术解决方案路线图等。并且各级机构应对各类设备、非人实体以及机器人流程自动化、人工智能等自动化技术的数字化生命周期加以管理，从而有效管理并执行 ICAM 相关工作。①

在数据可信流通方面，跨境数据流通规则的互认机制是促进数据要素市场建设的重要一环。例如，欧盟在个人数据跨境方面采用了“充分性认定”机制，即根据第三国的个人信息保护立法状况、执法能力，以及是否存在有效的救济机制等因素，做出综合评估确定数据跨境自由流动白名单国家（目前有安道尔、阿根廷、加拿大、法罗群岛、根西岛、以色列、马恩岛、泽西岛、新西兰、瑞士、乌拉圭、日本），而其他数据保护水平达不到“充分性认定”要求的国家，则必须满足特定条件才能进行跨境流动。

（三）强化数字信任技术等能力建设

1. 运用零信任等改变安全防护模式

在早期网络终端和用户数量有限的情况下，各国的数字信任体系往往是以网络“边界”为中心建立的，因此多采用终端保护、威胁检测和响应等措施保护网络安全。但是随着网络的扩展、大量终端的加入，以及攻击者持续寻求新的方法来突破边界安全，例如通过社交工程攻击操纵用户以泄露其凭证，导致具有复杂检查规范的防火墙的数量需求增加，在导致成本增加的

---

① 《从美国政府身份管理政策看国家机构数据安全治理的方法途径》，https：//www.secrss.com/articles/11047。

同时效果却呈递减态势，这种复杂性已经超越了传统的基于边界的网络安全方法，从而导致零信任等技术理念和架构模型的开发，即将防御从静态的、基于网络的边界转向关注用户（数字身份）、资产和资源（数据）。根据美国 NIST 的定义，零信任是指在面向被视为网络入侵的行为时，在信息系统和服务中执行准确、最低特权的请求访问决策，从而将不确定性降至最低。零信任是一种专注于资源保护的网络安全范式，包含组件关系、工作流程规划和访问策略。这种以数据为中心的安全模型，消除了受信任或不受信任的网络、设备、角色或进程的概念，并转变为基于多属性的信任级别，使身份验证和授权策略在最低特权访问概念下得以实现。零信任架构包括数字身份（个人和非个人实体）、凭证、访问管理、运营、终端、托管环境和互连基础设施。

具体来看，在政策界，以美国为代表的发达国家加速从“以网络为中心”的安全防护模式向“以数据为中心”的数字信任转变。例如，美国国防部先后发布《通往零信任安全之路白皮书》《零信任架构建议》《国防部零信任参考架构（DoD ZT RA）》等报告文件，为国防部大规模采用零信任设定了战略目的、原则、相关标准和其他技术细节，如对网络内的特定应用程序和服务创建离散的、精细的访问规则，旨在增强美国国防部的网络安全并保持美军在数字战场上的信息优势。2021 年 5 月，拜登政府发布行政命令以加强网络安全，明确指示联邦政府各机构实施零信任方法，要求在命令签署之后 60 天内相关机构要制定实施零信任架构的计划，该计划应酌情考虑 NIST 在标准和指南中概述的迁移步骤，并说明已完成的任何此类步骤，确定将对安全产生最直接影响的活动，并包括实施这些活动的时间表。[①] 此外，该行政令还强调：在云服务静态和传输中的多因素身份验证和数据加密；集中和简化对网络安全数据的访问，以加强分析、识别和管理网络安全风险的能力等。在产业界，根据全球权威咨询机构 Forrester 最新发布的报

---

① 电科防务：《美国〈国防部零信任参考架构〉解读》，https：//www.secrss.com/articles/31718。

告，企业为寻求更安全的解决方案，零信任网络访问已成为标志性的安全技术，众多安全厂商推出了相关的零信任解决方案和产品。

2. 推进隐私计算技术数据流通应用

隐私计算通常是指在数据全程保密或无接触的情况下，确保合作双方能够对数据进行计算、比对、运行等并读取和利用结果，同时保证任何一方均无法得到除应得的计算结果之外的其他任何信息，以实现数据“可用不可见”。值得注意的是，隐私计算并不是一种单一的技术，它是一套包含人工智能、密码学、数据科学等众多领域交叉融合的跨学科技术体系。① 目前，隐私计算包括同态加密（Homomorphic Encryption）、安全多方计算（Secure Multi-Party Computation）、差分隐私（Differential Privacy）、联邦学习（Federated Learning）、机密计算（Confidential Computing，CC）、零知识证明（Zero-knowledge Proof）等多种技术方向。产业推进方面，IT 研究与顾问咨询公司 Gartner 发布 2021 年前沿战略科技趋势，其中将隐私计算列为最前沿的九大趋势之一，全球各大科技企业争相投入隐私计算研发和产品化工作。Linux 基金会旗下机密计算联盟在 2020 年迎来壮大期，会员数量猛增六成，成员包括阿里、腾讯、ARM、英伟达、Google、Intel、微软、百度、华为等科技企业。我国也由中国信息通信研究院牵头成立了“隐私计算联盟”，该联盟有 60 多家成员单位，包括大型互联网公司、金融机构、初创型科技公司等。

3. 加强可信数字身份新技术应用

可信数字身份底层技术是密码技术，主流的密码算法有对称加密算法（Symmetrical Encryption）、非对称加密算法（Asymmetric Cryptographic Algorithm）和哈希算法系列（Hash）等。近年来，各国日益重视可信数字身份技术的研发和应用。例如，欧盟在可信数字身份技术配套理论、产品和平台研究方面成效突出，在加密算法、芯片卡、数据公共平台、电子追踪、

① 中国信息通信研究院、阿里巴巴集团安全部、北京数牍科技有限公司：《隐私保护计算技术研究报告 2020》，http：//www.caict.ac.cn/kxyj/qwfb/ztbg/202011/P020201110408006418997.pdf。

互操作性等方面进行了大量创新研究和商业产品开发①，有效地强化了数字身份管理；我国《个人信息保护法（草案二次审议稿）》第六十一条第三款指出，要支持研究开发安全、方便的电子身份认证技术。

加快区块链（Blockchain）、生物特征识别技术（Biometric Identification Technology）等新兴技术在数字身份领域的应用。其中，区块链是分布式数据存储、点对点传输、共识机制、加密算法等计算机技术在数字经济时代应用模式的集成创新。相较于传统 PKI 体系，区块链具备明显优势：身份信息更难篡改，身份信息分布式存放带来安全性和便捷性的提升，避免验证过程中产生的数据泄露，以及区块链激励机制的存在能够促使用户积极维护整个区块链，使系统在良性、高稳定性长期运作下维护成本更低。而生物特征识别技术则是通过数字技术将人类具备唯一性标识的生物特征进行数字化采集、提取并形成特征模板，并通过与已有数据库或特征模板进行比对来实现数字身份的标识和认证。随着以自然语言识别为代表的人工智能技术发展，生物特征识别在数字身份领域的应用日益广泛，包括指纹识别、声纹识别、虹膜识别、人脸识别、行为识别甚至基因识别等。值得注意的是，生物特征识别技术虽然在识别准确率、应用便捷性上具备密码学不可比拟的优势，但也面临众多安全性的风险，例如用户敏感信息暴露风险等。

（四）加快场景化最佳实践落地推广

加快数字信任技术方案在不同场景的创新应用，是各国数字信任建设的重要手段。

1. 加快重点领域场景化应用

在电子政务和公共服务领域，例如，美国大力发展基于 PKI 框架的 FICAM（Federal Identity Credential and Access Management）数字身份证方

① 宋宪荣、张猛：《国外网络可信身份认证技术发展现状、趋势及对我国的启示》，《信息安全与技术》2018 年第 2 期。

案，集中、统一地给美国政府机关涉密人员发放数字身份证，并以此为基础加强访问控制管理。FICAM 包含五个主要模块，分别是身份管理模块、证书管理模块、访问管理模块、身份联合模块和审计与报告模块。其工作原理是，首先由身份管理模块对访问者生成可信数字身份，然后由证书管理模块将数字身份绑定到数字证书上，最后通过访问管理模块和身份联合模块进行证书鉴权实现资源的访问控制。[①] 欧盟则启动了旨在增强欧盟数字单一市场和便利跨境公共服务的 e-SENS 项目，其成功地创建了一套通用的泛欧数字公共服务构建模块，e-SENS 的一系列大规模试点（如欧盟内跨境获得卫生服务、跨境电子招标、电子司法服务、使用奥地利和德国的 eID 来访问荷兰的公共在线服务等）为跨境数字公共服务铺平了道路。

在数字支付领域，例如，澳大利亚支付委员会开发了一个有助于支撑便携式数字身份认证的框架。该框架将强化身份认证服务和一系列通用规则之间的互操作性，推进提交、验证、认证和共享数字身份，从而将支付体系从金融服务扩展到零售、政府和电信部门。同时，我国正在探索建立统一数字身份信息系统，通过将指纹、人脸等生物特征信息纳入身份信息采集范畴，为数字金融、身份识别等提供更加可靠的支撑。[②]

在电子商务领域，美国国家网络安全卓越中心（NCCoE）在电子商务方面开展了多因素认证，该项目探讨了一种基于风险场景触发多因素认证（MFA）以减少欺诈性网购的方案。在项目实践中，如果超越某些风险因素（与交易相关的上下文数据），可能表明网购会话中欺诈活动的可能性增加，购买者将被要求出示除了用户名/口令之外另一个不同的认证因素。[③]

在未成年人保护方面，2021 年 6 月，我国发布《国务院未成年人保护

① 宋宪荣、张猛：《国外网络可信身份认证技术发展现状、趋势及对我国的启示》，《信息安全与技术》2018 年第 2 期。

② 央行支付司温信祥：《将人脸等纳入范畴，探索建立统一数字身份基础设施》，https：//www. mpaypass. com. cn/news/202009/24184007. html。

③ 《美国网络安全丨 NIST 身份和访问管理》（IAM），https：//cloud. tencent. com/developer/article/1792083。

工作领导小组关于加强未成年人保护工作的意见》，严格实行网络游戏用户账号实名注册制度，推动建立统一的未成年人网络游戏电子身份认证系统，加强在网络领域对未成年人的保护力度。

此外，美国可信身份战略 NSTIC 开展了数字身份管理项目实践工程，通过 4 批共 22 个试点项目来调动参与各方的积极性，并涵盖电子政务、医疗保健、智能汽车、金融、儿童教育、航空航天等多个领域。

2. 推进新技术新应用最佳实践

在车联网领域，一方面，车联网数字身份主体呈现海量化、泛在化、多元化的特点，对不同主体之间的交互、证书编码格式、传输带宽、交互时延都提出了极高要求。另一方面，车联网中的车辆节点比传统的网络节点面临更多、更复杂的网络攻击，为系统的安全防护和主动防御带来新的挑战。对此，全球加快推进解决车联网领域的数字信任问题。例如，我国工业和信息化部发布《关于开展车联网身份认证和安全信任试点工作的通知》，面向车与云服务平台通信场景、车与车直连通信场景、车与路测设施直连通信场景、车与设备通信场景，加快推进车联网网络安全保障能力建设，构建车联网身份认证和安全信任体系。①

在物联网领域，互联网金融身份认证联盟 IFAA 提出了物联网身份认证整体框架，包括物联网设备的可信身份认证和管理，以及对物联网用户的可信身份认证和管理，并分析了物联网身份认证的安全需求，具体包括为物联网设备建立起一套可信设备标识机制；为物联网设备确定一套完善的设备生命周期管理流程；为物联网设备建立一套可信的设备入网注册流程，其中设备传输、接收的数据类型也应该被考虑在注册流程的构建当中；为物联网设备中产生或者流转的数据流建立可靠的安全保障措施；为管理员直接管理本地设备构建一套完善的验证和授权过程；针对不同类型的数据构建不同的安全保障措施，尤其是具备完善措施确保个人隐私数据的安全；定义不同用户

① 工业和信息化部：《关于开展车联网身份认证和安全信任试点工作的通知》，https：//www.miit.gov.cn/zwgk/zcwj/wjfb/qt/art/2021/art_34a594d2b9bf4fba9141baf1d929a15e.html。

角色或者属性，并基于角色或属性实现相应的访问控制；可结合大数据风险控制机制，确定具体的身份认证策略等。

在区块链领域，目前，不少企业已进行了分布式数字身份（Decentralized ID）产品试验。比如区块链企业 ShoCard 与航空服务商 SITA 合作开发了 SITA Digital Traveler Identity App 的身份认证应用，该应用融合了基于区块链的数据和面部识别技术，致力于简化航空公司乘客身份验证流程，以及实现机场实时数据流；微软与 Blockstack Labs、ConsenSys 合作，推出了基于区块链技术的身份识别系统，实现人、产品、应用和服务的深度交互；IBM 与法国国民互助信贷银行（CréditMutuelArkéa）合作完成了一个基于区块链技术的身份认证系统，该系统采用超级账本区块链框架（Hyperledger）引导客户向第三方（比如本地公共部门或零售商）提供身份证明；ID2020 联盟与国际救援委员会合作为难民提供安全的加密数字身份，帮助他们认证身份，获得医疗服务。

四　构建城市数字化转型数字信任体系对策建议

（一）总体思路

随着城市数字化转型加快推进发展，以 5G、物联网等为代表的新型数字基础设施的大规模普及，城市运行的每一分钟都将产生大量的数据，数据资源在链接服务国内大循环和国内国际双循环中的引领型、功能型、关键型要素地位不断突出[①]，数据驱动经济、生活、治理等各领域数字化转型，但同时也带来了新型网络安全风险。一是随着新型数字基础设施加快部署，针对物联网和身联网的网络攻击对城市和公众的威胁更加直接且难以防御。尤其城市物联感知设备爆发式增长，海量的物联和网联相互链接但又缺乏必要

① 《权威发布！关于全面推进上海城市数字化转型的意见公布》，https://www.shanghai.gov.cn/nw15343/20210108/c5ee6069f29a4a089f709708441bad31.html。

的安全能力，网络攻击将直接从最微小的物联设备传导到整个城市关键运行系统。二是在数据生产、聚合、占有、使用等过程中的权属界定困难，数据交易商业模式难以持续，并可能引发不正当竞争、侵犯个人隐私等风险。三是智能应用层叠发展，安全和伦理问题不断凸显。随着人工智能等新技术在经济、生活和治理中的广泛应用，生物识别、算法歧视等正在引发更为广泛的社会伦理关切。可见，在新的形势下，信任关系产生和维系的社会情境发生了根本性变化，仅依靠传统的、基于系统防护和固定边界构建的信任机制无法满足城市数字化转型要求。

因此，必须以数据为核心，构建与城市数字化转型相适应的新型数字信任体系框架（见图 1）。该框架聚焦“制度 + 管理 + 技术”的数字身份和数据流通两大信任体系建设，根据场景需求确认所需的数字主体身份属性，并形成与可信数字身份体系相适应的制度、管理与技术手段以保障数据全生命周期的可信流动，由此形成动态匹配、有机耦合的信任策略，支撑数据要素市场构建，促进经济数字化、生活数字化、治理数字化等城市数字化转型。

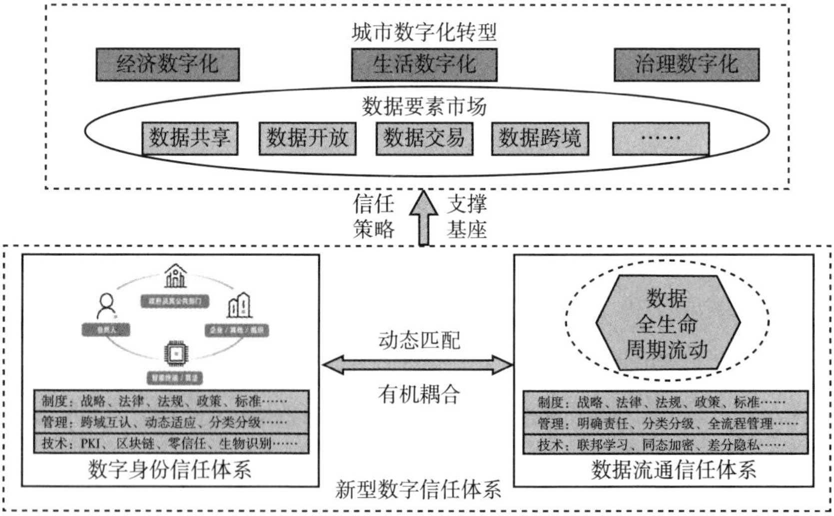

图 1　城市数字化转型数字信任体系框架

（二）基本要求

1. “制度 + 管理 + 技术”贯穿数字信任建设全过程

从国内外的实践看，数字信任要实现可信数字身份和可信数据流通，都离不开数字信任制度规则、数字信任管理机制、数字信任技术的整体支撑。一方面，以战略、法律、法规、政策、标准为核心的制度规则为数字信任的建设指明方向和要求；而管理理念和管理机制的构建则要与制度规则相适应，实现弹性的“软着陆”；技术则是数字信任实现的重要保障。另一方面，数字信任建设不能“唯技术论”，以数据可信流通为例，其不仅仅是一个纯技术层面的跃升，而且涉及政治、经济、法治、社会和文化等诸多方面的因素，而不能“为流通而流通”。

2. 数字身份信任构建应基于场景需求智能匹配相关属性

人是一切社会关系的总和。在传统社会，建立信任的身份主体是实体的人或组织，大多数时候“人的面孔就是身份证件”，信任关系往往是比较持久的。而在数字社会，数字身份则由多个不同的信息碎片组成，具有多维属性。以数字身份的特性分类，可包括法律身份、生物身份、组织身份、社会属性身份等。以身份背后的主体分类，存在人的数字身份、组织的数字身份以及物的数字身份。例如，从人在数字空间中身份特征看，其具有生物性质（如人脸）、法律特征（如身份证号码）、电子特征（如邮箱账号）、行为特征（如购买爱好）等；组织的身份特征至少包括法律特征（如法人）、电子特征（如法人证书）和行为特征（如组织电子合约）；而物的数字身份特征则包括电子特征、行为特征等。同时，各个身份主体之间的关系，例如人在各种社会关系下所隶属的组织单元，人或组织与物的权属关系，也是身份属性的一部分。由此，在城市数字化转型下，应先形成每个数字主体多维一体、自主可控的数字身份集合，可称之为“数字身份钱包”，并形成多类主体间的智能身份图谱。复杂多元的数字主体之间建立信任关系，一方面不再需要通过传统的实名方式进行展示，不必全部验证所有的身份属性，而是依托技术智能匹配相应所需信息，经过身份主体授权后在数字钱包中灵活取用对应的身份属性，以确保数字主体高效、安全交互；另一方面，这种信任关系的建立可能是瞬时的，且会根据场景的变化进行适时调整，需要确保数字身份的某一属性在特定场景中受到信任。

3. 数据流通信任体系的构建需与可信数字身份体系有机耦合

数字信任的目的是保障城市数字化转型下各类经济和社会活动的安全交互和高效运转，这离不开数字身份和数据流通两大信任体系的建设。一方面，城市数字化转型下，物联网、人工智能等信息技术快速发展，以智能终端/设备（包括各种传感器节点）、算法程序（包括各种在线应用）和数据为代表的机器网络实体爆发式增长，各类复杂多元的数字身份成为交互的原点。可以说，若没有数字身份，数字社会中正常的生产生活将无法进行；若数字身份不可信，社会交往和主体交互的成本将大大提高。另一方面，数字空间中发生的所有行为都以数据为载体，表现为各种场景、各类规则下的数据交互。在这个过程中，首先需要确认交互的数字主体身份，之后则明确与可信数字身份体系相匹配的数据流通体系。一般地，数字身份之间的信任度越高，数据流通“畅通程度”则越高，数据流通所需要的相对成本则相对较低；而数字身份之间的信任度越低，对数据流通的机制建设、管理手段、技术支撑和保障能力的要求就越高，其相对成本则越高（见图2）。由此，基于数据流通信任体系和可信数字身份体系这两大体系动态匹配、有机耦合的组合关系，将形成不同的信任策略，支撑城市数字化转型。

4. 数字信任实践需具备与技术、场景敏捷适应的能力

相较于传统信任关系对于社会制度、经验知识和个体情感等因素的依赖，数字信任的构建更强调技术。一方面，数字信任的构建极大地依赖于大数据安全、密码学、隐私计算等安全技术的创新发展。另一方面，以人工智能、物联网、区块链和量子计算等为代表的数字技术仍在不断创新发展的进程中，将会重塑未来数字空间的规则和风险，因此数字信任体系必须确保对新兴数字发展的兼容性和敏捷性。同时，数字信任也是高度场景化的关系，数字时代的交互关系类型既包括传统的人与人、人与组织之间的关系，也包括人与物联设备、人与机器算法的交互。不同场景下的交互关系和规则差异

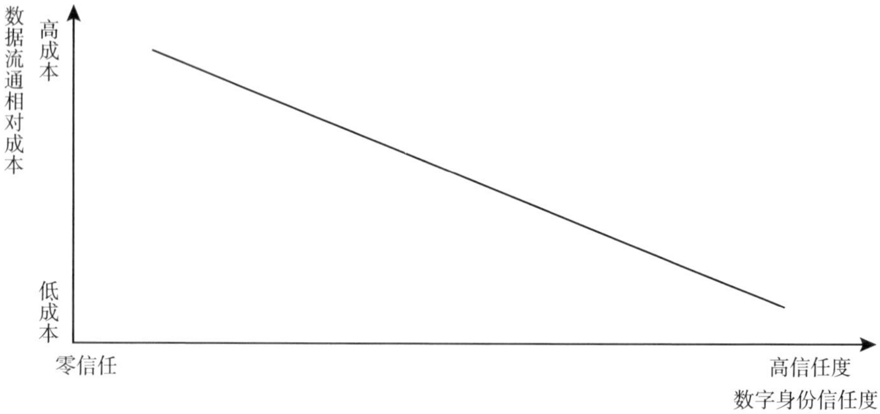

图 2　数字身份信任度与数据流通相对成本的关系

性极大，因此高度场景化的数字信任并不具备通用的传导性，需要特殊的“信任通道”机制来实现数字信任的跨域传递。

（三）实现路径

针对城市数字化转型需求，数字信任建设可开展“三步走”的路径策略。

第一步，做好数字信任体系顶层设计，明确体系框架。即在城市数字化转型的大背景下，以数据为核心，进行数字信任体系的总体规划，构建数字信任体系被期待或应当实现的功能和未来愿景，聚焦可信数字身份和可信数据流通两大领域，聚焦新型网络安全风险和数字治理难题，通过制度规则、管理机制、技术创新等多维度建设，实现新型数字信任治理模式。

第二步，开展数字信任重点场景试点，形成最佳实践。基于城市数字化转型数字基础设施建设、数据要素市场构建等重大战略布局，聚焦数字信任在支撑城市数字化转型中的关键作用，形成底层的技术解决方案和最佳实践。例如，在数据交易流通场景下，搭建“数据要素可信交易平台”，其功能模块具体包括：①数据要素资源登记管理，即通过区块链、数据标识、数据溯源等技术，形成数据要素来源审核、数据要素线上登记、数据要素全链条确权等核心功能，形成统一、规范、合法、可信的数据要素资源标的；②数据要素多方交易磋商平台，即构建数据交易多方主体的数字身份识别和认证服务，通过区块链、隐私计算等技术，确保买方对数据价值的可信查验，以及卖方对数据安全保障和防止数据泄露的要求，确保在线的报价、询价、竞价、定价和挂牌机制符合相关规定并具有法律效力；③数据要素流通交易服务，即提供数据安全能力认证服务，确保数据买方的数据安全和隐私合规能力与其购买额度挂钩，并引入数据担保、数据中介、数据资产质押融资、数据资产保险等服务，打造提供数据确权、数据估值、数据清洗、法律咨询、市场分析、尽职调查、安全审计等服务的第三方支撑生态。

第三步，进一步完善数字信任体系，服务整体数字化转型。选取经济、生活、治理各领域数字化转型中的场景，强化整体转型服务支撑。例如，在数字经济方面，开放在线办公、在线贸易、在线金融、数据交易等场景，通过国产密码技术、隐私计算，以及大数据、云计算、区块链等新一代信息化技术，为数据要素市场提供一个安全环境。在数字生活方面，开放医疗养老、社区物业、交通物流等业务场景，试点安全可信的数字身份建设，实现线上场景可信、数字身份可信、用户意愿表达可信、在线业务可信，完善确权、存证、数据安全传输。在数字治理方面，试点公共数据共享开放和数据治理，通过开放统一的数字身份基础设施，着力实现对碎片化公共数据的整合统管，让公共数据资源有序流动，促进公共数据开放，进一步深化“两网”建设；在个人信息保护上根据设备身份标识配置合理的数据权限，规范如摄像头、闸机、移动终端等智能设备对个人信息的收集和处理行为。

（四）重点任务

1. 加快推进数字信任制度规则

完善《网络安全法》《数据安全法》的配套支撑措施，加快推动《个人信息保护法》的正式出台。通过数据立法，加快推进数据确权，明确数据权属，厘清相关方的法定权利和义务。建立健全数据交易规则和交易风险防范处置规则，对数据交易中介服务机构、数据交易信息披露、监督审计等做出相关规定。研究制定可信数字身份战略和管理办法，统一规划非对称加密、生物特征识别、分布式等数字身份的认证、发展和应用。在物联网、人工智能、区块链等“人机物”复杂交互的重点行业领域，制定用户数字身份和设备数字标识相互识别验证、数据可信传输流通的管理办法、指导意见或标准规范，为各主体建立数字信任关系提供体系完备的治理规则。

2. 建立健全数字信任管理机制

一方面，加快构建数字身份信任管理体系。加快从边界管理转向以数据为中心、以身份管理为基础的新型安全风险体系；针对数字身份“孤岛”和数字身份碎片化的问题，推进数字身份跨域互认；以信任度量为指引，探索基于风险的风控指标、身份属性（生物特征、用户行为）、场景分类的身份认证，构建自适应的可信数字身份管理体系。另一方面，完善数据可信流通管理机制。设立数据安全部门或责任人，明确组织内部数据安全和个人信息保护的责任清单，加强协同分工；实施数据分类分级保护，通过开展备案、建立清单等机制落实重点领域保护要求；鼓励利用可视化工具等加强对数据资源的管理与应用。强化数据全流程管理，建立安全测评、审计、监测预警、应急处置等管理机制。

3. 前瞻部署数字信任技术方向

聚焦数字技术的前沿应用方向，加快新兴技术在数字信任方向的融合创新应用。依托区块链技术，加快推动区块链与电子认证技术的融合发展，打造新一代分布式智能化可信身份技术体系。借助人工智能技术，加快生物特征识别在数字身份领域的应用。提升基于风险控制的多因素身份鉴别系统安全能力，探讨共享共用的身份管理服务业态，研究多模式多安全等级的电子认证新技术等。围绕隐私计算方向，重点关注同态加密、零知识证明、联邦学习等方向，探索数据共享、数据流动和数据交易中数字信任关系构建。根据零信任架构，关注企业、组织在零信任架构改造进程中对于身份访问控制的需求，探索构建零信任环境的数字信任交互架构。围绕 PKI 及密码学，加快密码法算法、商业密码应用的技术攻关，密切关注量子计算、量子加密的技术演进动态。

4. 推进建设数字信任基础设施

一方面，加快建设综合型数字信任设施平台。例如，可探索建立数字信任服务中台，该平台兼具可信数字身份和数据流通信任模块功能，赋能城市数字化转型。在数字身份模块，身份的可信不再依赖内网边界，随之改变的是身份认证和授权从静态走向动态，身份信任需基于风险控制、场景变化、业务资源价值等开展实时评估和调整。在数据流通模块，数据安全从点到点的传输安全转向数据全生命周期的流通安全，利用区块链、数字标识、数据溯源、隐私计算等技术开展数据确权、数据开放、数据交易等活动成为趋势。另一方面，面向重点领域建设平台型基础设施。例如，聚焦电子政务服务领域，搭建全市数字身份统一认证平台，重点围绕在线教育和在线医疗等数字化民生服务领域，形成统一的用户身份识别、电子合同签署、数据可信传输、责任溯源等服务。聚焦工业互联网领域，探索基于区块链的分布式工业设备识别框架，培育覆盖企业身份认证、设备身份认证的分布式设备标识服务能力和工业 SaaS 平台、App 身份认证服务新场景。

5. 构建完善数字信任生态体系

一是加强数字信任体系研究。一方面，加快数据、网络安全、人工智能、区块链等学科建设，加快数字信任前沿技术攻关，打造融合治理信任、技术信任、隐私保护的数字身份工具箱，促进区块链与电子认证融合发展，研究数据流动、共享和交易中的关键技术；另一方面，鼓励联合高校、研究机构、企业等，设立新一代密码应用实验室、数据可信流通实验室等，形成创新成果指导产业实践。

二是培育壮大数字信任产业集群。通过建立行业性组织，充分打通软硬件提供商、电子认证第三方服务机构、网络安全厂商、安全合规律所、网络安全保险和咨询企业，形成综合性的数字信任第三方支撑服务能力。围绕数字信任认证、中介、担保等业务，深化数字信任增值服务的集成式开发。围绕解决方案培育、行业应用创新和支撑体系构建等方面，征集遴选一批掌握关键技术、具备创新能力和应用推广能力的机构开展应用示范工作，在金融、政务、司法、工业等领域培育一批解决方案和应用新模式，为数字信任服务协同发展树立标杆和方向。

三是构建区域/国际的数字信任生态。依托长三角、粤港澳等国家区域一体化战略，打破目前我国数字身份和电子签名在地区性、行业性交叉认证过程中“各自为政”的分散局面。加强区域内在数字身份、电子签署、数据流通、数据安全方面的标准对接和技术认证。在“一带一路”倡议、《区域全面经济伙伴关系协定》（RCEP）等框架下，加强与主要贸易伙伴的数字信任交流合作，实现跨域数字身份、跨境数字签署、数据跨境流通规则的互通互认。

B.17 全球人工智能发展报告（2021）

顾 洁*

摘 要： 近年来，人工智能进入新一轮创新活跃期，前沿领域不断取得突破性进展，产业规模持续扩大，人工智能成为影响各国和地区未来的经济水平、科技竞争力乃至国家安全的重要因素。本研究对2020年以来的全球人工智能产业特点进行总结，梳理主要国家和地区的人工智能战略布局，总结全球人工智能科技竞合关系，最后提出未来人工智能产业发展的特点和趋势。

关键词： 人工智能 产业发展 国家战略 竞合关系

一 全球人工智能产业发展概述

（一）人工智能进入新一轮创新活跃期，产业规模持续扩大

2020年以来，人工智能进入新一轮创新活跃期，前沿领域不断取得突破性进展，产业规模持续扩大。在技术创新方面，文本生成、类脑计算等领域持续创新，深度学习在医疗、生物等领域的运用，推动了相关领域的实质性变革（见图1）。2020年5月，OpenAI公布了下一代文本生成神经网络GPT-3（Generative Pretrained Transformer 3），其通用准确率和创造性远超现

* 顾洁，上海社会科学院信息研究所副研究员，研究方向为科技创新。

有的 NLP 模型，更可以完成逼近人类智能水平的语言生成和交互任务，这标志着大规模通用自然语义理解的一次跃迁式突破。2020 年 11 月，DeepMind 的 AlphaFold2 深度学习技术，为困扰生物学界长达 50 年的蛋白质结构预测难题提供了解决方案。

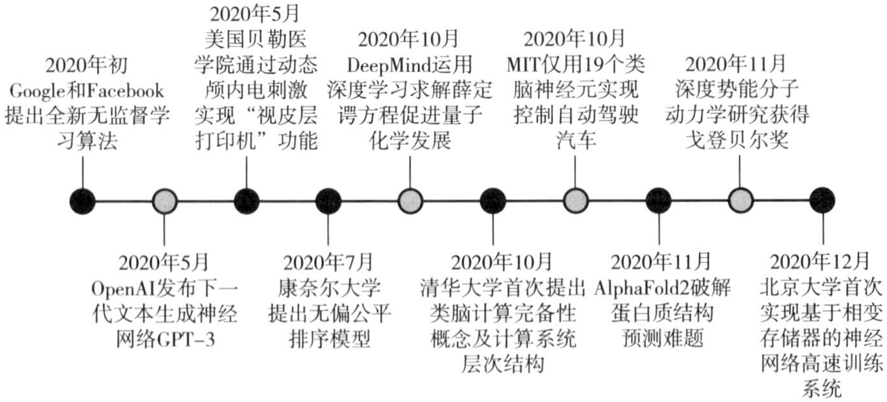

图 1　2020 年全球人工智能十大突破性技术

资料来源：亿欧智库。

产业发展方面，2020 年全球人工智能产业规模达到 1565 亿美元，同比增长 12.3%。[①] 德勤在《全球人工智能发展白皮书》中预测 2025 年世界人工智能市场将超过 6 万亿美元，2017～2025 年复合增长率达 30%。[②] 人工智能技术正在加速从研究阶段转移到实践应用中，在医疗、企业服务、安防、金融、自动驾驶等落地性强的领域率先运用，计算机视觉、数据处理、自然语言处理等技术也逐渐找到较为明确的应用场景。

数字化转型正在席卷全球企业。凭借强大的技术赋能效应，人工智能越来越深刻地融合渗透进各行各业，成为未来经济的主要增长点之一。普华永

① 中国信息通信研究院：《2020 年全球人工智能产业地图》，http：//www.ce.cn/cysc/newmain/yc/jsxw/202104/19/t20210419_ 36487336.shtml，2020 年 4 月。

② 德勤：《全球人工智能发展白皮书》，https：//www2.deloitte.com/content/dam/Deloitte/cn/Documents/technology - media - telecommunications/deloitte - cn - tmt - ai - report - zh - 190919.pdf，2019 年 9 月。

道的报告指出，人工智能将提振全球经济，至2030年人工智能将为世界经济贡献15.7万亿美元。① 埃森哲对中国以及全球12个发达经济体的研究发现，到2035年，人工智能将帮助各国显著扭转经济增速近年来的下滑趋势。② 根据麦肯锡的预测，人工智能将每年为中国经济增长贡献0.8～1.4个百分点。③

投融资方面，随着社会对人工智能理解的加深，人工智能资本市场基本回归理性。2020年美国人工智能领域投资金额超过230亿美元，中国为99亿美元，全球人工智能总融资额增加9.3%，但完成新融资的人工智能创业公司数量下降，表明投资确定性增加，企业服务、机器人、医疗健康、行业解决方案、基础组件、金融领域在投资频次和融资金额上高于其他行业。④

（二）全球竞争格局凸显，中美占据人工智能领域绝对优势

人工智能提升全要素生产率，能够为领先国家带来经济、科技、军事等方面的持续优势，因此已经成为世界各国竞争角逐的焦点。⑤ 2016年以来，美国、英国、德国、日本、韩国、俄罗斯以及欧盟成员国等密集出台一系列与人工智能相关的政策，加速人工智能战略布局和产业发展。当前，全球人工智能竞争格局凸显，中美两国在人工智能企业数量、科研水平、技术创新等方面占据全球领先地位，日本、英国、法国等国家紧随其后，构成第二

---

① 普华永道：《至2030年人工智能将为全球经济贡献15.7万亿美元》，https://www.reuters.com/article/dalian-wef-ai-pw-0628-idCNKBS19J09I，2017年6月。

② 《2020年腾讯人工智能白皮书》，https://ncstatic.clewm.net/rsrc/2020/0710/14/f361bbdf4dd9b48fb0459c2849093d44.pdf，2020年7月。

③ 麦肯锡全球研究院：《人机共存的新纪元：自动化、就业和生产力》，https://www.mckinsey.com.cn/wp-content/uploads/2017/02/MGI_%E4%BA%BA%E6%9C%BA%E5%85%B1%E5%AD%98%E7%9A%84%E6%96%B0%E7%BA%AA%E5%85%83_%E7%AE%80%E4%BD%93%E4%B8%AD%E6%96%87-2.pdf，2017年2月。

④ 斯坦福大学人工智能研究所：《2021年AI指数报告》，https://aiindex.stanford.edu/wp-content/uploads/2021/04/2021-AI-Index-Report_Chinese-Edition.pdf，2021年4月。

⑤ Cave, Stephen, and Seán S. ÓhÉigeartaigh. "An AI Race for Strategic Advantage: Rhetoric and Risks." In Proceedings of the 2018 AAAI/ACM Conference on AI, Ethics, and Society, pp. 36-40. 2018.

梯队。

2019 年德国阿登纳基金会（Konrad-Adenauer-Stiftung，KAS）在《比较促进人工智能发展的国家战略》报告中对全球各国采取的人工智能国家战略进行比较，认为当前各国在发展人工智能的条件、制度框架、目标体系、理念方面均有所差异，其中美国、中国与欧洲发展更为领先，同时彼此之间的分异也更为突出。① 2021 年 1 月，美国数据创新中心发布了题为《谁是人工智能竞赛的赢家——中国、美国还是欧盟?》（2021 年版）的报告，从人才、研究、开发、硬件、应用、数据 6 个维度综合分析美国、中国和欧盟的人工智能发展水平。② 报告指出，美国在人工智能领域仍然保持总体领先地位，但在一些重要领域中美两国的差距不断缩小——美国人工智能底层技术实力更为雄厚，中国则在语音识别技术上更优。③ 在细分维度上，中美两国优势领域出现分异：美国在人才、研究、开发和硬件方面处于领先地位，中国在应用和数据方面处于领先地位（见表 1），欧盟在人工智能领域的发展落后于美国和中国。

表 1　中国、美国、欧盟人工智能发展排名

类别	中国	美国	欧盟
人才	3	1	2
研究	3	1	2
开发	3	1	2
应用	1	3	2
数据	1	2	3
硬件	2	1	3

资料来源：《谁是人工智能竞赛的赢家——中国、美国还是欧盟?》（2021 年版）。

① Konrad-Adenauer-Stiftung. 2019. *Comparison of National Strategies to Promote Artificial Intelligence*. Berlin：KAS.

② 美国数据创新中心：《谁是人工智能竞赛的赢家——中国、美国还是欧盟?》（2021 年版），https：//new. qq. com/omn/20210516/20210516A071D800. html。

③ 德勤：《全球人工智能发展白皮书》，https：//www2. deloitte. com/content/dam/Deloitte/cn/Documents/technology - media - telecommunications/deloitte - cn - tmt - ai - report - zh - 190919. pdf，2019 年 9 月。

中美两国当前在硬件、算法和应用方面的优势主要得益于近年来人工智能企业的发展。2020 年，美国拥有 2257 家人工智能企业，占全球总数的 38.29%，中国拥有 1454 家人工智能企业，占全球总数的 24.67%，中美人工智能企业总量全球占比超过 60%（见图 2）。从动态变化维度上看，2020 年中国人工智能产业规模为 434 亿美元，同比增长 13.75%，超过全球增速。同时，以 Google、微软、Facebook 等为代表的美国科技巨头，以及以百度、阿里、科大讯飞、华为等为代表的中国科技企业在人工智能芯片、软件框架和算法等底层技术领域的投资，也加速了两国各具特点的人工智能技术创新生态的形成。具体而言，美国在芯片和开源软件等底层技术方面实力更为雄厚，中国在数字智能、语音识别等应用层技术创新更为丰富。

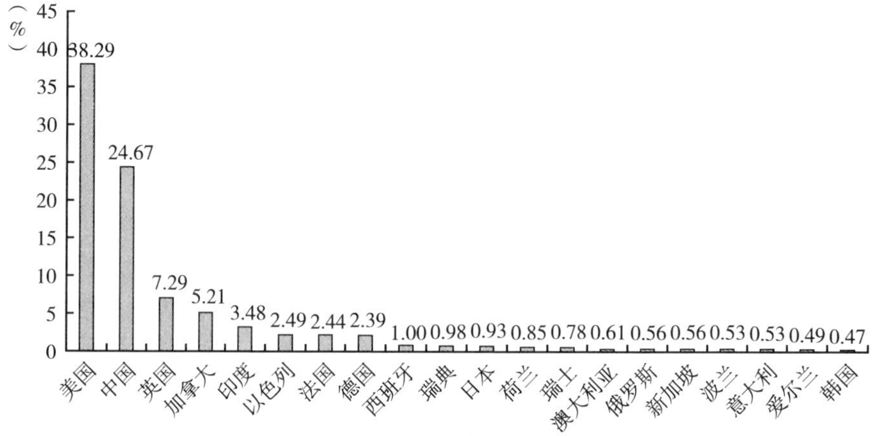

图 2　2020 年全球主要国家人工智能企业数量占比

资料来源：中国信息通信研究院，《2020 年全球人工智能产业地图》，http://www.ce.cn/cysc/newmain/yc/jsxw/202104/19/t20210419_36487336.shtml，2020 年 4 月。

中美人工智能科研创新能力处于全球领先地位。2021 年，根据斯坦福大学人工智能研究所发布的《2021 年 AI 指数报告》，中国在人工智能领域的研究数量和质量都在增加。① 从人工智能期刊论文发表情况来看，2020

① 斯坦福大学人工智能研究所：《2021 年 AI 指数报告》，https://aiindex.stanford.edu/wp-content/uploads/2021/04/2021-AI-Index-Report_Chinese-Edition.pdf，2021 年 4 月。

年全球发表的人工智能期刊论文数量同比增长 34.5%。其中，中国的 AI 期刊论文数量占比 18.0%，排名第一，其次是美国和欧洲，占比分别为 12.3%、8.6%。中国人工智能期刊论文被引用量占比 20.7%，首次超过美国（19.8%）。从人工智能专利申请数量来看，全球人工智能专利申请集中在中美两国。

2021 年 AMiner 综合人工智能学科 20 个子领域过去十年的论文引用情况发布人工智能全球最具影响力学者榜单，推出 200 名人工智能全球最具影响力学者和 1800 名提名学者。[①] 其中美国学者达 1164 名，占比 58.2%；中国在学者规模上位列第二，为 222 名，占比 11.1%；英国、德国、加拿大紧随其后。从最具影响力学者的来源机构来看，谷歌、微软、美国卡内基梅隆大学占据前三名，学者数量分别为 135 名、80 名、65 名，中国清华大学以 39 名最具影响力学者进入前十榜单。

（三）疫情刺激人工智能落地应用，加速企业数字化转型

在疫情防控期间，以人工智能为代表的新一代信息技术大显身手，包括病毒溯源、基因检测、药物研发、智能机器人、远程办公、在线金融、无接触配送等技术和应用，背后都有人工智能的支撑。疫情成为人工智能技术落地应用的“试金石”和“练兵场”，“非接触式”的新需求也为人工智能创造了更多的需求空间，各行业企业都认识到数字化、智能化已经成为转型升级的必然趋势。Gartner 发布的《2020 人工智能技术成熟度曲线报告》指出，疫情发生以来，有 47% 的企业组织在人工智能方面的投资维持不变，有 30% 的企业组织计划增加投资。

毕马威的一项调查显示，疫情大流行加速提升了人工智能技术的采用率——在 950 家受访机构中，93% 的制造业企业、84% 的金融服务企业、83% 的技术企业、81% 的零售企业、77% 的生命科学企业、67% 的医疗保

---

① AMiner：《2021 年人工智能全球最具影响力学者榜单 AI2000 发布》，https：//www. aminer. cn/research_ report/60a4c2e130e4d5752f50d639，2021 年 5 月。

健企业和61%的政府部门部署了人工智能技术（见图3）。聊天机器人和虚拟客服是企业采用AI的最主要形式。据IBM估算，虚拟客服每处理一次对话可节省5.50美元的成本，客户满意度因此提高了12%，客服满意度提高了9%，收入增长了3%。尽管疫情加速了企业人工智能采用率的提升和数字化进程，但90%的企业表示难以在整个企业业务范围内运用人工智能技术。

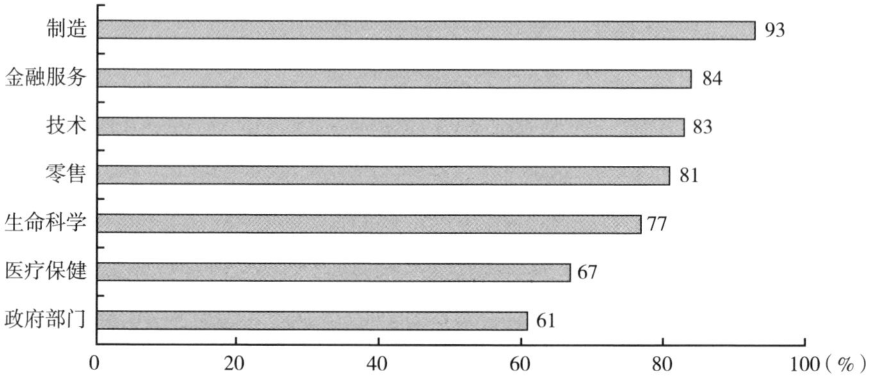

图3　相关领域人工智能采用率

资料来源：毕马威，《大流行期间AI的采用速度太快》，https：//www.ximeiapp.com/article/2752262，2021年3月。

（四）人工智能伦理问题成关注焦点，全球人工智能治理框架正在加速形成

随着人工智能技术的快速发展和应用场景的拓展，数据泄露、隐私侵犯、深度造假、就业冲击、社会不平等问题频繁发生。国际上，Facebook因为泄露用户数据，而被美国联邦贸易委员会处以50亿美元的罚款；Google因违反了《通用数据保护条例》（GDPR），而被法国监管机构开出数千万欧元的罚单。在中国，数据公司和互联网平台企业因为滥用用户隐私数据、大数据杀熟等问题而被监管机构密集调查。技术上，生成技术的迭代也引起了社会对深度造假（DeepFake）的担忧。深度造假可以创建出实际上并不存

在的照片和音频，将成为人工智能最主要的风险因素之一。Gartner 在《2021 年预测：人工智能对人类和社会的影响》中指出，到 2023 年，将有 20% 的个人账户被 DeepFake 接管。人工智能对劳动力的替代效应也不断显现，短期来看，对驾驶、翻译、流水线劳动、电话客服等劳动密集型行业的冲击尤其明显。人工智能的数据偏差和算法歧视，在保险、零售、就业等领域以一种更加隐晦的方式加剧社会不公平。

人工智能领域的社会治理和法律监管问题引起全球关注，中国、美国、欧盟、日本等国家和地区正将人工智能治理纳入人工智能战略布局中，成立专门机构并陆续发布政策文件，以应对人工智能带来的伦理问题（见表 2）。

表 2　主要国家和地区的人工智能治理专门机构

国家/地区	机构	工作内容	成立时间	负责部门
美国	人工智能专门委员会	负责审查联邦机构的人工智能投资和开发的优先事项	2018 年 5 月	白宫科技政策办公室、美国国家科学与技术委员会、国防部高级研究计划局等
	联合人工智能中心	监管国防机构人工智能工作	2018 年 6 月	美国国防部
	人工智能国家安全委员会	考察并监督人工智能技术应用在军事领域的情况，评估其安全、伦理、对国际法的影响等风险	2018 年 11 月	美国众议院武装部队新型威胁与能力小组委员会
中国	新一代人工智能发展规划推进办公室	研究人工智能相关法律、伦理、社会、标准问题以及治理议题	2017 年 11 月	国家科技体制改革和创新体系建设领导小组
欧盟	人工智能高级小组	研究并起草人工智能监管框架，并指导欧洲境内相关企业进行落实	2018 年 6 月	欧盟委员会
英国	人工智能理事会	监督英国人工智能战略实施并为政府提出建议	2018 年 4 月	英国政府人工智能办公室
	数据伦理和创新中心	审查和监管现有的数据（包括人工智能）治理格局，就安全、创新、治理问题向政府提出建议	2018 年 11 月	英国政府

续表

国家/地区	机构	工作内容	成立时间	负责部门
法国	人工智能伦理委员会	监督军用人工智能的发展	2019 年 4 月	法国政府
日本	人工智能技术战略会议	国家层面的人工智能综合管理机构，负责政策和应用的监管	2016 年 4 月	日本政府
印度	人工智能伦理委员会联盟	制定人工智能产品标准	2018 年 6 月	印度政府
墨西哥	人工智能办公室	规范人工智能健康发展	2018 年 6 月	墨西哥政府

主要国家和地区在人工智能治理方面采取的措施各有侧重。美国以《阿西洛马人工智能治理原则》《人工智能设计伦理准则》《人工智能使用原则》《人工智能伦理原则》《美国人民的人工智能》等文件为基础，形成人工智能治理基本框架。在内容上，强调人工智能可信、可用、透明、为善等原则；在监管上，不主张因人工智能可能带来的未知风险而对相关的创新活动进行限制或禁止，力求为人工智能提供相对自由宽松的研发环境。① 欧盟则采取严格、审慎的人工智能治理态度，强调构建“可信人工智能生态系统”的重要性，力图通过加强监管赢得社会对人工智能的信任，从而帮助欧洲在人工智能领域形成竞争优势，推动人工智能技术的广泛采用。中国在《新一代人工智能治理原则——发展负责任的人工智能》中提出和谐友好、公平公正、包容共享、尊重隐私、安全可控、共担责任、开放协作、敏捷治理八大原则。《中华人民共和国个人信息保护法》开启中国隐私权和个人信息保护新时代，规范了作为人工智能技术基础的数据使用。此外，中国还特别重视人工智能等新一代信息技术对儿童、老年人等特殊人群的影响，以及加强对互联网信息服务算法推荐公正性的保障。英国在人工智能治理中特别强调机器人不得伤害人类的基本原则。德

① 陈婧嫣、姜李丹、薛澜：《跨国比较视阈下的人工智能政策：目标、理念与路径》，《科学学与科学技术管理》2021 年第 3 期。

国提出了自动驾驶技术应用时的生命价值首要原则。联合国、经合组织、20国集团等也强调通过国际合作应对人工智能带来的伦理挑战，推动可持续发展目标的实现。①

二 主要国家和地区人工智能战略布局

2016年以来，全球39个国家和地区发布了人工智能政策文件。世界各国在就人工智能的战略地位达成共识的基础上，针对如何发展人工智能也规划了不同的目标和路径。中国利用数据和场景优势，牵引带动人工智能创新产业链的形成。美国重视保持其在人工智能方面的技术领先地位，持续加大其在人工智能前沿技术领域以及算法、芯片等核心创新环节的投入和布局力度。欧盟注重探讨人工智能的社会伦理和标准，率先规划可信人工智能生态地图。日本主张构建有效且安全应用的"AI-Ready社会"。韩国正在积极扩大对芯片、半导体的投资，提升硬件基础层竞争力，推动韩国发展成为"人工智能强国"。俄罗斯近年来掀起人工智能发展热潮，重视通过人工智能等高新技术的研发和应用谋求人工智能全球领先地位。

（一）美国：巩固人工智能领域的领先地位，重视人工智能对国家安全的影响

2016年以来，美国政府及有关机构陆续发布了多项关于人工智能的政策文件，形成了较为完备的国家人工智能战略体系（见图4）。2016年5月，美国白宫宣布成立"人工智能与机器学习委员会"，用于监控人工智能领域的技术进步，并协调美国各界在人工智能领域展开行动。同年10月，美国白宫发布《为未来人工智能做好准备》和《国家人工智能研发战略规划》，勾绘其人工智能发展路径，提出对人工智能研发、经济效应和风险因

① 中国信息通信研究院和人工智能与经济社会研究中心：《全球人工智能治理体系报告》，2020年12月。

素的重视，并建议成立人工智能高级研究机构，用于支持美国对人工智能高风险、高回报项目的长周期投入。

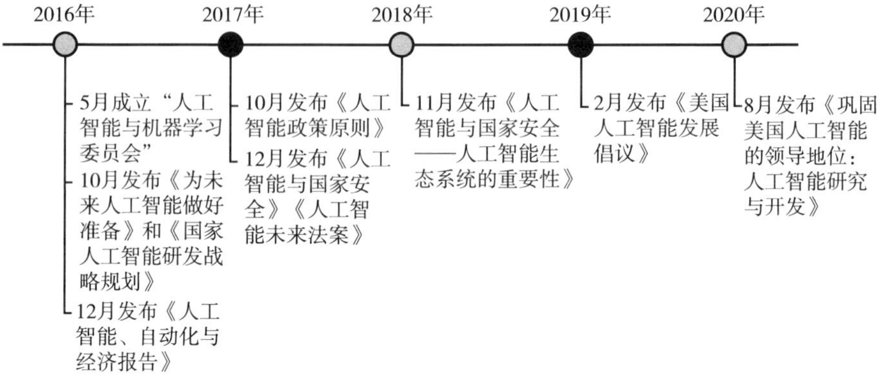

图4　美国人工智能关键举措

资料来源：根据公开资料整理。

2017 年，美国再次出台关于人工智能的三份政策文件。2017 年 10 月 24 日，代表硅谷等科技行业发展利益和需求的美国信息技术产业理事会发布《人工智能政策原则》，回应社会对于人工智能冲击就业、人工智能风险因素的担忧，除了再次重申人工智能对提振经济的作用外，还特别强调了人工智能技术对解决社会问题的重要影响。在此份文件中，美国还提出了人工智能监管的重要原则，即采用灵活监管方式，避免激进监管对创新的损害。同年 12 月发布的《人工智能未来法案》中，就现有法律框架滞后于人工智能发展速度的情况，提出成立联邦人工智能发展与应用咨询委员会，研究人工智能相关法律政策问题。

随着美国社会对人工智能经济和社会效应的认识逐渐深入，美国开始将重点转移至新技术对国家安全和国防策略的影响上。哈佛大学肯尼迪政治学院贝尔弗科学与国际事务中心发布的《人工智能与国家安全》，提出要将人工智能更多地用于军事和情报领域。2018 年，美国国际战略研究中心发布《人工智能与国家安全——人工智能生态系统的重要性》报告，阐释了私营和政府部门对于人工智能的投资现状，强调了人工智能在军事领域投资的重要性，提出构建人工智能国家安全生态体系的建议。2021 年 3 月，美国国家安全委员会向国会提交报告，报告草案中建议美国国防部将其约 3% 的总预算用于人工智能研发投资并进行人员培训，以实现 2025 年“军事 AI 就绪”的目标；美情报共同体应大规模采用人工智能技术，与国防部联合成立 AI 集成部队以共享 AI 方法和数据等。

“保持美国在人工智能领域的领导地位”是美国人工智能战略体系的核心。2019 年 2 月，特朗普签署《美国人工智能发展倡议》，试图确保美国在人工智能领域的领导地位，应对来自战略竞争者的挑战。2020 年 8 月，美国智库新美国安全中心发布《巩固美国人工智能的领导地位：人工智能研究与开发》报告，提出了人工智能研发的六大关键原则，并提出 14 条建议，帮助指导美国人工智能国家战略。为了确保美国在人工智能和数据科学领域的领导地位，美国总统拜登提出一个强有力的政策目标，承诺投入 3000 亿美元用于人工智能研发和技术投资，预计将创造 300 多万个就业岗位。拜登表示必须确保社会部门增加此类就业岗位，以确保所有美国人从技术进步中受益。2021 年 1 月，美国白宫科技政策办公室成立国家人工智能倡议办公室，用于计划和监督相关政策的落实。

（二）欧盟：注重建立可信人工智能创新生态，在技术标准和监管方面构建领先地位

欧盟对人工智能伴生风险采取谨慎和强监管态度，认为严格监管有利于赢得消费者对人工智能技术的信任，从而提升人工智能的采用率。[①] 欧盟对人工智能的立法探索始于 2016 年。2016 年 5 月 31 日，欧盟法律事务委员会发布《人工智能立法动议》，率先对人工智能的法律身份及其著作权、专利权等进行了讨论，主张人工智能具有“工人”身份，并对其劳动权利进行了探讨。2018 年 4 月，欧盟发布《欧盟人工智能战略》，旨在秉持以人为本

---

① 陈婧嫣、姜李丹、薛澜：《跨国比较视阈下的人工智能政策：目标、理念与路径》，《科学学与科学技术管理》2021 年第 3 期。

的人工智能发展理念，推动欧盟各国协同推进人工智能领域的技术研发、道德规范制定以及投资规划。

2019 年 4 月，欧盟委员会正式发布了《可信赖的人工智能伦理指南》，提出构建可信赖的人工智能伦理框架，包含三大基本条件、四项道德准则和七个关键要素，形成包含人工智能开发、应用、问责审计全生命周期的整体框架（见图 5）。

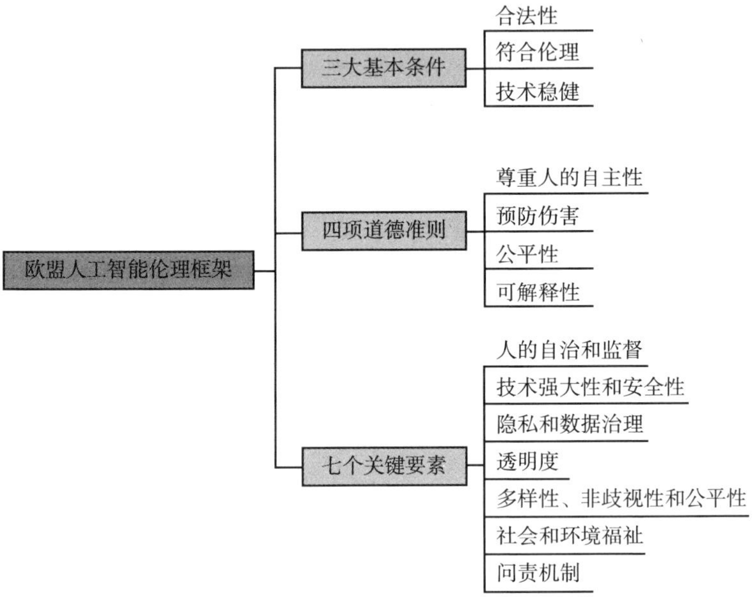

图 5　欧盟可信赖的人工智能伦理框架

2020 年 2 月欧盟发布《人工智能白皮书——通往卓越和信任的欧洲路径》，提出在促进人工智能发展的同时，应当积极预判和应对人工智能的伴生风险。报告提出欧盟要建立“卓越生态系统”和“信任生态系统”。“卓越生态系统”主张通过欧盟范围内国与国的合作以及公共部门与私营部门的合作，构建从研发到终端市场解决方案的全产业链卓越创新生态。欧盟计划在 10 年内投入超过 1500 亿美元发展下一代数字产业，以求扭转在芯片和人工智能等先进技术领域与美国和东亚竞争对手日益扩大的差距。“信任生态系统”主张对人工智能的“高风险”应用进行严格的法律监管，在提升公民对人工智能的信任度的同时，促进企业和公共组织依据确定的法律框架进行人工智能相关领域的创新活动，从而构建起“以信任为基础的生态系统”。

2021年4月21日，欧盟委员会提出一项人工智能法规草案，对人工智能的应用进行规范和限制，以期降低人工智能带来的风险。草案按照风险高低将人工智能应用场景分为“最低、有限、高、不可接受”四个风险等级，风险等级越高的应用场景受到的限制越严格。根据该法规，除特殊情形外，所有的生物识别系统都将被作为“高风险”系统进行严格监管。政府不得将人工智能用于社会信用评估，而将人工智能用于教育、就业评估也被作为“高风险”监管。该法规还规定了人工智能的问责机制：应用于高风险场景的人工智能技术在部署之前，其开发者和设计者被要求必须证明该系统的应用符合欧盟规则，违反法规的公司最高将被处以上一财政年度全球营业额6%的罚款。6月21日，欧盟数据保护委员会和欧盟数据保护监督局进一步呼吁在公共场所禁止使用人工智能自动识别个人特征，包括人脸识别、步态、指纹、DNA、声音等生物或行为信号。

（三）中国：深化应用层优势，构筑人工智能自主创新生态体系

中国从2015年开始先后发布多项支持人工智能发展的政策，为人工智能技术发展、应用落地和人才引入提供先期支持。2017年7月，中国正式发布《新一代人工智能发展规划》，提出构建开放协同的人工智能科技创新体系，把握人工智能技术属性和社会属性高度融合的特征，坚持人工智能研发攻关、产品应用和产业培育“三位一体”推进的总体战略部署。规划根据中国的发展优势和条件，提出了人工智能发展的目标——“到2020年人工智能总体技术和应用与世界先进水平同步，……到2025年部分技术与应用达到世界领先水平，……到2030年人工智能理论、技术与应用总体达到世界领先水平，成为世界主要人工智能创新中心。”

中国在人工智能领域的独特优势主要源于“加速积累的技术能力与海量的数据资源、巨大的应用需求、开放的市场环境有机结合”。[①] 技术能力方面，截至2020年底，我国人工智能企业专利申请55.13万项，位居全球第一。2020年中国人工智能期刊论文被引用量占比20.7%，首次超过美国（19.8%）。数据方面，截至2021年6月，中国网民规模达10.11亿，形成全球最为庞大的数字社会。巨大的网民规模意味着中国企业拥有更加丰富立体的用户数据和庞大多元的用户需求，为人工智能技术的算法升级以及应用场景的拓展提供了良好的基础。计算能力方面，《2020全球计算力指数评估报告》对中国、美国、日本、德国、英国、法国、澳大利亚、巴西、俄罗斯和南非的人工智能计算市场进行评估，发现2015~2019年样本国家的人工智能计算市场支出增长中近50%来自中国。

凭借技术、数据、市场和算力优势，中国人工智能产业发展迅速。数据显示，2020年中国人工智能核心产业规模达3251亿元，同比增长16.7%，企业数量达6425家；其中，22.3%的企业分布在人工智能产业链基础层，18.6%的企业分布在技术层，59.1%的企业分布在应用层。[②] 总体来看，中国人工智能产业呈现应用层蓬勃发展、基础层相对滞后的态势。芯片、半导体等基础硬件以及算法和开源框架等技术方面的短板使得中国在全球人工智能竞赛中处于相对被动的位置。为增强国家自主创新能力，中国政府积极开展人工智能人才培育工作。2018年，教育部宣布了一项促进AI教育的计划。2019年，教育部公布全国35所普通高校成功申报“人工智能”本科专业，96所高校成功申报“智能科学与技术”本科专业，101所高校成功申报“机器人工程”本科专业。

---

① 国务院：《新一代人工智能发展规划》，http：//www.gov.cn/zhengce/content/2017-07/20/content_5211996.htm，2017年7月。

② 深圳市人工智能行业协会：《2021人工智能发展白皮书》，http：//www.cbdio.com/BigData/2021-05/31/content_6165402.htm，2021年5月。

（四）日本：以人工智能推动社会变革，构建有效且安全应用的"AI-Ready 社会"

日本人工智能政策的方向性目标更侧重于运用人工智能技术推动社会变革。[①] 2016 年 1 月，日本在《第五期科学技术基本计划（2016—2020）》中提出率先建成"超智能社会"，通过人工智能、物联网、大数据解析等技术的运用，为日本社会人口减少、老龄化、医疗护理费用不断增加等现实问题提供解决方案。

2016 年 4 月，日本政府在未来投资会议下设立了"人工智能技术战略会议"，负责牵头制定日本人工智能相关政策措施，一体化推进人工智能研发和产业化。人工智能技术战略会议是日本政府在人工智能领域的最高决策机构，负责统筹协调总务省、文部科学省和经济产业省下属的五家国立研发法人机构——信息通信研究机构、理化学研究所、科技振兴机构、新能源和产业技术综合开发机构、产业技术综合研究所，内阁府、厚生劳动省、农林水产省、国土交通省等机构的人工智能相关研发项目和产业化措施。从人工智能创新链条上看，人工智能技术战略会议下设研究合作会议和产业合作会议，分别负责协调推进人工智能基础研究和成果转化应用两个阶段的创新研发及商业化工作。

2017 年 3 月，日本人工智能技术战略会议发布了《人工智能技术战略》，提出聚焦生产、健康医疗护理、空间移动、信息安全四个重点领域，制定人工智能与其他相关技术融合发展的产业化路线图。2018 年 6 月，人工智能技术战略会议事务局发布了《人工智能技术战略执行计划》，对人工智能推进工作的具体措施进行了细化，并且明确了这些措施对应的政府部门、需要达成的目标和完成的时限。2019 年 6 月，日本人工智能技术战略会议发布了《人工智能战略 2019》，针对人工智能相关教育改革、研发体

① 《主要国家人工智能战略探析系列（三）日本人工智能战略探析》，军事高科技在线，https：//mp. weixin. qq. com/s/qRWCn5L3TX7 - a2x4RKRSSg，2020 年 11 月。

制、成果转化应用、数据相关基础、中小企业和初创企业支持、伦理等方面制定了一揽子综合性措施，并指定各项措施的负责部门和完成期限。为应对人工智能应用带来的伦理风险问题，2019 年 3 月，日本综合创新战略推进会议发布了《以人为本的人工智能社会原则》，提出日本构建人工智能社会的利益相关者应遵循以人为本、教育素养、隐私保护、安全保障、公平竞争、公平性、说明责任、透明性和鼓励创新等原则。2021 年 5 月，日本发布了期限至 2030 年的《智力基础设施发展规划》，旨在通过科学技术创新解决碳中和、数字化转型、国家韧性（防灾/减灾）、新型冠状病毒等重点领域社会问题。

（五）韩国：提升硬件基础层竞争力，发展成为“人工智能强国”

2019 年 12 月 17 日，韩国科学技术信息通信部发布《人工智能国家战略》（见图 6）。以“跨越 IT 强国，迈向 AI 强国”为愿景，韩国计划到 2030 年实现数据竞争力排名世界第三（现世界第十）、通过人工智能创造经济效益最高达 455 兆韩元（约合 2.7 万亿元）、国民生活水平达到世界前十（现世界排名第三十）的战略目标。《人工智能国家战略》提出韩国人工智能发展的三大领域、九大战略和 100 多项具体措施，旨在提高国家在人工智能领域的竞争力，以人工智能技术的应用推动韩国经济社会的全面革新。

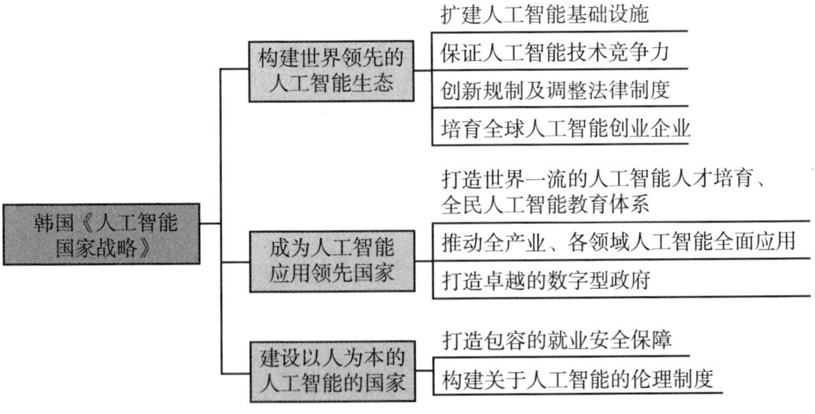

图 6　韩国《人工智能国家战略》主要内容

在推进人工智能发展的过程中，韩国充分“集中优势兵力，聚焦擅长领域”，利用世界最先进的存储型半导体的实力基础，以人工智能半导体竞争力世界第一为目标，加大新概念半导体（PIM）开发战略投资，确保充分掌握人工智能半导体核心技术，确保韩国在全球人工智能产业地图中不可替代的关键地位。2020 年，韩国半导体出口额同比增长 5.6%，达到 992 亿美元，创韩国历史第二高。报告预测，2021 年韩国半导体出口额有望达到 1075 亿 ~ 1110 亿美元，同比增长 10.2%。为保持韩国在人工智能硬件基础层的竞争力，韩国政府将下一代芯片技术（包括神经处理器）定位为本国未来研发重点领域，计划在 2029 年前投入 1 万亿韩元用于开发，并在 2030 年之前占据全球 AI 芯片市场 20% 的份额。2021 年 5 月，韩国政府公布了旨在实现半导体强国目标的十年战略规划，计划 2030 年在国内建成全球最大规模的半导体产业供应链——“K－半导体产业带”，建立集半导体生产、原材料、零部件、设备和尖端设备、设计等于一体的高效产业集群。

韩国以芯片、半导体为基础的人工智能产业地图，也决定了三星、SK Telecom 等少数龙头企业在韩国人工智能产业中的绝对主导地位和行政干预权力。在“K－半导体产业带”建设中，预计三星电子、SK 海力士等企业 10 年内将投资 510 万亿韩元（约 4500 亿美元）。韩国大财团在产业投资、核心技术、市场规模甚至民意舆情上的绝对垄断地位，可能会压缩韩国人工智能生态系统中中小企业创新创业的空间，甚至导致韩国《人工智能国家战略》中培育具有成长性的人工智能创业企业的计划沦为空想。①

（六）俄国：国家主导、军工优先的“弱市场”发展模式

“人工智能是未来，不仅对俄罗斯，而且对全人类。它带来了巨大

① 《韩亚：主要国家人工智能战略系列（五）韩国国家人工智能战略探析》，军事高科技在线，https：//mp. weixin. qq. com/s/y2wup_ gpBOaMA6kSJj0MDA，2020 年 12 月。

的机会，但也有难以预测的威胁。谁成为这个领域的领导者，谁就会成为世界的统治者。”①

——普京，2017 年 9 月 1 日

2018 年 3 月，俄罗斯国防部、教育科学部和科学院召开了人工智能问题与解决方案会议。会上，俄罗斯国防部长绍伊古明确表示，人工智能会对俄罗斯联邦科技安全和经济安全产生威胁，军方与科学家需要共同努力发展人工智能技术，这些合作的优先目标是提升俄罗斯联邦的军事潜力。这次会议最重要的成果是提出了俄罗斯人工智能发展的路线图，为俄罗斯人工智能发展战略的确定奠定了基础。2018 年 7 月，俄罗斯发布了人工智能发展十点计划。该计划包括在教育和行业组织之间组建人工智能及大数据联盟；建立基金以帮助提供自动化系统方面的专业知识；加强国家对人工智能培训和教育的支持；在顶尖科技大学建立人工智能实验室；建立国家人工智能研发中心；监控人工智能的技术和社会发展趋势；组织人工智能兵棋推演；在国内军事论坛讨论人工智能提案；举办年度人工智能会议。

2019 年 10 月，俄罗斯正式发布《2030 年前俄罗斯国家人工智能发展战略》，将人工智能发展提升到国家战略层面，提出未来 10 年之内俄罗斯人工智能产业的发展规划。该战略从军事角度强调了俄罗斯对于人工智能技术的迫切追求，将人工智能技术载体主要确定为“无人机、机器人、无人潜航器、虚拟现实、神经计算机”等一系列和国防安全密切相关的装备，主张通过军民联合研发机制加快人工智能技术的发展与应用，以确保俄罗斯国家安全，谋求俄罗斯在人工智能领域的全球领先地位。该战略还列出了开发和使用人工智能技术的原则，并指出在战略实施过程中必须遵守以下原则：保护人权和自由、安全、透明、技术主权、创新周期完整性、合理节俭和支持竞争。

---

① RT. 2017. “Whoever Leads in AI Will Rule the World: Putin to Russian Children on Knowledge Day,” https://www.rt.com/news/401731-ai-rule-world-putin/.

在国家的大力支持下，俄罗斯人工智能迎来发展热潮。IDC 的一项研究显示，2020 年俄罗斯人工智能市场总额为 2.91 亿美元，预计到 2023 年将超过 5 亿美元，到 2024 年总额将达到 5.55 亿美元。IDC 估计，2024 年之前，俄罗斯用于人工智能解决方案的支出将平均每年增长 18.5%。俄罗斯人工智能企业数量的全球排名从 2019 年的第 20 位上升至 2020 年的第 15 位。

与美国相比，俄罗斯科技资源与智能化技术研发水平存在差距，国家层面可动员和配置的资源有限，不可能满足各种人工智能技术创新和产业升级的资源需求。因此，俄罗斯采取了“集中优势兵力”的非对称发展策略，将政府主导、军事优先作为本国人工智能发展的最大特色。[①] 一方面，俄罗斯国防部及其下属关键机构在俄罗斯人工智能发展过程中拥有巨大的话语权，对推动国内人工智能研究发挥了重要作用。另一方面，在人工智能战略落地上，俄罗斯主要是通过国有企业、国有控股公司以及其他与政府密切关联的机构加以推动落实的。例如，《2030 年前俄罗斯国家人工智能发展战略》就是由俄罗斯最大的国有商业银行——储蓄银行领衔起草和落实的。

与之相对，“弱市场模式”下俄罗斯商业领域的人工智能发展较为滞后。尽管近两年俄罗斯人工智能市场有了一定的发展，但是从全球范围来看，作为市场创新主体的企业在数量和技术水平上都落后于传统竞争对手。在德勤《全球人工智能发展白皮书》列出的全球人工智能高增长企业 TOP50 中，美国有 28 家，中国有 14 家，俄罗斯无一家企业上榜。从国内产业结构来看，金融机构是俄罗斯人工智能商业应用的主要需求方。总体来看，强大的国家主导力量挤压了私人领域的创新活力，导致俄罗斯人工智能市场在外商投资、国际合作和人才引育方面面临困境。为提升人工智能商业活力，俄联邦政府计划在 2024 年前拨款 52.6 亿卢布（折合人民币约 4.57 亿元），用于支持各经济领域应用人工智能的商业试点项目。

① 华盾、封帅：《弱市场模式的曲折成长：俄罗斯人工智能产业发展探微》，《俄罗斯东欧中亚研究》2020 年第 3 期。

三 全球人工智能科技竞合关系

在人工智能领域，世界各国之间形成了复杂的竞合关系。在多边合作上，2020 年启动成立全球人工智能伙伴关系（Global Partnership on AI，GPAI）、经济合作与发展组织人工智能政策观察站和人工智能专家网络，通过支持人工智能领域政府间的协作，推动负责任的人工智能、人工智能治理、社会和环境等全球性事务领域的多边合作。中国上海连续举办四届世界人工智能大会，汇聚全球学术界、民间社会、工业界、政府和国际组织的人工智能专家，共同探讨人工智能领域的共性问题，促成国际上人工智能合作关系的建立。

在双边合作上，各国之间合作频繁。中俄两国企业在面部识别、自然语言处理等领域持续开展技术合作。俄罗斯莫斯科物理技术研究所与华为达成协议，将在人工智能开发方面进行合作。2019 年 6 月，华为斥资 5000 万美元购买了俄罗斯新创公司 Vocord 的面部识别技术专利。俄罗斯莫斯科物理技术研究所还同美国 Fackbook 和亚马逊公司签署了合作协议，将基于机器学习和人工神经网络，共同研发人工智能语音产品 iPavlov 和其他一些项目，用于促进技术交流与合作。美日首脑会议上两国确定在脱碳、AI 等高科技领域开展合作。英美两国建立新的科技伙伴关系加强在 AI、6G 等领域的合作，以促进两国关系、创造就业机会，并保护公民的安全。韩国电信巨头 KT 公司与美国生物电子产品开发商 NeuroSigma 将建立战略合作伙伴关系，专注于人工智能在神经和神经心理性疾病中的运用。

人工智能成为国际专利技术合作的重点。学者常茹茹在《全球人工智能专利合作特征及影响力研究》一文中，对 2008 ~2017 年来自 66 个国家和地区的 28496 项人工智能专利进行了分析，构建专利合作网络。研究发现，美国拥有最丰富的国际合作关系，与 53 个国家和地区存在专利合作。除了以美国为核心的合作集群，网络中还出现了以中国为中心，结合韩国、新加坡、中国台湾、日本等亚洲地区形成的小型合作集群。从核心节点的专利技术领域来看，美国国际合作的专利技术主要集中在数据处理、数据识别等底层技术上，而中国国际合作专利的重心为语音识别。

尽管合作是人工智能领域发展的主旋律，但部分国家之间仍然存在分歧、对抗甚至是压制关系，各国在人才流动、技术产权等方面采取了较为审慎的应对态度。面对中国在人工智能等高科技领域的崛起，美国采取了非常激烈的压制措施，2020 年 5 月，美国商务部宣布对中国 33 家科技公司、科研机构与个人实行制裁，将其集体列入“实体清单”。2020 年 11 月，美国将 11 家中国企业列入“中国军方拥有或控制的中国企业清单”，禁止美国投资人对清单企业进行投资。2021 年 1 月，美国国防部在“中国军方拥有或控制的中国企业清单”中，再增列 9 家中国企业。2021 年 4 月，美国商务部工业安全局将 7 家中国超级计算实体列入实体清单，称这些实体参与了中国军方使用的超级计算机的建造等工作，危害美国国家安全和外交政策利益。美国大西洋理事会发布的《大国竞争中的明智伙伴关系：人工智能，中国及全球对数字主权的追求》报告指出，在经济脱钩和地缘政治两极分化加剧的背景下，美国在对华政策和国际合作上呈现双输局面。

四　展望

全球竞争成为影响人工智能产业发展的重要变量。人工智能技术的进步能够对地缘政治和国际合作产生重要影响，这一点已经成为全球共识。基于此，世界各国纷纷将确立人工智能领域的全球领先地位作为国家人工智能战略的发展目标，这不可避免地引发各国在科技和研发领域的竞赛，以及对人才和技术资源的争夺。全球竞争影响了人工智能产业的发展，而后者也进一步塑造了全球竞争格局。此外，人工智能技术将对国际军事与安全形势产生重大影响，军事领域人工智能技术的发展和应用，以及部分国家以保障国家安全为由的政治行动，也成为影响人工智能技术进步和产业发展的关键外部因素。

技术价值观决定国家人工智能产业政策走向。各国家和地区不同的技术价值观影响了国家人工智能战略的走向。欧盟以人权为核心的技术价值观，决定了其较为严格和审慎的人工智能发展态度。“美国优先”的发展思路，决定了美国激进的技术创新步伐和较为松弛的技术监管框架。中国的均衡技术价值观，决定了中国重视科技为善，在创新发展和技术治理上采取较为综合的态度；技术自主权的导向也决定了中国重视技术自主创新的发展思路。

创新与商业价值成为人工智能技术的“试金石”。人工智能从实验室走向商业应用，概念泡沫消退，与商业价值脱钩的技术将快速被市场淘汰，创新水平和商业价值成为检验技术价值的决定性因素。随着对人工智能技术理解的深入，人工智能资本市场回归理性，底层技术和落地性强的应用领域成为投融资重点。2021 年 9 月，中国宣布成立北京证券交易所，将投资进一步引向创新性强、市场触觉敏锐的中小企业，这也成为人工智能市场创新发展强有力的利好因素。

Abstract

Digital economy has become an important driving force of global economic development, and it is also the core field of global countries' focus and development. The competition in the field of digital economy is becoming increasingly fierce. In order to promote the development of China's digital economy, the Information Research Institute of Shanghai Academy of Social Sciences, together with relevant external research forces, has established the national competitiveness evaluation model of global digital economy, the competitiveness evaluation model of global digital economy cities and the competitiveness evaluation model of global digital economy enterprises Quantitative evaluation and characteristic analysis of the competitiveness of cities and enterprises in the field of digital economy.

As the first blue book focusing on the development of theglobal digital economy, the global digital economy competitiveness development report (2021) comprehensively evaluates the competitiveness level and structural characteristics of the global digital economy at the national, urban and enterprise levels based on the national, urban and enterprise data related to the global digital economy in 2020, and outlines the development panorama of the global digital economy.

The report is divided into four parts: general report, regional country, city and industry.

The general report is divided into three independent reports: the competitiveness development report of global digital economy countries, the competitiveness development report of global digital economy cities and the competitiveness development report of global digital economy enterprises.

In the current development pattern of global digital economy, the main feature that the United States is in an absolute dominant position will not change in the short term. China has surpassed the United States in the competitiveness of digital industry to become the first in the world, but China has a weak competitiveness in digital governance and other fields. From the perspective of regional characteristics, the digital economy competitiveness of countries in East Asia and Western Europe is strong, the digital economy competitiveness of countries in Africa, Latin America and central and Eastern Europe is weak, the digital economy of countries in Southeast Asia has developed rapidly, and there is a large gap in the digital economy competitiveness of their internal countries. This report also makes an in-depth analysis on the score and ranking of sub indicators of digital economy.

In terms of the competitiveness of digital economy cities, the comprehensive strength of North American cities ranks in the forefront, and the strength of European cities decreases from north to south. There is a need for transformation in traditional industrial cities, such as cities in Germany; Japan and the four little dragons have developed side by side with Europe and America. Cities in other emerging countries have yet to develop, and are still in a catch-up and backward position among the world's important cities, which still needs further efforts. Singapore, Seoul and New York have respective advantages in economy and infrastructure, talents and innovation, and the eastern and western cities show a trend of "two peaks and confrontation". Specifically, due to the good development foundation and strong comprehensive strength of European and American cities, the development of Asian cities is relatively unbalanced. A few leading cities are outstanding in the competitiveness of digital economy, while others are obviously lagging behind in various indicators.

In terms of enterprise competitiveness in digital economy, Microsoft, apple and Amazon rank among the top three in terms of comprehensive competitiveness; In terms of scale competitiveness, Microsoft, Amazon and Apple also rank among the top three; In terms of efficiency and competitiveness, VeriSign, SK Telecom and apple ranked among the top three; In terms of innovation competitiveness, Samsung, Facebook and alphabet rank among the top three; In terms of growth competitiveness, doordash, Fisher financial services and coursera ranked among the top three. The United States, Japan and China will continue to be the top three digital enterprises in the world in 2020. Digital enterprises in the United States are among the best in the world in terms of scale, efficiency, innovation and growth. Japan and China, second only to the United States, also have a large number of excellent digital enterprises.

After the general report, we introduced the development status of digital economy in key countries and cities from the perspectives of regional countries, cities and industries, as well as the development status and future trend characteristics of representative subdivided industries in the field of digital economy. In regional countries, it focuses on typical countries and regions such as the United States, China, Singapore, India, Uzbekistan, Russia, Mexico and Israel, and introduces and analyzes the current situation and characteristics of their digital economy development; In terms of cities, key cities such as Shanghai, New York and Tokyo are selected to introduce the development of their digital economy; The industry report focuses on the core development fields of industries such as digital trust system and artificial intelligence.

Keywords: Digital Economy; Competitiveness; Digital Enterprise; Artificial Intelligence

Contents

I General Reports

Abstract: Under the background of COVID-19's wreaking havoc in the world, the digital economy will become the key point for all countries to achieve economic recovery and promote transformation and development. The global competitiveness of the digital economy is also undergoing profound changes. In the current development pattern of global digital economy, the main feature that the United States is in an absolute dominant position will not change in the short term. China has surpassed the United States in the competitiveness of digital industry to become the first in the world, but China has a weak competitiveness in digital governance and other fields. From the perspective of regional characteristics, the digital economy competitiveness of countries in East Asia and Western Europe is strong, the digital economy competitiveness of countries in Africa, Latin America and central and Eastern Europe is weak, the digital economy of countries in Southeast Asia has developed rapidly, and there is a large gap in the digital economy competitiveness of their internal countries. This report also makes an in-depth analysis on the score and ranking of sub indicators of digital economy.

Keywords: Digital Economy; Digital Industry; Innovation; Government; Digital Infrastructure

Abstract: Based on the framework and data of the city digital economy, the digital economy competitiveness of 30 global cities is analyzed. Specifically, the paper focus on: (1) the scores and rankings of the digital economy competitiveness of major cities; (2) the relationship between city digital economy competitiveness, GDP and GDP per capita, and describe the scores of key cities; (3) the characteristics and dynamics of the digital indicators of each city; (4) Comparison of the cities digital input-output and productivity. Finally, the relevant policy recommendations are put forward.

Keywords: Global Cities; Digital Economy; Competitiveness; Innovation; Digital Productivity

Abstract: Despite the impact of the COVID-19 epidemic in 2020, global digital enterprises still experience rapid development, and many enterprises with excellent competitiveness have emerged. This research continues to pay attention to the development of global digital enterprises. Applying the research methods of the previous year, we have made a new evaluation and ranking about the competitiveness of global digital enterprises in 2020. The results show that from the perspective of overall competitiveness, Microsoft, Apple and Amazon are ranked in the top three; from the perspective of scale competitiveness, Microsoft, Amazon and Apple are also ranked in the top three; from the perspective of efficiency competitiveness, VeriSign, SK telecom and Apple are in the top three; in terms of innovation competitiveness, Samsung, Facebook and Alphabet are in the top three; in terms of growth competitiveness, DoorDash, Fiserv and Coursera are in the top three. The United States, Japan and China continue to be the top three in the competitiveness of world digital enterprises in 2020. Digital enterprises in the United States rank first in the world in terms of scale, efficiency, innovation, and growth. Japan and China are the second which is ranked after the United States in the world, and they also have many outstanding digital companies.

Keywords: Digital Enterprise; Competitiveness; Scale; Efficiency; Innovation; Growth

Ⅱ Regional Reports

B.4 Us Digital Economy Development Report (2021)

Wang Yingbo / 078

Abstract: The growth rate of the U. S. digital economy has remained high for many years, more than three times that of the overall U. S. economy, accounting for an increasing proportion of the U. S. economy, and is the core driving force of U. S. economic growth. The digital economy of the United States also ranks first in the world, with a complete industrial chain and the highest degree of internationalization. However, the differentiation of the digital economy of the United States is becoming more and more serious, and the phenomenon of the strong being always strong is becoming more and more obvious, resulting in the widening gap between the rich and the poor and the intensification of internal contradictions. At the same time, it is also facing fierce competition from China.

Keywords: Digital Economy; Matthew Effect; The Strong is Always Strong

Abstract: In 2020, the overall growth rate of China's digital economy has slowed down, and its share of GDP has further increased. Digital transformation has entered a critical stage. The scale of live broadcast e-commerce is rapidly expanding, accompanied by boundary expansion and business model innovation. The digital economy of the four core regions is developing strongly, and second-tier and third-tier cities are rising. In terms of innovation achievements, innovation investment and PCT patent applications have continued to grow, and leading companies still have room for progress. At the same time, the promulgation of the "Data Security Law" has effectively improved China's digital economy governance. Affected by the prolonged COVID-19 epidemic and the unabated technological competition between China and America, the further development of China's digital economy is still facing many uncertainties. Emerging business formats will provide new opportunities for the development of the digital economy, and effective policy formulation and implementation will help reduce transformation risks.

Keywords: Digital Economy; Digital Infrastructure; Digital Innovation; Digital Governance

Abstract: E-governance and industry digitization have always been key working areas of the Indian government, and have witnessed rapid development in recent years. By 2021, JAM (Jan Dhan-Aadhaar-Mobile) trinity has achieved remarkable results with financial and digital inclusion significantly improved. Coupled with the influence of COVID-19 and national lockdowns, the development of industries such as financial technology, e-commerce, and information technology have accelerated, and the application of cutting-edge technologies such as AI has become increasingly common. India's infrastructure and industrial development related to digital economy still lag behind compared with leading countries such as China and the United States, but India's innovation capabilities and government support in emerging technologies such as AI and cryptocurrency are among the world's forefront. Its performance in global trade is also impressive. Four features mark the trend of India's digital economy: continued improvement of digital infrastructure, digital equipment shifting to local manufacturing, potential of rural digital consumption being explored, and the leading role of cutting-edge technologies in digital economy. This article combines data and industry reports from the Ministry of Electronics and Information Technology, industry associations and the World Bank to summarize and analyze the history of India's digital economy, the status of major industries and future trends. It will also explain the four indicators of India's digital competitiveness according to the ranking of global digital economy competitiveness in the former chapters.

Keywords: India; Digital Economy; Digital Industries

B.7 Singapore Digital Economy Development Report (2021)

Abstract: Singapore's digital economy started early, and the government has issued corresponding strategic plans and actively implemented them at all stages, from the digitization of government departments to the use of digital technology in the private sector to increase productivity. After years of development, Singapore's digital infrastructure is well – developed. Singapore is small in terms of its scale, and has a large proportion of small and medium – sized enterprises, thus the government has committed to promoting the digitalization of all industries, and has achieved positive results.

Keywords: Digitalization; Digital Governance; Digital innovation

Abstract: Israel is one of the largest economies in Middle East and North Africa region, Israel's digital economy continues to grow these years, and the proportion of the GDP continues to rise. Also, Multinational technology companies have established overseas research centers in Israel. The scale of domestic e-commerce has expanded. Additionally, Israel is gradually advancing its National Digital Program for 2016-2022. Israel government is increasing technology and education expenditure, and strengthening digital infrastructure construction, supporting the establishment and development of start-up companies. As return of those efforts, Israel achieves the integrated development in digital economy. This article summarizes the development status of Israel's digital economy industry, and introduces the extensive impact of Israel's digital economy on the country's economic development, medical level, social and people's livelihood, and transparency in government affairs.

Keywords: Israel; Digital Economy; Digital Strategy

Abstract: In recent years, National Project "Digital Economy" has been one of the priorities of Russian Federation. However, due to its late start, insufficient awareness on digitalization and pandemic restrictions, the process of realizing the project is not satisfying. In 2021, "Digital Economy" represents a stable trend with mild improvements. Sub-projects, including Artificial Intelligence, technology 5G and other new technologies, have raised attention and supplied with supporting measures from the higher level. This report analyzes data from 2018 to 2020 on four aspects, including: Domestic development of Digital

Economy in Russia, Tendency of changes in ratings and indexes world wide, Current challenges and Future prospectives, aiming to demonstrate Russia's achievements and prospectives of its digital economy.

Keywords: Russian Federation; Digital Economy; Artificial Intelligence

B.10 Uzbekistan Digital Economy Development Report (2021)

Song Cheng / 193

Abstract: In recent years, the acceleration of Uzbekistan's economic development, the improvement of its international competitiveness, and its gradual integration into the world economy largely depend on the development of the digital economy. This article introduces the development of Uzbekistan's digital economy from three aspects: ICT services, telecommunications infrastructure, and e-commerce, and analyzes Uzbekistan's performance in multiple international ratings for assessing the development of information technology. Then the article reviewes the evolution of Uzbekistan's national policy on the digital economy, focusing on measures to develop digital technology and e-government. Finally, through the "Digital Uzbekistan – 2030" strategy, the prospects for the development of Uzbekistan's digital economy are illustrated.

Keywords: Uzbekistan; Digital Economy; Information Technology; E – government; Digital Strategy

B.11 Mexico Digital Economy Development Report (2021)

Lyu Feifei / 217

Abstract: Mexico's digital economy is one of the leaders in Latin America and occupies an important position in the global arena. This article aims to provide a comprehensive introduction to the present and future of Mexico's digital economy, first describing the overview of the country's digital economy development, with the focus on the current situation of ICT industry, e - commerce and technology finance, then analyzing the global competitiveness of the country's digital economy, and finally exploring the shortcomings of its digital economy and making prospects for the development trend. Overall, Mexico's digital economy is large and fast - growing. Although there are problems in policy planning, talent, technology and regional balance, and international competitiveness needs to be improved, it has a bright future with a broad market as well as a good foundation, and is expected to become the motor of the country's economy.

Keywords: Digital Economy; E - commerce; Mexico; Latin America

Ⅲ City Reports

Abstract: New York City (NYC) has achieved economic growth for ten consecutive years, and digital technology is playing an increasingly important role in the economic development of NYC. Typical digital economy industries and unicorn companies have developed rapidly, which has greatly promoted the development of NYC's digital economy. The New York City government has played a vital role in the development of the digital economy, including digitally upgrading the infrastructure, making a series of plans, and launching various investment projects. This article describes the digital economy in NYC from four aspects: an overview of the digital economy in NYC, the competitiveness of NYC's digital economy, policy initiatives, and prospects for the development of NYC's digital economy.

Keywords: New York City; Digital Economy; Digital Technology; New Infrastructure; Digital Economy Industry; Competitiveness

B.13 London Digital Economy Development Report (2021)

Li Yijie / 258

Abstract: Among the world's first-class cities, London's smart city construction ranks among the top in a number of international smart city evaluations in terms of digital technology, artificial intelligence, digital industry and urban innovation ecosystem. With people and enterprises as the core of its development, London has made fruitful progress in improving public services, developing digital technology and artificial intelligence, and upgrading digital infrastructure and urban infrastructure through massive urban data. This report describes the development of London's digital economy, analyzes the competitiveness of London's digital economy and discusses the future development of London's digital economy, providing reference for promoting the integrated development of digital technology and creative industry in China.

Keywords: Digital Economy; Digital Infrastructure; Smart City; Artificial Intelligence; The Creative Industries

B.14 Tokyo Digital Economy Development Report (2021)

Jin Lin / 270

Abstract: Tokyo is one of the most developed cities in the world. In recent years, the Tokyo Metropolitan Government has strongly supported digital transformation (DX). In 2017, the Tokyo Metropolitan Government announced the "Tokyo Metropolitan ICT Strategy", which provides a lot of support for education, industry, medical care, tourism, and government administration. In February 2020, it released the "Smart Tokyo Strategy", aiming at forming a Smart Tokyo in 2040, hoping to enhance the global competitiveness of the city and the entire country through the implementation of the strategy. In April of this year, the Tokyo Metropolitan Government established the Tokyo

Metropolitan Digital Service Bureau first to the Japan government to promote the use of digital power in administrative management and greatly improve the service quality of the Government. This report outlines the development of Tokyo's digital economy, and introduces Tokyo's digital technology and its application in its urban construction, as well as laws and policies for future development.

Keywords: Tokyo; Digital Economy; Digital Technology; City Construction

Abstract: With the widespread application of emerging information technologies, the landing of new infrastructure and the gathering of talents in the digital economy, Shanghai's ability to develop the digital economy has been further improved. The Shanghai Municipal Government has created a forward - looking and leading legal and policy environment for the development of the digital economy. It has promulgated various laws and policies in a timely manner around the digital transformation of the city, open data, data transactions, and new community infrastructure. The innovative capabilities and influence of Shanghai's digital economy companies are increasing day by day. In the future, the sharing, opening and utilization of corporate data and government public data in Shanghai will be more common, corporate artificial intelligence innovation capabilities will be stronger, and the level of digital economic cooperation and transformation in the Yangtze River Delta will rise to a higher level.

Keywords: Digital Economy; Digital Industry; Digital Innovation; Digital Governance; Artificial Intelligence

Ⅳ Industry Reports

B.16 Global Digital Trust System Development Report (2021)

Hui Zhibin, Cui Jiuqiang and Liu Shanquan / 298

Abstract: scientific and technological revolution and industrial reform are developing in depth, and mankind is entering an era of intelligent interconnection of all things with the ternary integration of "human, machine and things". The digital transformation of cities is an inevitable process in this digital age, showing the development characteristics of multidimensional interconnection of "human, machine and things", real-time data circulation, intelligent application stacking, ubiquitous scene integration, and coexistence of online and offline. This means that the Cyberspace boundaries in the urban complex giant systems are becoming increasingly blurred and the vulnerabilities are prominent. The traditional boundary-based cybersecurity protection system cannot follow the development requirements of urban digital transformation. It can be said that the trust relationship and trust mechanism in various economic and social activities that fully rely on digital interaction between people and people, people and things, and things and things need to be reshaped. Therefore, we must build a new digital trust system.

In this context, this report analyzes the new risks and challenges faced by digital trust under the digital transformation of cities, draws on domestic and foreign development experience and practical cases, and builds a digital trust strategy that dynamically matches and organically couples a trusted digital identity system and a data circulation trust system, and put forward countermeasures and suggestions for the construction of digital trust system for digital transformation of relevant cities and practical cases in typical scenarios to help the construction of data market, promote the digitalization of economy, digitalization of life, digitalization of governance, etc.

Keywords: Urban Digital Transformation; Digital Trust; Cybersecurity; Data Security

Abstract: In recent years, Artificial Intelligence (AI) has entered a new round of active innovation. Breakthroughs have been made in frontier areas. The scale of the industry has continued to expand. AI has become an important factor affecting the future economic level, technological competitiveness and even national security of countries and regions. This paper summarizes the characteristics of the global AI industry since 2020, compares the strategic layout of AI in major countries and regions, depicts the global AI science and technology competition, and finally proposes the characteristics and trends of future AI industry development.

Keywords: Artificial Intelligence; Industry development; State strategy; Competition and cooperation relationship

皮书

智库成果出版与传播平台

皮书定义

皮书是对中国与世界发展状况和热点问题进行年度监测，以专业的角度、专家的视野和实证研究方法，针对某一领域或区域现状与发展态势展开分析和预测，具备前沿性、原创性、实证性、连续性、时效性等特点的公开出版物，由一系列权威研究报告组成。

皮书作者

皮书系列报告作者以国内外一流研究机构、知名高校等重点智库的研究人员为主，多为相关领域一流专家学者，他们的观点代表了当下学界对中国与世界的现实和未来最高水平的解读与分析。截至 2021 年底，皮书研创机构逾千家，报告作者累计超过 10 万人。

皮书荣誉

皮书作为中国社会科学院基础理论研究与应用对策研究融合发展的代表性成果，不仅是哲学社会科学工作者服务中国特色社会主义现代化建设的重要成果，更是助力中国特色新型智库建设、构建中国特色哲学社会科学“三大体系”的重要平台。皮书系列先后被列入“十二五”“十三五”“十四五”国家重点出版规划项目；2013~2022 年，重点皮书列入中国社会科学院国家哲学社会科学创新工程项目。

皮书网

（网址：www.pishu.cn）

发布皮书研创资讯，传播皮书精彩内容
引领皮书出版潮流，打造皮书服务平台

栏目设置

◆ **关于皮书**

何谓皮书、皮书分类、皮书大事记、
皮书荣誉、皮书出版第一人、皮书编辑部

◆ **最新资讯**

通知公告、新闻动态、媒体聚焦、
网站专题、视频直播、下载专区

◆ **皮书研创**

皮书规范、皮书选题、皮书出版、
皮书研究、研创团队

◆ **皮书评奖评价**

指标体系、皮书评价、皮书评奖

◆ **皮书研究院理事会**

理事会章程、理事单位、个人理事、高级研究员、理事会秘书处、入会指南

所获荣誉

◆ 2008 年、2011 年、2014 年，皮书网均在全国新闻出版业网站荣誉评选中获得“最具商业价值网站”称号；

◆ 2012 年，获得“出版业网站百强”称号。

网库合一

2014年，皮书网与皮书数据库端口合一，实现资源共享，搭建智库成果融合创新平台。

皮书网

“皮书说”
微信公众号

皮书微博

S 基本子库
UB DATABASE

中国社会发展数据库（下设 12 个专题子库）

紧扣人口、政治、外交、法律、教育、医疗卫生、资源环境等 12 个社会发展领域的前沿和热点，全面整合专业著作、智库报告、学术资讯、调研数据等类型资源，帮助用户追踪中国社会发展动态、研究社会发展战略与政策、了解社会热点问题、分析社会发展趋势。

中国经济发展数据库（下设 12 专题子库）

内容涵盖宏观经济、产业经济、工业经济、农业经济、财政金融、房地产经济、城市经济、商业贸易等 12 个重点经济领域，为把握经济运行态势、洞察经济发展规律、研判经济发展趋势、进行经济调控决策提供参考和依据。

中国行业发展数据库（下设 17 个专题子库）

以中国国民经济行业分类为依据，覆盖金融业、旅游业、交通运输业、能源矿产业、制造业等 100 多个行业，跟踪分析国民经济相关行业市场运行状况和政策导向，汇集行业发展前沿资讯，为投资、从业及各种经济决策提供理论支撑和实践指导。

中国区域发展数据库（下设 4 个专题子库）

对中国特定区域内的经济、社会、文化等领域现状与发展情况进行深度分析和预测，涉及省级行政区、城市群、城市、农村等不同维度，研究层级至县及县以下行政区，为学者研究地方经济社会宏观态势、经验模式、发展案例提供支撑，为地方政府决策提供参考。

中国文化传媒数据库（下设 18 个专题子库）

内容覆盖文化产业、新闻传播、电影娱乐、文学艺术、群众文化、图书情报等 18 个重点研究领域，聚焦文化传媒领域发展前沿、热点话题、行业实践，服务用户的教学科研、文化投资、企业规划等需要。

世界经济与国际关系数据库（下设 6 个专题子库）

整合世界经济、国际政治、世界文化与科技、全球性问题、国际组织与国际法、区域研究 6 大领域研究成果，对世界经济形势、国际形势进行连续性深度分析，对年度热点问题进行专题解读，为研判全球发展趋势提供事实和数据支持。